Stanley Coren

Die unausgeschlafene Gesellschaft

Deutsch
von Alan Posener

Rowohlt

Die Originalausgabe erschien 1996 unter dem Titel
«Sleep Thieves. An Eye-opening Exploration into the Science
and Mysteries of Sleep» im Verlag The Free Press,
A Division of Simon & Schuster Inc., New York
Umschlaggestaltung Cordula Schmidt
(Illustration: Steven Guarnaccia)

1. Auflage Januar 1999

Satz aus der Apollo PostScript, PageOne
Gesamtherstellung Clausen & Bosse, Leck
Printed in Germany
ISBN 3498009133

Meinen Eltern
BENJAMIN UND CHESNA
sowie meinen Brüdern
DENNIS UND ARTHUR

Inhalt

Vorwort 9

Der Fluch Edisons 13
Schlaf und Bewußtsein 29
Was ist Schlaf? 45
Ein Fehler der Evolution 64
Schlaflose Tage 81
Das Schlafreduktionsprogramm 99
Zuwenig Schlaf 115
Die Uhren in uns 130
Auf der Wippe –
Das Auf und Ab unseres Müdigkeitszyklus 151
Müde Kinder – müde Eltern 168
Schlaffe Teenager 188
Schlafdiebe in der Küche 198
Der Fluch der Ondine 220
Schlaflose Nächte 237
Schlafen und Gesundheit 258
Am Steuer eingenickt 268
Am Operationstisch eingeschlafen 284
Nachtschicht 315
Über den Wolken 343
Die Kosten des Schlafdefizits 360

Leiden wir alle unter chronischem Schlafmangel? 376
Wie hoch ist Ihr persönliches Schlafdefizit? 395
Der Sommer, die Zeitumstellung und der Tod 405
Wann wachen wir endlich auf? 419

Allgemeine Bibliographie 433
Kleine Bibliographie für deutschsprachige Leser
und Leserinnen 434
Anmerkungen 435
Register 437

Vorwort

Was haben das Atomunglück von Tschernobyl, die Beinahe-Kernschmelze von Three Mile Island, die vom Öltanker *Exxon Valdez* verursachte Umweltkatastrophe und der Verlust der Weltraumfähre *Challenger* gemeinsam? Alle diese Unglücksfälle wurden von Menschen ausgelöst, die Fehler gemacht haben, weil ihnen der Schlaf fehlte.

Dieses Buch handelt vom Schlaf. Es geht um interessante, ja faszinierende Tatsachen im Zusammenhang mit dem Schlafen und um die ernsten Folgen für eine Gesellschaft, die sich zu wenig Schlaf gönnt. «Was ist der Schlaf?» – «Warum verbringen wir ein Drittel unseres Lebens bei dieser unproduktiven Tätigkeit?» Diesen und ähnlichen Fragen gehe ich in meinem Buch nach. Im Verlauf dieser Entdeckungsreise werden wir sehen, daß der Schlaf für das physische und psychische Wohlbefinden vieler Lebewesen so wichtig ist, daß sich die Evolution allerlei einfallen läßt, um ihnen das Schlafen zu ermöglichen. Manche Vögel schlafen im Flug. Manche Fische schlafen beim Schwimmen. Manche Tiere schlafen mit einer Gehirnhälfte, während die andere wach bleibt und sie am Leben erhält.

Wir Menschen aber kämpfen offensichtlich gegen den evolutionsbedingten Schlafdruck an. Trotz der elementaren Bedeutung, die der Schlaf für unsere Gesundheit und unsere Leistungsfähigkeit besitzt, scheinen wir darauf aus zu sein, den Schlaf abzuschaffen. Der erste Schritt in diesem Prozeß war die Erfindung der elektrischen Glühbirne. Damit entfiel unsere wichtigste Ausrede dafür, am Ende des Tages mit dem Arbeiten aufzuhören – nämlich, daß es einfach zu dunkel war, um weiterzumachen. Dann kam das Fließband und mit ihm der Anreiz, die Maschinen in den Fabriken vierundzwanzig Stunden am Tag laufen zu lassen. Heute ist es der ständige Informationsfluß durch das Internet und andere computergestützte Kommunikationskanäle, der uns zu allen Nachtzeiten aus den Betten holt. Unser heutiges Arbeitsethos sagt uns, daß wir auf den Schlaf verzichten oder ihn wenigstens so weit wie möglich zeitlich einschränken sollten. Die Macher und Siegertypen dieser Welt verschwenden ihre Zeit doch nicht beim Schlafen. Zu wenig Schlaf kann jedoch eine allmähliche Verschlechterung unseres Gesundheitszustandes zur Folge haben oder uns schlicht und einfach umbringen. Zu wenig Schlaf kann dazu führen, daß wir ungeschickt und dumm werden und daß wir mehr Unfälle bauen. Zu wenig Schlaf kann unsere Antriebskräfte zerstören und uns in tiefe Depressionen stürzen.

Manche Menschen opfern ihren Schlaf dem eigenen Ehrgeiz; andere haben keine Wahl. Es sind viele Faktoren, die uns den Schlaf rauben. Oft hat unsere Schlaflosigkeit versteckte Ursachen. Eine Tasse heiße Schokolade kann einem die halbe Nacht rauben, und doch verwenden viele Menschen gerade Kakao als Schlaftrunk. Die Cola, die einem Kind als Belohnung fürs Zubettgehen gegeben wird, kann es bis Mitternacht wachhalten. Vielleicht ist es die Umwelt, die uns den Schlaf raubt. Vielleicht ist es das Alter. Manche unserer Schlafprobleme lassen sich leicht lösen. Andere nicht.

Müde Menschen fahren Autos, Lastwagen, Züge und Flugzeuge. Vielleicht entscheidet ein übermüdeter Notarzt darüber, wie ein verunglücktes Mitglied Ihrer Familie medizinisch behandelt werden soll. Möglicherweise ist ein schläfriger Anlagenberater gerade dabei, mit benebeltem Hirn eine

Entscheidung zu treffen, die Ihre Lebensersparnisse betrifft. Unter Umständen sitzt sogar im Weißen Haus ein übermüdeter Mensch und entscheidet über das Schicksal der mächtigsten Nation der Erde. Jedes Jahr verursachen auf Schlafmangel zurückzuführende Fehlentscheidungen und Unfälle allein in den Vereinigten Staaten Kosten von über sechsundfünfzig Milliarden Dollar – von den fünfundzwanzigtausend Todesopfern und mehr als zweieinhalb Millionen Schwerverletzten ganz zu schweigen. Schlafdefizite können uns also sehr teuer zu stehen kommen. Dieses Buch gibt Ihnen die Möglichkeit, sich selbst zu testen und festzustellen, wie es um Ihr persönliches Schlafdefizit bestellt ist.

Beim Schreiben dieses Buches haben mir viele Menschen geholfen. Meine geliebte Frau Joan hat eine frühe Fassung des Manuskripts durchgesehen. (Sie hat auch dafür gesorgt, daß ich genug Schlaf bekam, um dieses Buch überhaupt schreiben zu können!) Mein Freund und Kollege Peter Suedfeld versorgte mich mit einem ständigen Strom von Meldungen und Nachrichten, in denen der Schlaf eine Rolle spielte. Hilde Colenbrander, die unsere Datenbanken verwaltet, trieb die Bänder auf, auf denen ein entscheidender Datensatz gespeichert war. David Wong und andere Mitglieder des Labors für Neuropsychologie und Wahrnehmungspsychologie am Fachbereich Psychologie der University of British Columbia haben einen Großteil der Bibliotheksrecherche für mich erledigt. Forschungsgelder des National Sciences and Engineering Research Council of Canada und des Medical Research Council of Canada trugen entscheidend zum Erhalt der Funktionsfähigkeit meines Labors bei. Um die Auswirkungen des Schlafs auf das Alltagsleben zu untersuchen, habe ich buchstäblich Hunderte von Menschen befragt. Einige ihrer Geschichten, in ihren eigenen Worten, erscheinen auf den folgenden Seiten. Da ich ihnen allen die Anonymität zugesichert habe, kann ich ihnen an dieser Stelle nur als Gruppe danken. Ohne die Einsichten und Erkenntnisse, die sie mir ermöglichten, wäre dieses Buch nicht zustande gekommen.

Stanley Coren

Der Fluch Edisons

> Die meisten Menschen essen einhundert Prozent mehr als nötig und schlafen einhundert Prozent mehr als nötig, und zwar weil es ihnen Spaß macht. Und diese überflüssigen einhundert Prozent machen sie ungesund und ineffizient. Ein Mensch, der acht oder zehn Stunden pro Nacht schläft, wird nie richtig schlafen und nie richtig wach sein – er döst lediglich in verschiedenen Stufen vor sich hin, vierundzwanzig Stunden am Tag.[1]

Der Mann, der diese Worte in sein Tagebuch schrieb, war weder Psychologe, Psychiater noch Mediziner. Es war Thomas Alva Edison, der mit seinen über eintausenddreihundert Erfindungen – dazu gehören der Plattenspieler und die elektrische Schreibmaschine, die ersten praktikablen Filmkameras und Projektoren und das Kohlenstoffmikrofon, mit dem das Telefonieren möglich wurde – unsere Welt nachhaltig verändert hat. Im Augenblick interessiert uns Edison jedoch nicht als Erfinder, sondern als Sozialreformer, der die Psyche der modernen Welt tiefgreifend umgestaltet hat. In die Geschichte wollte er eingehen als der Mensch, der endlich mit der Verschwendung menschlichen Potentials durch die vielen im «unproduktiven Schlaf» zugebrachten Stunden Schluß gemacht hat.

Edison machte eine einfache Rechnung auf: Die Abschaffung des Schlafs ermögliche die Verlängerung des Arbeitstags. Dies wiederum würde die Produktivität und damit den Wohlstand steigern und also den Fortschritt der Zivilisation beschleunigen. «Alles, was die Arbeit hemmt, ist Verschwendung», erklärte er. «Immer wieder hören wir Menschen davon sprechen, wieviel Schlaf sie ‹verloren› haben, als wäre das ein großes Unglück. Sie sollten lieber von dem Unglück verlorener Zeit reden, verlorener Arbeitskraft, verlorener Möglichkeiten.»

Sein Plan war ebenfalls relativ einfach und hing mit einer Erfindung zusammen, an der Edison viele Jahre gearbeitet hatte – der elektrischen Glühbirne. Diese äußerst segensreiche Erfindung würde die Finsternis bannen und es den Menschen ermöglichen, die ganze Nacht hindurch zu arbeiten. Aus eigener Erfahrung glaubte Edison zu wissen, daß es sich beim Schlaf lediglich um eine schlechte Angewohnheit handelt, die man sich ohne große Schwierigkeiten wieder abgewöhnen könne. «Was mich betrifft, so habe ich von den vierundzwanzig Stunden des Tages nie mehr als vier oder fünf Stunden Schlaf gebraucht», behauptete er. Seine eigenen Erfahrungen hatten ihn darüber hinaus davon überzeugt, daß der Schlaf gesundheitsschädlich sei und die Menschen faul und dumm mache: «Wenn ich zufällig einmal länger schlafen sollte, so fühle ich mich nach dem Erwachen schwerfällig und träge», schrieb er. Später fand er seine persönlichen Erfahrungen mit dem Schlaf und seine Vorstellung von der segensreichen Wirkung der Glühbirne durch weitere Beobachtungen bestätigt: «Als ich eine Reise durch die Schweiz unternahm, und zwar mit dem Automobil, damit ich kleine Städte und Dörfer besuchen konnte, beobachtete ich die Auswirkungen künstlichen Lichts auf die Einwohner. Dort, wo Strom aus Wasserkraft erzeugt wurde und es elektrisches Licht gab, schienen die Menschen von normaler Intelligenz zu sein. Wo es diese Einrichtungen noch nicht gab und die Eingeborenen mit den Hühnern zu Bett gingen und bis zum Tagesanbruch dort blieben, waren sie erheblich weniger intelligent.»

Alles in allem ist Edisons Kampagne ziemlich erfolgreich gewesen. Seine Vorhersage, die Glühbirne werde den Arbeitstag verlängern und die Gesellschaft völlig verändern, ist jedenfalls in Erfüllung gegangen. Beispielsweise hat erst die Glühbirne die Schichtarbeit ermöglicht. Eine ausreichende Lichtquelle in Verbindung mit dem Fließband – schon konnte eine Fabrik vierundzwanzig Stunden am Tag betrieben werden. Der einzelne Arbeiter würde jeweils acht Stunden arbeiten, die Belegschaft aber konnte in drei Schichten aufgeteilt werden, die einander ununterbrochen ablösten. Der Vorteil lag auf der Hand: Ohne zusätzliche Ausrüstung oder bauliche Erweiterung konnte nun derselbe Betrieb bis zu dreimal soviel ausstoßen. Edison hat also dafür gesorgt, daß wenigstens die Maschinen keine Zeit beim Schlafen verschwenden.

Hat Edison mit seiner Erfindung auch die Schlafgewohnheiten der Menschen verändert? Er würde, glaube ich, mit Befriedigung zur Kenntnis nehmen, daß die Menschen in aller Regel heute weniger schlafen als vor Erfindung der Glühbirne und daß er dafür wenigstens teilweise verantwortlich ist. Lassen Sie mich zum Beleg eine Untersuchung anführen, die wir in unserem Labor durchgeführt haben. Wir fanden heraus, daß der durchschnittliche junge Erwachsene heute in der Regel etwas weniger als siebeneinhalb Stunden täglich schläft. 1910 wurde eine ähnliche Untersuchung durchgeführt. Der Zeitpunkt ist bedeutend, weil erst 1913 die moderne Metallfadenglühbirne eingeführt wurde. Frühere elektrische Glühbirnen verwendeten einen Kohlefaden in einem Glasbehälter, aus dem die Luft herausgepumpt worden war, um ein annäherndes Vakuum zu schaffen. Diese Birnen waren teuer und kurzlebig und spendeten ein recht schwaches Licht (das zudem immer schwächer wurde, da sich auf der Innenseite des Glasbehälters Rußablagerungen bildeten). Die 1913 eingeführte neuartige Birne verwendete einen spiralförmigen Glühdraht aus Wolfram und war mit einem Edelgas gefüllt (Stickstoff, manchmal mit Argon gemischt). Erst diese Glühbirne lieferte das billige, helle und zuverlässige Licht, das wir inzwischen als selbstverständlich voraussetzen. Diese Glühbirne ermöglichte es den arbeitenden Menschen, sich von der Dunkelheit der Nacht zu befreien. Nach Edison entfiel mit der Dunkelheit auch die wichtigste Ausrede fürs Schlafen. Wenn wir die Schlafgewohnheiten der Ära vor Einführung der Metallfadenglühbirne untersuchen, finden wir, daß die Menschen im Durchschnitt neun Stunden pro Nacht schliefen. Das heißt, der durchschnittliche Mensch schläft heute anderthalb Stunden weniger pro Tag als damals. Mit anderen Worten: Edison könnte mit gutem Recht behaupten, jedem von uns in jedem Jahr unseres Lebens fünfhundert zusätzliche Wachstunden beschert zu haben.

Edisons negative Einstellung gegenüber dem Schlaf hing mit einem stark ausgeprägten Arbeitsethos zusammen, das langes Schlafen mit dem faulen Nichtsnutz oder dem reichen Nichtstuer assoziierte. Diese Assoziation ist in unserer Gesellschaft weit verbreitet. In meiner Kindheit lernte ich einen Abzählreim, der folgendermaßen lautete:

> Sechs Stunden Schlaf für den Arbeiter,
> Sieben Stunden für den Gelehrten,
> Acht Stunden Schlaf für den Tunichtgut
> Und den Trottel und ihre Gefährten.

Der Ansicht, zu viel Schlaf sei nicht nur eine Zeitverschwendung, sondern irgendwie moralisch verwerflich, kann man fast überall begegnen. So sagte mir der für die Softwareentwicklung zuständige Vizepräsident einer großen Firma:

«Gleich bei der Einstellung erzähle ich meinen Programmierern, daß der Schlaf bei uns schlicht als schlechte Angewohnheit gilt. Er ist unproduktiv und bedeutet einfach Auszeit fürs Gehirn. Ich sage es ihnen gleich von vornherein: Wenn sie in dieser Firma vorankommen wollen, müssen sie mit erheblich weniger Schlaf auskommen.»

Ganz in Übereinstimmung mit dieser Philosophie fangen die offiziellen Agenten der Gesellschaft – wie zum Beispiel Lehrer – ganz früh mit der Indoktrination an, um uns von dem Übel zu langen Schlafens zu bewahren. Ich erinnere mich, wie ich als Kind vor den schlimmen Dingen gewarnt wurde, die passieren können, wenn man dem sündhaften Vergnügen nachgibt und zu lange schläft. Meine Lehrerin in der ersten Klasse, Frau Pasternak, war mit einem schier unerschöpflichen Vorrat von Sprichwörtern und Aphorismen ausgestattet, die sie immer dann los wurde, wenn sie einen ihrer Zöglinge beim Einnicken ertappte. Zum Beispiel: «Wer den Morgen verschläft, muß am Nachmittag betteln gehen», oder: «Der schläfrige Fuchs kriegt selten Federvieh zum Frühstück.» Und dann gab's noch einen Spruch, der unter Garantie dazu angetan war, einen Erstkläßler in der Nacht am Einschlafen zu hindern: «Zum Schlafen hast du genug Zeit, wenn du tot bist und unter der Erde liegst.»

Unser heutiges Leben beruht offiziell auf einem Lebensstil der Rund-um-die-Uhr-Verfügbarkeit. Der Held unserer modernen Kultur ist der *Workaholic*. Unsere Vorbilder sind ehrgeizige, leistungsorientierte Menschen, die jeden freien Augenblick mit karrierefördernden Aktivitäten ausfüllen. Man darf keine Zeit verschwenden. Die Freizeit ist auf jeden Fall verzichtbare Verfügungsmasse. Als ich neulich ins Theater ging, fiel mir ein Schild ins Auge, das an der Eingangstür zum Hauptauditorium hing: NEHMEN SIE RÜCKSICHT AUF ANDERE THEATERGÄSTE: VERZICHTEN SIE BITTE WÄHREND DER VORSTELLUNG AUF DIE BENUTZUNG IHRES HANDYS. Wir haben uns derart an den Vierundzwanzig-Stunden-Arbeitstag gewöhnt, daß uns die Lächerlichkeit eines solchen Schilds nicht einmal mehr aufstößt. Vielmehr empfinden wir es einfach als höfliche Bitte.

Die Gurus des modernen *Lifestyle* sagen uns zwar, daß wir in unseren vollen Terminplänen Platz für Freizeitaktivitäten schaffen müssen. Wenn wir ein gesundes psychisches Gleichgewicht erhalten wollen, brauchen wir Freizeit und Entspannung. Wir müssen auch Zeit finden für sportliche Aktivitäten, damit wir fit bleiben und lange genug leben, um die Früchte unserer harten Arbeit zu genießen. Aber niemand weist uns warnend darauf hin, daß wir auch genügend Schlaf brauchen. Manche Menschen können die Anforderungen ihres Berufslebens mit ihren Freizeitaktivitäten verbinden, zum Beispiel indem sie mit einem Klienten ins Theater gehen oder mit einem umworbenen Kunden Golf spielen. Aber unser Arbeitstag wird nie unserem Schlafbedürfnis angepaßt, im Gegenteil: Der Schlaf wird einfach durch die Anforderungen unserer Arbeit und unseres Lebensstils verdrängt. Neulich sprach ich mit einem ehrgeizigen jungen Geschäftsmann, der mir folgendes Beispiel schilderte:

Damals lebte ich in New York; ich war einer der Direktoren eines Investmentfonds geworden, der international mit Aktien handelte. Zwar haben wir an allen wichtigen Börsenplätzen der Welt unsere Einkäufer, die auch die örtlichen Schwankungen im Auge behalten, aber ich wollte unser Aktienportefeuille persönlich koordinieren. Der internationale Markt kann sich wirklich sprunghaft verändern, und man kann in wenigen Stunden Millionen Dollar verdienen oder verlieren, also beschloß ich, mir durch die moderne Technologie einen Konkurrenzvorteil zu verschaffen. Ich besorgte mir ein Faxgerät und ließ mir die Eröffnungs- und Schlußnotierungen der Aktien aus Paris, London, Tokio und Hongkong gleich nach der Bekanntgabe schicken. Und wenn es darüber hinaus irgendwelche bedeutenden Veränderun-

gen gab, die unsere Einkäufer mitteilen wollten, konnten sie es mir jederzeit zufaxen. Für zu Hause besorgte ich mir ein identisches Faxgerät, und wenn ich abends aus dem Büro ging, sorgte ich dafür, daß die Faxe in meine Wohnung weitergeleitet wurden. Das Faxgerät stellte ich direkt neben meinem Bett auf. Es hat so eine Signalfunktion, und wenn die Informationen ankamen, hat das Gerät gepiept, bis ich das Faxschreiben herausnahm. Es war eine großartige Idee, und ich hatte das Gefühl, alles unter Kontrolle zu haben. Zwar wurde mein Schlaf dadurch ein bißchen durcheinandergebracht, aber ich meinte, das wäre eben der Preis dafür, und zu hoch wäre er nicht. Aber Ellen [seine Frau] *ist total ausgeflippt. Sie war damals Lehrerin, und sie sagte, das ständige Aufwachen wegen der Faxpieperei würde sie in den Wahnsinn treiben. Ich habe das Problem aber gelöst. Ich habe das Faxgerät im Nebenzimmer aufgestellt und besorgte mir so einen Minisender, der eigentlich für Fernseher gedacht ist. Den habe ich auf das Faxgerät gestellt. Ich mußte mir nur noch im Bett die Kopfhörer aufsetzen. Wenn das Faxgerät piepte, konnte ich es hören, aber Ellen nicht. Also bekam sie ihren Schlaf und ich die Informationen, die ich brauchte.*

Die Tatsache, daß gehetzte Unternehmer und internationale Geschäftsleute oft auf ihren Schlaf verzichten, mag uns kalt lassen. Wir sollten uns aber klarmachen, daß auch Menschen, die einen normalen Achtstundentag haben und keine Arbeit mit nach Hause nehmen, den Schlaf als unnötige, verzichtbare Aktivität betrachten. Fast alles andere im Leben gilt als wichtiger. Nehmen wir zum Beispiel an, Sie wollen etwas gegen den Streß in Ihrem Leben unternehmen und sich ein Haustier anschaffen. Also gehen Sie los und kaufen sich einen jungen Hund, einen wunderschönen Golden Retriever. Der Züchter weist Sie aber darauf hin, daß Sie täglich eine halbe Stunde mit dem Hund spazierengehen müssen, damit er gesund und glücklich bleibt. Wie wollen Sie diese zusätzliche halbe Stunde in Ihrem bereits überfüllten Terminplan unterbringen? «Kein Problem», sagen Sie sich. «Ich stelle den Wekker einfach eine halbe Stunde früher und gehe vor der Arbeit mit dem Hund spazieren.» Mit dieser einen Handlung haben Sie Ihr wöchentliches Schlafpensum um dreieinhalb Stunden und ihre jährliche Schlafzeit um mehr als einhundertachtzig Stunden reduziert. Im Verlauf dieses einen Hundelebens werden Sie ihm etwa zweitausendzweihundert Stunden Schlaf opfern.

Es geht mir aber ganz bestimmt nicht darum, unseren vierbeinigen Freunden eine besondere Schuld zuzuschieben. Nehmen wir als weitere Möglichkeit an, Ihr Sohn will Eishockey spielen, oder Ihre Tochter will Eiskunstlauf lernen. In vielen Fällen gibt es für solche Aktivitäten nur noch frühmorgens Termine in der Eissporthalle. Jetzt können Sie nicht mehr wie früher jeden Morgen bis sieben Uhr schlafen. Jetzt muß Ihr Kind Punkt sechs Uhr früh an der Eisbahn sein, was bedeutet, daß Sie um fünf Uhr aufstehen müssen. Gehen Sie dafür früher ins Bett? Wie denn? Da gibt es die Nachrichten und vielleicht auch die nächtliche Talkshow, die Sie glauben sehen zu müssen, damit Sie wissen, was in der Welt um Sie herum vor sich geht. Da gibt es Dienstagabend die Doppelkopfrunde, Mittwochabend die Selbsterfahrungsgruppe und Donnerstagabend Aerobic, und keiner dieser Termine läßt sich verschieben. Im Endeffekt werden Sie also die Übungsstunden Ihres Sprößlings mit fünfhundertzwanzig verlorenen Schlafstunden pro Jahr bezahlen, und wenn er oder sie von der zweiten bis zur zehnten Klasse mit dem Training durchhält, werden Sie insgesamt viertausendeinhundertsechzig Stunden Schlaf verlieren. Das ist mehr, als wenn Sie einfach beschlossen hätten, jede Woche eine Nacht durchzumachen.

Viele Verpflichtungen, die uns den Schlaf rauben, sind von kürzerer Dauer, können aber trotzdem zu einem großen

Schlafverlust führen. Nehmen wir an, Sie haben beruflich mit einem bedeutenden Projekt zu tun – oder Sie besuchen eine Abendschule, pauken für eine Prüfung oder bereiten ein Familienereignis vor, eine Hochzeit oder ein großes Fest. Woher nehmen Sie die Zeit für diese notwendigen zusätzlichen Aktivitäten? In der Regel verlängern die Menschen einfach ihren Arbeitstag um eine oder zwei Stunden. In den meisten Fällen wird die Stunde am Ende des Tags angehängt; beiläufig sagt man dem Ehepartner: «Geh du schon mal ins Bett, Liebling; ich muß noch etwas erledigen.» Auf diese Weise kann es passieren, daß Sie täglich eine Stunde weniger schlafen, bis das Projekt abgeschlossen ist.

Wenn sich die wirtschaftlichen Bedingungen verschlechtern, finden zwar immer weniger Menschen eine Vollzeitbeschäftigung, aber diejenigen, die noch Arbeit haben, müssen immer länger arbeiten. Denn die Anforderungen an ein Wirtschaftsunternehmen fluktuieren, und es kann vorkommen, daß die geschrumpfte Belegschaft diesen Anforderungen während der regulären Arbeitszeit nicht nachkommen kann. Noch so viele Überstunden kosten den Betrieb weniger als die Einstellung neuer Arbeitskräfte. Für die Beschäftigten allerdings bedeuten Überstunden weit mehr als einfach mehr Geld in der Tasche. Die Hausarbeit muß trotzdem gemacht werden, ebenso der Einkauf, das Waschen und was noch alles in der Wohnung zu erledigen ist, obwohl jetzt weniger freie Zeit dafür zur Verfügung steht. Wo soll diese zusätzliche Zeit herkommen? Am einfachsten ist es, sie dem Schlaf zu rauben. Also führen Überstunden in der Regel dazu, daß die Beschäftigten für die Dauer der verlängerten Arbeitszeit auch weniger schlafen.

Manche Menschen werden nicht einmal durch Geld dafür entschädigt, daß sie immer länger arbeiten. Sie gewöhnen sich einfach daran, Arbeit mit nach Hause zu nehmen und abends zu erledigen. Das ist zum Beispiel bei Bernard der Fall, der im mittleren Management einer Firma tätig ist, die Holzprodukte herstellt. Bernard erklärt:

Der reguläre Arbeitstag reicht nie aus, um die Arbeit zu erledigen. Wie sollen wir da auch fertig werden? Man muß immer zu irgendeiner Sitzung gehen, irgend jemanden zurückrufen, einen Brief rausschicken, so etwas. Das heißt, wenn es um Quartalsabschlüsse oder regelmäßige Berichte für die Personalabteilung geht, kann ich sie nur in meiner eigenen Freizeit erledigen – zu Hause. Der leitende Direktor will nichts davon hören, daß es während des normalen Arbeitstags nicht genug Zeit dafür gibt. Heutzutage beschwert man sich nicht darüber, daß es zuviel Arbeit gibt, um sie in der Arbeitszeit zu erledigen, sonst denken sie, man wäre der Sache nicht gewachsen. Ich kann Ihnen sagen, heute sind solche Jobs im mittleren Management dünn gesät. Das heißt also, wenn der leitende Direktor die Berichte bis dann und dann fertig auf den Tisch haben will, dann haben sie gefälligst auch da zu sein. Also stecke ich einen Teil der Arbeit unauffällig in meine Aktentasche und bringe sie mit nach Hause. Wenn ich ein paar Stunden jede Nacht arbeite, nachdem alle anderen im Bett sind, komme ich meistens zurecht. Ich verzichte nicht gern auf den Schlaf. Manchmal bin ich wirklich sehr müde. Aber wie ich meiner Frau sage: Es sind immer nur ein paar Wochen im Jahr, und dafür läuft dann bei der Arbeit alles glatt.

In diesem Wahnsinn steckt Methode. Mitte der siebziger Jahre brachte der durchschnittliche Amerikaner Umfragen zufolge mehr als sechsundzwanzig Stunden wöchentlich mit Freizeitaktivitäten zu. In den neunziger Jahren ist diese Zeit auf rund sechzehn Stunden pro Woche gesunken. Dieser Rückgang um zehn Stunden bedeutet, daß wir mehr als ein Drittel unserer Freizeit eingebüßt haben. Gleichzeitig ist der

Anteil der Zeit, die wir bei der Arbeit oder damit zusammenhängenden Tätigkeiten verbringen, stetig gestiegen. Obwohl die durchschnittliche Arbeitswoche in den USA Mitte der siebziger Jahre laut Tarifvereinbarungen fünfunddreißig Stunden betrug, haben die meisten Menschen tatsächlich einundvierzig Wochenstunden gearbeitet, etwa eine Stunde mehr pro Tag. In den neunziger Jahren beträgt die Wochenarbeitszeit fast achtundvierzig Stunden, das heißt zweieinhalb Stunden mehr pro Tag. Diese Zeit muß irgendwo herkommen, und sie wird in der Regel von der Zeit abgezogen, die wir im Bett verbringen.

Es gibt eine weitere neue Entwicklung im Wirtschaftsleben, die schlimme Folgen für unsere Nachtruhe in sich birgt. Immer mehr Menschen arbeiten zu Hause und halten die Verbindung zu ihren Kunden und Ressourcen vermittels Modem, Fax und Telefon aufrecht. Menschen, die zu Hause arbeiten, haben oft merkwürdige Arbeitszeiten. Marilyn ist eine Grafikerin, die hauptsächlich zu Hause arbeitet. Sie steht meistens um sechs Uhr dreißig auf und macht schnell ihrem Mann und den beiden Kindern das Frühstück. Wenn sie aus dem Haus sind, zur Arbeit oder zur Schule, arbeitet sie zwei bis drei Stunden. Die jüngere Tochter kommt dann zum Mittagessen nach Hause, und wenn sie nachmittags wieder in der Schule ist, kann Marilyn weitere zwei Stunden arbeiten. Dann macht sie die Hausarbeit, bis ihre Tochter aus der Schule kommt. Sie verbringt etwas Zeit mit dem Kind, bevor sie das Abendessen bereitet, das etwa um achtzehn Uhr dreißig auf den Tisch kommt. Nach dem Essen und dem Abwaschen, etwa um zwanzig Uhr, geht Marilyn zurück an ihren Schreibtisch und arbeitet weitere drei bis vier Stunden. Sie ist selten vor Mitternacht im Bett. Zwar bietet ihr die Heimarbeit eine Möglichkeit, Berufs- und Familienleben miteinander zu verbinden, aber Marilyn bezahlt diesen Lebensstil mit der Einschränkung ihrer Schlafzeit auf durchschnittlich sechseinhalb Stunden pro Nacht. Ihre Situation ist durchaus nicht untypisch für Menschen, die zu Hause arbeiten, ganz gleich, welchen Beruf sie ausüben. Am Ende arbeiten sie oft länger, als es in einem Büro oder Laden der Fall wäre. Da es keine Trennung zwischen Wohnung und Arbeitsplatz gibt, ist es oft allzu leicht, die normalen häuslichen Tätigkeiten zu vernachlässigen, um mehr Zeit für die Arbeit herauszuschinden. Wie nicht anders zu erwarten, wird am häufigsten eine bestimmte Tätigkeit hintangestellt, nämlich das Schlafen.

Ein ehrgeiziger junger Geschäftsmann drückte seine Sicht der Dinge wie folgt aus: «Hören Sie, wenn Zeit Geld ist, dann würde ich sagen, daß ich und die meisten Menschen in meiner Lage ein Liquiditätsproblem haben. Wenn das also stimmt – meinen Sie, daß ich meine beschränkten Ressourcen auf eine Sache verschwenden werde, bei der die Gewinnspanne so niedrig ist wie beim Schlafen?»

Als Neuropsychologe bin ich immer ein wenig beunruhigt, wenn ich solche Äußerungen höre. Angesichts großer technologischer und gesellschaftlicher Veränderungen müssen wir uns fragen, ob wir Menschen mit dem Tempo Schritt halten und uns den Bedingungen anpassen können, die wir uns aufgezwungen haben. Als Edison die Glühbirne erfand, stieß er die Tür zu einer neuen technologischen Ära auf, in der es möglich wurde, den Schlaf aufzugeben und rund um die Uhr zu arbeiten. Aber der designierte Anwender dieser Technologie ist eine biologische Maschine mit einer sehr langen Geschichte evolutionärer Anpassung. Mit der Geschwindigkeit der technologischen Evolution kann die biologische Evolution schon lange nicht mehr mithalten. Unsere Physiologie können wir nicht per Knopfdruck ändern. Was die Menschen heute von ihren Körpern und Köpfen verlangen, steht im Widerspruch zu ihrer biologischen Beschaffenheit.

Unsere Spezies hat sich sehr langsam herausgebildet. Man kann zwar die Entwicklung des Menschen etwa vier Millionen Jahre zurückverfolgen bis zum *Australopithecus afarensis,* der als erster Hominide gilt; aber erst vor zwei Millionen Jahren treten Hominiden auf, die wir aufgrund ihrer Menschenähnlichkeit in die biologische Gattung aufnehmen können, zu der wir selbst gehören: *Homo* – der Mensch. Das erste unzweifelhaft menschliche Wesen war *Homo habilis,* der «geschickte Mensch», so genannt, weil er auch der erste Werkzeugmacher war. Die Kette der Evolution setzt sich dann langsam fort, und erst vor etwa dreißigtausend Jahren erscheinen die ersten modernen Menschen: *Homo sapiens sapiens,* der «weise Mensch».

Im Verlauf dieser langsamen biologischen Evolution veränderten sich die das Überleben garantierenden Gewohnheiten und Verhaltensmuster in einem Tempo, das vermutlich mit dem Tempo der evolutionären Veränderungen kompatibel war. Vier Millionen Jahre lang waren die Menschen hauptsächlich Sammler und Jäger. Das Sammeln von Nüssen, Beeren und Wurzeln erforderte Licht. Im Dunkeln war kaum etwas zu finden. Zum Jagen brauchten unsere Vorfahren auch Licht. Das Ergebnis war, daß die Menschen in den Stunden der Dunkelheit schliefen, weil es nutzlos und gefährlich war, irgend etwas anderes zu tun. Schließlich trieben sich da draußen in der Finsternis Säbelzahntiger herum, und da war es besser, in einer netten, gut versteckten Höhle zu schlafen. Ausgehend von den üblichen Tag-Nacht-Zyklen in den Gebieten der Erde, wo sich die Menschen entwickelt haben sollen, können wir annehmen, daß diese Menschen es mit vierzehn Stunden Dunkelheit oder relativer Dunkelheit pro Tag zu tun hatten und daß sie wahrscheinlich einen großen Teil dieser Zeit verschlafen haben.

Vergleichen wir nun die vier Millionen Jahre unserer biologischen Evolution mit dem Entwicklungstempo unserer Technologie. Die Geschichte der Maschinen beginnt wohl mit der Erfindung des Rads. Viele Menschen sind überrascht zu hören, daß die ersten Hinweise auf die Verwendung eines Rads erst fünftausend Jahre alt sind. Eine frühsumerische Skizze zeigt den Gebrauch primitiver Räder, eigentlich nur hölzerner Platten, die an den Ecken roh abgerundet sind und an einem primitiven karrenähnlichen Gefährt befestigt sind. Die moderne Technologie hat eine ganz kurze Geschichte. Erst vor wenig mehr als hundert Jahren, 1888, wurde der erste mit Wechselstrom arbeitende Elektromotor patentiert. Die Leuchtröhre, die eine viel bessere Annäherung an kontinuierliches Tageslicht liefert, als es die Glühbirne je könnte, wurde 1936 entwickelt. Es ist schwer zu glauben, daß die Computerära erst 1951 begann – mit UNIVAC (das Kürzel bedeutet *universal automatic computer*), dem ersten für kommerzielle Zwecke entworfenen digitalen Rechner. Es dauerte weitere elf Jahre, bis IBM die erste Festplatte einführte, und erst 1970 gab es die erste Floppy Disk, die es Menschen ermöglichte, ihre Programme und Daten von einem Computer zum anderen zu tragen – eine Operation, für die bis dahin Tausende von Lochkarten benötigt wurden. Denken Sie einmal darüber nach: Seit der Einführung der Metallfadenglühbirne, die das elektrische Licht technisch praktikabel und universell verfügbar machte, sind insgesamt weniger als einhundert Jahre vergangen, und seit dem Eintritt in das Computerzeitalter der frei fließenden, vierundzwanzig Stunden am Tag anzapfbaren Informationen sind es weniger als fünfzig Jahre. Die Technologie hat sich sehr schnell entwickelt. Aber was ist mit uns?

Leider besitzen wir immer noch die Physiologie der Jäger und Sammler. Seit vier Millionen Jahren, abzüglich lediglich der letzten hundert, bestanden die evolutionären Anforderungen an die sich herausbildende Spezies Mensch jedenfalls nicht darin, Kernkraftwerke mitten in der Nacht zu überwachen, nächtelang für Prüfungen zu pauken, Verkaufsberichte für das abgelaufene Quartal um zwei Uhr früh zu verfassen, spätabends fernzusehen, in Single-Bars herumzuhängen oder die Mitternachtsschicht am Fließband durchzustehen. Wir sind dafür gebaut, eine bestimmte ökologische Nische auszufüllen, auf bestimmte Weise unter bestimmten wohldefinierten und relativ konstanten Umweltbedingungen zu funktionieren. Diese Umweltbedingungen sind durch das jederzeit verfügbare Licht, durch elektrische Maschinen und Computernetzwerke sowie durch Unterhaltungs- und Freizeitangebote zu jeder Tages- und Nachtzeit radikal verändert worden. Und diese neuen Bedingungen verführen uns zum Glauben, daß Edison vielleicht recht hatte. Vielleicht könnten wir wirklich rund um die Uhr funktionieren und bräuchten keine oder nur wenig Zeit beim Schlafen zu verschwenden. Diese ganzen technologischen Veränderungen haben sich jedoch, an der Evolutionsuhr gemessen, erst vor einer Sekunde ereignet. Die Bedürfnisse der primitiven Jäger haben unsere Evolution und damit unsere heutige Physiologie bestimmt, und die Evolution hat noch keine Antwort gefunden auf die Bedürfnisse des Nachtschichtarbeiters oder des getriebenen und ehrgeizigen Aktienverwalters, der von seinem New Yorker Apartment aus mitten in der Nacht die Preise an der Tokioter Börse verfolgt. Auch wenn uns der Schlaf als reine Zeitverschwendung erscheint – hinter seiner Evolution steckt wahrscheinlich ein guter Grund.

Wie flexibel sind wir wirklich im Hinblick auf unser Schlafbedürfnis? Handelt es sich beim Schlaf tatsächlich um eine wertlose Auszeit, bei der wir einfach ein Drittel unseres Lebens verplempern? Wenn ja, können wir einen Weg finden, auf den Schlaf zu verzichten oder wenigstens seine schädliche Wirkung zu vermindern? Wenn nicht, zeichnen sich irgendwelche langfristigen oder ernsthaften Konsequenzen unserer modernen Neigung ab, ohne Schlaf auszukommen oder so viel Zeit wie möglich dem Schlaf zu entreißen? Die Antworten auf diese Fragen werden immer wichtiger, weil es so aussieht, als ob viele Probleme unserer Zeit eher damit zusammenhängen, daß wir zuwenig schlafen, als damit, daß wir unsere Zeit beim Schlafen verschwenden. Es sieht so aus, als hätten wir uns nicht schnell genug entwickelt, um mit unserer technologischen Welt Schritt zu halten. Offensichtlich können wir unsere Schlafdauer einschränken, um den Anforderungen der Technologie und der Gesellschaft gerecht zu werden, und das tun wir auch. Es ist aber leider so, daß wir uns selber mit dieser Einschränkung etwas vormachen, und das Ergebnis dieser Selbsttäuschung sieht auf Dauer so aus, daß wir uns ungeschickt anstellen, unintelligent verhalten und unglücklich machen – und uns oft genug ums Leben bringen.

Schlaf und Bewußtsein

Für die meisten von uns gehören wohl diejenigen Aktivitäten zu den wichtigsten im Leben, die mit dem Essen und dem Sex zu tun haben. Wenn ich Sie bitten würde, die Wichtigkeit dieser Tätigkeiten irgendwie zu belegen, könnten Sie vielleicht erwidern, daß Sie jeden Tag viel Zeit (oder wenigstens viele Gedanken) darauf verwenden. Aber selbst der amouröseste Feinschmecker kann diesen Aktivitäten nur einen Bruchteil der Zeit widmen, die er beim Schlafen zubringt. Wenn Sie zum Beispiel siebzig Jahre alt werden und so viel schlafen, wie es die meisten Menschen im Schnitt tun, werden Sie über zweihunderttausend Stunden Ihres Lebens verschlafen haben. Wenn unsere Spezies dafür programmiert worden ist, so viel Zeit darauf zu verwenden, muß dieses Verhalten offensichtlich eine wichtige, vielleicht sogar lebenswichtige Funktion erfüllen. Und dennoch haben wir erst seit den fünfziger Jahren dieses Jahrhunderts eine halbwegs brauchbare Vorstellung davon, was der Schlaf eigentlich ist.

Wenn man einen schlafenden Menschen oder ein schlafendes Tier beobachtet, entdeckt man bald eine Reihe gemeinsamer Merkmale, die offensichtlich das Schlafverhalten charakterisieren:

- Zum Schlaf gehört normalerweise eine typische Körperhaltung. Es wäre äußerst ungewöhnlich, einen Menschen im Stehen schlafen zu sehen. Wenn wir wollen, daß ein Mensch schläft, sagen wir ihm also in der Regel, daß er sich hinlegen solle.

- Beim Schlafen wird die Körperaktivität normalerweise erheblich reduziert. Zwar gibt es Bewegungen im Schlaf, aber man geht eigentlich nicht davon aus, daß ein Mensch oder ein Tier in diesem Zustand die Straße entlangläuft. Umgekehrt ist es nicht üblich, daß Menschen, die nicht schlafen, lange Zeit bewegungslos liegen bleiben (das gilt besonders für kleine Kinder).
- Normalerweise gibt es einen besonderen Ort, an dem geschlafen wird. Bei Tieren kann das ein Nest oder ein Bau sein, bei Menschen ist es ein Schlafzimmer oder zumindest ein Bett.
- Der Schlaf ist normalerweise ein regelmäßiges, täglich wiederkehrendes Ereignis, das zu bestimmten, in etwa vorhersagbaren Zeiten stattfindet. Die typische Schlafzeit eines Menschen ist die Nacht, während Löwen oder Tiger zwei Schlafzeiten haben, eine in der Nacht und eine am Nachmittag.
- Wenn Menschen schlafen, sind sie normalerweise weniger aufmerksam und reagieren weniger auf Veränderungen in ihrer Umgebung. Deshalb können Sie sich in der Regel so schlecht an die Fernsehsendung erinnern, bei der sie eingenickt sind.

Wenn Sie den Schlaf erforschen wollten und sich lediglich auf die Beobachtung der oben umrissenen charakteristischen Merkmale stützen müßten, würden Sie wahrscheinlich nicht viel Neues lernen (und eine ausgesprochen langweilige Zeit damit zubringen, Menschen zu beobachten, die anscheinend gar nichts machen). Vielleicht ist das der Grund dafür, daß es von den dreißiger Jahren bis Anfang der fünfziger Jahre nur einen einzigen bedeutenden Wissenschaftler gab, der sich ausschließlich der Erforschung des Schlafs widmete. Nathaniel Kleitman, Professor der Physiologie an der University of Chicago, betrat das Gebiet der Schlafforschung mit den gleichen Vorurteilen, die wohl auch heute noch die meisten Menschen haben. Er ging zunächst davon aus, daß der Körper etwa mit einem Automobil vergleichbar sei, mit dem Gehirn als Motor. Der Schlaf war für ihn wie das Abstellen des Autos über Nacht: Im Schlaf werde der Körper inaktiv, und das Gehirn sei im Grunde genommen ausgeschaltet. Das Auto springt an, wenn jemand am nächsten Morgen den Motor zündet. Zwar gebe es, räumte Kleitman ein, insofern einen Unterschied, als sich das Gehirn nicht völlig abschalte; es verlangsame sich nachts vielmehr (wie ein Motor im Leerlauf), mit einem gelegentlichen kurzen Aktivitätsschub, der sich vielleicht als Traum bemerkbar machen könne. In seinem 1939 erschienenen Buch *Sleep and Wakefulness* (Schlafen und Wachen) beschreibt Kleitman den Schlaf schlicht als «periodische, vorübergehende Beendigung oder Unterbrechung des Wachzustands, der für den gesunden Erwachsenen die vorherrschende Lebensweise darstellt».

Als Kleitman mit dem Studium des Schlafs begann, gab es wenige Methoden, zuverlässige Daten über dieses Verhalten zu sammeln. Schlafende können einem ja nicht erzählen, was sie fühlen oder erleben, und wenn man sie aufweckt, um sie danach zu fragen, dann schlafen sie eben nicht mehr. So befindet man sich in einer merkwürdigen Lage: Man bittet Menschen, einen Zustand zu beschreiben, den sie jedenfalls gerade dann nicht erleben können, wenn sie darüber berichten sollen. Für einen Wissenschaftler bilden solche Beobachtungen keine sehr vertrauenserweckende Forschungsgrundlage.

Und es kommt für den Wissenschaftler noch schlimmer. Die meisten Menschen können nämlich sehr schlecht einschätzen, wie sie geschlafen haben. Einmal nahm ich an einem Schlafversuch teil, bei dem ein junger Erwachsener alle dreißig Minuten kurz geweckt wurde. Der junge Mann wurde wachgerüttelt, und dann wurden ihm einige einfache Fragen gestellt, um sicherzustellen, daß er wach war, zum Beispiel: «Welchen Wochentag haben wir heute?» oder: «Welche Zahl erhält man, wenn man die Zahlen sechs und drei zusammenzählt?» Nach insgesamt fünfzehn solcher Weckprozeduren ließen wir ihn schließlich weiterschlafen, bis er am Morgen von selbst erwachte. Dann fragten wir ihn, wie er denn geschlafen habe.

«Ich habe richtig schön durchgeschlafen», sagte er.

«Können Sie sich an irgend etwas erinnern?» fragten wir.

«Nicht viel. Ich habe vielleicht geträumt, aber daran kann ich mich nicht sehr gut erinnern. Ich glaube, bei einem Traum war ich hier im Schlaflabor, und es hat jemand mit mir gesprochen, aber ich weiß nicht mehr, was er gesagt hat. Einmal bin ich vielleicht aufgewacht, als Sie irgendwelche Zahlen zusammengezählt haben, aber abgesehen davon bin ich von dem Augenblick an, als mein Kopf gestern abend das Kissen berührte, nicht ein einziges Mal wach gewesen.»

Das klingt vielleicht etwas bizarr, aber es ist ganz typisch. Manche Menschen, die eine Schlafstörung haben (zum Beispiel eine Schlafapnoe, wovon etwas später die Rede sein wird), können sogar einige hundertmal pro Nacht wach werden. Obwohl sie sich am nächsten Tag vielleicht etwas schläfrig und unausgeruht fühlen, können sie sich oft nicht daran erinnern, wach geworden zu sein, bevor ihr Wecker am Morgen geklingelt hat.

So wie man das falsche Gefühl haben kann, gut geschlafen zu haben, kann man auch zu Unrecht glauben, man habe schlecht oder gar nicht geschlafen. Eine ganze Reihe von Versuchen ist mit Menschen durchgeführt worden, die der Ansicht sind, sie litten unter Schlaflosigkeit. (Viele dieser Untersuchungen wurden an der Stanford University vorgenommen.) Beim Überprüfen ihrer Schlafmuster im Schlaflabor finden die Schlafforscher in der Regel heraus, daß diese Menschen tatsächlich weniger schlafen als Menschen, die von sich behaupten, normal zu schlafen, aber nicht so viel weniger, wie sie es aufgrund ihres persönlichen Erlebens glauben. Menschen, die unter Schlaflosigkeit leiden, behaupten regelmäßig, daß sie eine Stunde oder länger zum Einschlafen brauchen, aber die Messung ihrer Gehirnströme zeigt, daß fast alle diese Menschen innerhalb von zwanzig bis dreißig Minuten einschlafen. Das heißt, ihre persönliche Einschätzung weicht um das Zwei- bis Dreifache von ihrem tatsächlichen Verhalten ab. Die meisten Menschen, die unter Schlaflosigkeit leiden, neigen außerdem dazu, die tatsächliche Dauer ihres nächtlichen Schlafs um die Hälfte zu unterschätzen.

Ich kann aus meinem eigenen Erleben ein Beispiel dafür liefern, daß wir glauben können, wach zu sein, während wir in Wirklichkeit fest schlafen. Während ich an der Stanford University in Kalifornien an meiner Doktorarbeit saß, wohnten meine Frau und ich in einem Wohnheim für verheiratete Studenten, einer ehemaligen Baracke, die in einzelne Wohnungen unterteilt worden war. Eines Morgens lag ich im Bett und klagte über die schlaflose Nacht, die ich hinter mir hatte.

«Ich habe kein Auge zugetan», teilte ich meiner Frau mit. «Stundenlang habe ich nur dagelegen und die Zimmerdecke angestarrt.»

«Weißt du, ich habe selbst ganz schlecht geschlafen», stöhnte sie zur Antwort.

Der Radiowecker bestand aber darauf, daß es Zeit wäre, aufzustehen, also stemmte ich mich hoch, bis ich eine sitzende Position einnehmen konnte. Die ganze Bettdecke und ein Großteil des Fußbodens waren mit einer Schicht weißen, krümeligen Materials bedeckt, das ich fassungslos anstarrte, während erst jetzt die Worte des Nachrichtensprechers aus dem Radio in mein Bewußtsein drangen: «Wir erhalten immer neue Berichte über das Erdbeben der vergangenen Nacht», sagte er. «Ein paar kaputte Fenster, leergeräumte Regale, die üblichen Risse im Putz, aber keine großen Schäden und keine Schwerverletzten.» Jetzt begriff ich: Während ich das Gefühl gehabt hatte, die ganze Nacht wach zu liegen, hatte ich in Wirklichkeit so fest geschlafen, daß ich nicht einmal das Erdbeben mitbekommen hatte, obwohl der Deckenputz unseres Zimmers dabei zu einem nicht unerheblichen Teil auf unser Bett gefallen war. Als ich mich aufrichtete, rollten sogar zwei tennisballgroße Putzklumpen von meiner Brust, wo sie offensichtlich seit dem Erdbeben vor mehr als einer Stunde gelegen hatten. Soviel zu meiner Erfahrung einer völlig schlaflosen Nacht!

Wenn uns die Menschen also nicht einmal genau sagen können, wie lange sie zum Einschlafen brauchen oder wie lange sie schlafen oder ob ihr Schlaf unterbrochen wurde oder nicht, dann wird es uns auch nicht viel bringen, wenn wir sie zu ihren Schlafgewohnheiten befragen. Wir brauchen offensichtlich eine Möglichkeit, den Schlaf eines Menschen objektiv zu untersuchen. Bevor wir das aber versuchen, wäre es möglicherweise von Vorteil, wenn wir wüßten, was wir eigentlich mit dem Begriff *Schlaf* meinen. Und dazu müßten wir vielleicht auch wissen, was wir unter *Bewußtsein* verstehen.

Der Schlaf gilt allgemein als das Gegenteil vom Wachsein. Auf den ersten Blick scheint der Unterschied zwischen diesen beiden Zuständen mit der Art der Wechselbeziehung zwischen uns und unserer Umgebung zusammenzuhängen. Im Wachzustand verarbeiten wir aktiv die Informationen unserer Sinnesorgane, überwachen unsere Umgebung und unterhalten komplexe Wechselbeziehungen zur Umwelt. Für den durchschnittlichen Menschen bedeutet *wach sein* das gleiche wie *bewußt sein*. Für den Psychologen jedoch sind sowohl

Schlafen als auch Wachen Formen des Bewußtseins, nur eben verschiedene Bewußtseins*zustände*. Also, fragen Sie, was ist denn das Bewußtsein? Das ist zwar eine schwierige Frage, doch gibt es tatsächlich ein gewisses Maß an Übereinstimmung darüber, was Bewußtsein eigentlich bedeutet.

Betrachten wir die folgende Situation: Nehmen wir einmal an, Ihr bester Freund hat Sie gerade angesprochen und gefragt, ob Sie ihm raten würden, die Frau zu heiraten, mit der er seit einiger Zeit ausgeht. Ihr Bewußtsein dieses Ereignisses umfaßt verschiedene Aspekte. Erstens nehmen Sie die Welt um sich herum wahr, darunter Ihren Freund, die Worte seiner Frage, seinen Tonfall, seinen Gesichtsausdruck und so weiter. Zweitens nehmen Sie Ihren inneren Zustand wahr, darunter vielleicht die Tatsache, daß Ihr Herz rast, Sie zu schwitzen anfangen und ihre Finger zucken. Zugleich sind Sie sich auf einer höheren Ebene als eines einmaligen Individuums bewußt, daß dieses Ereignis gerade erlebt. In diesem Fall könnte sich dieses Bewußtsein einfach in dem Gefühl äußern: «Warum ich? Ich habe keine Lust, diese Frage zu beantworten.» Auf der höchsten Stufe sind Sie sich Ihres eigenen Bewußtseins bewußt: Das heißt, Sie wissen, daß Sie über dieses Erlebnis nachdenken. Dieses Wissen kann die Form von Spekulationen und Vorhersagen annehmen, zum Beispiel: «Wenn ich jetzt sage, was ich denke, werde ich mich bestimmt lächerlich machen.» Manche Menschen beschreiben diese höchste Stufe als eine Art Dialog mit sich selbst, der sich in ihrem Kopf abspielt. Psychologen sprechen gelegentlich etwas abfällig von «Dachstubengeschwätz». Beachten Sie, daß diese verschiedenen Aspekte des Bewußtseins verschiedene Komplexitätsgrade aufweisen; deshalb sprechen Psychologen von verschiedenen Stufen des bewußten Erlebens.

Jede dieser Stufen müßten wir bei einem normalen Menschen im Wachzustand antreffen können. Man kann aber wach sein und trotzdem nur über ein reduziertes Bewußtsein verfügen. Um diese Aussage zu verstehen, wird es vielleicht von Nutzen sein, etwas über die Funktionen des Bewußtseins, wie wir es heute verstehen, zu erfahren. Die meisten Psychologen unterscheiden zwei Hauptfunktionen des Bewußtseins. Die erste ist die sogenannte *Monitorfunktion*, mit der wir den Zustand unseres Körpers und das, was in der Welt um uns herum geschieht, überwachen. Die zweite ist die *Kontrollfunktion* und umfaßt auch das Planen, Initiieren und Leiten unserer Handlungen. Zur Kontrollfunktion gehört sowohl die einfache Tätigkeit des Kratzens dort, wo es juckt, als auch die etwas komplexere Tätigkeit der langfristigen Lebensplanung.

Zur Monitorfunktion des Bewußtseins gehört allerdings auch mehr als nur die Wahrnehmung der Ereignisse, die unsere Sinnesorgane registrieren. Die Monitorfunktion umfaßt auch das Ausblenden derjenigen Ereignisse, die im Augenblick wenig Relevanz für uns besitzen. Bestimmte Aspekte dieser Funktion sind eher *vorbewußt* als bewußt. Damit ist gemeint, daß bestimmte Informationen in einem gegebenen Augenblick nicht bewußt sind, aber leicht bewußt gemacht werden können. Zum Beispiel nehmen Sie wahrscheinlich erst jetzt, da ich es erwähne, das Gewicht Ihres Körpers wahr, das auf Ihr Gesäß drückt. Es war vorbewußt, bis ich es erwähnte; sobald ich Sie aber auf diese Wahrnehmungsquelle hinwies, wurde es Ihnen bewußt.

Das Tor zwischen der bewußten Wahrnehmung und dem vorbewußten Zustand ist die Aufmerksamkeit. Wenn Sie Ihre Aufmerksamkeit einer neuen Reizquelle zuwenden, werden die Ereignisse bewußt, die sich im Lichtkegel Ihrer Aufmerksamkeit abspielen, während die Reize, die Sie eben noch beschäftigt haben, an den Rand der bewußten Wahrnehmung driften. Hätten wir nicht diese Fähigkeit, die Menge des in unserem Bewußtsein verfügbaren Materials zu begrenzen, so würden wir von einer solchen Informationsflut überwältigt werden, daß wir gar nicht funktionieren könnten. In diesem Augenblick zum Beispiel könnten Sie den Druck, die Empfindungen, die Temperatur und die Position eines jeden Fingers an beiden Händen bewußt wahrnehmen. Das sind schon viele Informationen. Fügen Sie noch die entsprechenden Daten über Ihre Hände, Handgelenke, Arme, Schultern, Zehen, Füße, Gesicht, Ohren, Zunge, Nase hinzu (und wir reden noch gar nicht darüber, was Sie gleichzeitig hören und sehen) – Sie sehen schon, mit was für Datenmengen wir fertig werden müssen. Wenn wir diese Informationen ständig bewußt verarbeiten müßten, hätten wir keine geistigen Reserven übrig, um das Abendessen zu planen, unseren Lebensunterhalt zu verdienen, künstlerisch tätig zu sein oder wissenschaftlich zu forschen.

Etwas nicht bewußt wahrnehmen bedeutet aber keineswegs, daß wir es nicht auf irgendeiner Ebene verarbeiten. Wir können Informationen verarbeiten, ohne es bewußt zu tun. Sie haben zum Beispiel bestimmt schon etwas Ähnliches erlebt: Sie befinden sich in einer Menschenmenge, sagen wir bei einer Party oder in der Schlange am Kantinentresen. Sie stehen da und unterhalten sich mit einigen Freunden, und im Grunde genommen nehmen Sie nichts bewußt wahr außer den Stimmen der Personen, mit denen Sie gerade reden. Plötzlich aber werden Sie auf die Stimmen der Menschen in der Schlange oder Gruppe neben sich aufmerksam: Jemand hat Ihren Namen erwähnt. Das heißt, auch wenn Sie diese Stimmen nicht bewußt wahrgenommen haben, wurden sie doch auf einer Ebene im Sinne der Monitorfunktion von Ihnen überwacht. Bei relevanten Ereignissen (und was könnte für Sie persönlich relevanter sein als Ihr Name?) öffnen sich die Tore des Bewußtseins automatisch, und Sie nehmen diese Ereignisse bewußt wahr.

Die Wahrnehmung unserer Umgebung hält sich hartnäckiger, als Sie womöglich denken. Selbst unter Vollnarkose, etwa bei einem chirurgischen Eingriff, werden Wahrnehmungen auf irgendeiner Ebene verarbeitet. Lassen Sie mich ein Beispiel dafür geben: Eine Patientin – nennen wir sie M. – wurde wegen einer äußerst schmerzhaften Zyste operiert. Die Operation erforderte eine Vollnarkose, und nach der entsprechenden Dosierung verlor M. das Bewußtsein. Es handelte sich allem Anschein nach um einen leichten Eingriff, und noch im Wartezimmer kurz nach der Operation konnte der Arzt M. versichern, daß sie erfolgreich verlaufen war und daß man keine weiteren Schwierigkeiten erwarte. Obwohl es in der Tat keine weiteren physischen Probleme gab, versank M. im Verlauf der nächsten Nächte in einen Zustand tiefer Depression. Ihre normale Fröhlichkeit war völlig verschwunden, und sie klagte über Alpträume, Schlafstörungen und Niedergeschlagenheit. Ihre depressive Stimmung war so ausgeprägt, daß der Chirurg eine postoperative psychologische Behandlung anordnete. Das am Krankenhaus tätige Team wurde von einem Therapeuten geleitet, der bereits mit ähnlichen Fällen zu tun gehabt hatte. Zunächst versuchte er die Möglichkeit auszuschließen, daß ein Ereignis in M.s Leben vor dem Eingriff ihre jetzige Depression hervorgerufen haben könnte. Dann versetzte er M. in Hypnose und bat sie, sich so gut wie möglich an ihre Erlebnisse während der Operation zu erinnern. M.s Erinnerungen in der Hypnose sind bemerkenswert, da sie weit über den Zeitpunkt hinausgehen, als sie allen körperlichen Anzeichen nach vollständig bewußtlos war. Hier ist ein Teil der Aussage, die M. unter Hypnose gemacht hat:

Ich schließe die Augen, und sie [die Anästhesistin] *sagt: «Ich stelle nur die Maske richtig ein. Okay, jetzt fangen Sie mit der Zahl siebenundfünfzig an und zählen bitte rückwärts.» Siebenundfünfzig ... sechsundfünfzig ... fünfundfünfzig ... vierundfünfzig ... es wird warm. Ich fühle mich wattig, als wäre ich in einer Decke aus Kaninchenfell eingewickelt. Es wird dunkel.*

Ich höre Stimmen. Es ist, als ob sie im Zimmer nebenan wären. Es ist ein bißchen wie das Radio in meinem alten Auto. Das Geräusch wird manchmal lauter und dann wieder leiser, und manchmal kann ich die Wörter verstehen und manchmal nicht. Ein Mann sagt immer wieder: «Geben Sie mir», und eine Frau sagt immer wieder «Doktor», und es gibt auch andere Wörter.

Der Mann hat gerade meinen Namen genannt. Jetzt kann ich ihn etwas besser hören. «Jetzt habe ich sie geöffnet. Sehen Sie, wie eklig sie aussieht. Sie ist so groß wie eine Zitrone und sieht völlig verfault aus. Das verdammte Ding ist wahrscheinlich bösartig.» Ich fühle mich nicht gut. Ich habe jetzt richtige Angst, glaube ich, oder vielleicht falle ich. Ich glaube, ich mache mich naß, aber es ist kalt dort unten, nicht warm, und es fällt anscheinend niemandem auf. Der Mann sagt jetzt wieder «Geben Sie mir.» – «Geben Sie mir eine Bi.» Eben hat er «Krebs» gesagt, jetzt sagt er: «Wo ist meine Bi?» Sie reden viel, aber es ist leise, als ob ich es durch ein Kissen hindurch höre, und jetzt sagt eine andere Frau: «Sauber, Doktor ... sauber, Doktor.»

Selbst unter Vollnarkose konnte M. Gesprächsfetzen während der Operation verarbeiten. Obwohl ihr nicht bewußt war, weshalb sie unter Depressionen litt, hatten ihr offensichtlich die Wörter «häßlich», «Krebs» und «bösartig» angst gemacht. Der Chirurg wurde später hereingerufen und sprach mit M. Er konnte sich daran erinnern, daß ihn die Größe der Zyste überrascht hatte und daß er sich während der Operation die Frage stellte, ob es sich um einen bösartigen

Tumor handeln könnte. «Ich machte mir Sorgen wegen der Größe und der Farbe der Zyste», sagte er, «also habe ich eine schnelle Biopsie angeordnet. Wir ließen die Patientin auf dem Operationstisch liegen, bis die Resultate da waren, falls es sich doch um eine bösartige Geschwulst handeln sollte und wir einen radikaleren Eingriff vornehmen müßten, zum Beispiel die benachbarten Lymphknoten entfernen. Das war bestimmt die ‹Bi›, nach der ich gefragt habe – verstehen Sie, Bi wie Biopsie. Eine der Operationsschwestern brachte dann den Laborbefund. Ich weiß es nicht genau, aber ich glaube, sie sagte so etwas wie: ‹Es ist sauber, Doktor›, das hieß also, es gab keine Krebszellen.»

Nachdem M. den Biopsiebericht gelesen und sich davon überzeugt hatte, daß das entnommene Gewebe zwar fibrös, aber keinesfalls bösartig war, besserte sich ihre Stimmung. Bereits vierundzwanzig Stunden später schlief sie besser und blickte wie früher optimistisch in die Welt.

Der Fall M. zeigt, daß manche Patienten selbst unter einer Narkose, die stark genug ist, um chirurgische Eingriffe zu ermöglichen, immer noch Informationen aus ihrer Umgebung verarbeiten können. Der Fall ist nicht einmalig, ja nicht einmal ungewöhnlich. Es gibt viele Berichte darüber, daß Patienten unter Narkose Gesprächsfetzen aus dem Operationssaal aufgeschnappt haben. Wenn negative Bemerkungen während der Narkose in den Patienten Angst hervorrufen können, müßten positive oder aufmunternde Botschaften nach Ansicht mancher Forscher einen größeren Optimismus in der postoperativen Periode hervorrufen können. Einige Forschungsberichte scheinen zu belegen, daß Patienten, die während eines Eingriffs positive Mitteilungen erhalten, eine kürzere postoperative Krankenhausbetreuung brauchen. Solche Patienten erholen sich angeblich schneller, brauchen weniger hohe Dosen schmerzstillender Medikamente und klagen weniger häufig über postoperative Beschwerden.[2] Wie dem auch sei, es bleibt für uns die bedeutsame Tatsache, daß Menschen selbst in einem Zustand der Bewußtlosigkeit, den wir für tiefer als den natürlichen Schlaf halten, ihre Umgebung bis zu einem bestimmten Grad wahrnehmen und Informationen über bestimmte Ereignisse verarbeiten können. Davon ausgehend dürfte uns die Feststellung nicht überraschen, daß es sich beim Schlaf selbst nicht um einen zeitweiligen Tod, einen Fall völliger Wahrnehmungslosigkeit handelt, sondern vielmehr um einen Zustand, in dem wir lediglich reduziert in der Lage sind, die Ereignisse der Außenwelt zu überwachen.

Es müßte eigentlich klar sein, daß die Monitorfunktion des Bewußtseins auch im Schlaf in gewisser Weise fortgesetzt wird. Hätten wir im Schlaf überhaupt keine Sinneswahrnehmungen, wären wir als Spezies längst ausgestorben. Wären unsere Vorfahren beim Schlafen derart unempfindlich gewesen, daß sie es nicht mitbekamen, wenn ein Säbelzahntiger nachts an ihren Beinen herumknabberte, so würden heute nicht nackte Affen, sondern Katzen mit auffälligen Schneidezähnen die Erde beherrschen. Wenigstens solche Veränderungen in unserer Umgebung, die Gefahr signalisieren könnten, müssen wir wahrnehmen können. Ein Wachhund würde uns wenig nützen, wenn wir ihn nachts nicht bellen hörten, und das Signal eines Rauchmelders würde unser Leben nicht retten können, wenn wir beim Schlafen unseren Hörsinn völlig abschalteten.

Es ist klar, daß wir beim Schlafen viele Sinneseindrücke ausblenden. Ist der Sinnesreiz jedoch stark genug, ein lautes Geräusch etwa oder ein heftiger Klaps, so verarbeiten wir diese Information und verlassen den Schlafzustand. Es bedarf aber keiner übermäßigen Reizung der Sinnesorgane, um bestimmte Reaktionen während des Schlafs hervorzurufen.

Selbst feinste Veränderungen in der Umgebung können von einem Schlafenden wahrgenommen werden. Wir wissen alle, daß wir mit geschlossenen Augenlidern nur einen Teil des Lichts ausblenden und leicht feststellen können, ob ein Licht angemacht worden ist, auch wenn unsere Augen geschlossen bleiben. Ein Grund dafür, daß wir jeden Morgen um etwa die gleiche Zeit wach werden, mag darin liegen, daß wir beim Schlafen durch den Filter unserer geschlossenen Augenlider hindurch den Lichtpegel im Raum überwachen. Wenn die Sonne aufgeht und ihr Licht in unser Zimmer strömt, verarbeiten wir die Daten über die Lichtintensität, bis sie eine bestimmte Marke erreicht, die unser morgendliches Erwachen auslöst. Sie können das gelegentlich an sich selbst überprüfen. Lassen Sie an einem Wochenende die Gardinen oder Jalousien in ihrem Schlafzimmer in ihrer normalen Position, und stellen Sie nicht den Wecker. Wenn Sie zur üblichen Zeit ins Bett gehen, so dürften Sie ungefähr um die Uhrzeit wach werden (plus/minus dreißig Minuten), die auf Ihrem Wecker eingestellt ist. (Wahrscheinlich schlafen Sie allerdings wieder ein, wenn Ihnen einfällt, daß Sie heute nicht zur Arbeit müssen.) Ziehen Sie in der nächsten Nacht die Gardinen fest zu und benutzen Sie irgendein festes Material, um den Lichteinfall zu verhindern: Mit Klebeband befestigte Pappe oder Alufolie ist hierfür gut geeignet. (Keine Sorge – da es nur für eine Nacht ist, wird es den Nachbarn wahrscheinlich gar nicht auffallen.) Wenn Sie zur üblichen Zeit einschlafen, so dürften Sie am nächsten Tag fünfundvierzig Minuten bis einige Stunden später als sonst wach werden. Das Ausbleiben der von Ihnen im Schlaf wahrgenommenen morgendlichen Lichtzunahme ermöglicht Ihnen diesen Zusatzschlaf.

Auch Weckerhersteller haben versucht, aus der Tatsache, daß wir im Schlaf auf Lichtveränderung reagieren, Kapital zu schlagen. Sie entwickelten den «lautlosen Wecker». Mit diesem Wecker, so jedenfalls die Werbung, würde man «sanft geweckt, ohne den Partner oder die Menschen im Nebenzimmer zu stören». Der lautlose Wecker war einfach eine Uhr mit einem Leuchtrahmen, der zur vorgegebenen Zeit zu blinken begann. Diese plötzliche Veränderung der Lichtverhältnisse sollte den Schläfer sanft wecken. Und tatsächlich hat der lautlose Wecker funktioniert. Es gab jedoch einige unvorhergesehene Probleme – so mußte zum Beispiel die schlafende Person mit dem Gesicht zur Uhr liegen, deren Signal sonst wenig ausrichten konnte. Diesem entscheidenden Nachteil versuchte man beizukommen, indem man das Blinklicht sehr hell machte, aber damit wurde der Bettpartner (dessen Schlaf gerade durch diese Uhr geschützt werden sollte) in der Regel genauso effektiv mit geweckt, als hätte der Wecker laut geklingelt. Aber wenigstens eines seiner Werbeversprechen hat der lautlose Wecker wohl erfüllt: Der Schlaf der Menschen im Nebenzimmer wurde verschont.

Beim Schlafen sind neben der Lichtwahrnehmung auch der Tast- und der Hörsinn aktiv. Das können Sie leicht überprüfen, wenn Sie eine schlafende Person haben, mit der Sie experimentieren können. Beim einfachsten Experiment liegt die schlafende Versuchsperson auf dem Rücken. Schieben Sie sehr sanft einen Tennisball unter eine ihrer Schultern. Innerhalb weniger Minuten werden sich die meisten Menschen leicht zur Seite rollen, um dem nachhaltigen, genau lokalisierbaren Druck des Körpers auf den Ball auszuweichen. Das heißt, ohne aufzuwachen verarbeiten sie die vom Tastsinn mitgeteilten Veränderungen ihrer Lage und reagieren darauf. In manchen Fällen können Sie das Gesicht eines Schlafenden mit einer Feder berühren, und er wird danach schlagen oder sein Gesicht an der Berührungsstelle reiben, ohne jemals den Schlafzustand zu verlassen.

Auch Ihr Hörsinn ist beim Schlafen zwar reduziert, aber

noch in Betrieb. Das wird Ihnen jeden Morgen schmerzlich bewußt, wenn Ihr Wecker klingelt oder sich der Radiowecker einschaltet. Wir können mit einem subtileren Versuch demonstrieren, daß wir im Schlaf nicht nur Geräusche wahrnehmen, sondern sogar ihre Bedeutung entziffern. Wieder brauchen wir unsere schlafende Testperson. Machen Sie zunächst einige Glockengeräusche, zum Beispiel, indem Sie einen Löffel gegen ein leeres Glas schlagen. Diese Geräusche sollten weder laut noch leise sein, sondern ungefähr den Pegel eines Alltagsgeräuschs haben. In den meisten Fällen wird eine schlafende Person auf diese Geräusche kaum oder gar nicht reagieren. Beugen Sie sich jetzt über das Ohr des Schläfers und flüstern Sie seinen Namen zwei- oder dreimal. Obwohl Ihr Flüstern vielleicht nur halb so laut war wie das Glockengeräusch, werden viele Schlafende jetzt erwachen oder zumindest eine gewisse Aktivität entwickeln. Unsere Namen sind ganz besondere persönliche Reizworte, nach denen wir stets Ausschau halten. (Sie erinnern sich an das Beispiel: Sie unterhalten sich mit einer Gruppe von Menschen und hören, wie jemand in einer anderen Gruppe Ihren Namen nennt.) Selbst im Schlaf hören wir dieses besondere Geräusch unter allen anderen möglichen Geräuschen dieser Welt heraus und widmen ihm unsere besondere Aufmerksamkeit.

Diese Beispiele und Versuche zeigen, daß der Schlaf nicht mit Bewußtlosigkeit oder Wahrnehmungslosigkeit identisch, kein Zustand zeitweiliger Todesähnlichkeit ist. Während wir schlafen, achten unsere Körper noch auf Veränderungen in unserer Umwelt. Unsere wichtigsten Sinnesorgane funktionieren noch, wenn auch in reduziertem Umfang. Wir sind noch bewußt in dem Sinne, daß unser Gehirn noch arbeitet. Aber es handelt sich um eine andere Stufe des Bewußtseins als beim Wachzustand.

Was ist der Schlaf?

Was ist also der Schlaf? Wir haben ja gesehen, daß es sich beim Schlaf nicht um einen Zustand völliger Bewußtlosigkeit handelt. Für die Wissenschaftler umfaßt der Schlaf eine Reihe spezifischer Aktivitäten, die sich unter bestimmten Bedingungen im Gehirn abspielen. Worum es dabei genau geht, lernte ich bei meinem ersten Besuch in einem Schlaflabor. Das Labor gehörte William C. Dement, Professor der Psychiatrie an der medizinischen Fakultät der Stanford University und Pionier der Schlafforschung. 1967 befand sich sein Labor in einer großen Blechhütte, die von der Armee hinter einem Militärkrankenhaus errichtet worden war. Wenn ich mich richtig erinnere, befand sich das Hauptschlaflabor gleich am Eingang und enthielt alle möglichen Aufzeichnungsgeräte, und daneben waren, glaube ich, zwei winzige Schlafräume. Weiter hinten gab es diverse andere Räume, in denen zum Beispiel der Schlaf von Tieren untersucht wurde, und in mindestens zwei Zimmern stapelten sich vom Boden bis fast zur Decke Pappkartons voller Endlospapier, das am laufenden Kilometer mit Zickzacklinien beschrieben war. Das waren die Archivräume, in denen alle Schlafdaten aufbewahrt wurden, die das Labor über die Jahre gesammelt hatte.

Ich hatte mein Studium an der psychologischen Fakultät abgeschlossen und saß damals an meiner Doktorarbeit. Zwar forschte ich über Wahrnehmungsprozesse beim Menschen, doch das Problem des Schlafs faszinierte mich. Man redete damals viel über Dements Forschungen, die an der Universität für eine gewisse Aufregung sorgten. Als Theoretiker war Dement Anhänger der psychodynamischen Theorien Sigmund Freuds, der die Träume für einen Schlüssel zu den geheimsten Räumen der Psyche hielt. An der psychologischen Fakultät munkelten einige, Dement wolle «ein paar Träume einfangen». In meinen Ohren klang das reichlich seltsam. Unter den eher neuropsychologisch und behavioristisch orientierten Mitgliedern der psychologischen Fakultät von Stanford standen die Theorien Freuds nicht gerade in sehr hohem Ansehen. Aus diesem Grund wollte ich mich auch nicht direkt an Dement wenden. Er hätte mich zur Psychodynamik befragen können, und dann hätte ich meine Skepsis in bezug auf Freud bekennen müssen, die auf die Indoktrination durch die psychologische Fakultät zurückzuführen war. Statt dessen sprach ich mit dem Labortechniker, der in jenem Frühling die meisten Versuche im Schlaflabor tatsächlich durchführte, und überredete ihn, mich als Testperson und als Beobachter einige Wochen lang an der Arbeit teilnehmen zu lassen. Dieser Techniker hieß Bob, glaube ich, und murrte zuweilen über die langen Stunden, die er im Schlaflabor zubringen mußte. Ich habe mir oft überlegt, daß er mich wahrscheinlich einfach deshalb ohne weitere Formalitäten an der Versuchsreihe teilnehmen ließ, damit er in den langen Nachtstunden jemanden hätte, mit dem er reden konnte.

Meine erste Nacht im Schlaflabor begann. Am frühen Abend erschien ein Mann etwa Mitte Sechzig namens Richard. Er nahm an einer Versuchsreihe teil, bei der es um den Zusammenhang zwischen Lebensalter und Schlafverhalten ging. Es war auch seine erste Nacht im Schlaflabor, und Bob meinte, daß sich die Messungen über mehrere Nächte erstrecken würden. Als wir Richard für die erste Nacht vorbereiteten, bemerkte der Techniker, Männer mit Glatze seien für

Schlafforscher ein reines Vergnügen, da es ohne störende Haare viel einfacher sei, die Elektroden am Kopf festzumachen. Mit diesen Elektroden werden die kleinsten Spannungsveränderungen in verschiedenen Teilen des Gehirns registriert.

Damals verwendeten die Forscher Elektroden aus Metall, die wie winzige flache Becher aussahen, an deren Unterseite Drähte befestigt waren. Zuerst wurde Richards Haut mit einem Lösungsmittel gereinigt, um fettige und ölige Substanzen zu entfernen. Dann wurden die kleinen Metallbecher mit einem Gel gefüllt, das den elektrischen Kontakt verbessern sollte, und mit Heftpflaster an verschiedenen Stellen der Kopfhaut, an den Ohrläppchen und neben den Augen befestigt; mit einer Elektrode am Arm wurden auch Veränderungen der Muskelspannung registriert.

An jeder Elektrode hängen anderthalb Meter Kabel, und wenn eine Versuchsperson komplett verdrahtet ist, sieht alles furchtbar unbequem aus. Kurzfristig mußte ich sogar an eine Szene aus dem alten Film *Frankensteins Braut* denken, wo Blitze eingefangen und deren Ladungen durch Drähte und Elektroden weitergeleitet werden, um das Hirn der furchterregenden weiblichen Gestalt zum Leben zu erwecken, die von Elsa Lanchester gespielt wurde. Die Elektroden des Schlaflabors sollen aber nicht die Versuchsperson unter Strom setzen, sondern nur die elektrischen Potentialschwankungen registrieren, die von der Aktivität ihres Nervensystems und von ihren Körperbewegungen hervorgerufen werden. Und obwohl sie unbequem aussehen, sind sie in Wirklichkeit nicht weiter störend und beeinträchtigen den Schlaf in keiner Weise.

Nachdem die Elektroden festgemacht waren, durfte es sich Richard in einem der winzigen Schlafzimmer bequem machen. Die Kabelenden wurden in Wandbuchsen gesteckt, und im Beobachtungsraum auf der anderen Seite der Wand wurden die Hirnströme von einem der großen Aufnahmegeräte aufgezeichnet.

Einen solchen EEG-Apparat (EEG bedeutet Elektroenzephalograph) in Aktion zu sehen, ist durchaus beeindruckend. Es gibt Reihen von Knöpfen und Skalen und eine große Tischfläche mit einem Satz von acht oder mehr Federn, die auf einem fortlaufenden breiten Papierstreifen zackige Linien aufzeichnen. Moderne Geräte lassen das Papier oft weg, zeichnen direkt auf Magnetbänder oder Disketten auf und zeigen die Linien auf einem Computermonitor an. Das einem solchen Apparat zugrundeliegende Prinzip ist jedoch recht simpel. In Wirklichkeit handelt es sich bei diesem Gerät schlicht und einfach um ein großes, hochentwickeltes Voltmeter, im Prinzip nicht viel anders als die Geräte, die man benutzt, um die Spannung einer Batterie zu überprüfen. Der einzige Unterschied besteht darin, daß ein EEG-Apparat extrem empfindlich ist; er kann Spannungsveränderungen in einer Größenordnung von wenigen Mikrovolt registrieren. Darüber hinaus hält er fest, wie sich diese Spannungsverhältnisse im Lauf der Zeit verändern.

Mit Hilfe der winzigen elektrischen Potentialschwankungen, die von den Elektroden registriert werden, können Neuropsychologen die Aktivität des Gehirns und des Körpers während des Schlafs messen. Der Vorteil dieser Methode besteht darin, daß wir herausbekommen können, was sich abspielt, ohne die Versuchsperson zu wecken. Bestimmte elektrische Veränderungen können auch Muskelaktivität signalisieren. Beispielsweise können wir mit Hilfe der in Augennähe angeklebten Elektroden die Bewegung und Position der Augen messen, auch wenn die Versuchsperson die Augen geschlossen hat. Das klingt zwar wie ein etwas merkwürdiges Unterfangen im Rahmen einer Schlafuntersuchung, tatsächlich aber spielen die Augenbewegungen beim Schlaf eine große Rolle, wie ich bald erfahren sollte.

Bob und ich ließen Richard allein in der Schlafkammer. Die Elektroden waren schon dabei, ihre Informationen durch die Wand weiterzugeben. Wir gossen uns etwas Kaffee ein, machten es uns in unseren Stühlen bequem und beobachteten den kontinuierlichen Papierfluß. Mir war so, als ob es Kilometer um Kilometer dieses mit grünen Gitterlinien bedruckten Papiers gebe. Während es über eine Art Tischfläche vorüberzog, zeichneten die Federn der EEG-Maschine eine Serie roter Linien auf der Oberfläche des Papiers. In periodischen Abständen beugte sich Bob über das Papier und trug irgendeinen Code oder eine Zeitangabe ein.

Bob zeigte auf einige der Linien, die alle kleine, zackige Unregelmäßigkeiten aufwiesen, als wären sie von einem Menschen mit zittriger Hand oder leichter Schüttellähmung gezogen worden. «Das ist das typische, unregelmäßige, flache Wellenmuster des Hirnstrombilds im Wachzustand», erklärte er. «Früher einmal haben wir geglaubt, wir würden mit Hilfe der Interpretation dieser Wach-EEGs spezifische Gedanken lesen können. Vielleicht werden wir das eines Tages auch können, aber bislang haben wir nicht viel Erfolg damit gehabt.» Plötzlich bewegten sich einige der Federn gleichzeitig. Sie pendelten äußerst schnell hin und her, etwa acht- oder neunmal in der Sekunde, und die Linien zeigten einen plötzlichen Ausbruch heftiger, aber regelmäßiger Bewegungen. «Das sind Alpha-Wellen», sagte Bob. «Sie sind kein Anzeichen des Schlafs, aber sie zeigen wohl an, daß jemand entspannt ist. Wenn man jemanden fragt, wie er sich fühlt, wenn sein Hirnstrombild Alpha-Wellen zeigt, sagt er meistens, daß er nicht geschlafen hat, sondern entspannt war und sich gerade treiben ließ.»

Kurz darauf sagte Bob: «Ah, jetzt geht's los.» Er zeigte auf eine Linie, die eine sehr langsame Wellenbewegung zeigte, und erklärte: «Diese Linie zeigt, daß die Augen hinter den Lidern irgendwie langsam hin und her rollen. Für mich ist das ein deutliches Zeichen für den Übergang in den eigentlichen Schlafzustand. Achten Sie jetzt auf die Gehirnströme. Obwohl wir aufgrund bestimmter Muster im EEG verschiedene Schlafstufen unterscheiden, macht sich der Prozeß des Einschlafens vor allem als Verlangsamung der Hirnwellen bemerkbar. Beobachten Sie, daß die Linien nicht mehr so aussehen wir vorhin, als wir Richard da drüben gelassen haben. Zwar sind die Spannungsschwankungen immer noch unregelmäßig, aber man erkennt inzwischen auch größere und langsamere Wellenmuster.»

Wir saßen eine Weile da und sahen zu, wie die Federn ihre Linien auf das Papier zeichneten. Die Wellen wurden immer ausgeprägter und immer langsamer, jeder Pendelausschlag dauerte inzwischen eine halbe Sekunde oder länger. Es war inzwischen fast genau eine Stunde vergangen, seit Richard ins Bett geklettert war. «Das ist die tiefste Stufe des Schlafs», sagte Bob. «Wir nennen sie *Slow Wave Sleep**, weil die Spannungsschwankungen nicht nur groß, sondern auch langsam sind. Jeder Ausschlag einer Feder stellt die synchronisierte Tätigkeit Tausender oder Hunderttausender Gehirnzellen dar, deren Aktivitätspegel gleichzeitig zunimmt oder abfällt. Wissen Sie, als [Nathaniel] Kleitman und sein Team [an der University of Chicago] mit der Schlafforschung begannen, sahen sie sich dieses Wellenmuster an und meinten, mehr wäre am Schlaf nicht dran. Sie dachten einfach, wenn sich die Aktivität des Gehirns so weit verlangsamt hätte, würde es die ganze Nacht so weitergehen. Da es langweilig war, einfach da-

* Auch in der deutschen Fachliteratur üblicherweise mit dem englischen Begriff Slow Wave Sleep (SWS) oder einfach als Tiefschlaf bezeichnet. – Der Übersetzer

zusitzen und zuzusehen, wie eigentlich gar nichts passiert, und da das EEG-Papier sehr teuer ist, hielten sie es für sinnlos, die ganze Nacht durchzumachen. Also schalteten sie die Maschinen aus und gingen nach Hause oder schliefen einfach, bis es Zeit war, die Testperson zu wecken. Und deshalb entgingen ihnen einige der wichtigsten Phasen des Schlafs. Sie werden es ja sehen.»

Der EEG-Apparat summte leise, und das Papier floß Meter um Meter an uns vorbei. Die Wirkung war hypnotisch, und ich spürte, wie ich müde wurde und in den Schlaf hinüberdriftete. Plötzlich stieß mich Bob an. «Okay, jetzt geht's wieder rauf», sagte er. Ich konnte ihm zunächst nicht folgen. Nichts schien sich verändert zu haben, außer vielleicht, daß die langsamen Wellen nicht ganz so ausgeprägt waren wie vorhin. Im Verlauf der nächsten zwanzig Minuten wurde das Wellenmuster unregelmäßiger und dem Muster des Wachzustands immer ähnlicher. Als das EEG fast genauso aussah wie im Wachzustand und ich gerade sagen wollte, daß Richard jetzt wach sein müßte, geschah etwas Merkwürdiges. Die Feder, die seine Augenbewegungen aufzeichnete, spielte plötzlich verrückt. Richards Augen bewegten sich anscheinend abrupt hin und her – kleine Bewegungen, große Bewegungen, bald in diese, bald in die andere Richtung, als ob Richard hinter seinen geschlossenen Lidern irgendeine chaotische Aktivität beobachtete. «Das ist die Phase der raschen Augenbewegungen», erklärte Bob. «Wir nennen sie den REM-Schlaf*. Gehen wir rüber und wecken ihn.»

Bob schrieb rasch etwas auf das vorbeifließende Papier und ging dann in die Schlafkammer. Als wir neben dem schlafenden Mann standen, flüsterte mir Bob ins Ohr: «Ach-

* Von *R*apid *E*ye *M*ovement = rasche Augenbewegungen. In der deutschen Fachliteratur wird immer die englische Abkürzung REM verwendet: REM-Phase, REM-Schlaf usw. – Der Übersetzer

ten Sie auf seine Augen.» Ich blickte auf sein Gesicht und sah zu meiner Überraschung, wie sich seine Augen hinter den geschlossenen Lidern hin und her bewegten. Man sieht natürlich unter solchen Bedingungen nicht das Auge selbst, sondern die Wölbung der durchsichtigen Augenhornhaut, der Cornea. Wenn sich das Auge bewegt, bewegt sich auch diese Wölbung hinter den Augenlidern.

Bob schüttelte unseren Schläfer ziemlich kräftig und rief: «Richard, wachen Sie auf. Kommen Sie schon, Richard, aufwachen.» Zuerst gab es gar keine Reaktion, aber Bob fuhr fort, schüttelte den Schläfer und rief seinen Namen, und plötzlich riß er die Augen auf, atmete nach wenigen Sekunden mit einer Art Grunzen aus und richtete sich halb auf. Er sah ganz wach aus. «Haben Sie eben geträumt?» fragte Bob.

Richard nickte. «Ja, ich glaube schon.»

«Wovon haben Sie geträumt?»

«Eine Party war das, eine Art Empfang, die wir für meinen alten Chef gegeben haben. Er ging in Pension. Es gab überall Luftschlangen und Kreppapier. Flora wollte einen Salat machen und einen Kuchen bestellen. Ich sollte die Spaghetti bringen. Also ging ich zu einer Art Bäckerei oder so was und fragte nach den Spaghetti, die ich vorbestellt hatte. Er sagte: ‹Sie sind fertig, aber womit wollen Sie die Spaghetti transportieren?› Ich hatte keinen Behälter mitgebracht, keine Schüssel oder so etwas. Also gab ich ihm meinen Regenmantel und sagte, er solle die Spaghetti darin einwickeln. Ich hatte Angst, daß sie beim Tragen herausfallen würden, also rollte ich den Mantel vorsichtig zusammen und hielt ihn wie ein Baby. Die Spaghetti waren warm und matschig, und ich glaube, sie haben auch getropft. Als ich wieder bei der Party war, tropften sie schon ganz schlimm und machten den Fußboden glitschig. Ich mußte eine lange Treppe hinunter, und ich hatte Angst, daß ich auf der Tomatensoße ausrutschen würde, die aus meinem Mantel heraustropfte, aber ich konnte mich nicht am Geländer festhalten, weil ich sonst den Mantel fallen gelassen hätte. Mir kamen schon Spaghetti aus den Ärmeln, und ich machte mir Sorgen, ich könnte sie alle verlieren, bevor ich das Büfett erreichte. Dann haben Sie mich geweckt.»

«Okay, Richard, schlafen Sie weiter», sagte Bob. Wir verließen die Schlafkammer, und Bob schloß die Tür.

Als wir wieder auf unserem Beobachtungsposten waren, machte sich Bob einige Notizen über den Traum, den Richard erzählt hatte und schrieb einige Codes auf das EEG-Papier. Dann drehte er sich zu mir und sagte: «Träume treten fast immer in der REM-Phase auf. Wenn wir Menschen während des REM-Schlafs wecken, finden wir in etwa acht oder neun von zehn Fällen, daß sie gerade geträumt haben und sich daran erinnern können. Dr. Dement glaubt, daß die Augenbewegungen daher kommen, daß wir unsere Träume beobachten, so als würden sie auf eine Leinwand vor unserer Nase projiziert. Weil die Hirnwellen genauso aussehen wie bei Menschen, die wach und aktiv sind, nennen manche Forscher diese Phase den ‹aktiven Schlaf›.

Es war schon eine merkwürdige Sache, die Entdeckung des REM-Schlafs und der Traumphasen. Reiner Zufall, meint Dr. Dement. Kleitman hatte einen Studenten namens Eugene Aserinsky, der seine Doktorarbeit im Fach Psychologie machen wollte. Aserinsky tat sich schwer damit, ein Projekt vorzuschlagen, also verdonnerte ihn Kleitman mehr oder weniger dazu, die langsam rollenden Augenbewegungen zu untersuchen, die am Anfang des Schlafzustands auftreten. Als diese Episoden rascher Augenbewegungen auf dem EEG auftauchten, glaubten Aserinsky und Kleitman zunächst, die Maschine sei einfach kaputt. Sie war sowieso schon alt und klapperig. Erst als sie die Augen der Versuchspersonen beobachteten, wie wir das gerade bei Richard getan haben, konnten sie sich davon überzeugen, daß es sich um ein wirkliches Phänomen handelte. Das Komische dabei ist, daß die Augenbewegungen in der REM-Phase ganz deutlich zu sehen sind. Es ist doch erstaunlich, daß all die Eltern, die ihre schlafenden Kinder betrachtet und all die Eheleute, die ihre schlafenden Partner beobachtet haben, nichts davon bemerkt haben.»

Bob hatte absolut recht, als er davon sprach, wie auffällig diese Augenbewegungen sind – wenn man weiß, worauf man achten soll. Ich habe sie mittlerweile nicht nur bei meiner eigenen Frau und bei meinen Kindern beobachtet, sondern auch bei meinen Hunden und selbst bei der stets schlafenden Katze namens Willow, die von Kari, der Tochter meiner Frau aus erster Ehe, mit in den Haushalt gebracht wurde. Die REM-Phasen nehmen etwa ein Viertel unserer gesamten Schlafzeit ein; es sollte also ein Leichtes sein, das Phänomen zu beobachten. Warum wurde es so lange übersehen? Einer der Gründe war vermutlich, daß niemand danach Ausschau hielt. So etwas ist in der Naturwissenschaft schon öfter vorgekommen. Naturwissenschaftler sind zwar stolz auf ihre Beobachtungsgabe, werden aber oft, wie wir alle, von ihrer eigenen Erwartungshaltung beeinflußt und behindert. Wenn man weiß, wonach man sucht, ist es erheblich leichter, es zu finden.

Richard schlief weiter. Seine Traumphase hatte sich etwa neunzig Minuten nach dem Einschlafen ereignet. In der darauffolgenden Stunde wiederholte er das Muster seiner ersten Schlafstunde. Die Hirnwellen verlangsamten sich wieder, die Amplitude wurde größer und ausgeprägter. Jetzt war er wieder beim *Slow Wave Sleep* angelangt, im Tiefschlaf.

«Machen wir's noch einmal», sagte Bob und ging in die Schlafkammer. «Richard. Wachen Sie auf, Richard.» Dieses Mal mußte er den Schläfer lange rufen und schütteln, bis er wach wurde. Richard murmelte ärgerlich und hob die Hände, die Augen blieben aber geschlossen. «Los, Richard. Wachen Sie auf.»

Richards Augen öffneten sich langsam. Er starrte uns verständnislos an und murmelte: «Was ... wer?»

«Richard, haben Sie gerade geträumt?» Da er nicht antwortete, wiederholte Bob die Frage.

Als Richard antwortete, wirkte seine Sprache schlecht artikuliert: «Äh ... ja ... nee ... äh ... irgendwie.»

«Erzählen Sie mir davon.»

«Ich glaube, ich saß auf einer Bank oder vielleicht auf einem Stuhl. Ich dachte gerade, der Briefträger müßte bald kommen.»

«War da noch etwas?»

«Nein.»

«Wo war diese Bank? Konnten Sie etwas von Ihrer Umgebung erkennen?»

«Weiß nicht. Ich saß da. Vielleicht war es eine Bank ... vielleicht auch ein Stuhl. Ich habe gar nichts gesehen. Ich habe halt nur vor mich hin gedacht.»

Wir ließen Richard ins Bett zurücksinken und verließen wieder den Raum. «Im Tiefschlaf sind sie wirklich schwer zu wecken», erzählte mir Bob. «Man muß sie auch ziemlich heftig schütteln, wenn sie im REM-Schlaf sind, aber wenn sie erst wach sind, sind sie ziemlich gut drauf. Der Übergang aus dem REM-Schlaf in den Wachzustand, zum Denken, ist wahrscheinlich leichter, weil ihr Gehirn bereits fast genauso funktioniert, als wäre es wach. Wenn Menschen aus dem Tiefschlaf erwachen, wirken sie oft groggy – völlig daneben, als wären sie betrunken. Man sagt ja auch in der Umgangssprache ‹schlaftrunken›. Das kann einige Sekunden anhalten, manchmal auch einige Minuten. Im Tiefschlaf gibt es fast nie Träume. Das, was Richard uns eben erzählt hat, ist typisch. Wenn es überhaupt etwas gibt, dann eben ohne eigentliche

Bilder und ohne Details. Oft erzählen die Leute, daß sie gerade nachgedacht haben, und manchmal sagen sie, daß sie einfach gar nichts wahrgenommen haben.»

Bob notierte wieder etwas, und ich betrachtete wieder die Linien, die sich auf dem fortlaufenden Papierstreifen abzeichneten. Im Verlauf dieser Nacht und der folgenden Nächte lernte ich, daß man den Schlaf grob gesprochen in zwei Hauptzustände einteilen kann: Es gibt (1) die Phase der langsamen Wellen, den Tiefschlaf, mit seiner relativen Unempfindlichkeit gegenüber äußeren Reizen, und (2) die REM-Phase der raschen Augenbewegungen, bei der das Gehirn so aussieht, als wäre es wach, und der Mensch Träume erlebt. Dazwischen gibt es einige Übergangsphasen.

Die Schlafforscher unterscheiden vier verschiedene Stadien oder Stufen des Schlafs (fünf, wenn wir den Wachzustand als Stadium null des Schlafs mit einbeziehen) entsprechend der unterschiedlichen Tiefe des Schlafzustands. Stadium I ist der Übergang vom Wachsein über Schläfrigkeit zum echten Schlaf. In Stadium I driftet der Mensch offensichtlich zwischen bewußter Wahrnehmung und relativer Unempfindlichkeit hin und her. Dies wurde experimentell nachgewiesen, indem Testpersonen die Aufgabe erhielten, auf einige leise Töne zu achten und durch ein leichtes Strecken oder Zusammenballen der Hand mitzuteilen, daß sie die Töne wahrgenommen hatten. Versuchspersonen, die sich im Schlafstadium I befanden, reagierten auf etwas weniger als die Hälfte der Töne, woraus man schließen kann, daß wir in diesem Einschlafstadium leise Geräusche in unserer Umgebung nur hin und wieder bewußt wahrnehmen.[3]

Stadium II gilt allgemein als erste Stufe des echten Schlafs und wird am besten als leichter Schlaf charakterisiert, weil es leicht ist, einen Menschen aus diesem Zustand zu wecken. Wenn wir den Versuch wiederholen, in dem wir Menschen bitten, auf einen leisen Ton zu reagieren, werden wir im Schlafstadium II nach etwa fünf Minuten wahrscheinlich keine Reaktion mehr erhalten, was darauf hindeutet, daß der Schlaf jetzt merklich tiefer ist. In diesem auf dem EEG deutlich als Schlaf erkennbaren Zustand schlafen die Menschen jedoch nur leicht, und wenn sie in diesem Stadium geweckt werden, geben etwa sieben von zehn Personen an, daß sie ihrer Meinung nach nicht geschlafen, sondern nur gedöst und nachgedacht hätten.

Die Stadien III und IV sind die Stufen des Tiefschlafs. Stadium III könnte man als relativ tiefen oder tieferen Schlaf bezeichnen und Stufe IV als sehr tiefen Schlaf (in diesem Stadium befand sich Richard, als wir solche Schwierigkeiten hatten, ihn zu wecken). In diesem Zustand sind die Menschen nicht nur schwer zu wecken, sondern danach oft minutenlang desorientiert. Manche Forscher bezeichnen dieses geistige Phänomen als «Schlafträgheit», aber mir hat schon immer der bildhafte (und den Zustand besser beschreibende) Begriff «Schlaftrunkenheit» gefallen, wie ihn der Volksmund verwendet. Zusammenfassend sollte man sich merken, daß sich die Nummer des Schlafstadiums auf die Tiefe des Schlafs bezieht: Je höher die Nummer des Schlafstadiums, desto tiefer der Schlaf.

Im Verlauf einer Nacht durchläuft der Mensch mehrere Schlafzyklen von etwa neunzig Minuten Dauer. Jeder Zyklus beginnt mit dem leichten Schlaf, geht über den tieferen Schlaf in den Tiefschlaf über, kehrt dann zurück zum leichten Schlaf und endet mit einem Traum. Wenn wir morgens aufwachen, tauchen wir gewöhnlich aus einer Traumepisode auf. Alles in allem verbringen wir Menschen etwa dreißig Prozent unserer nächtlichen Ruhezeit beim Träumen und etwa zwanzig Prozent im Tiefschlaf, die restlichen fünfzig Prozent im leichten Schlaf.

Ausgehend von den EEG-Aufnahmen, die beim Übergang vom Wachzustand in den Schlaf ein allmähliches Verlangsamen unserer Hirnwellen bei immer ausgeprägteren Spannungsschwankungen anzeigen, könnte man annehmen, daß die Menschen das Einschlafen als allmähliches Wegdriften vom Wachsein erleben, so etwas wie eine Rolltreppe abwärts, bei der oben der Wachzustand ist und unten der Schlaf. Das ist aber nicht der Fall. Sie können das mit einem einfachen Selbstversuch überprüfen. Wenn Sie ins Bett gehen, versuchen Sie, die Augenblicke vor dem Einschlafen genau zu erleben und den tatsächlichen Augenblick des Wegdriftens in den Schlaf festzuhalten. Wenn sich der Schlaf nach und nach einstellt, müßten Sie einen allmählichen Entspannungsprozeß erleben, bei dem vielleicht Ihre Muskeln schlaffer, Ihre Atemzüge langsamer und regelmäßiger werden und so weiter. Die bewußte Wahrnehmung der Informationen von ihren Sinnesorganen – Sehen, Hören, Tastempfindungen und so weiter – müßte langsam schwinden. Die Erfahrung müßte dem Ausblenden eines Films oder einer Fernsehsendung ähneln, bei dem der Ton leiser wird und sich das Bild allmählich ganz verdunkelt. Für die meisten Menschen jedoch spielt sich das Einschlafen ganz anders ab. Der Übergang in den Schlafzustand ist mehr wie ein Sturz ins Nichts als ein langsames Hinübergleiten ins Land der Träume.

Dieses Experiment habe ich schon oft durchgeführt, und ich staune immer wieder über meine Unfähigkeit, den Augenblick des Einschlafens festzuhalten. Vielleicht erlebe ich noch, wie ich in den ersten Minuten nach dem Zubettgehen etwas träger und bequemer werde; meine Erfahrung des eigentlichen Einschlafens hat jedoch nichts mit einem allmählichen und stetigen Rückzug aus dem bewußten Erleben zu tun. Im Gegenteil: wie die meisten Menschen erfahre ich das Einschlafen eher wie das Drücken eines Ein-Aus-Schalters. In einem Augenblick ist man ganz offensichtlich noch wach, und schon im nächsten Augenblick, so kommt es einem vor, erwacht man aus dem Schlaf. Möglicherweise hat man gar keine Vorstellung davon, wie lange man geschlafen hat, denn wenn das Bewußtsein den Schlafmodus einschaltet, scheint es zugleich das Zeitgefühl auszuschalten.

Ich habe mir einmal überlegt, daß es mir möglich sein müßte, den langsamen Abstieg in den Schlaf festzuhalten, wenn ich nur für eine abwechslungsreiche und kontinuierliche Stimulierung meiner Sinnesorgane sorgen könnte. Normalerweise schlafen wir ja in einer ruhigen Umgebung bei ausgeschaltetem Licht und mit geschlossenen Augen. Wenn alles schon leise und dunkel ist, so sagte ich mir, könnte es schwierig sein, das langsame Ausblenden der Sinneseindrücke beim Einschlafen wahrzunehmen. Was ich bräuchte, wäre eine kontinuierliche Geräusch- und Bilderquelle, die ich überprüfen könnte. Diese Bedingungen waren leicht zu erfüllen, und zwar mit einem Fernseher, den ich auf einem Tisch am Fußende meines Bettes aufstellte. Es dürfte leicht sein, die Wahrnehmung des Geräuschpegels beim Einschlafen zu überprüfen, meinte ich, denn unsere Ohren haben keine Lider oder Klappen, die sich beim Entspannen schließen. Das eigentliche Problem bestand in der Überprüfung der optischen Wahrnehmung. Wie sollte das Signal vom Fernseher mein Bewußtsein erreichen, wenn ich die Augen geschlossen hatte? Die Lösung lag auf der Hand, wenn sie auch etwas unbequem war. Ich ließ meine Augenlider in einer halboffenen Stellung mit Klebeband fixieren. Wenn ich versuchte, die Augen zu schließen, ging es nicht. Ich dachte, diese Technik würde es mir erlauben, den Fernseher auch beim Einschlafen weiter zu beobachten und festzustellen, ob es mir allmählich schwarz vor Augen werden würde. Ich stellte eine Sendung ein, die mich nur mäßig interessierte, und bat den Labortechniker, mich nach einem Schlafzyklus zu wecken. Dann machte ich es mir im Bett bequem und achtete sorgfältig auf die Lautstärke und die Helligkeit und Schärfe des Bilds. In der Sendung ging es um ein Buch und seinen Herausgeber, eine schlechtgekleidete Person mit Fistelstimme. Als ich das nächste Mal bewußt etwas wahrnahm, stritten sich gerade zwei Sportreporter über die Frage, ob der Eiskunstlauf ein echter Sport sei und ob man ihn objektiv beurteilen könne. Irgendwo zwischen den beiden Sendungen war ich eingeschlafen. Ich hatte kein Abblenden des Bildes und kein allmähliches Ausblenden des Tons erlebt, sondern eine Art plötzliches Ausknipsen der Wahrnehmung. Das Erwachen war ähnlich abrupt: Es gab kein langsames Aufhellen der Umgebung, nur das sofortige bewußte Wahrnehmen dessen, was sich auf dem Bildschirm gerade abspielte. Leider nahm ich auch ein heftiges Jucken meiner Augen wahr, deren Lider sich nicht hatten schließen können, um die Augenoberfläche beim Blinzeln mit einem dünnen Tränenfilm zu überziehen. Meine Augen blieben länger als eine Woche gereizt und empfindlich.

Übrigens gibt es einige Tiere (nicht nur neugierige Forscher), die mit offenen Augen schlafen, wenn ich diese interessante Tatsache beiläufig erwähnen darf. Dazu gehören zum Beispiel die uns vertrauten Kühe und Pferde. Auch Schlangen schlafen mit offenen Augen, und manche Schlangenarten sind nicht einmal in der Lage, ihre Augen zu schließen. Es gibt auch Menschen, die mit halboffenen Augen schlafen, worauf ich durch die Bemerkung einer Bekannten gestoßen wurde: «Ich weiß nicht, ob aus der Beziehung mit Don etwas wird», klagte sie. «Beim Schlafen hat er immer das linke Auge offen. Ich komme mir vor, als läge ich mit einem Spion im Bett.»

Anhand eines kurzen Besuchs im Schlaflabor habe ich einige der wichtigsten Aspekte des Schlafprozesses beschrieben. Zwar haben wir im Labor schon viel über den Schlaf erfahren, doch ist es der Fluch des Wissenschaftlers, alles erklären zu wollen. Die nächstliegende Frage lautet: «Warum schlafen wir?» beziehungsweise «Ist der Schlaf wirklich notwendig?» Erstaunlicherweise gibt es Menschen, die den Schlaf als Wahlverhalten, als ganz und gar optional betrachten.

Die Vorstellung, der Schlaf sei ein reines Wahlverhalten, stützt sich meistens auf Anekdoten über einzelne ausgesprochene Ausnahmefälle. Es gibt zum Beispiel den Fall der Señora Palomino, der um 1974 die Öffentlichkeit beschäftigte. Damals war sie einundfünfzig Jahre alt und lebte in Caceres, einem Bergdorf südlich von Madrid. Diese Frau hatte angeblich einen völlig normalen Schlaf, bis sie etwa zwanzig Jahre alt war. Sie kann sich an den genauen Zeitpunkt erinnern, als sich ihr Schlafverhalten änderte; es war, als sie ihren Kiefer ausrenkte (wie eine Ironie des Schicksals wirkt es, daß dieses Unglück beim Gähnen geschah). Der Kiefer renkte sich später wieder ein, aber seit dreißig Jahren, behauptet sie, hat Señora Palomino nicht mehr geschlafen. Nach eigenen Angaben führt sie ein ausgefülltes und aktives Leben als Tagesmutter für siebenundzwanzig Kinder arbeitender Eltern. Obwohl ihr Arbeitstag mit der Hausarbeit um sieben Uhr früh beginnt, verspürt sie keine Anzeichen von Müdigkeit und verbringt ihre Nächte bei ruhigen Aktivitäten wach in einem Sessel. Leider ist Señora Palomino, wie die meisten solcher Fälle, nicht bereit, sich für wissenschaftliche Untersuchungen zur Verfügung zu stellen.

In einem Fall jedoch konnte ein Nichtschläfer im Labor überprüft werden. Es handelte sich um einen Engländer, der nach eigenen Angaben zwischen 1970 und 1980 (dem Jahr der Laboruntersuchung) kein Auge zugetan hatte. Er war mittleren Alters und hatte nach einem Autounfall eine gewisse Zeit bewußtlos gelegen. Danach habe er nie wieder geschlafen, klagte er. Außerdem leide er unter Kopfschmerzen und Konzentrationsschwierigkeiten. Röntgenaufnahmen des Kopfs zeigten aber keinen erkennbaren pathologischen Befund. Als er einige Jahre später ins Krankenhaus mußte, war sich das Pflegepersonal nicht einig, ob er jemals geschlafen habe oder nicht. Nach einem mehrjährigen Gerichtsverfahren wurde ihm eine große finanzielle Abfindung zugesprochen. Er könne nicht arbeiten, behauptete er, weil er aus Schlafmangel immer völlig erschöpft sei. Aufgrund seines Zustands erhielt er eine Behindertenrente, die es ihm ermöglichte, trotz seiner Arbeitslosigkeit ganz bequem zu leben. 1980 willigte er in eine Laboruntersuchung ein. Seine Frau und er erhielten im Schlaflabor ein Zimmer mit Doppelbett. Zwar schlief er in der ersten Nacht nicht, doch in den folgenden Nächten wurde es klar, daß seine Frau ihn wach zu halten versuchte. In seinem Verhalten machten sich die mit längerem Schlafentzug verbundenen Ausfälle bemerkbar, und man erwischte ihn mehrmals beim mehrstündigen Schlafen. Als ihn seine Frau am vierten Tag aus einem festen Schlaf (einschließlich Schnarchen) weckte, wirkte er verwirrt. Er bat darum, weiterschlafen zu dürfen, und behauptete dann, von den Mitarbeitern des Schlaflabors geheilt worden zu sein, die ihm irgendeine Droge gespritzt haben müßten. Als die Forscher erwiderten, er habe bisher schon zwei bis vier Stunden pro Nacht geschlafen, stürmten er und seine Frau wutentbrannt aus dem Labor. Die Forscher, Dr. Ian Oswald und Dr. Christine Adam, faßten ihre Beobachtungen zu diesem Fall wie folgt zusammen: «Vielleicht ist er immer schon ein Kurzschläfer gewesen, der aus seinem Zustand, gestützt auf medizinische Gutachten, Kapital schlagen konnte. Dramatische Aussagen über Schlaflosigkeit sind weiterhin mit Vorsicht zu genießen.»[4] Selbst angesichts dieser Ergebnisse und der «Wunderheilung» im

Schlaflabor wiederholte der Mann später sowohl im Fernsehen wie auch im Radio seine Behauptung, seit zehn Jahren nicht geschlafen zu haben, und betonte, er leide immer noch an totaler Schlaflosigkeit. Seine Aussagen wurden natürlich von seiner Frau bestätigt.

Trotz fehlender wissenschaftlicher Belege glauben manche Menschen immer noch, man könne ohne Schlaf auskommen. Bei der Grundausbildung in der Armee hatten wir einen Feldwebel, der uns Rekruten ständig beschimpfte, weil wir so lange schliefen. «Für den Soldaten ist der Schlaf eine faule, zeitverschwenderische und potentiell tödliche Angewohnheit», erklärte er immer wieder. «Während eurer Ausbildung werdet ihr lernen müssen, ohne Schlaf auszukommen!»

Wenn es möglich ist, ohne Schlaf zu leben – wie konnte sich eine derart merkwürdige Angewohnheit im Verlauf der Evolution entwickeln und halten? Versuchen wir, auf diese Frage ein paar Antworten zu finden.

Ein Fehler der Evolution?

Wie hat sich der Schlaf im Lauf der Evolution herausgebildet? Eine interessante Frage, nicht zuletzt deshalb, weil ihre Beantwortung uns bei der Frage weiterhelfen kann, ob der Schlaf wirklich notwendig ist oder nicht. Wie es der ausgesprochen wache Schlafforscher Dr. Allen Rechtschaffen von der University of Chicago so elegant formulierte: «Wenn der Schlaf keine lebenswichtige Funktion erfüllt, dann handelt es sich um den größten Fehler, den die Evolution je gemacht hat.» Schließlich reduziert die anscheinend nutzlose Zeit, die wir im Bett verbringen, unser aktives Leben um ein Drittel. Bei anderen Tierarten geht noch mehr funktionale Lebenszeit verloren. (Hauskatzen zum Beispiel bringen zweimal soviel Zeit beim Schlafen zu als im Wachzustand.)

Wenn ich den Versuch unternehme, ein bestimmtes Verhalten evolutionsbiologisch zu erklären, habe ich immer das Gefühl, ein Reich zu betreten, das dem der Mythologie eng verwandt ist. Bei den evolutionären Geschichten, die wir bestimmten Verhaltensweisen zuordnen, handelt es sich immer um eine sehr feine Mischung aus nachprüfbaren Tatsachen und reiner Spekulation. So versucht die Naturwissenschaft, sich auf den jetzigen Zustand der Dinge ihren Reim zu machen, indem sie eine epische Handlung konstruiert, die ihre Sicht der Vergangenheit beschreibt. Wie die Mythen der alten Griechen oder Germanen beginnt unsere moderne Sage der Evolution in einer nebelumwobenen Frühzeit. Es handelt sich um eine aufregende Geschichte, in der furchterregende, fremdartige und fabelhafte Wesen auftreten, die immer neue, merkwürdige und wundersame Verwandlungen durchmachen. Auch die exotische und oft bedrohliche Landschaft dieser längst versunkenen Welt ist, wie die Bestien, die sie bewohnen, einer beständigen Metamorphose unterworfen. An die Stelle der furchterregenden mythischen Geschöpfe wie Dämonen, Eisriesen oder Zyklopen setzen wir den Tyrannosaurus, den Horndinosaurier Triceratops oder die großen Flugsaurier. Und den klassischen Kampf zwischen den Kräften des Guten und des Bösen oder zwischen Gier und Mitleid ersetzen wir durch ein kosmisches Prinzip, das wir den «Kampf ums Dasein» und das «Überleben des Stärkeren» nennen.

Für Nichtfachleute ist es manchmal schwer zu begreifen, daß evolutionäre Erklärungen bestimmter Verhaltensweisen in den Augen der Wissenschaft an sich weder wahr noch unwahr sind. Und zwar deshalb, weil wir solche evolutionsbiologischen Theorien nicht direkt durch Versuche überprüfen können, im Gegensatz etwa zur Theorie, daß Gegenstände aufgrund der Erdanziehungskraft mit einer bestimmten Geschwindigkeit zur Erde fallen, oder daß die Erde um die Sonne kreist. Für die Wissenschaft besteht der Wert einer evolutionären Erklärung bestimmter Verhaltensweisen darin, daß sie es uns ermöglicht, die uns bekannten Tatsachen in einen mehr oder weniger sinnvollen Rahmen einzupassen. Wenn sie funktioniert, liefert uns eine gute evolutionäre Theorie ein zusammenhängendes und geordnetes Bild der Entstehung bestimmter Verhaltensmuster, die wir in unserer heutigen Welt beobachten können.

Darwin brauchte eine evolutionäre Theorie, um die Unterschiede und Ähnlichkeiten zwischen den lebenden Tierarten zu erklären und um einen Rahmen für die Interpretation der Fossilien zu erhalten. Fossilien stellten ein echtes Problem dar, denn sie bewiesen, daß merkwürdige Tiere einmal die Welt bevölkert hatten, die aber heute nirgendwo auf der Welt zu finden sind. Auf der anderen Seite stellen Fossilien und lebende Tiere unwiderlegbare physische Beweismittel dar. Aus diesen Beweismitteln können wir schließen, daß die Pferde als kleine, mit Zehen ausgestattete Tiere von der Größe eines Hundes anfingen und sich nach und nach zu größeren Huftieren fortentwickelten. Wir können die Verwandtschaft zwischen unseren heutigen Vögeln und den Dinosauriern verifizieren, indem wir feststellen, daß manche Dinosaurier Hohlknochen besaßen, die sie leichter machten, sowie Beckenknochen, die im Vergleich zu anderen Tieren nach rückwärts gerichtet waren*, beides Kennzeichen der heute lebenden Vogelarten. Fragen der strukturellen und physiologischen Evolution können anhand der Fossilienreste und der lebenden Tierarten überprüft werden. Für die physische Seite der Evolution besitzen wir also genug überprüfbares Datenmaterial, um festzustellen, ob unsere evolutionären Theorien richtig oder falsch sind. Aber wie ist es mit Theorien über die Evolution bestimmter Verhaltensweisen?

Manchmal haben wir Glück und können fundierte Spekulationen über die Evolutionsgeschichte eines bestimmten Verhaltens machen. Wir können zum Beispiel den Schnabel einer lebenden Vogelart untersuchen und seine Form und mechanischen Eigenschaften in Beziehung setzen zu der Funktion, die er für den Vogel erfüllt. In der Regel hängt diese Aufgabe mit der Nahrungsaufnahme und manchmal auch mit bestimmten spezialisierten Tätigkeiten des Vogels zusammen. Wenn wir die Fossilien einer ausgestorbenen Vogelart untersuchen und den Schnabelbau betrachten, können wir vernünftige Speku-

* Im Deutschen heißen die Angehörigen der Ordnung Ornithischia denn auch «Vogelbecken-Dinosaurier». – Der Übersetzer

lationen über die Nahrung der Tiere und vielleicht auch über einige ihrer Verhaltensmuster anstellen. Leider hat der Schlaf keine fossile Spur hinterlassen. Soweit wir wissen, gibt es keine spezifischen Schlaforgane, die wir artenübergreifend beobachten und in Fossilien finden könnten. Es gibt keinen besonderen Körperbau, keine spezifische Körperform oder Größe, die mit dem Schlafprozeß zusammenhängt. Es gibt schlicht und einfach nicht einmal ein Sandkorn, das die Äonen überdauert hätte, um uns zu sagen, wann sich dieses merkwürdige Verhalten zuerst herausgebildet hat.

Wenn das Zeugnis der Fossilien nicht ausreicht, wenden die Evolutionstheoretiker zuweilen eine andere Untersuchungstechnik an. Sie argumentieren auf der Basis eines angenommenen gemeinsamen Vorfahren. Wenn wir zwei Tierarten finden, die ein ähnliches Verhalten aufweisen, so der Gedankengang, können wir davon ausgehen, daß beide Arten von einem gemeinsamen Vorfahren abstammen, der ebenfalls dieses Verhalten zeigte. Es gibt natürlich eine zweite Möglichkeit, nämlich daß sich dieses Verhaltensmuster in beiden Tierarten unabhängig voneinander herausgebildet haben könnte. Die Wissenschaftler lieben jedoch die Vereinfachung und haben das Bedürfnis, so viele Erscheinungen wie möglich mit Hilfe einer einzigen Theorie oder eines einfachen Mechanismus zu erklären. Aus diesem Grund lehnen die Wissenschaftler in der Regel die Idee getrennter Evolution als unnötig komplex ab und nehmen sie erst dann wieder auf, wenn alle anderen einfacheren Erklärungen versagen.

Manche Wissenschaftler halten den Schlaf im Gegensatz zur Ruhe oder zur Inaktivität für eine verhältnismäßig neue Entwicklung im Rahmen der Evolution. Wenn das der Fall ist, dürften wir den Schlaf nur in den höher entwickelten Tieren vorfinden und müßten einige niedere Tierarten finden, bei denen der Schlaf nicht auftritt. Die Unterschiede in den Eigenschaften und Verhaltensweisen der Tiere mit und ohne Schlaf könnten uns Aufschluß darüber geben, warum wir schlafen.

Es treten bei dieser Untersuchungsmethode einige Schwierigkeiten auf, die wir festhalten sollten. Es gibt an die fünftausend verschiedene Säugetierarten, neuntausend bekannte Vogelarten, fünftausenddreihundert verschiedene Spezies Amphibien und über fünfzigtausend registrierte Fischarten. Das Schlafverhalten ist nur bei einem Bruchteil dieser verschiedenen Tierarten untersucht worden. Eine Durchsicht der Fachliteratur ergab, daß bis jetzt weniger als zweihundert verschiedene Spezies überprüft worden sind. Es kann durchaus sein, daß die Datenbasis zu schmal ist, um fundierte Schlußfolgerungen zu ermöglichen. Unsere Schlußfolgerungen über den Schlaf wären eventuell mit den Behauptungen eines Forschers vergleichbar, der zum Schluß käme, Reptilien hätten keine Beine, nur weil er bis dahin nur Schlangen untersucht hätte, aber keine Eidechsen oder Schildkröten.

Der zweite Einwand bezieht sich auf die Definition des Schlafs. Wie wir gesehen haben, stützt sich die wissenschaftliche Definition des Schlafs bei Menschen auf bestimmte Hirnwellenmuster. Wenn Sie es darauf anlegen wollen, einen Streit unter Schlafforschern auszulösen, brauchen Sie nur bekanntzugeben, daß Sie bei einer bestimmten Spezies ein klares Schlafverhalten entdeckt haben beziehungsweise nicht feststellen konnten. Manche Forscher werden darauf bestehen, daß von echtem Schlaf nur dann die Rede sein kann, wenn bei dem Tier die gleichen Hirnwellenmuster wie bei Menschen gefunden werden, nämlich *Slow Wave Sleep* und REM-Schlaf. Andere wenden ein, diese Bedingungen seien viel zu stringent. Das wäre ungefähr so, meinen sie, als würde man einem Tier so lange die Fähigkeit zu denken absprechen, wie es nicht über die Gabe menschlicher Sprache verfügt. Aus diesem

Grund verwenden manche Forscher eine sehr viel großzügigere Definition des Schlafs. Manche bestehen aber darauf, daß es wenigstens einige Unterschiede zwischen den Hirnwellenmustern im normalen Aktivzustand und im angenommenen Schlafzustand geben müsse. Andere würden eher nach dem Verhalten urteilen: Wenn das Tier weniger aktiv wird und relativ unempfindlich gegenüber Umweltreizen – so daß man sich ihm vielleicht gefahrlos nähern oder es sogar berühren könnte, ohne irgendeine Verteidigungsreaktion zu provozieren –, dann könne man ihrer Meinung nach durchaus von einem Schlafzustand sprechen. Wir wollen uns zunächst diesen eher großzügigen Definitionen des Schlafs anschließen, sichern uns aber ab, indem wir von Fall zu Fall Besonderheiten im Schlafverhalten bestimmter Spezies notieren.

Wenn wir uns unseren nächsten Vorfahren zuwenden, den Menschenaffen und anderen Primaten, finden wir, daß ihr Schlafverhalten dem menschlichen Verhalten sehr ähnlich ist. Das trifft sowohl auf die Gehirnwellen zu wie auf bestimmte allgemeine Verhaltensweisen wie etwa Schlafstellungen. Der größte Unterschied zwischen Menschen und anderen Primaten hat mit der täglichen Schlafmenge zu tun. Alle unsere Cousins aus der Primatenfamilie schlafen im Schnitt etwas länger als wir. Schimpansen, Paviane, Meerkatzen, Rhesusaffen und Totenkopfäffchen schlafen alle zwischen neun und zehn Stunden pro Nacht. Mit einer durchschnittlichen Schlafdauer von zwölf Stunden, mehr als alle anderen Menschenaffen, ist der Gorilla eine richtige Schlafmütze. Den Schlafrekord unter den Primaten hält allerdings der primitive Nachtaffe oder Mirikina, ein Neuweltaffe mit großen Augen, einem langen Schwanz und einem runden Kopf. In Südamerika wird er oft als Haustier gehalten, weil er Mäuse und Insekten vertilgt. Dieses Tierchen schläft täglich etwa siebzehn Stunden. Daß die Menschen unter allen Primaten den kürzesten Schlaf haben, ist eine interessante Beobachtung, auf deren Bedeutung ich später zurückkommen werde.

Gehen wir eine Stufe tiefer und sehen wir uns die anderen Säugetiere an. Betrachten wir zum Beispiel einige Weidetiere wie Antilopen oder Schafe, die ständig vor Raubtieren auf der Hut sein müssen. Ihre einzige Verteidigung besteht darin, beim ersten Anzeichen einer herannahenden Gefahr zu fliehen. Dennoch gibt es Zeiten, in denen diese Tiere bewegungslos verharren und relativ unempfindlich für Umweltreize sind, weil sie schlafen. Zwar schlafen die meisten dieser Tiere nur wenige Stunden, in der Regel drei oder vier von den vierundzwanzig Stunden des Tages. Andererseits aber bringen sie bis zu acht Stunden pro Tag mit einer Art Dösen zu. In diesem Zustand sind sie zwar inaktiv, nehmen ihre Umgebung jedoch wahr und können sich gegebenenfalls rechtzeitig aufraffen, um einem Raubtier zu entkommen.

Wenn wir uns ein richtiges Bild von dem Risiko machen wollen, das manche Tiere eingehen, um etwas Schlaf zu bekommen, sollten wir den Fall der Giraffe betrachten. Während manche Huftiere, wie Pferde etwa, Schnappgelenke an den Beinen haben, die es ihnen ermöglichen, im Stehen zu schlafen, muß sich die Giraffe zum Schlafen hinlegen. Wenn die Giraffe aber aufwacht, stellt das Aufstehen ein ziemlich großes Problem dar. Die schlaksigen Beine müssen gestreckt werden, und dann vollzieht das Tier einen langsamen, anstrengenden Tanz, um seine Füße zu entheddern und auf die Beine zu kommen. Dieser Prozeß ist von Naturforschern oft gefilmt worden, und es kommt häufig vor, daß eine Giraffe bis zu einer Minute braucht, bis sie endlich steht. Während dieser Zeit ist das Tier seinen Feinden völlig ausgeliefert. Wenn sich die Giraffe jeden Tag in eine derart wehrlose Lage bringt, muß ihr der Schlaf schon ausgesprochen wichtig sein.

Manche Tiere müssen äußerst komplexe physische Mechanismen und Verhaltensweisen entwickeln, um etwas Schlaf zu bekommen. Nehmen wir als Beispiel den nördlichen Seebären, eine Pelzrobbenart. Bei seinen Jagdexpeditionen entfernt sich dieses Tier weit von der Küste und bleibt oft Tage hintereinander auf hoher See. Der Schlaf wird für den Seebären zum Problem, weil er ein Säugetier ist, das Luft zum Atmen braucht. Würde er einfach zu schwimmen aufhören, um sich eine Mütze Schlaf zu holen, müßte er untergehen und ertrinken. Um das zu verhindern, hat die Evolution ein bemerkenswertes und komplexes Steuerungssystem hervorgebracht. Wenn es Zeit zum Schlafen ist, hört der Seebär auf zu schwimmen und hängt still im Meer; nur die Nasenspitze ragt aus dem Wasser. Dazu braucht er lediglich mit einer Flosse langsam zu rudern. Neurophysiologisch betrachtet ähneln die Robben den Menschen darin, daß sie ein in zwei Hälften oder Hemisphären geteiltes Gehirn besitzen. Bei den Menschen wird die rechte Hand von der linken Gehirnhälfte kontrolliert, während die linke Hand von der rechten Hemisphäre kontrolliert wird. Beim Seebären werden die Flossen auf ähnliche Art gesteuert. Benutzt das Tier also die rechte Flosse, um sich über Wasser zu halten, dann muß die linke Gehirnhälfte aktiv sein. Elektrische Messungen der Hirnwellen eines schlafenden Seebären haben gezeigt: Während die linke Gehirnhälfte wach genug ist, um die Nasenspitze des Tiers über Wasser zu halten, schläft die rechte Gehirnhälfte. Mit anderen Worten, eine Hälfte des Gehirns arbeitet, während die andere schläft. Nach etwa zwanzig Minuten dreht sich die Robbe um. Jetzt werden die linke Flosse und die rechte Gehirnhälfte eingesetzt, um dem Tier das Atmen zu ermöglichen, und die ungenutzte linke Hälfte kann ein Nickerchen machen. Ein ähnlicher Mechanismus scheint sich bei manchen Delphinarten herausgebildet zu haben.

Bei jedem Säugetier, das bis heute untersucht worden ist,

konnte ein Schlafmuster nachgewiesen werden. Die Tabelle 1 zeigt die durchschnittliche Schlafdauer für einige der bekannteren Tierarten. Beachten Sie, daß die Schlafdauer sehr variabel ist. Sie reicht von den zwanzig Stunden der schlafsüchtigen Fledermaus bis hin zur Schlaflosigkeit der Huftiere, von denen wir vorhin gesprochen haben, mit ihren knappen drei Stunden Schlaf pro Tag.

TABELLE 1

Durchschnittliche tägliche Schlafdauer verschiedener bekannter Säugetierarten (auf ganze Stunden auf- bzw. abgerundet)

Spezies	**Stunden Schlaf pro Tag**	**Spezies**	**Stunden Schlaf pro Tag**
Esel	3	Pavian	10
Pferd	3	Igel	10
Giraffe	3	Biber	11
Reh	3	Fuchs	11
Elefant	4	Jaguar	11
Ziege	4	Gorilla	12
Schaf	4	Chinchilla	13
Delphin	7	Wolf	13
Mensch	8	Waschbär	13
Hase	8	Ratte	13
Schwein	8	Maus	13
Meerschweinchen	8	Hamster	14
Maulwurf	9	Katze	15
Hund	9	Eichhörnchen	15
Schimpanse	10	Backenhörnchen	15
Rhesusaffe	10	Gerbil	15
Totenkopfäffchen	10	Stinktier	19
		Fledermaus	20

Früher wurde angenommen, daß bestimmte Meeressäuger, zum Beispiel Schwertwale und bestimmte Delphinarten, nicht schlafen. Diese Annahme stützte sich auf die Beobachtung, daß diese Tiere nie aufhören zu schwimmen. Betrachten wir den Indus-Delphin. Er lebt, wie sein Name schon sagt, im Fluß Indus, der im Himalaya entspringt und durch Pakistan zum Arabischen Meer fließt, wo er ein schlammiges Deltasystem bildet. Während seines ganzen Lebens hört dieser Delphin nie auf zu schwimmen. Würde er das tun, so könnten ihm die äußerst tückischen Strömungen sowie die ungeheuren Geröllmassen, die der Fluß, besonders während des Monsuns, mit sich führt, leicht zum Verhängnis werden. Den Schlaf in der Form, wie wir ihn erwarten (bei dem also ein Tier in einer bestimmten Stellung zur Ruhe kommt), finden wir nicht. Trotz der Gefahren, die der Schlaf in einer solchen Umgebung mit sich bringt, ist er jedoch keineswegs verschwunden. Elektrische Messungen der Hirnwellen haben gezeigt, daß der Indus-Delphin tatsächlich an die sieben Stunden täglich schläft. Der Trick besteht darin, daß der Delphin nicht sieben Stunden hintereinander schläft, sondern immer wieder kurz einnickt. Die längste Schlafphase dauert etwa sechzig Sekunden, die kürzeste rund vier Sekunden. (Der Indus-Delphin ist übrigens ein gutes Beispiel dafür, daß die Evolution kein überflüssiges Gepäck duldet. Über die Jahre ist das Tier fast blind geworden, vermutlich weil ihm das Augenlicht im trüben Wasser seines Lebensraums wenig nutzen würde. Statt dessen hat es ein ausgezeichnetes Sonarsystem entwickelt, verwendet also wie die Fledermaus Schallwellen, um sich zu orientieren und die Fische und Krebse zu orten, die ihm als Nahrung dienen.) Die Tatsache, daß der Schlaf beibehalten wird, auch wenn er in winzigen Nickerchen genossen werden muß, legt die Vermutung nahe, daß er eine wichtige Funktion für das Tier erfüllt.

Auch die größeren Verwandten des Delphins, die Wale und einige Tümmlerarten, sind offensichtlich in der Lage, beim Schwimmen zu schlafen. Wie Passagierflugzeuge in einer Warteschleife drehen die schönen schwarzweißen Schwertwale («Killerwale») und die Großen Tümmler ihre Kreise, immer gegen den Uhrzeigersinn, bis irgendein intensives Ereignis in ihrer Umgebung oder vielleicht der Ruf eines inneren Kontrollturms sie wieder weckt.

Bevor wir uns von den Säugetieren abwenden, ist es wichtig festzuhalten, daß alle Säugetiere nicht nur schlafen, sondern auch zwei Hauptzustände des Schlafs aufweisen, nämlich einen Tiefschlaf mit langsameren Hirnwellen und einen eher aktiven Schlafzustand ähnlich dem menschlichen REM-Schlaf. Da wir die raschen Augenbewegungen bei den Menschen mit dem Träumen in Verbindung bringen, legt ihr Vorkommen bei den Säugetieren die Vermutung nahe, daß auch sie träumen.

Wie wir wissen, läßt sich das Eintreten einer Phase aktiven Schlafens beziehungsweise Träumens am besten anhand von Labormessungen der Hirnwellenaktivität nachweisen; jedoch sind die typischen Verhaltensmerkmale bei vielen Haustieren ebenfalls gut sichtbar. Wenn Sie feststellen wollen, ob Ihr Hund oder Ihre Katze träumt, achten Sie auf eine bestimmte Folge von Ereignissen. Wenn das Tier einschläft, kommt zuerst immer eine Tiefschlafphase. Das erste Anzeichen des Tiefschlafs ist der langsame, regelmäßige Atem. Während dieser Phase gibt es nur gelegentliche Körperbewegungen, und das Tier ist still und ruhig. Nach etwa zehn bis zwanzig Minuten müßte die erste Phase aktiven Schlafs oder Träumens beginnen. Jetzt dürften Sie die Bewegung der Augen hinter den Lidern sehen, ein klares Anzeichen für die REM-Phase. Außerdem wird sich das Atemprofil merklich verändern. Der Atem geht schneller, wird zuweilen flach und unregelmäßig, und hin und wieder scheint das Tier den Atem anzuhalten. Die Ohren und Schnurrhaare können sichtlich zittern oder zucken. Wenn Sie das Gesicht des Tiers beobachten, können Sie oft Zuckungen, plötzliche Bewegungen und Grimassen sehen. (Bei menschlichen Säuglingen umfassen die Gesichtsbewegungen während des REM-Schlafs auch saugende Bewegungen.) Ein weiteres gut sichtbares Zeichen ist das Zucken der Pfoten. Die Pfoten meines schlafenden Cairn-Terriers zucken oft synchron, so daß ich den Eindruck gewinne, er versuche gerade zu rennen oder zu springen.

Bei Tieren scheint die Häufigkeit dieser Episoden des aktiven Schlafs oder Traumschlafs mit der Körpergröße zusammenzuhängen: je kleiner das Tier, desto häufiger die Episoden aktiven Schlafs beziehungsweise Traumschlafs. So finden wir bei der winzigen Maus alle neun Minuten einen aktiven Traumzustand, während die durchschnittliche Katze alle fünfzehn Minuten träumt. Bei Affen (und bei Menschenkindern) kehrt der Traumzyklus alle fünfzig Minuten wieder, während bei Gorillas (und bei erwachsenen Menschen) der erste Traum nach neunzig Minuten auftritt. Bei Elefanten kann es annähernd zwei Stunden dauern, bis sie in den Traumzustand gelangen.

Wenn alle Säugetiere schlafen, müssen wir etwas weiter auf der Evolutionsleiter herabsteigen, wenn wir die Ursprünge dieses Verhaltens entdecken wollen. Wie ist es bei den Vögeln? Alle Vogelarten, die bis heute untersucht worden sind, zeigen Schlafmuster, die dem Schlaf der Säugetiere ähneln; das heißt, wir finden bei ihnen eine Tiefschlafphase mit langsamen Hirnwellen und einen aktiven REM-Schlaf. Bei den Vogelarten, die ihre Augen nicht bewegen können, wie Eulen zum Beispiel, muß es natürlich ein anderes Anzeichen für die aktive Schlafphase geben; und tatsächlich sehen die Gehirnwellen solcher Vögel beim aktiven Schlaf genau so aus wie bei den Tieren, die ihre Augen bewegen können. Es gibt allerdings einen klaren Unterschied zwischen dem Schlaf der Vögel und dem der Säugetiere. Die aktive (Traum-)Phase ist bei allen Vogelarten sehr kurz; nur äußerst selten finden wir bei einem Vogel einen Traumzustand, der länger als dreißig Sekunden anhält, und in den meisten Fällen dauert der aktive Schlaf sogar nur fünf bis sechs Sekunden.

Manche Vögel fliegen tagelang ununterbrochen, insbesondere Zugvögel bei ihren Wanderungen im Frühling und im Herbst. Andere, wie etwa der Albatros, fliegen weit weg vom Land und müssen eine Woche oder länger in der Luft bleiben. Diese Vögel haben eine Schlafstrategie ähnlich der des Indus-Delphins entwickelt. Statt ihren Flug zum Schlafen zu unterbrechen, schlafen sie tatsächlich im Flug. Es handelt sich dabei in der Regel um kurze Schlafphasen von etwa einer halben Minute, bei denen der Vogel weitergleitet. Manche Forscher glauben aber, daß es Vogelarten gibt, die beim Schlafen weiter mit den Flügeln schlagen können, während sie sich ein paar Minuten Schlaf gönnen, als ob sie sozusagen auf Autopilot weiterfliegen würden.

Ein wichtiger Aspekt beim Schlaf der Vögel ist die Tatsache, daß ihre Schlafdauer im direkten Zusammenhang mit der durchschnittlichen Tageshelligkeit zu stehen scheint. Allgemein gesprochen schlafen die Vögel weniger, je länger die Tage werden, obwohl die Mindestschlafdauer für tagaktive Vogelarten selten weniger als sieben Stunden beträgt.

Bei Vogelarten wie Tauben, die anderen Vögeln und Tieren als Beute dienen, gibt es einen weiteren interessanten Aspekt des Schlafs, den ich den «Nickerchenblick» nenne. Es handelt sich um ein kurzes Öffnen der Augen, ohne daß der Vogel richtig wach wird. Forscher haben herausgefunden, daß die Häufigkeit dieser Nickerchenblicke abhängig ist von der Anzahl Räuber (Habichte oder Katzen zum Beispiel), die in der Umgebung gesichtet worden sind, was die Annahme stützt, bei diesen kurzen Augen-Blicken handele es sich um eine Verteidigungsmaßnahme, um die Wachsamkeit gegenüber möglichen Feinden zu erhöhen. Hinzu kommt, daß die Häufigkeit der Nickerchenblicke abnimmt, wenn es mehrere Vögel der gleichen Spezies in der Umgebung gibt; offensichtlich geht der schlafende Vogel davon aus, daß man zu mehreren sicherer ist, und überprüft seine Umgebung nicht so häufig.

Da sich die Vögel aus den Reptilien entwickelt haben, entspricht das Studium der Schlafgewohnheiten bei Reptilien wie Eidechsen, Schlangen und Krokodilen dem Betrachten von Schlafmechanismen einer noch weiter zurückliegenden evolutionären Epoche. Wenn wir uns fragen, ob Reptilien überhaupt schlafen, und wenn ja, was das denn für ein Schlaf sei, so rückt zum erstenmal eine andere Art Schlaf in unser Blickfeld. Natürlich haben Reptilien inaktive Perioden, bei denen sie die Augen schließen und eine bestimmte Körperhaltung einnehmen; und oft findet dieses Verhalten an einem bestimmten Ort statt. Während dieser Perioden reagieren sie nicht so leicht auf äußere Reize, und es gibt Zeiten, in denen ihre Muskeln ganz schlaff werden. Das alles stimmt mit unserem Schlafbegriff überein. Das Problem aber besteht darin, daß EEG-Aufnahmen von Reptilien nicht die klaren Muster zeigen, die wir inzwischen vom Schlafzustand erwarten würden, nämlich einen regelmäßigen Wechsel von Tiefschlaf mit langsamen Hirnwellen und aktivem Schlaf in Verbindung mit Träumen. Eine sorgfältige Untersuchung bestimmter Merkmale des Schlafprofils der Reptilien läßt allerdings den Schluß zu, daß sowohl der Tiefschlaf mit langsamen Wellenmustern als auch der mit dem Träumen assoziierte aktive Schlaf vorkommen. Der britische Schlafforscher Ray Meddis hat eine höchst interessante, aber kontroverse Erklärung für das Phänomen des Schlafs bei den Reptilien vorgelegt. Das Schlafprofil der Säugetiere und Vögel (in der Hauptsache Tiefschlaf, unterbrochen von kürzeren Phasen des mit dem Träumen assoziierten aktiven Schlafs) wäre nach Meddis bei Reptilien einfach umgekehrt (in der Hauptsache aktiver Schlaf, unterbrochen von gelegentlichen Tiefschlafepisoden).

Schlafen die Fische? Jedenfalls haben die meisten Fische Zeiten der Aktivität und der Ruhe, die sich jeden Tag in einem bestimmten Zyklus abwechseln. Manche Fische sind nachtaktiv, andere sind eher tagaktiv. Bei der Beantwortung der Frage, ob Fische schlafen oder nicht, besteht eine Schwierigkeit darin, daß die meisten Fische (außer den Knorpelfischen, zu denen auch die Haie und die Riesenmantas gehören) keine Augenlider haben. Oft besitzen Fische eine durchsichtige Membran, die zum Schutz über das Auge gezogen werden kann, aber die undurchsichtigen Augenlider, die wir bei allen auf dem Land lebenden Wirbeltieren feststellen können, fehlen bei den Fischen. Als Indiz des Schlafzustands kommen bei den Fischen geschlossene Augen nicht in Betracht; doch haben viele Fische typische Schlafstellungen. In ihren Ruhezeiten halten sie entweder ihre Flossen eng an den Körper gedrückt oder weit ausgestreckt und bewegungslos. Zu solchen Zeiten verlangsamt sich die Tätigkeit ihrer Kiemen und wird sehr rhythmisch und regelmäßig. Manche Fische suchen bestimmte Schlafplätze auf, zum Beispiel unter Felsvorsprüngen oder zwischen Steinen oder dicht wachsenden Pflanzen, und manche graben sich sogar im Sand ein.

Einige tropische Fische, wie zum Beispiel der Lippfisch, ein Bewohner der Korallenriffe, und der farbenfrohe Papageifisch mit seinem schnabelähnlichen Mund, ziehen sich zum Schlafen in eine Art Fischzelt zurück. Zuerst finden sie eine Spalte oder Mulde im Riff, in die sie sich hineinzwängen. Dann sondern sie eine klare Schleimhülle ab, die sie bald ganz bedeckt, so daß sie aussehen, als wären sie in Plastikfolie gewickelt. Daraufhin erstarren sie und verbringen die Nacht in diesem anscheinend komatösen Zustand. Ein Freund von mir, der Tauchsport betreibt, erzählte, daß er bei einem nächtlichen Tauchausflug vor der Küste Hawaiis einen dieser Fische in seinem durchsichtigen Zelt beobachten konnte. Er näherte sich dem Tier und fand, daß er es sogar in die Hand nehmen konnte, ohne es im mindesten zu stören.

Wie weit müssen wir zurückgehen, um unseren ersten schlafenden Urahn zu entdecken? Ziemlich weit. Bis vor etwa fünfundzwanzig Jahren kamen die Wirbellosen, also Würmer, Schnecken und Insekten etwa, kaum als Gegenstände der Schlafforschung in Betracht. Der Grund hierfür lag in der Überlegung, daß ihre Nervensysteme so verschieden sind von denen der Wirbeltiere, daß es schwierig sein dürfte, Aussagen zu machen, die auf beide Gruppen zutreffen. Angesichts der ungeheuren Unterschiede in der physiologischen Struktur konnten sich die Forscher nicht auf EEG-Daten stützen, um den Schlaf zu definieren, und manche Wissenschaftler sträubten sich dagegen, überhaupt einen Vergleich zwischen Verhaltensweisen der Wirbellosen und dem Verhalten zu ziehen, das wir bei den Wirbeltieren als Schlaf bezeichnen. Es gibt jedoch einige Untersuchungen, die uns interessieren könnten.

Betrachten wir einmal die Meeresschnecke *Alypsia**. Bei Tag ist dieses primitive Wesen ziemlich aktiv. Wenn das Licht nachläßt, sucht die Schnecke jedoch einen bestimmten Platz auf, nimmt eine bestimmte Körperhaltung ein und verharrt die ganze Nacht bewegungslos. Dieses Verhalten sieht doch sehr nach Schlaf aus. Die Schnecke ist übrigens nicht immer starr. Zu bestimmten Zeiten bewegt sie heftig und scheinbar spontan

* Im Deutschen wird diese Breitfußschnecke auch Seehase genannt. – Der Übersetzer

einige Minuten lang ihre Tentakeln. Ein Wissenschaftler meint sogar, diese Tentakelbewegung stelle das Meeresschneckenäquivalent des aktiven REM-Schlafs der Säugetiere dar.[5]

Viele Fluginsekten haben Perioden der Aktivität und Inaktivität. Bienen, zum Beispiel, sind aktiv während des Tags, werden aber in den Nachtstunden ruhig und reagieren weniger auf Umweltreize, ganz gleich welcher Art. Bei einigen Mottenarten sind die Unterschiede zwischen den aktiven und inaktiven Perioden sogar noch auffälliger. Die Mehlmotte zum Beispiel durchläuft eine Phase, die wie Tiefschlaf wirkt, bei der sie ihre Fühler einklappt und mit den Flügeln bedeckt. In dieser Haltung reagiert die Motte nicht einmal, wenn ihre Flügel leicht berührt werden oder wenn man sie etwa mit einem leichten Pinsel aufhebt.

Können wir auf der Suche nach unseren ersten schlafenden Urahnen weiter zurückgehen als zu den Insekten? Ich glaube nicht, daß es nötig ist, diese Sache zu übertreiben. Ich will eigentlich nicht dahin kommen, darüber zu spekulieren, ob das nächtliche Schließen einiger Blüten ein pflanzliches Äquivalent des Schlafs darstellt. Die Tatsache, daß der Schlaf so allgegenwärtig ist, daß er bei so vielen verschiedenen Spezies und auf so vielen verschiedenen Ebenen physiologischer und neurologischer Komplexität vorkommt, legt die Vermutung nahe, daß er irgendeine nützliche und lebenswichtige Funktion erfüllt. Die komplizierten Prozeduren, die bestimmte Tierarten anwenden, um etwas Schlaf zu bekommen, und die Tatsache, daß die Evolution bereit ist, zwanzig bis siebzig Prozent des aktiven Lebens eines Tiers dieser Tätigkeit zu opfern, zeugen wohl von seiner Bedeutung. Sie sollten uns auch zu bedenken geben, daß wir uns, rein biologisch gesehen, schwere Schäden zufügen können, wenn wir den biologischen Imperativ des Schlafens außer acht lassen und unsere aktiven, wachen Stunden auszudehnen versuchen.

Schlaflose Tage

Wie wir gesehen haben, unternimmt die Evolution große Anstrengungen, um den Schlaf zu schützen. Diese Tatsache beweist jedoch nicht, daß der Schlaf wirklich lebensnotwendig ist. Schließlich wird eine Menge Zeit und Geld in Sportarten wie Football und Baseball investiert, und doch ist es möglich, entgegen der Ansicht mancher Menschen, ohne Baseball und Football zu leben. Kann man ohne Schlaf leben?

1959 arbeitete Peter Tripp als DJ für den Rundfunksender WMGM in New York City. Der Sender wollte Geld für einen guten Zweck sammeln, und Tripp beschloß, die Spendenbereitschaft seiner Hörer mit einem Marathon eigener Art anzukurbeln. Er würde zweihundert Stunden (mehr als acht Tage) hintereinander wach bleiben und trotzdem jeden Tag seine Dreistundensendung moderieren.

Nachdem Tripp sein Schlafentzugs-Marathon im Rahmen der Spendenkampagne angekündigt hatte, wurde er sofort von mehreren Psychologen, Psychiatern, Neurologen und anderen Spezialisten angesprochen. Alle rieten ihm von seinem Vorhaben ab. Es waren bereits einige Versuche an Tieren durchgeführt worden, aus denen hervorging, daß totale Schlaflosigkeit zu erheblichen Schäden führen kann. Die erste derartige Studie wurde schon 1894 von einem Dr. M. de Manacéine in Frankreich durchgeführt. Er wies nach, daß totaler Schlafentzug bei Hunden zum Tod führt. Bei der Autopsie dieser Tiere fand man eine Vielzahl kleiner Blutgerinnsel im Gehirn. Die Versuche ergaben, daß ausgewachsene Hunde in der Regel nach etwa dreizehn Tagen ohne Schlaf starben; die Wirkung des Schlafentzugs auf junge Hunde war erheblich schneller: Sechs schlaflose Tage führten normalerweise zum Tod. Obwohl ihm die drohende Gefahr einer Hirnschädigung oder sogar des Todes bewußt war, verließ sich Tripp auf die vielen unbestätigten Anekdoten von Expeditionsforschern und Militärs, die angeblich bis zu zehn Tage unter widrigsten Bedingungen und ohne negative Folgen wach geblieben waren. Sicherheitshalber ließ Tripp allerdings seinen Versuch von einigen Psychiatern und Medizinern überwachen.

Das ganze «Experiment» wurde in einem Glaskasten mitten auf dem Times Square im Herzen von Manhattan durchgeführt, der als Rekrutierungsstelle der Armee diente. Auf diese Weise sollte das Publikum jederzeit feststellen können, ob Tripp wirklich wach sei. Außerdem mußte er bestimmte einfache Aktivitäten durchführen, um zu beweisen, daß er wach war, zum Beispiel alle fünfzehn Minuten die Uhrzeit sagen. Die einzigen Unterbrechungen dieses Lebens im Glashaus unter den Augen des Publikums waren gelegentliche Toilettenbesuche in einem nahe gelegenen Hotel, wo Tripp auch bei Bedarf die Kleidung wechselte.

Tripp hat tatsächlich die zweihundert Stunden geschafft – allerdings nicht ohne gewisse Anzeichen geistigen Abbaus. Im Verlauf dieser selbstauferlegten Tortur wurde er immer wieder von verschiedenen Spezialisten untersucht, die eine zunehmende Verzerrung der Gedanken und ganze Perioden ausgesprochener Irrationalität feststellten. Am Ende des vierten Tags ohne Schlaf konnte Tripp nicht einmal den einfachsten Test bestehen, bei dem ein Mindestmaß an Aufmerksamkeit und Konzentration erforderlich war. Einer der anwesenden Psychiater soll gesagt haben: «Vor uns haben wir einen kompetenten New Yorker Radioansager, der sich vergeblich bemüht, einen Weg durchs Alphabet zu finden.» Außerdem begann Tripp zu halluzinieren und litt unter Wahrnehmungsstörungen. Einmal wurde er ziemlich aufgeregt, weil er Flecke auf dem Tisch für Käfer hielt. Er glaubte, überall im Glashäuschen herumkriechende Spinnen zu sehen, und beklagte sich einmal, sie hätten sogar seine Schuhe eingesponnen. Ihm war, als ob die Gegenstände unversehens ihre Größe änderten, und er meinte, die Uhr vor ihm habe ein menschliches Gesicht bekommen und starre ihn an. Auch seine Stimmungslage änderte sich. Tripp wurde zunehmend mißtrauisch, ja paranoid. Wenn er eine Zeitansage verpaßte, weil er sich nicht mehr konzentrieren konnte, warf er den anderen Menschen im Raum vor, sie hätten «mit der Uhr herumgespielt».

Trotz zunehmend bizarrer Symptome und seiner Unfähigkeit, klare Gedanken zu fassen, war Tripp erstaunlicherweise jeden Abend in der Lage, sich so weit in den Griff zu bekommen, daß er seine Sendung durchziehen konnte. Möglicherweise half ihm die gestiegene Motivation, sich selbst möglichst gut darzustellen, diese Stunden durchzustehen. Sein geistiger Abbau fiel keinem seiner Hörer auf, und er hat weder geflucht noch irgendwelche seltsamen Bemerkungen von sich gegeben. Seine Sendungen ließen nichts von dem alptraumhaften Streß ahnen, den er durchlitt.

Für Tripp kamen die schlimmsten Stunden ganz am Ende. Er wurde zunehmend das Opfer von Wahnvorstellungen und bildete sich ein, die Ärzte, die ihn begleiteten, seien Teil einer irgendwie gearteten Verschwörung mit dem Ziel, ihn einzusperren. Am letzten Morgen seines «Wachmarathons» sollte ihn ein gewisser Dr. Wolff von der Cornell University untersuchen. Dr. Wolff trug gewohnheitsmäßig dunkle, etwas förmlich wirkende Anzüge, die nicht besonders modisch waren und nicht gerade Fröhlichkeit ausstrahlten. Anfangs war Tripp durchaus kooperativ. Er zog sich aus und legte sich zur Untersuchung auf den Tisch. Dann muß bei ihm irgendeine Sicherung durchgebrannt sein. Als sich der Arzt mit seinem dunklen, altmodischen Anzug über ihn beugte, kam Tripp der Gedanke, der Mann sei in Wirklichkeit ein Bestatter, der ihn lebendig begraben wollte. Als er zu diesem entsetzlichen Schluß gekommen war, wurde er von Angst gepackt, sprang schreiend vom Tisch und flüchtete halbnackt durch den Korridor, gefolgt von mehreren Ärzten und einem Psychologen. Es war ihm nicht mehr möglich, zwischen Alptraum und Wirklichkeit zu unterscheiden. Nur mit Mühe konnte man ihn überreden, ein letztes Mal im Glashaus aufzutreten.

Nach zweihundert Stunden (in Wirklichkeit zweihunderteins, da der Zwischenfall mit dem Arzt sowie einige Zusatztests eine weitere Stunde beanspruchten), begleitete man Tripp nach Hause. Er schlief dreizehn Stunden hintereinander durch. Als er aufwachte, waren seine Gedanken, sein Gedächtnis und seine Wahrnehmung normal, und er hatte die für ihn charakteristische muntere Stimmung wiedergewonnen.

Peter Tripps zweihundert schlaflose Stunden stellen jedoch nicht den Rekord dar. Den hält ein damals siebzehnjähriger Oberstufenschüler namens Randy Gardner. Randy war das älteste von vier Kindern eines Berufsoffiziers, der in San Diego stationiert war. Zusammen mit zwei Freunden beschloß Randy, einen Beitrag zur *Science Fair* beizusteuern, einer naturwissenschaftlichen Messe, die regelmäßig in San Diego stattfindet. Der Beitrag sollte eine Untersuchung über die Auswirkungen längeren Schlafentzugs sein, und als Ziel setzten sich die drei Freunde zweihundertvierundsechzig Stunden (elf Tage), so daß ihr Projekt gegebenenfalls auch in das *Guinness Buch der Rekorde* aufgenommen werden könnte. Randy sollte die Testperson sein und ohne Schlaf auskommen, und seine beiden Freunde würden sich in zwei Schichten abwechseln, um sicherzustellen, daß er auch wach bliebe. Anfang Januar 1964 begann Randy seine Wache. Erst durch Berichte in der Lokalpresse erfuhren auch Forscher von diesem Projekt. Randys Eltern machten sich Sorgen wegen des Vorhabens und der gesundheitlichen Folgen für ihren Sohn. Zum Glück gab es in der Nähe eine bekannte Schlafforschungseinrichtung der U.S. Navy. Ein Marinearzt von dieser Einrichtung nahm es auf sich, Randys Gesundheitszustand zu überprüfen, und bat auch einige Spezialisten und Schlafforscher, ihn zu unterstützen, wodurch die Eltern einigermaßen beruhigt wurden.

In der Welt der Naturwissenschaften gibt es, nicht anders als in der sonstigen Welt, jede Menge Folklore, die als Wahrheit gilt. In der Welt der Schlafforschung gehört der Fall Randy Gardner zu diesen Mythen. Seit ich mich damals als Doktorand zum erstenmal mit dem Schlaf beschäftigte, wird Randy Gardner immer wieder als Beispiel dafür zitiert, wie leicht wir ohne Schlaf auskommen können. In Berichten über den Versuch heißt es für gewöhnlich, Randy habe weder unter Halluzinationen oder Paranoia noch sonstigen Stimmungsschwankungen gelitten, und seine motorische Koordination und Wahrnehmungsfähigkeit seien während der ganzen Dauer des Projekts relativ gut gewesen. Dieses beruhigende Ergebnis ist inzwischen zu einer schlichten «Tatsache» avanciert, die man in fast jedem Buch über Psychologie oder Psychiatrie nachlesen kann, das dem Phänomen Schlaf ein Kapitel widmet. Dabei stützt sich diese Schlußfolgerung lediglich auf zwei Informationen. Die erste ist die Feststellung, daß Randy anschcinend keine nachhaltigen Gesundheitsschäden davontrug. Die zweite bezieht sich auf die beiläufigen Bemerkungen eines Forschers, der am zehnten Tag des Experiments mit Randy und seinen Freunden durch die Stadt zog. Als sich das Marathon seinem Ende näherte, lud der Forscher Randy und einen seiner Freunde ins Restaurant ein. Nach dem Essen bemerkten sie einen Flipperautomaten im Restaurant und beschlossen, ein wenig damit zu spielen. Der Forscher berichtete später, Randy habe gut gespielt und ihn sogar geschlagen. Zwar deutet diese Beobachtung darauf hin, daß es unter bestimmten Bedingungen – zum Beispiel wenn die betreffende Person hochmotiviert, aufgeregt und interessiert ist – kurzfristig möglich ist, den Schlafentzug zu kompensieren. Sie bedeutet jedoch nicht, daß der Schlafentzug gar keine nachteiligen Auswirkungen auf Randy gehabt hat. (Wir erinnern uns: Auch Peter Tripp hatte während seines Marathons Episoden der Klarheit und des anscheinend normalen Funktionierens, insbesondere dann, wenn er auf Sendung war.)

Die während der gesamten Dauer dieser Wache durchgeführten systematischen neurologischen und psychologischen Untersuchungen zeigten hingegen, daß es Randy insgesamt ziemlich schlecht ging, insbesondere auf der psychologischen Funktionsebene. Oberleutnant John J. Ross von der U.S. Navy Medical Neuropsychiatric Research Unit in San Diego hat den Verlauf des Marathons systematisch beschrieben und hat Randy am letzten Tag untersucht. Sehen wir uns seine Ergebnisse an[6]:

Am zweiten Tag hatte Randy immer wieder Schwierigkeiten, scharf zu sehen. Die Probleme waren so ausgeprägt, daß er für den Rest des Versuchs aufs Fernsehen verzichtete. Zu diesem Zeitpunkt zeigte er auch bestimmte Anzeichen einer *Stereoagnosie* (das heißt, er hatte Schwierigkeiten, Gegenstände lediglich mit Hilfe des Tastsinns zu erkennen).

Am dritten Tag gab es bei Randy Anzeichen eines Stimmungstiefs sowie eines Nachlassens der Muskelkraft und Koordinationsfähigkeit, in der Medizin als *Ataxie* bekannt. Randy hatte auch große Schwierigkeiten, einfache Zungenbrecher zu wiederholen.

Randys schlechte Laune wurde immer ausgeprägter, und am vierten Tag war er gereizt und unkooperativ. Seine geistigen Fähigkeiten bauten weiter ab, und er litt unter Gedächtnislücken und Konzentrationsschwierigkeiten. Er hatte auch merkwürdige Sinneseindrücke, eigentlich Wahrnehmungsstörungen: Zum Beispiel hatte er das Gefühl, um seinen Kopf sei ein enges Band gewickelt, und die Straßenlaternen schienen ihm von einem dichten Nebel umgeben zu sein. Um etwa drei Uhr früh hatte er seine erste Halluzination: Er hielt ein Straßenschild für eine Person. Kurz darauf folgte eine wahnhafte Periode, in der er sich einbildete, ein berühmter schwarzer Football-Spieler zu sein. Diese Wahnvorstellung vermischte sich mit seiner negativen Stimmung, und er begann sich über vermeintlich rassistische Äußerungen hinsichtlich seiner Fähigkeiten als Spieler zu ärgern. Diese Ressentiments waren offensichtlich eine Form wahnhafter Paranoia. (Die Paranoia ist ein Zustand, in dem Menschen glauben, andere Menschen hätten etwas gegen sie und versuchten, ihnen irgendwie zu schaden.)

Am fünften Tag schien Randy sein Gleichgewicht halbwegs wiedergewonnen zu haben, er litt jedoch weiterhin an kleineren Halluzinationen. Diese wurden von einem Forscher etwas verharmlosend als «hypnagogische Traumbilder» beschrieben. Das sind die Gedanken, die man kurz vor dem Einschlafen hat. Wahrscheinlich hat er diesen Begriff gewählt, weil Randy – jedenfalls nach einiger Zeit – den illusionären Charakter der Visionen erkannte. In einer dieser Visionen sah er einen Pfad, der im Zimmer unmittelbar vor ihm begann und in einen tiefen, ruhigen Wald hineinführte.

Am sechsten Tag kehrten einige der Probleme wieder, die am Tag zuvor verschwunden waren, insbesondere die Schwierigkeit, Gegenstände mit dem Tastsinn zu erkennen, eine leichte Muskelschwäche und schlechte Koordination.

Außerdem sprach Randy jetzt langsamer, und er hatte zunehmende Schwierigkeiten, einfache Gegenstände zu benennen.

Am siebten und achten Tag gab es immer wieder Perioden, in denen Randy nur noch undeutlich artikulierte. Seine Sprache verschlechterte sich immer weiter, bis sie schließlich «weich, langsam, undeutlich und breiig» wirkte. Die Launenhaftigkeit und mangelnde Kooperationsbereitschaft, die seit einigen Tagen weniger auffällig gewesen waren, machten sich wieder bemerkbar. Gedächtnislücken und Konzentrationsschwierigkeiten waren wieder ausgeprägter.

Am neunten Tag gab es Perioden, in denen Randy seine Gedanken nicht beieinanderhalten konnte, und es gelang ihm häufig nicht mehr, begonnene Sätze zu beenden. Seine Probleme mit der Sehschärfe verstärkten sich, und zuweilen drifteten seine Augen unabhängig voneinander hin und her.

Anzeichen einer gegen eine bestimmte Person gerichteten Paranoia machten sich am zehnten Tag bemerkbar und hielten sich bis zum Ende des Versuchs. Im Mittelpunkt dieser paranoiden Vorstellungen stand der Moderator einer Rundfunksendung, der nach Randys Überzeugung darauf aus war, ihn lächerlich zu machen, weil er sich an bestimmte Einzelheiten seiner langen Wache nicht mehr erinnern konnte.

Am elften und letzten Tag des Versuchs wurde Randy umfassend neurologisch untersucht. Körperlich schien er ganz in Ordnung zu sein: Zwar wurde ein leichtes Zittern in den Fingern festgestellt, er konnte aber seine Hände und Beine mit normaler Koordination bewegen, und der Gleichgewichtssinn funktionierte ausreichend. Es gab außerdem ein leichtes Herzstolpern, das jedoch verschwand, nachdem Randy zwei Nächte normal geschlafen hatte. Seine Augen neigten allerdings dazu, unkontrolliert auseinanderzudriften bzw. zu kreisen, und es fiel ihm schwer, Gegenstände mit den Augen zu fixieren. Sein Gesicht wurde als «ausdruckslos» gekennzeichnet. Er sprach undeutlich und ohne Betonung, und man mußte ihn immer wieder zum Sprechen ermuntern, bevor er überhaupt eine Antwort von sich gab. Seine Aufmerksamkeitsspanne war erheblich reduziert, und auch seine geistigen Fähigkeiten hatten nachgelassen. Ein Beispiel hierfür lieferte der sogenannte «Siebener-Serie-Test» (bei dem die Versuchsperson die Anweisung erhält, mit hundert zu beginnen und rückwärts zu zählen, indem sie jedesmal sieben subtrahiert). Randy kam bis fünfundsechzig (das sind fünf Subtraktionen) und hielt dann inne. Als Dr. Ross ihn fragte, weshalb er aufgehört habe, teilte ihm Randy mit, er habe vergessen, was er eigentlich machen sollte!

Nach zweihundertvierundsechzig Stunden beendeten Randy und seine Freunde das Experiment. Sie hatten ihr Ziel erreicht und waren nun unangefochtene Inhaber des Weltrekords für dokumentierte Schlaflosigkeit. Randy ging nach Hause und schlief vierzehndreiviertel Stunden, etwa sechsdreiviertel Stunden länger als üblich. Er wachte spontan auf und fühlte sich ganz gesund und normal (höchstens noch ein wenig müde). Seine geistigen Fähigkeiten schienen alle wieder normal zu sein. Er hatte keine weiteren Sprachschwierigkeiten, sein Gedächtnis funktionierte gut, die Paranoia und die anderen Symptome extremer Launenhaftigkeit waren verschwunden, es gab nicht die Spur irgendwelcher Halluzinationen oder sonstiger Wahnvorstellungen. In der zweiten Nacht schlief er etwa vier Stunden länger und in der dritten Nacht etwa zweieinhalb Stunden länger als üblich. Danach pendelte sich sein Schlafprofil im großen und ganzen bei den normalen Werten ein.

Die Ergebnisse der Versuche mit Peter Tripp und Randy Gardner werden durch eine Anzahl weiterer Beobachtungen bestätigt. In vielen Fällen stammen die Erkenntnisse über den Schlafentzug aus «Experimenten», die spontan von Individuen oder Gruppen organisiert wurden, die ganz andere Ziele verfolgten als die Mehrung des Wissens. Schlafforscher haben sich dann an diese Versuche angehängt und je nach Gelegenheit ihre Messungen vorgenommen. Die meisten Versuche wurden lange vor Erreichen der zweihunderteins Stunden von Peter Tripp oder der zweihundertvierundsechzig Stunden von Randy Gardner abgebrochen. In den meisten Fällen brachen die Menschen ihre Wachen ab, weil sie den geistigen Verfall, den sie erlebten, einfach nicht ertragen konnten.

Ein Beispiel bietet das *Trivial-Pursuit*-Marathon, das von fünf Medizinstudenten an der Universität von Leiden in den Niederlanden organisiert wurde. (*Trivial Pursuit* ist ein Spiel, bei dem die Teilnehmer würfeln, um ihre Figuren auf einem Spielbrett zu bewegen, und nach jedem Würfeln bestimmte Wissensfragen beantworten müssen, um weiterzukommen.) Als Ziel setzten sich diese Studenten, sechsundsiebzig Stunden hintereinander ohne Schlaf zu spielen, und zwar sollten wenigstens drei von ihnen dieses Ziel erreichen. Alle zwei Stunden durften sie sich zehn Minuten vom Spiel entfernen, um etwas zu sich zu nehmen, spazierenzugehen, sich massieren zu lassen oder kalt zu duschen und so weiter. Die Spieler haben ihr Ziel nicht erreicht. Nach vierzig Stunden ohne Schlaf gab der erste Spieler auf; sein Gehirn sei «überhitzt», klagte er. Der zweite Spieler gab nach sechsundfünfzig Stunden auf, da er nicht länger wach bleiben konnte. Als die dritte Spielerin, Liesbeth, nach fünfundsechzig Stunden aufgab, war das Spiel und damit das Marathon beendet, elf Stunden vor Erreichung des gesteckten Ziels. Als sie aufgab, hatte Liesbeth Schwierigkeiten beim Gehen und sprach undeutlich. Beobachtern war aufgefallen, daß sie erst mit Verspätung auf Fragen antwortete und daß ihr die Fragen gelegentlich mehrmals gestellt werden mußten. Zur großen Überraschung aller Beteiligten waren ihre Antworten allerdings größtenteils korrekt. Liesbeth schilderte ihre subjektive Erfahrung wie folgt:

Die Entfernung zwischen mir und meiner Umwelt schien riesig zu sein. Um etwas zu berühren, mußte ich richtig darauf drücken, und es wurde schwierig, zwischen Farben wie Braun und Grün zu unterscheiden. Von den sechzig [Stunden ohne Schlaf] *fehlen mir vier Stunden, an die ich mich überhaupt nicht mehr erinnern kann. Jan und Jeroen waren für mich nicht mehr anwesend. Ich konnte meinen Würfelbecher nicht mehr finden, und ich führte Befehle aus wie eine Marionette. ... Meine Schuhsohlen schienen doppelt so dick zu sein wie sonst, mir war schwindelig, ich war erschöpft, panisch und zunehmend paranoid. Ich habe aufgehört, weil ich Angst hatte, die Selbstbeherrschung zu verlieren.*[7]

Peter Tripp, Randy Gardner und die *Trivial-Pursuit*-Spieler von der Universität Leiden hatten ähnliche Symptome. Weil Peter Tripp und Randy Gardner mehr Schlaf verloren, waren auch die Auswirkungen ihres Experiments spektakulärer: Halluzinationen, auffällige Verschlechterungen bestimmter Bewegungsabläufe, der Sprachproduktion und der Fähigkeit, Reize zu verarbeiten. Diese Individuen waren aber alle jung und gesund, und sie haben sich alle schnell von ihren schlaflosen Tagen erholt. Was wäre passiert, wenn sie versucht hätten, noch länger ohne Schlaf auszukommen? Das ist wegen naheliegender Sicherheitsbedenken noch nie unter kontrollierten Laborbedingungen an Menschen untersucht worden. Bei Tieren aber hat man solche Versuche durchgeführt.

Die genauen Vorgänge beim extremen Schlafentzug sind von Dr. Allen Rechtschaffen untersucht worden. Vor mehr als dreißig Jahren etablierte Rechtschaffen sein Schlaflabor an der University of Chicago. Chicago war bereits als Zentrum der Schlafforschung bekannt; wie Sie sich vielleicht erinnern, wurde auch das erste permanente Schlaflabor unter der Leitung von Dr. Nathaniel Kleitmann an der University of Chicago eingerichtet. Als Versuchsobjekte mußten Ratten herhalten, und Rechtschaffen entwickelte ein ausgesprochen raffiniertes (manche Menschen würden vielleicht sagen: geradezu diabolisches) System, ihnen den Schlaf zu rauben. Zunächst wurden Rattenpaare ausgewählt und verdrahtet, um ihre EEG-Wellen kontinuierlich überprüfen zu können. Dann wurden die Ratten auf eine kreisförmige Platte gesetzt, die von einem flachen Becken mit kaltem Wasser umgeben war. Die Platte wurde durch eine Art Trennwand in zwei Hälften geteilt, und auf jede Hälfte kam ein Tier. Eine der Ratten wurde als das Tier designiert, dem der Schlaf zu entziehen war. Jedesmal, wenn die EEG-Wellenmuster anzeigten, daß es dabei war, einzuschlafen, begann die kreisförmige Platte unter der Trennwand langsam zu rotieren. Dabei mußten sich beide Tiere bewegen, um nicht durch die Rotationsbewegung nach und nach ins Wasser gedrängt zu werden. Ratten können es nicht leiden, naß zu sein, und schon gar nicht naß und kalt, also gaben sie sich große Mühe, nicht von der Plattform zu fallen. Futter und Wasser waren jederzeit verfügbar, das Licht war immer an, und die Temperatur war für eine Ratte weder zu heiß noch zu kalt. Der Versuchsratte mangelte es an nichts außer ihrem Schlaf.

Wozu brauchte Rechtschaffen zwei Ratten? Erinnern wir uns: Die Plattform begann zu rotieren, sobald das Gehirn der Versuchsratte irgendwelche Anzeichen des Einschlafens zeigte. Die andere Ratte (das Kontrolltier) mußte sich genausoviel bewegen wie ihr schlafloser Gegenpart. Sie hatte jedoch einen Vorteil: Solange sich die Plattform nicht bewegte, konnte sie schlafen. Auf diese Weise konnte sie eine Menge Schlaf in Form kleiner Nickerchen nachholen, solange ihr Partner nicht wegdöste. Insgesamt führte diese Einrichtung dazu, daß die Versuchsratte etwa zweiundneunzig Prozent ihres täglichen Schlafs verlor, während das Kontrolltier nur an die fünfundzwanzig Prozent ihrer normalen Schlafmenge einbüßte.

Was nun geschah, war nicht sehr schön. Das jeweils zum Schlafentzug verurteilte Tier in jedem Versuchspaar sah bald ziemlich heruntergekommen aus. Das Fell dieser Tiere nahm einen gelblichen Ton an, und sie magerten schnell ab; bis zum Ende des Experiments hatten sie etwa zwanzig Prozent ihres ursprünglichen Körpergewichts verloren. Dieser Gewichtsverlust war um so bemerkenswerter, als die Tiere eigentlich mehr fraßen als vor Aufnahme des Experiments. Um es genau zu sagen: Sie nahmen das Zweieinhalbfache der üblichen Futtermenge zu sich. Nach einundzwanzig Tagen waren *alle* Versuchsratten tot. (Die erste starb bereits am dreizehnten Tag des Versuchs.) Die Kontrolltiere hingegen, die sich immer noch ausreichenden Schlaf in Form kurzer Nickerchen gönnen konnten, waren alle noch am Leben.

Um die genaue Todesursache zu ermitteln, wurden sämtliche am Schlafentzug zugrunde gegangenen Tiere sehr genau obduziert. Rechtschaffen und sein Team untersuchten alle wichtigen Organe: Hirn, Nieren, Lungen, Leber, Galle, Schilddrüse und Thymusdrüse sowie verschiedene Stellen des Magen-Darm-Trakts. Sie überprüften die Tiere außerdem im Hinblick auf Vitaminmangel und Infektionen und führten schließlich eine Reihe sorgfältiger und komplexer Analysen an Gewebeproben durch. Sie fanden jedoch – nichts. Trotz der penibelsten Untersuchungen im Rahmen einer sich über mehr als zehn Jahre erstreckenden Versuchsreihe konnte Rechtschaffens Labor keine physiologisch oder biochemisch eindeutige Todesursache feststellen. Die Tiere waren einfach gestorben, Punkt.

Einen möglichen Hinweis darauf, was wirklich passiert war, gab es allerdings. Es wurde festgestellt, daß die Körpertemperatur der zur Schlaflosigkeit verurteilten Tiere während ihrer letzten Tage kontinuierlich gefallen war. In Verbindung mit der Tatsache, daß diese Tiere trotz massiven Fressens immer mehr abnahmen, legt diese Beobachtung die Vermutung nahe, der Schlafentzug habe zu einem hyperaktiven Stoffwechsel geführt, an dem die Tiere zugrunde gingen. Die vorläufige Theorie sieht so aus: Kurz nach Einsetzen des Schlafentzugsregimes beginnen die Tiere, Körperwärme zu verlieren. Sie gleichen diesen Verlust aus, indem sie mehr fressen. Das scheint eine Weile zu funktionieren, jedenfalls wenn zusätzlich einige körpereigene Brennstoffreserven verbrannt werden (daher der Gewichtsverlust). Nach etwa zwei Wochen verliert der Körper einer unter erzwungener Schlaflosigkeit leidenden Ratte endgültig die Fähigkeit, den Wärmeverlust auszugleichen, und die Körpertemperatur fällt rapide ab. Wenige Tage später tritt unweigerlich der Tod ein. Eine weitere Studie im gleichen Labor zeigte, daß dieser Temperaturabfall in der Tat einen Punkt markiert, von dem aus es kein Zurück mehr gibt: Hat das Tier die Fähigkeit verloren, seine Körpertemperatur zu regulieren, so wird es auch dann sterben, wenn man es wieder schlafen läßt. Was wir aber immer noch nicht beantworten können, ist die Frage: Sterben die Tiere unmittelbar als Folge der Unfähigkeit des Körpers, seine normale Temperatur aufrechtzuerhalten, oder ist dieser Temperatursturz seinerseits nur Ausdruck eines anderen, subtileren Zusammenbruchs, den wir nicht entdeckt haben, der sich aber dennoch tödlich auswirkt?

Ähnliche Abläufe hat man bei Menschen beobachtet, denen der Schlaf entzogen wurde. Untersuchungen haben gezeigt, daß diese Menschen in der Regel mehr essen und daß sie zwar anfänglich zunehmen, nach einer längeren Periode des Schlafentzugs jedoch merklich abnehmen. Nach etwa zwei bis drei Tagen ohne Schlaf fällt die Körpertemperatur in der Regel auch um etwa 0,5 °C. Bei Individuen, die stark unter den Auswirkungen des Schlafmangels leiden, ist allerdings auch der Temperaturabfall ausgeprägter. Unter den Teilnehmern des *Trivial-Pursuit*-Marathons zum Beispiel hatte Liesbeth, die bei ihrem Ausscheiden stark desorientiert war und sich elend fühlte, nach nur fünfzig Stunden ohne Schlaf eine Körpertemperatur von nur noch 34,5 °C.

Auch wenn der Schlafentzug abgebrochen wird, bevor ein Mensch in Todesgefahr gerät, sind die untersuchten psychischen und körperlichen Folgen des Schlafmangels ziemlich unangenehm. Zu den psychischen Auswirkungen gehört das Gefühl, den Kontakt zur Außenwelt, ja sogar den Verstand zu verlieren. Diese Erfahrung ist um so unangenehmer wegen der damit verbundenen Angstgefühle, zum Beispiel der Furcht vor dauerhaften, irreparablen Schäden durch den Schlafverlust. Diese negativen Gefühle, in Verbindung mit dem Erlebnis des Kontrollverlusts, erklären vermutlich, weshalb der Schlafentzug in vielen Ländern zu einem festen Bestandteil der systematischen Folter geworden ist. Kontinuierliche Unterbrechung des Schlafs und Schlafdeprivation gehören zu den wirksamsten Mitteln, Gefangene «weichzukochen», stellt Peter Suedfeld von der University of British Columbia in einem Buch fest, das die Ergebnisse eines Kongresses der American Psychological Association zum Thema Psychologie und Folter zusammenfaßt. Der Schlafentzug wird gezielt eingesetzt, um falsche Geständnisse zu erpressen, und wenn er lange genug fortgesetzt wird, glauben die Folteropfer oft am Ende selbst an die Wahrheit ihrer Geständnisse.[8] Laut Amnesty International gaben vierundfünfzig Prozent der von der Organisation befragten Folteropfer an, mindestens vierundzwanzig Stunden lang am Schlafen gehindert worden zu sein, und bei etwa der Hälfte dieser Menschen betrug der Zeitraum des Schlafentzugs eine Woche oder länger.

Aus den Berichten einer Unterstützer- und Nachrichtengruppe für Folteropfer, die im Internet veröffentlicht wurden, geht ein wahrhaft erschreckendes Bild von dem Einsatz des Schlafentzugs als Foltermittel hervor. Konzentrieren wir uns auf den Bericht einer Person, der über einen Zeitraum von etwa zwei Wochen in unregelmäßiger Form erschien:

Wir hatten alle große Angst. Wir warteten auf die Schläge. Sie traktierten uns mit den Handflächen und mit Knüppeln. Die Knüppel umwickelten sie mit nassen Lappen. Damit sie an unseren Körpern keine Spuren hinterließen, sagten sie uns. Sie nahmen uns die Kleider weg, und wir mußten nackt in einem Raum stehen. Dann mußten wir plantón *machen ...*

Plantón, *das bedeutete für uns, still stehen, sich nicht bewegen, nicht schlafen. Wir durften nicht reden. Wenn wir miteinander redeten, kamen sie herein und schlugen uns. Dann mußten wir mit ausgestreckten Armen dastehen, wie Gekreuzigte, mit kaputten Backsteinen in den Händen als zusätzliches Gewicht ...*

Das Schlimmste am plantón *war der Schlafmangel. Ich weiß nicht, wie lange wir ohne Schlaf da standen. Alle Fenster waren bedeckt, so daß ich nie sehen konnte, ob es Tag oder Nacht war. Immer brannte helles Licht. Manchmal drehten sie laute Musik an, die unseren Ohren weh tat. Ich glaube, ich habe im Stehen geschlafen. Ab und zu muß ich mich hingelegt haben, denn ich bin auf dem Fußboden aufgewacht. Wenn sie dich beim Schlafen erwischt haben, war es schlecht, weil sie dann* teléfono *gemacht haben.* [Teléfono ist eine äußerst schmerzliche Foltermethode, bei der das Opfer mit der hohlen Hand auf beide Ohren geschlagen wird.] ...

Nachdem wir schon lange wach gewesen waren, hatte ich Angst, auf Dauer den Verstand zu verlieren. Einmal sah ich weiße Schlangen, die aus dem Fußboden kamen. Sie waren groß, und sie bissen mich. Ich konnte ihre Zähne in meinem Fleisch spüren. Ich spürte, wie ihr Gift in mir brannte. Ich wußte, daß ich daran sterben würde. Später sah ich nach und fand keine Bißwunden. Erst dadurch erkannte ich, daß sie nur in meinem Kopf gewesen waren. Das machte mir noch mehr angst, weil es mir klarmachte, daß mein Kopf nicht mehr richtig funktionierte …

Ohne Schlaf ging es Carlos, glaube ich, sehr schlimm. Er sah etwas. Er schrie die ganze Zeit und rief, daß sie dabei waren, ihn aufzufressen. Manchmal schlug er nach etwas in der Luft. Bald schlief er trotz allem immer wieder ein. Sie haben ihm weh getan, damit er aufwachte. Viel hat es nicht geholfen. Sie hätten die ganze Zeit da sein müssen. Dann sagte Viejo [anscheinend der Spitzname eines der Wärter], *Carlos wäre kalt. Wenn sie kalt werden, sterben sie immer, sagte er. Viejo und der Arzt ließen Carlos auf dem Boden liegen. Ich sah, daß er schlief. Nach etwas Schlaf würde er okay sein, dachte ich. Er schlief lange, so kam es mir vor, und dann hörte er auf zu atmen. Sie holten ihn raus …*

Die von diesem Menschen erlebten Halluzinationen und die Angst, den Verstand zu verlieren, gehören zum Muster, das wir in Fällen extremen Schlafentzugs wiederzufinden erwarten. Was ist aber mit dem Tod von Carlos? Zweifellos trugen die Schläge und Mißhandlungen dazu bei, aber die Bemerkungen des Wärters, Carlos sei kalt geworden, und die Opfer der Schlafentzugsfolter müßten immer sterben, wenn sie kalt würden, erinnern an die von Rechtschaffen am Schlafen gehinderten Ratten, die kurz vor ihrem Tod die Fähigkeit verloren, ihre Körpertemperatur aufrechtzuerhalten.

Die kontrollierten Laboruntersuchungen, die freiwilligen Marathons und die tragischen Berichte über Folteropfer weisen alle in die gleiche Richtung: Den Schlaf brauchen wir, um unsere normalen psychischen Kontakte zur Außenwelt aufrechtzuerhalten. Wird uns der Schlaf zu lange entzogen, laufen wir Gefahr, aus bis jetzt nicht völlig geklärten physiologischen Ursachen an Schlafmangel zugrunde zu gehen.

Das Schlafreduktionsprogramm

Ganz ohne Schlaf kommen wir also, wie wir gesehen haben, nicht aus. Aber brauchen wir wirklich den ganzen Schlaf, den wir uns normalerweise gönnen? Lassen Sie mich meinen eigenen Fall als Beispiel heranziehen, um dieser Frage nachzugehen.

Vor etwa fünfzehn Jahren wurden aufregende Untersuchungsergebnisse aus Großbritannien und von Wissenschaftlern der U.S. Navy bekannt, aus denen hervorzugehen schien, daß wir eigentlich weniger Schlaf brauchen als die üblichen sieben bis acht Stunden pro Tag. James Horne, ein sehr kluger Schlafforscher von der Loughborough University in England, verwendete die Daten aus diesen Versuchen als Grundlage seiner Theorie von «Kernschlaf» (also notwendigem Schlaf) und «optionalem» Schlaf.[9] Er ging davon aus, daß nur die ersten Stunden der Nachtruhe – um es genau zu sagen, die ersten drei Tiefschlafphasen mit den anschließenden REM-Phasen, insgesamt also vier bis fünf Stunden Schlaf – wirklich lebensnotwendig seien. Der verbleibende Schlaf sei optional. Vielleicht, so Horne, sei dieser «überflüssige» Schlaf zum Teil Ergebnis eines evolutionären Programms mit dem einfachen Ziel, uns vor Dummheiten zu schützen (zum Beispiel nachts in den Rachen eines Raubtiers hineinspazieren), und ansonsten auf die Tatsache zurückzuführen, daß die meisten Menschen den Schlaf als angenehm empfinden. Als Analogie verwies er darauf, daß die meisten Menschen mehr essen, als sie vom nahrungsphysiologischen

Standpunkt aus eigentlich brauchen. Man könne ja, so Horne, seine Nahrungsaufnahme ohne negative Auswirkungen um zwanzig Prozent reduzieren, wenn es auch zugegebenermaßen einen kleinen Gewichtsverlust geben werde, bis sich der Körper auf die neue Nahrungsmenge umgestellt habe – und zumindest kurzfristig auch ein gewisses Hungergefühl. Ähnliches sei für den Schlaf möglich, wobei eine akzeptable «Schlaf-Diät» bei etwa fünf bis fünfeinhalb Stunden pro Nacht anzusetzen sei. Anfangs würde man vielleicht etwas müde sein, müßte sich aber bald an diesen neuen Tagesablauf gewöhnt haben.

Als Beleg für seine Theorie zitierte Horne Daten aus Experimenten mit totalem Schlafentzug. Nach dem Experiment schlafen die Versuchspersonen in der Regel länger als sonst. Aber die Menge des nachgeholten Schlafs ist erheblich geringer als die Menge des tatsächlich verlorenen Schlafs. Nachdem Randy Gardner zweihundertvierundsechzig Stunden wach geblieben war, hat er in den Nächten unmittelbar nach seinem Wach-Marathon länger als sonst geschlafen. Wenn man aber diese zusätzlichen Stunden zusammenzählt, kommt man etwa auf fünfundzwanzig Prozent des verlorenen Schlafs. Hätte Randy den verlorenen Schlaf wirklich voll gebraucht, so hätte er ihn wohl bei der ersten Gelegenheit nachgeholt. Wenn aber dieser Extra-Schlaf optional ist, dann hat Randy bei seinem Wachbleibe-Rekord am Ende gar nicht so viel verloren. Aus den Daten über das Nachholen verlorenen Schlafs schloß Horne, daß der lebenswichtige «Kernschlaf» vielleicht nur drei Stunden pro Nacht betrage. Wie dem auch sei, Horne war davon überzeugt, daß wir langsam und systematisch unsere nächtliche Schlafmenge abbauen und dennoch weiterhin völlig zufriedenstellend funktionieren könnten.

Die Vorstellung, meine Schlafzeit zu reduzieren, faszinierte mich. Ich bin ein Workaholic, und die tagtägliche Verschwendung von acht Stunden, die der Schlaf in meinen Augen darstellte, haßte ich geradezu. «Wie wär's, wenn ich meinen Schlaf auf fünf Stunden pro Nacht reduzieren könnte?» sagte ich mir. «Die gewonnenen drei Stunden pro Nacht würden sich zu einundzwanzig Stunden pro Woche summieren (einem Gewinn von beinahe drei vollen Arbeitstagen), das wären eintausendzweiundneunzig Stunden (oder einhundertsechsunddreißig Arbeitstage) im Jahr, und über einen Zeitraum von zehn Jahren hätte ich meine Lebensarbeitszeit um beinahe vier Jahre verlängert.» Die Aussicht war atemberaubend. Ich wurde angesichts der Möglichkeiten geradezu euphorisch. «Was könnte ich nicht alles in dieser gewonnenen Zeit leisten!» sagte ich mir. «Mehr Bücher schreiben, mehr forschen, mehr denken, länger leben!» Getragen von dieser Welle der Begeisterung beschloß ich, auf der Stelle mit dem Abbau meiner Schlafzeit zu beginnen, um möglichst bald die Vorteile einzuheimsen, die daraus resultieren müßten, daß ich keine Zeit beim zusätzlichen Schlaf mehr verschwendete und mir nur noch den absolut notwendigen Kernschlaf gönnte.

Damals lebte ich allein, so daß ich keine Rücksichten auf die Lebensgewohnheiten anderer Menschen nehmen mußte. Ich legte mir eine Strategie zurecht. In der ersten Woche würde ich meine Nachtruhe um dreißig Minuten reduzieren, in der nächsten Woche um weitere dreißig Minuten und so fort. Mein Endziel war es, auf etwa fünf Stunden Schlaf pro Nacht zu kommen, wofür ich etwa sechs Wochen veranschlagte. Eine gewisse Toleranz wollte ich mir aber zubilligen: Wenn es schwer werden sollte, würde ich eben zwei Wochen bei einer bestimmten Schlafdauer verweilen. Zwar bestand das Hauptziel dieses Projekts darin, meine Lebensgewohnheiten zu verbessern und mir die vom Schlaf gestohlene Zeit für zusätzliche kreative Arbeit wiederzubeschaffen, doch meinte ich auch, daß ich irgendwelche Aufzeichnungen machen sollte, sei es in Form eines Tagebuchs oder wenigstens informeller Notizen. Wenn ich im folgenden schildere, was im Verlauf dieses Projekts geschah, so greife ich auf meine damaligen Aufzeichnungen zurück. Ich wollte an einem Sonntag anfangen und meine Schlafdauer jeden Sonntag um eine halbe Stunde reduzieren, zunächst ganz bescheiden von acht auf siebeneinhalb Stunden pro Nacht.

Nach der ersten Woche mit siebeneinhalb Stunden Schlaf faßte ich meine Erfahrungen am Sonntag morgen wie folgt zusammen:

Diese erste Woche ist ganz leicht gewesen. Ich habe überhaupt nicht das Gefühl, daß mir der Schlaf fehlt, und die Arbeit scheint auch völlig normal zu verlaufen. Leider habe ich die gewonnenen Stunden wohl wieder verschwendet. Eigentlich habe ich nicht viel mehr gemacht, als jede Nacht eine zusätzliche halbe Stunde Fernsehnachrichten zu sehen. Andererseits reicht eine halbe Stunde täglich im Grunde genommen nicht aus, um viel zu schaffen. Wenn ich einen größeren Zeitblock habe, werde ich etwas Sinnvolleres unternehmen können, davon bin ich überzeugt.

Am Donnerstag der Woche, in der ich meinen Schlaf um insgesamt eine Stunde reduziert hatte, schrieb ich:

Das Weghacken einer zusätzlichen halben Stunde Schlaf macht mir mehr aus, als ich mir zunächst vorstellte. Wenn ich aufstehe, bin ich noch müde, und eine unbestimmte Mattheit hält einige Vormittagsstunden an, als würden meine Anziehsachen irgendwie ein paar Pfund mehr wiegen als sonst. Es gibt eine

Schläfrigkeit nach dem Mittagessen, die ausgeprägter ist als sonst. Davon abgesehen gibt es aber keine Auswirkungen, etwa auf meine Arbeit.

Am Sonntag morgen nach der zweiten Woche:

Diese Woche ist zufriedenstellend verlaufen, glaube ich. Ich war vielleicht nicht ganz so energiegeladen wie sonst, aber manche Wochen sind halt nicht so gut wie andere, nehme ich an. Ich habe immer noch nicht den Dreh raus, die gewonnene Zeit richtig zu nutzen. Ursprünglich hatte ich vor, die Abendstunden auszudehnen, indem ich immer später ins Bett ging. Aber bei einem solchen Tagesablauf mache ich nichts weiter, als abends mehr fernzusehen. Es wäre vielleicht eine bessere Idee gewesen, früher aufzustehen und früher zur Arbeit zu gehen. Also werde ich morgen den Wecker eine halbe Stunde früher stellen.

Meine Schlafzeit betrug damit sechseinhalb Stunden. Mein Tagebucheintrag für Mittwoch enthält die folgenden Bemerkungen:

Ich habe immer noch das Gefühl, gut zu funktionieren; manche Erscheinungen sind aber lästig. Erstens brauche ich den Wecker, um wach zu werden. Früher brauchte ich mir keinen großen Schubs zu geben, um aufzustehen. Jetzt aber liege ich da und höre den Wecker und versuche, mich zum Aufstehen zu motivieren. Zwar stehe ich eine halbe Stunde früher auf, aber daraus wird nicht die zusätzliche halbe Stunde bei der Arbeit, die ich mir vorgestellt habe. Frühmorgens trödele ich irgendwie herum, und zur Arbeit komme ich nur zehn Minuten früher als sonst.

Der Tagebucheintrag für Freitag, nach sechseinhalb Stunden Schlaf:

Mist, heute habe ich eine Sitzung vergessen, und man mußte mich holen, als alle anderen schon versammelt waren. Sitzungen verpasse ich nie, weil ich so ein Kalenderdingens an der Wand habe, das ich jeden Morgen überprüfe. Und was noch schlimmer ist: Die Sitzung hatte ich selbst organisiert und einberufen! Als ich schließlich eintraf, warteten alle von der PCE-Gruppe bereits auf mich, und ich mußte herumschwafeln, während ich mich krampfhaft zu erinnern versuchte, warum ich das Ding überhaupt einberufen hatte. Ich habe das Gefühl, daß ich Sachen vergesse – nein, eher übersehe. Details kommen mir einfach abhanden. Vielleicht übertreibe ich diese Schlafreduzierungsgeschichte ein bißchen.

Am Sonntag der dritten Woche (bei sechseinhalb Stunden Schlaf):

Das war keine sehr gute Woche. Es gelingt mir nicht, die volle halbe Stunde auszunutzen, die ich früher aufstehe. Normalerweise bin ich zwar ein paar Minuten früher im Büro, aber höchstens an die zehn Minuten früher. Nachmittags werde ich richtig müde. Vielleicht ist es einfach die Arbeitsbelastung. Papiere, die ich sonst schnell wieder vom Schreibtisch habe, stapeln sich, und ich kann mich nicht dazu bringen, sie zu erledigen. Abends heißt es nur fernsehen, bis es Zeit ist, ins Bett zu gehen. Vielleicht baue ich den Schlaf zu schnell ab. Ich bleibe eine weitere Woche bei sechseinhalb.

Am Sonntag der vierten Woche, der zweiten Woche mit sechseinhalb Stunden Schlaf:

Ich komme immer noch nicht sehr viel früher ins Büro, und ich habe einfach nicht das Gefühl, die zusätzliche Zeit auch nutzen zu können. Einige Leute haben mir gesagt, daß ich ein bißchen abgekämpft wirke und nicht so energisch wie sonst. Ich habe das Gefühl, nicht mit der Arbeit fertig zu werden, und, schlimmer noch, daß mir das völlig gleichgültig ist. Ich werde aber trotzdem zur nächsten Stufe übergehen. Wenn ich erst meine Schlafzeit auf sechs Stunden reduziert habe, werde ich jeden Tag zwei Extrastunden zur Verfügung haben. Diese Zeit will ich wirklich ausnutzen. Der Wecker wird also eine halbe Stunde früher eingestellt. Dann bin ich bestimmt früher im Büro und kann den Wust auf meinem Schreibtisch aufräumen.

Mittwoch der fünften Woche, nach nur sechs Stunden Schlaf pro Nacht:

Ich verstehe es einfach nicht. Früher stand ich um sieben Uhr auf und war um acht Uhr dreißig im Büro. Als ich dann um sechs Uhr dreißig aufstand, war ich so um acht Uhr zwanzig im Büro. Jetzt stehe ich um sechs Uhr auf und bin etwa um acht Uhr zehn im Büro. Offensichtlich bewege ich mich morgens einfach langsamer. Ich weiß, daß es inzwischen richtig schwierig ist, morgens aufzustehen. Heute früh hätte ich fast geschummelt und auf diesen kleinen Knopf gehauen, der einen weitere zehn Minuten schlafen läßt, bis der Wecker wieder klingelt. Das hätte aber dem Sinn dieses Trainingsprogramms widersprochen. Das sah ich auch ein und machte mir statt dessen einen richtig kräftigen Kaffee, der meine Geschmacksknospen auflöste und mich wach kriegte. Die letzte Stunde des Abends kann ich abschreiben. Es ist immer das gleiche: auf dem Sofa sitzen, fernsehen. Ich muß mir etwas einfallen lassen, um diese Zeit produktiv zu nutzen. Aber wenn erst der Abend kommt, ist es mir einfach egal.

Am Donnerstag der fünften Woche:

Das war peinlich: Ich bin mitten in einem Vortrag eingeschlafen. Da saß ich, ganz vorn, damit ich besser hören konnte, und da stand VSR und referierte über seine Forschungsergebnisse, die mich wirklich etwas angehen. Der Saal wird abgedunkelt, er fängt an, ein paar interessante Dias zu zeigen, und dann weiß ich nur noch, wie mich PS in die Rippen stößt und sagt: «Tut mir leid, Stan, aber Sie wollen bestimmt nicht, daß ich Sie hier in der zweiten Reihe, direkt unter der Nase des Referenten, weiterschnarchen lasse.»

Am Sonntag der fünften Woche, mit sechs Stunden Schlaf pro Nacht:

Ich bin mir nicht sicher, ob diese Sache funktioniert. Erstens scheine ich abends kurz einzunicken. Gestern abend habe ich die Letterman-Show *gesehen, wo er diese Liste der schlechtesten was auch immer vorliest, und zwar von hinten. Ich hörte, wie er sagte: «Nummer zehn ist ...»; dann hörte ich: «Nummer neun ist ...», und dann: «Nummer vier ist ...» Das hat mir einen Schock versetzt. Es bedeutete, daß ich acht, sieben, sechs und fünf verpaßt hatte, insgesamt vielleicht an die fünfzehn Sekunden. Ich bin einfach weg gewesen während dieser Sekunden, wahrscheinlich eingeschlafen. Hinzu kommt, daß es mir psychisch nicht so wahnsinnig gut geht. Von einer Fachzeitschrift habe ich einen Brief über ein Manuskript von mir bekommen. Sie wollen es nur nach erheblicher Überarbeitung veröffentlichen. Das hat mich richtig deprimiert. CP meinte, ich würde herumjammern, als wäre der Artikel abgelehnt worden, und dabei habe der Redakteur doch gesagt, er würde ihn nehmen, wenn ich ihn überarbeite. Mir wurde klar, daß sie wahrscheinlich recht hat, aber das hat mir auch nicht sehr geholfen. Irgendwie bringe ich nichts zuwege, und mir scheint es nicht einmal viel auszumachen, ob ich etwas schaffe oder nicht. Ich glaube, ich sollte eine weitere Woche bei diesen sechs Stunden Schlaf bleiben, um zu sehen, ob ich besser damit zurecht komme.*

Am Donnerstag der sechsten Woche, bei einer Schlafdauer von immer noch sechs Stunden:

LMW wollte wissen, ob es mir gutgehe. Ich sähe «grau» aus, sagte er mir, und scheine meine Begeisterungsfähigkeit verloren zu haben. «Du erzählst nicht einmal deine Geschichtchen», sagte er. Recht hat er. Ich erzähle sonst immer Witze und lustige Geschichten, aber ich kann mich nicht erinnern, das in den letzten paar Wochen getan zu haben. Mir kommt auch nichts mehr besonders komisch vor, also habe ich nichts, was ich anderen Leuten erzählen könnte. Ich bin nicht etwa physisch krank. Wenn ich jogge, notiere ich jedesmal meine Zeiten, und meine Zeiten und Strecken schaffe ich gut. Das heißt also, daß sich meine körperliche Leistungsfähigkeit nicht verschlechtert hat. Meine Laufzeiten werden immer schlechter, wenn ich krank bin, also bin ich körperlich in Ordnung.

Am Freitag der sechsten Woche:

LMW wollte meine Meinung zum Manuskript hören. Ich wußte nicht, wovon er redete. Daraufhin erinnerte er mich an unser gestriges Gespräch, in dem er mir gesagt hatte, er mache sich Sorgen wegen meiner Gesundheit. Er habe mir einen Abschnitt des Papiers gegeben, das wir zusammen schreiben wollen. Ich war mir sicher, daß er sich irrte. Als ich aber in mein Büro kam, lag die Diskette mit einem Ausdruck sowie ein Ordner mit einer rohen Skizze des Zahlenmaterials neben dem Telefon auf meinem Schreibtisch. Ich erinnere mich immer noch nicht daran, daß er sie mir gegeben hat. Als ich schließlich das Papier durchlas, hatte ich das Gefühl, es ergebe keinen Sinn, oder vielmehr, es sei vom Inhalt her trivial. Es war, als ob ich mich immer wieder fragte: «Wieso sollte irgend jemand solchen Mist lesen wollen?» Das ist nicht richtig. Mich interessiert ja dieses Gebiet. Ich habe mich an den Schreibtisch gesetzt, um darüber nachzudenken, und dabei muß ich eingenickt sein, denn als das Telefon klingelte, bin ich aufgeschreckt und konnte mich nicht daran erinnern, was ich eben gemacht hatte.

Am Sonntag der sechsten Woche, mit sechs Stunden Schlaf pro Nacht.

Das ist schlicht und einfach ärgerlich. Ich weiß, daß ich es schaffen kann. Ich muß mich nur durchboxen. Ich stelle mich einfach nicht schnell genug um. Vielleicht würde es besser klappen, wenn ich jünger wäre. Der Schlaf, den ich bekomme, ist gut, soviel weiß ich. Wenn ich einmal im Bett bin, liege ich nie wach. Mein Kopf berührt das Kopfkissen, und weg bin ich. Es hat fast etwas Stupides, Tierisches an sich. Ohne den Wecker aber würde ich morgens nie wach werden. Manchmal fühle ich mich wie immer, aber die Müdigkeit kommt in Wellen. Die erste kommt in der Mitte des Vormittags, die zweite etwa eine Stunde nach dem Mittagessen. Abends fällt mir manchmal sogar das Fernsehen schwer. Ich erwische mich dabei, wie ich auf die Uhr schaue und die Minuten zähle, bis ich ins Bett fallen darf. Ich telefonierte kurz mit JD. Sie ist diesen Sommer weg, irgendwo in Alberta, und ich hatte seit Beginn dieses Projekts nicht mehr mit ihr gesprochen. Sie klang wirklich besorgt. Ich würde richtig traurig klingen, meinte sie, und ob mit mir alles ganz sicher in Ordnung sei. Das muß sie drei- oder viermal gefragt haben. Ich sagte, ich fühle mich ein wenig niedergeschlagen, aber mit etwas Schlaf ließe sich alles wieder einrenken. Nachdem ich aufgelegt hatte, fiel mir auf, daß ich zum erstenmal seit Wochen so etwas wie einen Witz gerissen hatte, aber da JD nichts von dem Projekt weiß, konnte sie den Humor ja gar nicht erkennen. Heute nacht stelle ich den Wecker eine weitere halbe Stunde vor, so daß ich ab jetzt fünfeinhalb Stunden schlafe. Ich denke, bei dieser Schlafdauer bleibe ich dann so lange wie nötig, bis ich es geschafft habe, meine Zeit bei diesem neuen Tagesablauf richtig einzuteilen. Im Augenblick nutze ich die ganze Extrazeit überhaupt nicht richtig aus.

Am Montag der siebten Woche, Schlafdauer jetzt fünfeinhalb Stunden:

Heute fiel es mir richtig schwer, aufzustehen. Mir war so, als ob ich einen Kater hätte. Kam auf dem Campus an und ging in mein Büro. Ich Idiot ging aber in mein altes Büro im Angus Building, nicht in mein neues Büro im Kenny Building. Ich stand drei oder vier Minuten wie blöd im Korridor herum, bis mir klar wurde, was los war. Zum Glück war es noch vor acht Uhr, also war niemand da, um das verlorene Dummchen zu sehen.

Dienstag, siebte Woche, immer noch fünfeinhalb Stunden Schlaf:

Versuchte, am Kapitel zu arbeiten, das mir LMW gegeben hat. Seine Interpretation der Daten ist völlig falsch, aber ich wußte nicht, wie ich anfangen sollte, sie zu verändern. Das Schreiben ist eine der Sachen, die ich am besten kann. Wieso kriegte ich das jetzt nicht auf die Reihe? WW kam herein, um mich etwas wegen des Labors zu fragen. Ich saß immer noch am Computer und starrte auf dieses Wörterwirrwarr. Er fragte mich, was los sei. Ich fragte ihn, weshalb er meinte, etwas wäre nicht in Ordnung. Er sagte, meine Augen wären voller Tränen. Ich berührte mein

Gesicht, und es war naß, als hätte ich geweint. Ich log und sagte, es handele sich um eine Allergie.

Mittwoch, siebte Woche, fünfeinhalb Stunden Schlaf:

Heute nacht breche ich das Projekt ab. Es funktioniert nicht. Es ist gefährlich. Es macht mich dumm. Heute hatte ich Probleme mit dem Ordnen und Erinnern von Zahlen. Es war, als würde ich unter zeitweiliger Dyslexie leiden. Ich schrieb mir eine Telefonnummer von meinem Anrufbeantworter auf. Die Endziffern waren 6427. Als ich anrief, war es die falsche Nummer. Ich verglich meine Zahlen mit der Nachricht auf dem Anrufbeantworter: 6427. Rief wieder an. Wieder falsch verbunden. Überprüfte die Nummer noch einmal: Ich hatte 6427 geschrieben, aber auf dem Anrufbeantworter hieß es 4627. Zweimal war mir nicht aufgefallen, daß ich beim Schreiben die Zahlen vertauscht hatte. Später kam eine Nachricht, ich sollte eine Nummer mit den Endziffern 6881 anrufen. Rief an, wieder falsch verbunden. Überprüfte wieder die Nachricht auf dem Anrufbeantworter. Ich hatte 6881 aufgeschrieben, aber der Anrufer hatte 9881 gesagt. Die Zahl habe ich verkehrt herum aufgeschrieben. Wie bei der Dyslexie. Was ist, wenn ich bei meinen Manuskripten Ziffern falsch herum oder in der falschen Reihenfolge geschrieben habe? Vielleicht habe ich lauter falsche Zahlen aufgeschrieben. Das macht mir angst. Ab jetzt muß ich alles, was ich schreibe, sehr genau überprüfen. Und wenn es nicht besser wird?

Fuhr mit dem Auto nach Hause. Hielt an der 16th Avenue, Ecke Arbutus Street wegen einer roten Ampel. Als ich wieder zu mir kam, hupte der Typ hinter mir wie verrückt, und die Ampel war grün. Ich muß eingenickt sein. Klatschte mir ins Gesicht, zwickte mir in die Stirn, paßte sehr genau auf den Verkehr auf. Hielt an der Kreuzung 16th Avenue und Oak Street wegen einer Ampel. Als nächstes höre ich, wie jemand hinten auf das Auto schlägt. Motorradtyp, brüllt: «Beweg deinen Hintern, Mann!» Es war grün, schaltete aber bereits auf Gelb. Ich muß einen ganzen Ampelzyklus verpaßt haben. Da bekam ich es richtig mit der Angst zu tun. Ich wußte, daß ich mit dieser verdammten Geschichte aufhören muß. Sie ist zu gefährlich. Zum Teufel mit dem Abendessen. Jetzt gehe ich schlafen. Kein Wecker. Letzter Eintrag ins Journal: neunzehn Uhr fünfundfünfzig.

Ich zog mich aus, stellte den Wecker ab, der seit sieben Wochen mein verhaßter Antreiber gewesen war, und ging ins Bett. Ich bin, glaube ich, sofort eingeschlafen, was bedeutet, daß meine Erholung etwa um zwanzig Uhr begann. Als ich am nächsten Morgen erwachte, war es acht Uhr fünf. Ich hatte fast genau zwölf Stunden geschlafen, vier Stunden länger als vor meiner Schlafdiät und sechseinhalb Stunden länger als die Nacht zuvor. Langsam stand ich auf. Ich fühlte mich etwas leicht im Kopf, aber ansonsten ging es mir gut. Die Sonne schien. Sie sah besonders schön aus und erinnerte mich an eine Zeile aus einem Lied, das ich in meiner College-Zeit mochte: «Die Sonne schien wie Karamelbonbons durchs Fenster und klebte fest an meinen Sinnen.» Jetzt, mit einer vollen Ration Schlaf, erkannte ich, daß ich mich immer tiefer in einen Morast von Depressionen, Ängsten und Gefühlen der Hilflosigkeit hineingearbeitet hatte und daß es mir jetzt wieder gutging. Was ich jetzt wollte, war eine Tasse des stärksten Kaffees in der Geschichte der Menschheit; und dann wollte ich zur Arbeit und das Kuddelmuddel in meinem Büro aufräumen.

Zum erstenmal seit Wochen fühlte ich mich voller Energie und Enthusiasmus. Auf dem Weg zum Büro hielt mich ein Kollege auf dem Flur an und bemerkte: «Sie sehen jetzt viel besser aus. In letzter Zeit waren Sie wohl ein bißchen aus dem Tritt gekommen.» Ich lächelte, und dann habe ich als Antwort irgendeinen Witz erzählt, glaube ich. Es war gut, wieder etwas Lustiges sagen zu wollen.

Als ich das Büro betrat, fiel mir sofort das Durcheinander ins Auge. Zwar ist mein Büro noch nie wegen seiner Ordnung aufgefallen, aber im allgemeinen waltet im scheinbaren Chaos ein gewisses Maß an Kontrolle. Das war jetzt nicht mehr der Fall. Es gab einen etwa acht Zentimeter hohen Stapel unbeantworteter Mitteilungen; ein halbes Dutzend Manuskripte, die ich nicht durchgesehen und scheinbar wahllos im Zimmer verstreut hatte; auf den Stühlen stapelten sich Ordner, aus denen Papiere voller Daten herausquollen. Es schien nicht einen einzigen Quadratzentimeter auf meinem Schreibtisch oder sonst einer Tischfläche zu geben, der nicht mit irgendeinem Ordner, Brief oder sonstigem Stück Papier bedeckt war. Erstaunlicherweise brauchte ich nur drei Stunden, um den aufgestauten Wust von Mitteilungen, Rundschreiben und sonstiger administrativer Korrespondenz zu erledigen.

Dann startete ich mein Textprogramm und öffnete die Datei, an der ich gearbeitet hatte. Das Manuskript war wirklich in einem schlimmen Zustand, voller kleiner, trivialer Fehler, darunter auch viele grammatische Fehler. Artikel und andere kurze Wörter wie Pronomen fehlten immer wieder in den Sätzen. Dafür gab es auf den ersten Seiten eine Reihe von Wiederholungen (wie *«the the»*). Diese Fehler waren jedoch bloße Details. Viel schlimmer war die Struktur des Textes insgesamt, die Argumentationsführung. Die Arbeit war einfach schlecht. Sie las sich wie die Arbeit eines Studenten im Grundstudium, nicht wie das Werk eines Wissenschaftlers. Entsetzt fragte ich mich: «Wieviel solchen Müll habe ich eigentlich herausgeschickt?»

Über die nächsten Monate erhielt ich darauf eine Antwort. Von den drei Papieren, die ich während meines Schlafreduzierungsexperiments bei Zeitschriften eingereicht hatte, wurde nur eins zur Veröffentlichung angenommen (und zwar ein Manuskript, das ich in der ersten Woche fertiggestellt hatte, als ich lediglich dreißig Minuten pro Tag weniger Schlaf bekam). Die anderen beiden wurden abgelehnt und mußten völlig neu geschrieben werden, bevor sie – anderswo – zur Veröffentlichung angenommen wurden. Manche Gutachterkommentare waren ausgesprochen treffend. Einer schrieb: «Mich verwundert die schlechte stilistische Qualität der Arbeit. Er ist sonst einer der klarsten Autoren auf diesem Gebiet.» Ein anderer meinte: «Die Hauptargumente sind anscheinend nicht richtig durchdacht worden. Es gibt Lücken in der Argumentation, und es wirkt fast so, als wären ganze Sätze ausgelassen worden.» Ein dritter Gutachter schrieb: «Er scheint ohne Überleitung von einem Punkt zum anderen zu springen. Manchmal wiederholt er ganze Auswertungspassagen, als hätte er vergessen, daß er diesen Punkt einige Seiten vorher bereits besprochen hat.» Besonders schlimm fand ich die Tatsache, daß diese Gutachter völlig recht hatten. Ich hatte zwar geschrieben, aber ohne meine übliche Schlafquote waren die Worte, die ich zu Papier brachte, nicht viel wert. Ich hatte meinen kreativen Schwung verloren.

Etwas später diskutierte ich mit einer Kollegin aus meiner Abteilung die Folgen meiner Schlafreduktionsdiät. Ihr Kommentar ist bemerkenswert. «Mir ist das auch passiert», sagte sie lachend. «Nach der Geburt meiner Tochter habe ich sie gestillt, was bedeutete, daß mein Schlaf alle paar Stunden unterbrochen wurde. Ich weiß nicht, wieviel Schlaf ich jeden Tag bekam, aber es war jedenfalls erheblich weniger als sonst. Wie auch immer: Meine Papiere habe ich immer noch geschrieben, weil ich das ja immer noch zu Hause erledigen konnte. Nachdem ich wieder regelmäßig schlafen konnte, habe ich mir das Material angesehen, das ich in dieser Zeit verfaßt hatte. Ich habe selten so schlecht geschrieben. Und selten so schlecht gedacht. Ich habe mich wirklich dafür geschämt.» Ich konnte ihre Gefühle genau nachempfinden, denn mir ging es mit den Arbeiten, die ich während meiner Schlafdiät geschrieben hatte, genauso. Ich hatte nicht nur meinen Schlaf reduziert, sondern dabei auch meine Kreativität und die Präzision meines Denkens. Das ist zwar nur meine persönliche Erfahrung; aber sie hat gereicht, um mich davon zu überzeugen, daß der Schlafabbau kein effektives Mittel ist, die Quantität oder die Qualität der Arbeit zu verbessern.

Zuwenig Schlaf

Die meisten von uns werden nie in eine Situation kommen, in der wir, wie Peter Tripp, viele Tage ganz ohne Schlaf auskommen müssen. Viele von uns werden aber eine Zeitlang mit weniger Schlaf auskommen müssen, als wir eigentlich brauchen. Wenn wir uns auf ein wichtiges gesellschaftliches Ereignis vorbereiten, sagen wir eine Familienzusammenkunft oder eine Hochzeit, werden wir uns die Zeit von unserem Schlaf abknapsen und abends eine oder zwei Stunden länger aufbleiben, bis wir mit den Vorbereitungen fertig sind. Wenn es eine Familienkrise gibt oder unser Kind krank wird, werden wir eine oder zwei Wochen lang weniger schlafen. Wenn wir eine zusätzliche Arbeit erledigen oder einen Abgabetermin einhalten müssen, werden wir einige Wochen hintereinander jede Nacht ein paar Stunden weniger schlafen. Welche Auswirkungen – abgesehen vielleicht von einem gewissen Mattheitsgefühl im Laufe des Tages – haben solche Schlafdefizite auf unser Alltagsleben?

Der Schlafentzug hat viele Ähnlichkeiten mit dem Nahrungsentzug. Die meisten Diäten zum Abnehmen gehen davon aus, daß man nicht einfach hungert, sondern weniger Kalorien zu sich nimmt, als man normalerweise jeden Tag verbrennt. Wenn Sie fünfhundert Kalorien weniger aufnehmen, als Sie im Schnitt verbrennen, werden Sie langsam, aber sicher abnehmen, denn die Wirkung ist kumulativ. Wenn Sie jeden Tag fünfhundert Kalorien verlieren, haben Sie am Ende einer Woche dreitausendfünfhundert Kalorien verloren; werden diese Kalorien aus Ihren existierenden Fettreserven ersetzt, nehmen Sie ein Pfund ab. Wenn wir unseren Schlaf einschränken, kumuliert die Gesamtmenge des verlorenen Schlafs im Lauf der Zeit auf ähnliche Weise. Wenn Sie jede Nacht eine Stunde Schlaf verlieren, werden Sie nach einer Woche ein Schlafdefizit von sieben Stunden akkumuliert haben. Das entspricht fast einer ganzen Nacht ohne Schlaf. Es ist möglich, daß sich bei Ihnen dann einige der Symptome bemerkbar machen, die bei Menschen auftauchen, die tatsächlich eine Nacht durchgemacht haben.

Man muß sich übrigens vergegenwärtigen, daß es andere Möglichkeiten gibt, sich ein Schlafdefizit einzuhandeln, außer mehrmals hintereinander zu spät ins Bett zu gehen oder zu früh aufzustehen. Ein solches Defizit kann auch als Resultat eines unterbrochenen oder gestörten Schlafs entstehen. Wenn etwa Ihr Hund zur Ansicht gelangt, bei dem Geräusch der im Sommerwind gegen das Dach schlagenden Äste handele es sich in Wirklichkeit um ein Heer nächtlicher Einbrecher, könnte er Sie mit seinen Kläffanfällen wecken. Bei jedem Aufwachen geht etwas Schlaf verloren. Unter solchen Bedingungen wird es schwieriger, den erfrischenden Tiefschlaf zu akkumulieren, denn Sie brauchen möglicherweise eine halbe Stunde oder länger, bis Sie in den tiefsten Schlafzustand zurücksinken. Noch mehr Schlaf verlieren Sie, wenn Sie nach dem Aufwachen etwas unternehmen, zum Beispiel aufstehen, den Hund anbrüllen und sich bei Ihrem Bettpartner beschweren. Es ist durchaus nicht ungewöhnlich, bei jedem Aufwachen etwa zehn Minuten nützlichen Schlafs zu verlieren. Das heißt, ein halbes Dutzend Angriffe imaginärer Einbrecher kostet Sie eine volle Stunde Schlaf oder mehr.

Aber nicht nur Rex raubt Ihnen den Schlaf. Das besorgen unter anderem auch: ein wach gewordenes Kind, das beruhigt oder versorgt werden muß; der Straßenlärm; ein unruhiger oder schnarchender Bettpartner; eine zu heiße oder zu kalte Schlafumgebung; eine Beule in der Matratze oder zu enge Pyjamas. Jede Nacht, in der Sie weniger Schlaf bekommen, als Sie eigentlich brauchen, trägt zu Ihrem Schlafdefizit bei. Die gute Nachricht: Mit einer einzigen richtig durchgeschlafenen Nacht können Sie das Defizit mit einem Schlag ausgleichen, so wie Peter Tripp sich fast völlig erholt fühlte, nachdem er eine lange Nacht durchgeschlafen hatte. Zwei oder drei Nächte mit ununterbrochenem Schlaf können zu einer so gut wie hundertprozentigen Erholung führen.

Es mag Sie überraschen zu erfahren, daß sich selbst ein bescheidenes Schlafdefizit von sieben oder acht über die Woche akkumulierten Stunden durchaus bemerkbar macht. Vielleicht erleben Sie hin und wieder solche Symptome wie juckende oder brennende Augen, verschwommene Sicht, Frösteln und, was ja verständlich ist, Wellen der Mattheit oder Schläfrigkeit. Viele Menschen sagen, daß sie richtig hungrig werden und es schwer finden, Speisen mit hohen Fettwerten und vielen Kohlehydraten aus dem Weg zu gehen, wenn sie sich ein Schlafdefizit von etwa einer Nacht eingehandelt haben.

Menschen, deren Schlafdefizit drei bis acht Stunden beträgt, werden im allgemeinen keine nennenswerte Beeinträchtigung ihrer körperlichen oder sportlichen Leistungsfähigkeit verspüren. Nach den ersten Studien zu diesem Komplex ging man davon aus, daß weder die aerobe noch die anaerobe Leistungsfähigkeit* von Athleten durch Schlafmangel vermindert werde. Neuere Forschungsergebnisse haben jedoch gezeigt, daß manche sportlichen Aktivitäten sehr wohl beeinträchtigt werden. So untersuchten zum Beispiel

* aerob/anaerob: Dieses Begriffspaar aus der Sportmedizin bezeichnet die Energiebereitstellung mit bzw. ohne Sauerstoffverbrauch. – Der Übersetzer

Thomas Reilly und Mark Piercy vom Centre for Sport and Exercise Sciences an der John Moores University in Liverpool die Leistung von Gewichthebern, deren Nachtruhe auf drei Stunden reduziert worden war.[10] Bereits nach der zweiten Nacht wurde festgestellt, daß sich ihre Leistungsobergrenze beim Bankdrücken, Beinpressen und Reißen verschlechtert hatte. Im Verlauf der nächsten Tage nahm mit zunehmendem Schlafdefizit ihre Leistungsfähigkeit weiter ab.

Manchmal sind die Auswirkungen des Schlafdefizits auf die körperliche Leistungsfähigkeit weniger deutlich erkennbar. Ein französisches Forscherteam überprüfte zum Beispiel die Leistungen von Radfahrern, die in der Nacht geweckt worden waren und nur drei Stunden ihres normalen Schlafs verloren hatten.[11] Als sie am nächsten Tag getestet wurden, schienen ihre Leistungen im allgemeinen unbeeinträchtigt zu sein, sofern sie sich normal anstrengten (also nicht die Obergrenze ihrer Leistungsfähigkeit erreicht hatten). Obwohl alles normal aussah, entdeckten die Forscher, daß die Körper dieser Sportler viel schwerer als sonst arbeiteten. Ihr Herz schlug schneller, und ihre Fähigkeit zur Sauerstoffaufnahme war reduziert. Zusätzlich zu diesen üblichen Tests wurde die Laktatkonzentration im Blut (deren Steigerung mit einem Gefühl der Muskelermüdung einhergeht) gemessen. Wenn die Radfahrer mit einem Schlafdefizit zu kämpfen hatten, erfolgte die Laktatbildung erheblich schneller. Das bedeutet, daß diese Athleten schneller ermüdeten. Andere Studien haben gezeigt, daß sich bei einem Schlafdefizit in Höhe von etwa einer ganzen Nacht die Zeit bis zur Erreichung eines Zustands völliger Erschöpfung um etwa elf Prozent reduziert.

Ein solches Schlafdefizit von ungefähr acht Stunden ruft auch ein Stimmungstief hervor. Natürlich fühlt man sich schlapper als sonst, nicht so dynamisch, eher lethargisch; aber darüber hinaus zeigen die Daten ganz klar, daß die Menschen bei zunehmendem Schlafdefizit auch zunehmend depressiv werden. Dieser Stimmungsabsturz macht sich zunächst als Verlust des Humors bemerkbar. Witze erscheinen nicht mehr so lustig, und die aufgeräumte oder verspielte Stimmung, die für einen Menschen vielleicht charakteristisch war, scheint verlorenzugehen. (So ging es auch mir bei meiner Schlafdiät.) Die Fähigkeit, bestimmte Dinge als angenehm oder wünschenswert zu empfinden, nimmt ebenfalls rapide ab. Bei zunehmendem Schlafdefizit haben die Menschen immer weniger Interesse an sozialen Kontakten, und sie machen sich weniger Gedanken darüber, wie sie sich ernähren. Menschen mit einem erheblichen Schlafdefizit finden keine Freude mehr an den Formen der Unterhaltung, die ihnen früher Spaß machten – Kino, Theater, Musik oder Sport. Sie werden auch zunehmend gereizt und neigen dazu, andere Menschen mit bissigen Bemerkungen zu verletzen.

Manche der mit einem Schlafdefizit einhergehenden Stimmungsveränderungen können sich direkt auf die berufliche Funktionstüchtigkeit auswirken. Mit zunehmendem Schlafdefizit fühlen sich die Menschen in zunehmendem Maße von ihren Aufgaben überfordert und werden weniger entscheidungsfreudig. Manche entwickeln Minderwertigkeits- oder Schuldgefühle, weil sie angeblich nicht mithalten können, auch wenn sich ihre Produktivität in Wirklichkeit noch wenig verändert hat. Oft verlieren solche Menschen die Motivation. Wenn man mit einem Schlafdefizit herumläuft, ist es einem oft nicht wichtig, ob man gut oder schlecht arbeitet. Man hat einfach keine Lust, sich mit Kleinigkeiten herumzuschlagen, also wird die Arbeit nicht überprüft und noch einmal überprüft, auch wenn sie sehr wichtig ist. Natürlich schleichen sich unbemerkt Fehler ein. Wenn diese schließlich entdeckt werden, verstärkt sich erst recht das Gefühl, den Überblick und die Kontrolle verloren zu haben.

Ein akkumuliertes Schlafdefizit wirkt sich auch direkt auf das Denkvermögen und die geistige Leistungsfähigkeit aus. In den vergangenen zehn Jahren haben sich etwa fünfzig Studien mit den Zusammenhängen zwischen Schlafdefizit und mentaler Leistung beschäftigt. Ihre Ergebnisse fügen sich zu einem bemerkenswert eindeutigen Muster zusammen. Erstens bewirkt der Schlafmangel eine allgemeine Verlangsamung geistiger Prozesse. Mit Hilfe von Reaktionstests kann man feststellen, wieviel Zeit ein Mensch braucht, um einfache Informationen (zum Beispiel einfache Ton- oder Lichtsignale) zu verarbeiten und darauf zu reagieren. Der Verlust von nur vier Stunden in einer einzigen Nacht kann dazu führen, daß sich die Reaktionen eines Menschen bereits um fünfundvierzig Prozent verlangsamen. Der Verlust einer ganzen Nacht oder der entsprechenden Stundenzahl kann zur Verdoppelung der benötigten Reaktionszeit führen.

Durch ein Schlafdefizit wird die Fähigkeit, sich über längere Zeit einer bestimmten Aufgabe aufmerksam zu widmen, geradezu zerstört. In vielen Experimenten ist diese Beobachtung mit Hilfe von Wachsamkeitstests bestätigt worden. Diese Tests verlangen häufig eine Leistung, die mit der Arbeit eines Fluglotsen vergleichbar ist, der auf seinem Radarschirm ständig nach kleinsten Veränderungen in den Mustern Ausschau halten muß, die Flugzeuge und ihre Positionen markieren. Bei solchen Wachsamkeitstests erscheinen die wichtigen Informationen nur in unregelmäßigen Abständen, man muß aber ständig auf der Hut sein, um sie nicht zu versäumen, muß also die ganze Zeit den Bildschirm aufmerksam beobachten. Hier wirkt sich das Schlafdefizit verheerend aus. Übermüdete Teilnehmer eines Wachsamkeitstests haben die größte Mühe, ihre Aufmerksamkeit über längere Zeit auf einen Gegenstand zu fixieren. Sie verpassen oft wichtige Informationen. Es wirkt so, als würde ihr Bewußtsein flackern –

immer wieder ein und aus. In der wirklichen Welt kann ein solches Nachlassen der Aufmerksamkeit katastrophale Folgen haben. Ein Autofahrer, dessen Aufmerksamkeit für Sekundenbruchteile aussetzt, sieht den Fußgänger nicht, der zwischen zwei geparkten Autos auf die Straße tritt. Der Arzt, der sich nicht konzentrieren kann, übersieht während einer Operation die plötzlich eintretende Veränderung im Zustand seines Patienten; ein kurzes Flackern der Aufmerksamkeit, und eine Zahl wird übersehen, eine Zahlenreihe falsch addiert, eine ganze Serie von Kalkulationen in Mitleidenschaft gezogen; als Folge geht eine falsche Bestellung heraus, werden die Risiken einer Investition falsch eingeschätzt. Wie oft die Aufmerksamkeit eines Menschen kurzfristig ausgeschaltet wird und wie lange diese Ausfälle dauern – das hängt direkt mit der Höhe des Schlafdefizits zusammen.

Bei einem Schlafdefizit läßt auch die Gedächtnisleistung nach. Zwar können nach wie vor Informationen aus dem Langzeitgedächtnis ohne schwerwiegende Einschränkungen aufgerufen werden, aber das Kurzzeitgedächtnis, die unmittelbare Erinnerung, wird stark beeinträchtigt. Es fällt einem unter diesen Bedingungen schwer, Einzelheiten im Kopf zu behalten. Wenn wir es mit einer Aufgabe zu tun haben, bei der verschiedene Aspekte berücksichtigt werden müssen, die einander wechselseitig beeinflussen, wird ein Nachlassen des Kurzzeitgedächtnisses die Lösung erschweren. Das kann drastische Auswirkungen haben, zum Beispiel bei Aufgaben wie politischen Verhandlungen, wo die verschiedenen Bestandteile eines komplexen Abkommens berücksichtigt und in ihrer wechselseitigen Abhängigkeit betrachtet und beurteilt werden müssen.

In manchen Fällen kommt wohl auch ein Nachlassen der Fähigkeit zum logischen Denken hinzu. Das Lösen alltäglicher Probleme mit bekannten Mitteln und auf gewohnte Weise mag bei einem nicht allzu hohen Schlafdefizit noch ohne Einschränkung möglich sein. Handelt es sich aber um ein neues und schwieriges Problem, bei dessen Lösung Kreativität erfordert wird, machen sich die vom Schlafmangel verursachten geistigen Defizite eher bemerkbar. Bei zunehmendem Schlafdefizit funktionieren wir immer mehr wie eine Maschine oder wie ein automatisch gesteuertes Flugzeug. Wir können auf kleine Veränderungen oder relativ einfache Herausforderungen reagieren, aber unsere Reaktionen sind vorprogrammiert oder mechanisch. Sobald wir in eine ungewöhnliche Situation geraten, fangen wir an, Fehler zu machen.

Es mag Sie überraschen (und etwas beunruhigen), wenn Sie erfahren, daß bestimmte Menschen aus beruflichen Gründen die mit dem Schlafmangel verbundenen geistigen Defizite zu ihrem Vorteil bewußt ausnutzen. Wir hören zum Beispiel oft von Tarifverhandlungen, die bis tief in die Nacht dauern. Früher dachte ich, solche Meldungen seien ein Hinweis darauf, daß die Tarifparteien drauf und dran wären, sich zu einigen, und daß sie die Verhandlungen nicht gerade in dem Stadium unterbrechen wollten, wo eine Einigung bevorstand. Im Lauf der Zeit fiel mir jedoch auf, daß diese Marathonsitzungen, bei denen ganze Nächte lang nicht geschlafen wurde, nur dann stattfanden, wenn ein professioneller Schlichter anwesend war. Das hat mich neugierig gemacht, und ich setzte mich mit einem Mann in Verbindung, der dort, wo ich lebe, einen Namen als Schlichter bei Tarifauseinandersetzungen hat. Er war bereit, sich mit mir darüber zu unterhalten («als Geste der Freundlichkeit gegenüber einem Universitätsprofessor»), unter der Bedingung, daß ich seinen Namen nicht preisgebe. Das, was er mir erzählte, dokumentiert den gezielten Einsatz von Schlafentzug, um die geistigen Fähigkeiten und die Motivation der Tarifpartner zu untergraben und so zu einer Einigung zu kommen.

Sie müssen bedenken, daß die meisten Tarifabkommen eine ganze Reihe von Problemfeldern abdecken. Für außenstehende Beobachter mag es so aussehen, als ob es bei den Verhandlungen nur um den Lohn ginge. Glauben Sie mir, es liegen noch ganz andere Sachen auf dem Tisch. Neben den eigentlichen Löhnen geht es um Krankenversicherungsanteile, Urlaubs- und Feiertagsregelungen, Mutterschafts- und Vaterschaftsurlaub, Karenztage und Lohnfortzahlung im Krankheitsfall und so weiter und so fort. Es gibt einen ganzen Haufen Fragen, die mit der Gestaltung des Arbeitsplatzes zusammenhängen, zum Beispiel die Frage der Bereitstellung von Räumen für Essens- und Kaffeepausen oder auch von Duschräumen, Fragen des Rauchens, des Lärms und des Lichts. Dann gibt es das Verhältnis zwischen der Gewerkschaft und der Geschäftsleitung. Da gibt es Fragen der Zuständigkeit und der Mitbestimmung, Fragen der Arbeitsplatzbeschreibung – und wir reden hier nur in ganz allgemeinen Begriffen. In jedem Berufszweig gibt es spezifische Fragen. Handelt es sich um einen Tarifvertrag für Lehrer, kann man davon ausgehen, daß es um die Klassenfrequenzen, die Zahl der tatsächlichen Arbeitstage im Schuljahr, die Anzahl der Lehrerpflichtstunden und die außerunterrichtlichen Pflichten (wie etwa Betreuung der Schulsportmannschaften) gehen wird ... Nun, Sie sehen schon, worauf ich hinaus will. Jeder Vertrag ist in Wirklichkeit ein Paket. Es gibt also viele Forderungen auf vielen Gebieten, und manche sind wichtig, und manche sind trivial.

Der erste Schritt besteht darin, daß alle Forderungen zum Paket auf den Tisch kommen. Dann dürfen sich alle Beteiligten über alle Forderungen der Gegenseite hermachen. Jedes Paket besteht aus so vielen Teilen, daß man am Anfang eigentlich gar keine Fortschritte macht. Bevor wir uns alle gemeinsam hinsetzen, treffe ich mich vielleicht mit jeder Seite ein paarmal allein, damit ich ein Gefühl dafür bekomme, was für jede Verhandlungskommission wirklich wichtig ist.

Dann warte ich ab, bis es im Hinblick auf irgendeine wichtige Frist fünf vor zwölf ist. Es handelt sich vielleicht um die Frist bis zum Ausrufen des angedrohten Streiks oder bis zur Aussperrung oder zur Einmischung der Regierung. Wenn die Uhr tickt, habe ich ein Druckmittel in der Hand, um die Delegationen zu zwingen, immer länger am Verhandlungstisch zu bleiben. Dann versuche ich, an der Schlafzeit der Verhandlungsdelegationen herumzufeilen. Der Trick besteht darin, so vorzugehen, daß alles völlig natürlich erscheint.

Nehmen wir an, wir verhandeln über einen Tarifvertrag, und es ist Mitternacht geworden. Ich sage beiden Seiten so etwas wie: «Hören Sie, es ist schon Mitternacht. Machen wir jetzt Schluß, damit wir ein wenig schlafen und morgen früh wieder frisch zur Sache gehen können. Wie wär's, wenn wir uns morgen um neun Uhr hier treffen.» Das klingt so, als hätte ich ihnen großzügigerweise neun Stunden eingeräumt, um nach Hause zu fahren und sich auszuschlafen, aber dem ist in Wirklichkeit nicht so. Erstens werden sich die Kommissionen noch etwa eine Stunde besprechen wollen, um ihre Strategie für den folgenden Tag auszuarbeiten. Dann haben die meisten von ihnen einen weiten Heimweg. Wenn man bedenkt, daß sie ja noch Zeit zum Ausziehen, Anziehen, Waschen, Rasieren und Frühstücken brauchen, kann man davon ausgehen, daß sie höchstens vier oder fünf Stunden im Bett sein werden. Und selbst wenn sie so lange in den Federn liegen dürfen, werden sie nicht gut schlafen. Denn ich sorge dafür, daß es während der Nachtsitzungen immer reichlich Kaffee gibt. Die meisten sind so aufgedreht durch das Koffein, daß sie bestimmt eine Stunde brauchen, bis sie einschlafen. Ich hingegen nehme nach Möglichkeit immer ein Zimmer in dem Hotel, in dem wir gerade tagen. Und ich trinke überhaupt keinen Kaffee. Das heißt, ich kann aus dem Sitzungssaal hinausgehen, mit dem Fahrstuhl zu meinem Zimmer hinauffahren, ins Bett fallen und acht Stunden hintereinander selig schlafen.

Ich versuche, diesen Rhythmus ein paar Tage durchzuhalten, bis es Zeit ist für das «Große Drängeln». Das ist die Nacht, in der ich ihnen sage: «Wissen Sie, wir sind ganz nahe dran; ich weiß, daß es spät ist, aber wenn wir nur noch eine kleine Weile weitermachen, können wir die ganze Geschichte heute nacht noch abschließen, glaube ich.» Dann ziehe ich die Sache bis in die Morgenstunden durch. Die Verhandlungsdelegationen haben schon so viel Schlaf verloren, und diese Extrasitzung gibt ihnen den Rest. Da gibt es kaum noch Ecken und Kanten.

Diese ganze Angelegenheit hat einen psychologischen Aspekt, wissen Sie. Wenn die Leute richtig müde sind, können sie nicht einmal alle Bestandteile ihres eigenen Verhandlungspakets im Kopf behalten, geschweige denn das Paket, das die Gegenseite anbietet. Für sie verschwimmt alles. Sie wissen eigentlich nicht einmal, ob wir uns in bestimmten Punkten bereits geeinigt haben oder nicht. Manchmal kann man kleinere Punkte, die sonst einen emotionalen oder symbolischen Wert hätten und zum Knackpunkt der Verhandlung werden könnten, einfach unter den Teppich kehren, und das merken sie erst später, wenn überhaupt. Sie werden auch nachlässig und überprüfen die Details nicht mehr. Das bedeutet, daß bestimmte Einzelheiten, die zu Spannungen führen könnten, einfach verschwinden, eben weil sie niemand überprüft. Außerdem passiert irgend etwas mit ihrer Motivation. Es ist, als ob ihnen allen die Luft ausgeht. Es gibt Punkte, bei denen ich weiß, daß sie heiß umkämpft wären, wenn alle Beteiligten ausgeruht wären; aber wenn ich sie erst so weit bekommen habe, sind sie so müde, daß sie sich nicht mehr zum Kampf aufraffen können, außer bei den wirklich entscheidenden Differenzen. Während des Großen Drängelns kann ich manchmal sogar sagen: «Okay, wenn wir uns in diesem Punkt geeinigt haben, können wir zum nächsten übergehen» – obwohl es in Wirklichkeit immer noch Einwände oder ungelöste Probleme gibt. Die meisten von ihnen sind so benebelt, daß sie sich nicht mehr sicher sind, ob der entsprechende Punkt geklärt worden ist oder nicht, und oft sind sie ohnehin zu müde, um Einspruch zu erheben. Wenn sie müde genug sind, wollen sie eigentlich nur noch eins: Die Sache schnell zu Ende bringen, damit sie aus dem Raum herauskommen und ein wenig Schlaf bekommen können. Sehr oft werden sie jedem Kompromiß zustimmen, mit dem die Diskussion beendet werden kann.

Wenn das funktioniert, gehen wir gegen Morgen auseinander. Handelt es sich um eine wichtige Verhandlung, gibt es vielleicht noch eine Pressemitteilung oder eine Pressekonferenz, wo beide Delegationen beteuern, daß die Verhandlungen schwierig und kompliziert gewesen seien, daß man sich aber geeinigt habe und daß sie ihrer jeweiligen Seite die Annahme des Ergebnisses empfehlen. Ich lasse mir eine oder zwei Stunden Zeit, dann schicke ich allen Teilnehmern eine Kopie des Vertragsentwurfs. Manchmal basiert er auf einem Rahmen, den ich bereits Tage zuvor entworfen habe, als sich die Verhandlungen noch zähflüssig bewegten. Ich schreibe die notwendigen Veränderungen und Ergänzungen direkt in diesen Rahmenentwurf hinein, so daß er ziemlich schnell fertig wird. Bei den Punkten, die nicht abschließend geklärt (von uns nur oberflächlich behandelt oder von mir unter den Teppich gekehrt) worden sind, versuche ich, irgendeine Kompromißformel zu finden, oder ich lasse sie stillschweigend fallen. Wenn die Kommissionsmitglieder ein wenig geschlafen haben und das Dokument Punkt für Punkt durchgehen, finden sie vielleicht den einen oder anderen Punkt, mit dem sie wirklich sehr unzufrieden sind. In der Regel wissen sie nicht mehr, wie die Diskussionen über diesen Punkt in der Nacht zuvor gelaufen sind. Dann müssen sie sich überlegen, ob sie wegen dieses einen Punkts die ganze Abmachung torpedieren wollen. Und dann geht es auch darum, das Gesicht zu wahren. Es wirkt doch geradezu dumm und inkompetent, wenn sie am frühen Morgen sagen, daß sie die Annahme des Verhandlungsergebnisses dringend empfehlen, und am gleichen Nachmittag sagen, der Vertrag, an dessen Ausarbeitung sie selbst beteiligt waren, sei nicht gut genug. Die meisten nehmen einfach an, daß die Punkte bei den Verhandlungen schon geklärt wurden, daß sie sich aber nicht mehr an die Details der Diskussion erinnern. Manchmal stimmt das auch; manchmal ... Nun, am Ende hat jeder einen Vertrag, mit dem er wenigstens leben kann, und es gibt ja immer die Hoffnung, daß es beim nächstenmal besser wird.

Manchmal glaube ich, daß es unmöglich ist, zwischen cleveren und hochmotivierten Menschen zu irgendeiner Abmachung zu gelangen. Deshalb funktionieren internationale Körperschaften wie die Vereinten Nationen nicht besonders gut. Aber wenn man ihnen so viel Schlaf rauben kann, daß sie dümmer, weniger detailversessen und weniger motiviert werden, ist eine Verhandlungslösung meiner Meinung nach immer möglich. Ganz gleich, wie weit die Konfliktparteien am Anfang des Prozesses auseinander sind; wenn sie erst müde genug sind, werden sie irgendeinen Kompromiß finden, nur um die Diskussion abzuschließen und endlich nach Hause und ins Bett zu kommen.

Nicht alle Schlichter geben zu, den Schlafentzug als strategisches Mittel, die Verhandlungsparteien mürbe zu machen, bewußt einzusetzen. Ein Regierungsschlichter, mit dem ich mich unterhielt, wollte lediglich einräumen, daß der Schlafmangel der Gewerkschafter und Arbeitgebervertreter «einen sekundären Vorteil bei Verhandlungen rund um die Uhr» darstellen könnte. Er sagte weiter, daß «einige ziemlich dumme Sachen plötzlich ganz logisch klingen, wenn man die ganze Nacht verhandelt hat und es inzwischen fünf Uhr früh geworden ist».

In aller Regel jedoch stellen sich die unüberlegten Entscheidungen und unberücksichtigten Details einfach ein, ohne daß jemand das geplant und sich bewußt einen Vorteil vom reduzierten Denkvermögen der Beteiligten ausgerechnet hätte. In den häufigsten Fällen führen die herabgesetzten geistigen Fähigkeiten von Menschen, die unter einem Schlafdefizit leiden, zu peinlichen, überflüssigen oder schlicht und einfach dummen Entscheidungen. Ein Stadtrat aus Toronto, der größten Stadt Kanadas, beschreibt einen solchen Fall:

Die Stadt Toronto hat sich auf eigenartige Weise entwickelt. Es gab zunächst die eigentliche Stadt und drumherum viele Städte und Gemeinden. Es war wohl in den fünfziger Jahren, da schlug eine Kommission der Provinz Ontario eine einmalige, quasiföderative Stadtverwaltung vor, die dreizehn Gemeindeverwaltungen der Kontrolle eines zentralen Stadtrats der Großstadtregion Toronto unterstellt. Zu den Mitgliedern dieses Stadtrats gehören die gewählten Bürgermeister, Ratsmitglieder und Stadtkämmerer der einzelnen Gemeinden. In den späten sechziger Jahren wurde die Anzahl dieser Teilgemeinden auf sechs reduziert. Toronto hat also nicht nur eine zentrale Stadtverwaltung, der die meisten städtischen Dienstleistungen wie Abwasserbeseitigung, öffentliche Verkehrsmittel und Schulen unterstehen, sondern auch sechs Bürgermeister.

Jedes Jahr muß die Stadt bis zu einem bestimmten Termin ihren Haushalt ausarbeiten und bei der Provinzregierung einreichen. Das gehört zu den Aufgaben des Stadtrats. Wenn wir politisch gesehen ein schwieriges Jahr hinter uns haben, oder wenn es wenig Geld und ein Gerangel um Prioritäten gibt, können sich die Verhandlungen über den Jahreshaushalt in der Woche vor dem Einreichungstermin bis ziemlich spät in die Nacht hinziehen. Das war auch einmal der Fall, als ich Mitglied des Stadtrats war. In der Woche hatten wir mehrmals hintereinander getagt, jeweils an die achtzehn Stunden, und gerade einen Tag vor dem gesetzlich vorgeschriebenen Termin zur Fertigstellung des Haushaltsplans haben wir unsere Beratungen bis in die Morgen-

stunden hinein durchgezogen. Wir waren todmüde, aber wir mußten um jeden Preis fertig werden, und es war, glaube ich, etwa drei Uhr früh, als wir über die Gehaltsposten für die städtischen Wahlbeamten abstimmten. Wir wußten alle, daß wir übermüdet waren, und manche von uns hatten Schwierigkeiten, überhaupt wach zu bleiben, aber wir meinten trotzdem, daß wir unsere Arbeit gut gemacht und alle Details berücksichtigt hätten, bevor wir irgend etwas beschlossen. Einige Tage später hat jemand in der Provinzregierung unsere Budgetvorschläge überprüft und festgestellt, daß wir die Jahresgehälter für die sechs Gemeindebürgermeister bei der Schlußabstimmung mit genau null angesetzt hatten! Ich weiß bis heute nicht, wie das passieren konnte, und von den damals Anwesenden kann es sich auch sonst niemand erklären.

Eine weitere Glanzleistung von Gehirnen, die unter einem Schlafdefizit leiden, nehme ich an.

Die Uhren in uns

Betrachtet man die Auswirkungen des Schlafentzugs und des Schlafdefizits auf einen Menschen, so könnte man zunächst zu dem Ergebnis kommen, ausschlaggebend sei allein die Gesamtmenge des verlorenen Schlafs. Weit gefehlt. Mit einem Schlafdefizit von acht Stunden mag jemand vormittags um zehn Uhr gut funktionieren und nur wenige Auswirkungen des Schlafmangels verspüren. Um vierzehn Uhr jedoch wird sich dieser Mensch möglicherweise ausgesprochen schläfrig, erschöpft und unwohl fühlen. Um vier Uhr nachmittags schließlich, bei einem gleichbleibenden Schlafdefizit von nur acht Stunden, das sich am Vormittag kaum bemerkbar gemacht hat, wird dieselbe Person wahrscheinlich einen fast unwiderstehlichen Drang verspüren, die Augen zu schließen und einzuschlafen, und sie wird große Schwierigkeiten haben, sich auf ihre Arbeit zu konzentrieren. Der Grund hierfür liegt in uns – in der inneren Uhr, die uns in den Schlaf schickt und wieder weckt. Wenn diese Uhr eine Wachperiode anzeigt, laufen alle Vorgänge im Körper schneller ab, erleben wir einen Energieschub, der die Auswirkungen eines eventuell bestehenden Schlafdefizits mindert. Wenn aber unsere innere Uhr einen Tiefpunkt markiert, kann die Verlangsamung unserer körperlichen Prozesse in Verbindung mit einem Nachlassen der Energiebereitstellung die Auswirkungen eines Schlafdefizits entschieden verstärken.

Unser Verhalten wird durch vielfältige Zyklen gesteuert. Der auffälligste Zyklus ist der sich täglich wiederholende

Vierundzwanzig-Stunden-Zyklus. Wenn Sie zum Beispiel um dreiundzwanzig Uhr einschlafen, werden Sie dieses Verhalten alle vierundzwanzig Stunden etwa um diese Zeit wiederholen. Das gleiche gilt fürs Aufwachen: Wenn Sie heute um sieben Uhr früh wach geworden sind, dann ist die Wahrscheinlichkeit groß, daß Sie auch gestern um diese Zeit wach geworden sind und morgen um die gleiche Zeit aufwachen werden – auch ohne die Hilfe Ihres Weckers. Manche Zyklen dauern länger als einen Tag. Frauen haben den achtundzwanzigtägigen Menstruationszyklus, in dessen Verlauf sich nicht nur körperliche Veränderungen in Verbindung mit der Fruchtbarkeit abspielen, sondern auch psychische Schwankungen, besonders der Emotionalität und des allgemeinen Wohlbefindens. Es überrascht Sie vielleicht zu hören, daß auch Männer einen vergleichbaren – wenn auch bei weitem nicht so ausgeprägten – achtundzwanzigtägigen Zyklus der Stimmungsschwankungen haben. Die ersten Belege für diesen männlichen Monatszyklus wurden im siebzehnten Jahrhundert von einem Arzt namens Sactorius geliefert. Durch das systematische Wiegen gesunder Männer über einen längeren Zeitraum hinweg konnte er eine rhythmische Gewichtsvariation von ein bis zwei Pfund nachweisen, die sich wie der weibliche Menstruationszyklus über die Dauer eines Mondmonats erstreckt. Inzwischen hat man nachweisen können, daß auch der emotionale Zustand und der Energiepegel bei Männern diesem Mondzyklus unterworfen sind.

Es gibt auch längere Zyklen, darunter ein jährlicher Zyklus, der unter anderem auch unser Interesse am Sex beeinflußt. Wenn immer noch am liebsten im Juni geheiratet wird, so hängt das wohl mit diesem Zyklus zusammen, der dazu beiträgt, daß wir uns alle im Mai und Juni ein wenig romantisch oder sinnlich – genauer gesagt: lüsterner als sonst – fühlen. Diese Spitze erklärt wahrscheinlich auch, weshalb es manchen Untersuchungen zufolge im Frühling mehr Sexualdelikte gibt. Es gibt auch Zyklen, die kürzer sind als ein Tag: Manche betragen nur vier Stunden, manche sogar nur neunzig Minuten, andere wieder etwa zwölf Stunden. Diese Zyklen haben mit Veränderungen in unserem physischen und oft auch unserem psychischen Haushalt zu tun.

Unser täglicher Schlaf-Wach-Zyklus geht mit einer Anzahl Veränderungen in unserem Körper einher. Beispielsweise gibt es bei Menschen und den meisten anderen Tieren Tag-Nacht-Schwankungen beim Puls, beim Blutdruck und bei der Körpertemperatur. Bei uns Menschen beträgt der Unterschied zwischen dem nächtlichen Tiefpunkt der Körpertemperatur und der nachmittags erreichten Höchsttemperatur mehr als ein Grad Celsius. Diesen Schwankungen liegt ein *zirkadianer* Rhythmus zugrunde. Das Wort ist aus dem Lateinischen abgeleitet: *circa* bedeutet «etwa», und *dies* bedeutet «Tag». Ein zirkadianer Rhythmus ist also eine Abfolge bestimmter Veränderungen in einem Zyklus von etwa vierundzwanzig Stunden.

Die Regelmäßigkeit dieser Zyklen, die unser Verhalten und das Funktionieren unseres Körpers beeinflussen, legt die Vermutung nahe, daß wir eine Art innere biologische Uhr besitzen. Es gibt natürlich andere Erklärungsmöglichkeiten. Zyklische Veränderungen im Vierundzwanzig-Stunden-Rhythmus könnten einfach das Resultat externer Zeitgeber sein, also von bestimmten Umweltsignalen. Die regelmäßigen Veränderungen des Lichts und der Temperatur als Folge der Erdrotation könnten als solche externen Zeitgeber funktionieren. Es könnte sein, daß Tiere bei Sonnenlicht aktiver werden, wenn sie besser sehen können und die Außentemperatur etwas höher ist, und wieder langsamer werden, wenn es kühler wird und es zuwenig Licht gibt, um sich mehr oder weniger gefahrlos in der Welt umherzubewegen.

Gibt es also stichhaltige Beweise für die Existenz einer Art innerer Uhr, die den Ablauf solcher Vierundzwanzig-Stunden-Zyklen und damit auch unsere Schlaf- und Weckzeiten kontrollieren könnte? Die ersten Hinweise darauf kamen von Biologen, die das Verhalten von Pflanzen untersuchten. So war der Grieche Androsthenes, der Alexander den Großen auf seinem Zug nach Indien um 330 v. Chr. begleitete, von der Tatsache fasziniert, daß die Tamarinde ihre Blätter jeden Abend schließt und morgens wieder entfaltet. Charles Darwin interessierte sich auch für dieses Phänomen, das er als «Pflanzenschlaf» bezeichnete.

Dieses Verhalten der Pflanze muß nicht notwendig Ergebnis einer inneren Uhr sein, da es, wie wir oben angemerkt haben, auch das Resultat externer Faktoren wie Lichtveränderungen sein könnte. (Wenn es heller wird, entfaltet die Pflanze ihre Blätter, die sie wieder schließt, wenn das Licht nachläßt.) Die Alternative wäre eben die Annahme einer inneren Uhr der Pflanze, die den Zeitablauf markiert. 1729 überprüfte der französische Forscher Jacques d'Ortous de Mairan diese Hypothese mit Hilfe einer Verwandten der Tamarinde, nämlich der einfachen Mimose, die ebenfalls im Tag-Nacht-Wechsel ihre Blätter öffnet und schließt. Um das Licht als externen Zeitgeber auszuschließen, stellte er die Pflanze einfach einige Tage lang in einen Schrank. Er stellte fest, daß die Pflanze fortfuhr, ihre Blätter morgens zu entfalten und abends zu schließen, obwohl es keine Veränderungen im Lichtpegel gab, anhand derer sie hätte merken können, daß es Abend oder Morgen geworden sei. Dieses Experiment legt die Vermutung nahe, daß die Pflanze über eine innere Uhr verfügt, die ihren Tageszyklus regelt, daß es also sehr wohl biologische Uhren gibt, die den Vierundzwanzig-Stunden-Takt, den wir einen Tag nennen, vorgeben können.

Nicht lange nach diesen Experimenten widmete sich auch

Carolus Linnaeus dem Studium der täglichen Zyklen bei den Pflanzen. Linnaeus war ein schwedischer Naturforscher, der sich gewaltige Verdienste um die Naturwissenschaften erworben hat, indem er die ersten rationalen Systeme zur Klassifizierung und Benennung der verschiedenen Pflanzen- und Tierarten entwickelte. Seine erste Liebe jedoch galt den Blumen. Bereits mit acht Jahren hatte man ihm den Spitznamen «der kleine Botaniker» gegeben. Linnaeus beobachtete das regelmäßige Öffnen und Schließen der Blüten bei vielen Pflanzenarten, und er stellte fest, daß diese Vorgänge bei verschiedenen Pflanzen zu verschiedenen Zeiten stattfinden. In der Gegend um Uppsala, wo Linnaeus lebte, öffnet beispielsweise der einfache Herbstlöwenzahn seine Blüten regelmäßig um vier Uhr früh und schließt sie wieder um acht Uhr morgens. Weiße Wasserlilien öffnen sich um sieben Uhr früh und schließen sich viel später, gegen siebzehn Uhr, während sich die Blumen der Pflanze *Mesembrianthemum* als Spätaufsteher um elf Uhr vormittags öffnen und um fünfzehn Uhr wieder schließen – weshalb sie ja auch im Deutschen «Mittagsblumen» heißen. In seinem 1751 erschienenen Buch *Philosophia Botanica* gab Linnaeus Informationen über die Öffnungs- und Schließungszeiten einer ganzen Reihe von Pflanzen und schlug sogar vor, «Blumenuhren» zu schaffen. Pflanzen, die sich regelmäßig öffnen und schließen, könnten in einem runden Garten angelegt werden; anhand der jeweils geöffneten Blüten würde man mit ziemlicher Genauigkeit die Uhrzeit ablesen können. Bevor Sie bei Seiko oder Rolex die Türen einrennen, um Ihre eigene, persönliche Blumenuhr zu bestellen, sollte ich Sie allerdings auf ein paar problematische Aspekte dieser Idee hinweisen. Erstens blühen nicht alle diese Pflanzen zur gleichen Jahreszeit. Sie könnten also mit einer Uhr dastehen, die Ihnen nur im Juni und Juli fünfzehn Uhr anzeigt, achtzehn Uhr hingegen nur im Juli und August. Außerdem hängen die Öffnungs- und Schließungszeiten vom Breitengrad ab, da das Wetter und die mittlere Tageslänge die genaue Ausprägung der Blumenzyklen beeinflussen. Eine Blumenuhr, die in Schweden sehr genau geht, könnte in Griechenland um Stunden nach- oder vorgehen.

Seit den ersten, bahnbrechenden Versuchen von de Mairan und Linnaeus haben die Biologen in fast jedem untersuchten Lebewesen solche inneren Uhren entdeckt. Regelmäßige Veränderungen im Vierundzwanzig-Stunden-Rhythmus lassen sich bei allen komplexen Tieren, bei einfacheren Organismen wie Würmern und Insekten und sogar bei einzelligen Algen nachweisen.

Um etwas mehr über die biologische Uhr bei uns Menschen herauszufinden, beispielsweise auch, wie diese Uhr unser Schlafverhalten beeinflußt, haben Forscher verschiedentlich eine Version der experimentellen Methode de Mairans angewandt. Es geht darum, Testpersonen von allen äußeren Zeitgebern abzuschirmen und sie allein zu den von ihren Körpern diktierten Zeiten schlafen und aufwachen zu lassen. Die erste solche Untersuchung wurde vom Schlafforscher Nathaniel Kleitman 1939 durchgeführt. Zusammen mit einem Kollegen schloß er sich in eine unbenutzte Kammer einer Höhle ein, der *Mammoth Cave* in Kentucky. Der Grund für die umständliche und aufwendige Durchführung des Versuchs in einer Höhle lag in dem Wunsch, so viele tägliche Umweltveränderungen wie möglich auszuschalten: Während sich die Erde um ihre Achse dreht und wir abwechselnd der Sonne zugewandt und von der Sonne abgewandt sind, gibt es eine zyklische Zu- und Abnahme nicht nur des Lichts, sondern auch der elektromagnetischen Kräfte und der kosmischen Strahlung. Der Mond wiederum wirkt im 24,8-Stunden-Zyklus auf die Erde ein. Die Variationen der Mondanziehungskraft erleben wir als Gezeiten und auch in Gestalt regelmäßiger Windveränderungen. Da die «Mammuthöhle» vierhundert Meter unter dem Boden Kentuckys liegt, hofften die Teilnehmer, daß sie von den täglichen elektromagnetischen und erdmagnetischen Fluktuationen einigermaßen abgeschirmt sein würden. Später bauten Jürgen Aschoff und Rütger Wever vom Max-Planck-Institut für Verhaltensphysiologie einen Bunker bei München zu einem besonders abgeschirmten Versuchsraum um. Auch ihnen ging es darum, die vielfältigen täglichen elektromagnetischen Schwankungen auszuschalten, ohne jedoch die Forscher oder ihre Testpersonen zwingen zu müssen, wochenlang in einer Höhle zu wohnen.

Um das Funktionieren unserer inneren Uhren zu untersuchen, werden in solchen Räumen sogenannte freilaufende Versuche durchgeführt. Bei diesen Versuchen werden den Testpersonen die Uhren abgenommen, das Licht verändert sich nicht, und jede sonstige Möglichkeit, den Zeitablauf festzustellen, wird ausgeschaltet. Die Teilnehmer dürfen schlafen und sonst alles tun, was sie wollen, aber sie wissen nie, wie spät es ist. In den Versuchen des Max-Planck-Instituts wurden die Testpersonen darüber hinaus von anderen Menschen isoliert und mußten sich einen ganzen Monat lang in dem Versuchsraum aufhalten, wo jeder mögliche äußere Einfluß auf ihren täglichen Zyklus abgeschirmt war. Auch unter solchen Bedingungen, ob in einer Höhle oder in einem High-Tech-Labor, läßt sich bei Menschen ein zirkadianer Schlaf-Wach-Rhythmus feststellen. Ihre Aktivitäten spielen sich in einem regelmäßigen Tageszyklus ab, was die Existenz einer inneren, biologischen Uhr bestätigt. Diese innere Uhr läuft allerdings nicht genau mit unserem Vierundzwanzig-Stunden-Tag synchron. Für die meisten Menschen beträgt der innere Tag eigentlich fünfundzwanzig Stunden. Am ersten Tag des «freilaufenden» Versuchs gehen die Menschen also etwa eine Stunde später ins Bett als sonst; am nächsten Tag verschiebt sich ihre Bettzeit wieder um eine Stunde nach hinten und so weiter und so fort. Nach etwa zwei Wochen ist der Tagesablauf bei den Teilnehmern solcher Versuche bis zu einem halben Tag asynchron im Verhältnis zur Außenwelt, so daß sie tatsächlich nachts wach sind und tagsüber schlafen. Die Wach- und Schlafzeiten driften aber weiter, da ihre innere Uhr auf einen Tag eingestellt ist, der eine Stunde länger ist als der normale Vierundzwanzig-Stunden-Zyklus von Tag und Nacht. So kommt es auch, daß die Teilnehmer solcher Versuche nach fünfundzwanzig Tagen Echtzeit nur vierundzwanzig Tage subjektiver oder psychischer Zeit erlebt haben.

Wenn unsere innere Uhr auf fünfundzwanzig Stunden geeicht ist, wie kommt es, daß unsere Körperprozesse und unser Verhalten unter normalen Bedingungen im Vierundzwanzig-Stunden-Zyklus gesteuert werden? Wieso gerät unser täglicher Zyklus von Aktivität und Ruhe nicht immer wieder aus dem Takt gegenüber der jeweiligen Ortszeit? Der Grund hierfür liegt darin, daß wir über einen Mechanismus verfügen, der unsere innere Uhr mit der Ortszeit synchronisiert. Gäbe es keinen solchen Synchronisierungsmechanismus für die Ortszeit, würden wir als außerordentlich merkwürdig organisierte Spezies dastehen. Stellen Sie sich einen frühen Menschen vor, der an der Ostküste Nordamerikas geboren wurde. Nehmen wir an, daß sein Schlaf-Wach-Zyklus für die Atlantikküste richtig eingestellt ist. Nehmen wir weiter an, daß er als nomadischer Jäger dem Wild folgt, von dem er lebt. In diesem hypothetischen Szenario lassen wir nun das Wild im Osten knapp werden. Unser Jäger wandert also auf der Suche nach besseren Jagdgründen langsam Richtung Westen. Nach vielen Monaten oder vielleicht Jahren erreicht er schließlich die Westküste Amerikas. Wenn es keine Möglichkeit gäbe, seine innere Uhr neu zu stellen, würde sich unser armer Vorfahr in einer merkwürdigen Situation befinden. Die Sonne würde drei Stunden später auf- und untergehen, als er es von seiner physiologischen Einstellung her erwarten dürfte. Das heißt, er würde drei Stunden früher aufwachen als die an der Pazifikküste geborenen Menschen. Das hieße ferner, daß seine kalifornischen Vettern noch stundenlang aufbleiben würden, nachdem er längst zu Bett gegangen wäre. Auch gegenüber allen natürlichen Vorgängen seiner Umgebung würde unser Urahn aus dem Tritt geraten. Ganz gewiß würde eine intelligente Gottheit oder der Anpassungsmechanismus der Evolution uns irgendein Mittel zur Umstellung unserer inneren Uhr bereitstellen, um sie den Veränderungen anpassen zu können, die bei einer einfachen Reise in westöstlicher oder ostwestlicher Richtung auftauchen.

Wie das oben angeführte Beispiel zeigt, müssen wir unsere innere Uhr mit den jeweiligen Sonnenaufgangs- und Sonnenuntergangszeiten koordinieren, wenn wir an einem beliebigen geographischen Ort mit der dort geltenden Zeit harmonisieren wollen. Da diese Übereinstimmung unserer inneren Zeit mit dem äußeren Hell-Dunkel-Zyklus des Tagesablaufs so wichtig für uns ist, hat die Evolution einen Mechanismus entwickelt, der das Licht benutzt, um unsere biologische Uhr neu zu stellen. In der internationalen Schlafforschung wird das deutsche Wort *Zeitgeber* verwendet, um diese *Reset*-Funktion des Lichts zu kennzeichnen.

Es gibt einige einfache Methoden, um diese Zeitgeberfunktion des Lichts für unsere innere Uhr zu demonstrieren. Die einfachste Methode besteht darin, zu unserer Höhle oder unserer Isolationskammer zurückzukehren und eine kleine Veränderung in der Versuchsanordnung vorzunehmen: Statt wie bei einem freilaufenden Experiment das Licht kontinuierlich brennen zu lassen, werden wir das Licht in jeder Vierundzwanzig-Stunden-Periode einmal für sechs bis acht Stunden löschen, um für unsere Testpersonen die Schwankungen in der Lichtmenge von Tag und Nacht zu simulieren. Obwohl sie immer noch keine Uhren oder irgendwelche anderen Signale haben, werden unsere Versuchsteilnehmer jetzt einen regelmäßigen Vierundzwanzig-Stunden-Tag haben. Jetzt werden sie in der Regel dann schlafen, wenn das Licht schwächer wird, und kurz nachdem es heller geworden ist, wieder aufwachen. Ihre innere Uhr befindet sich jetzt offensichtlich in Übereinstimmung mit dem Licht der Umgebung, statt den Fünfundzwanzig-Stunden-Tag vorzugeben, den wir ohne Lichtschwankungen erleben.

Wenn wir Licht brauchen, um unsere innere Uhr mit der jeweiligen Ortszeit synchron zu halten, stellt sich die interessante Frage, wie es blinden Menschen geht, die das Licht nicht sehen können. Können sie ihre biologische Uhr nachstellen? Blinden Menschen fällt es tatsächlich sehr schwer, mit ihrer Umgebung im zeitlichen Gleichschritt zu bleiben. Blinde haben eine hohe Rate an Schlafstörungen: Etwa sechsundsiebzig Prozent berichten über Schwierigkeiten beim Einschlafen zur gewohnten Bettzeit. Sie werden auch häufig nachts wach und leiden dafür tagsüber unter Müdigkeitsanfällen. Genau diese Symptome würden wir bei einem Menschen erwarten, dessen innere Uhr mit der Echtzeit der Außenwelt nicht synchron läuft. Ein blinder Mensch sagt seinem Körper also oft, daß es Zeit ist, schlafen zu gehen, während seine innere Uhr dem Körper mitteilt, daß es Zeit ist, wach zu sein und sich zu bewegen. Darüber hinaus berichten die meisten Blinden vom zyklischen Auftreten dieser Schlafprobleme, und zwar in Abständen von etwa einem Monat. Genau das müßten wir ja erwarten, wenn blinde Menschen über eine «freilaufende» innere Uhr verfügen, deren Zyklus ungefähr eine Stunde länger ist als der Vierundzwanzig-Stunden-Tag.

In mehreren Langzeitstudien konnte nachgewiesen werden, daß die innere zirkadiane Uhr dieser Individuen sich nicht wie bei anderen Menschen dem normalen Tagesablauf anpaßt. In einem dieser Versuche wurde der Schlaf-Wach-Zyklus eines blinden Menschen über einen Zeitraum von achtzig Tagen untersucht.[12] Obwohl die Lebensumstände dieser Person ansonsten als normal für eine westliche Gesellschaft gelten können, stimmten ihre Schlaf- und Wachzeiten nicht mit dem Vierundzwanzig-Stunden-Tag überein. Ihre Schlafenszeiten drifteten derart, daß sie eine Woche lang nachts schlief, zwei Wochen später aber ihre Zeiten größter Schläfrigkeit tagsüber erlebte. Das Verhaltensmuster dieser Person entsprach einer auf 24,9 Stunden eingestellten inneren Uhr. Das Fehlen der Lichtwahrnehmung hindert also blinde Menschen nicht nur am Verarbeiten visueller Informationen; es führt auch dazu, daß ihr Schlaf-Wach-Zyklus im Verhältnis zu Menschen mit normaler Sicht asynchron wird.

Dieser tägliche Zyklus des Schlafens und Wachens ist nur einer der vielen zirkadianen Rhythmen, denen unser Körper unterworfen ist. Wie wir bereits gesehen haben, gibt es auch einen zirkadianen Zyklus der Temperaturveränderung. Es gibt viele weitere tägliche Rhythmen, darunter Zyklen der Urinabgabe und der Ausschüttung von Hormonen und Steroiden (wie etwa Kortison) in die Blutbahn. Auch das Zellwachstum und die Zellteilung unterliegen einem zirkadianen Rhythmus. Unter normalen Bedingungen sind diese Zyklen gut aufeinander abgestimmt. Beispielsweise geht unserer allnächtlichen Schlafperiode normalerweise ein Absacken der Körpertemperatur voraus. Unter «freilaufenden» Bedingungen, bei denen also unsere innere Uhr nicht nachgestellt wird, geraten die verschiedenen Zyklen gelegentlich auseinander und verlieren ihre Koordination. Unter diesen Bedingungen ist es möglich, daß Menschen ihre lange tägliche Schlafperiode bei steigender Körpertemperatur beginnen. Gerade bei blinden Menschen, insbesondere bei solchen Personen, die erst seit kürzerer Zeit erblindet sind, wird ein solches Auseinanderlaufen der normalerweise synchronisierten zirkadianen Zyklen gelegentlich beobachtet. Eine der wichtigsten Funktionen des Lichts als Zeitgeber besteht also darin, diese verschiedenen Zyklen zu integrieren. Lichtveränderungen stellen nicht nur den zirkadianen Schlaf-Wach-Zyklus nach, sondern auch alle anderen zirkadianen Uhren unseres Körpers, damit sie harmonisch und zuverlässig im Vierundzwanzig-Stunden-Rhythmus funktionieren.

Wo sitzt denn die biologische Uhr, die unseren täglichen Rhythmus des Schlafens und Wachens vorgibt? Erste Hinweise gab in den sechziger Jahren Curt Richter von der Johns Hopkins University aufgrund seiner Experimente mit Ratten. Wenn er bei einem seiner Versuchstiere den Hypothalamus – einen zentralen Teil des Zwischenhirns – beschädigte, wurde jeder regelmäßige Schlaf-Wach-Zyklus bei der Ratte ausgeschaltet. Der Hypothalamus ist evolutionsgeschichtlich gesehen ein sehr alter Teil des Gehirns und findet sich auch bei vielen primitiven Tieren wie Fischen und Reptilien, die ansonsten wenig an komplexer Gehirnstruktur nachzuweisen haben. Dieser relativ kleine Teil des Gehirns ist vielfältig mit anderen Hirnregionen verknüpft und enthält seinerseits spezifische Regionen, die Hunger, Durst, Körpertemperatur und andere lebenswichtige Funktionen regulieren.

Die chirurgischen Eingriffe Richters waren relativ grob. In der Folge gelang es Robert Y. Moore von der University of Chicago, mit Hilfe neu entwickelter Technologien gezielt und mit großer Präzision kleinere Gebiete des Hypothalamus zu zerstören. Diese Präzision war auch nötig; denn wie sich herausstellte, handelt es sich bei der spezifischen Stelle im Hypothalamus, die zur Ausschaltung der zirkadianen Rhythmen eliminiert werden muß, um ein winziges, nur einige tausend

Nervenzellen umfassendes Gebiet, in dem sich die sogenannten *suprachiasmatischen Kerne* befinden. Der Name dieser Nervenzellen leitet sich von ihrer spezifischen Lage im Zwischenhirn ab: Sie befinden sich nämlich direkt oberhalb einer bestimmten Stelle des Nervenstrangs, der Informationen vom Auge zum Gehirn transportiert. Diese Stelle heißt *Chiasma opticum.* (Das *Chi* im Wort *Chiasma* kommt vom griechischen Buchstaben χ. Wenn wir uns die Sehnerven von den beiden Augen zum Hirn als Autobahnen vorstellen, so wäre das *Chiasma opticum* ein wichtiges Autobahnkreuz.) Hier werden verschiedene Nervenstränge sortiert und ihre Informationen zur Weiterverarbeitung ins Gehirn geschickt.

In den suprachiasmatischen Kernen werden Informationen über die durch die Augen einfallenden Lichtmengen aus den nahe gelegenen Sehnerven gesammelt. Wenn wir die Sehnerven einer Versuchsratte zwischen Auge und *Chiasma opticum* durchtrennen, entziehen wir den suprachiasmatischen Kernen ihre Informationsquelle, und das Tier verliert die Fähigkeit, seine Schlaf- und Aktivitätszyklen mit dem Vierundzwanzig-Stunden-Tag zu koordinieren. Das entspricht dem Zustand der blinden Menschen, deren Probleme ich oben beschrieben habe. Nehmen wir aber an, die Sehnerven eines Versuchstiers werden hinter dem *Chiasma opticum* durchtrennt. In diesem Fall ist das Tier nach wie vor praktisch völlig blind: Es kann keine Muster oder Helligkeitsunterschiede wahrnehmen, da die Informationen von seinen Augen nie die höheren Gehirnzentren erreichen. Da jedoch die chirurgische Beschädigung der Nervenbahnen hinter der Stelle vorgenommen wird, wo die Lichtinformation an die suprachiasmatischen Kerne abgezweigt wird, folgen diese völlig blinden Tiere weiterhin einem Schlaf- und Wachzyklus, der den Lichtschwankungen im vierundzwanzigstündigen Tag-Nacht-Rhythmus der Umgebung entspricht.

Beim suprachiasmatischen Kerngebiet handelt es sich ja um eine eigenständige Uhr. Durch das Licht wird sie lediglich jeden Tag nachgestellt, damit sie mit der Außenwelt übereinstimmt. Shin Ichi Inoue und Charles Kawamura vom Mitsubishi-Institut bei Tokio entnahmen Versuchstieren einen Teil des Hirngewebes einschließlich der suprachiasmatischen Kerne. Die entnommene Gewebeprobe wurde in einer organischen Kultur am Leben gehalten und die elektrische Nervenzellenaktivität registriert. Trotz der Isolierung vom Tier und von jeder anderen Hirntätigkeit zeigten diese Zellen weiterhin eine systematische Zu- und Abnahme elektrischer Aktivität. Diese Schwankungen wiederum folgten dem gleichen zirkadianen Zyklus von etwa vierundzwanzig bis fünfundzwanzig Stunden, der bei intakten Tieren beobachtet wurde. Möglicherweise handelt es sich hierbei um die Signale, die vom suprachiasmatischen Kerngebiet ausgeschickt werden, um die anderen Teile des Gehirns über den Fortgang der Zeit auf dem laufenden zu halten. Darüber hinaus ist es bekannt, daß dieses Gehirnzentrum bestimmte sehr lange Proteinketten, sogenannte *Peptide*, enthält, die möglicherweise als chemisches Äquivalent von Uhrenschlägen dem restlichen Hirn mitteilen, wann es Zeit zum Schlafen und zum Aufwachen ist.

Die suprachiasmatischen Kerne funktionieren jedoch nicht allein. Es gibt eine kleine Gehirnregion, die Zirbeldrüse (*Pinealis*), die ebenfalls eine wichtige Rolle im zirkadianen Aktivitätszyklus zu spielen hat. Die Zirbeldrüse ist unter evolutionsgeschichtlichen Gesichtspunkten höchst interessant. Offenbar handelt es sich hierbei um den verkümmerten Rest eines ehemaligen dritten Auges. Dieses Auge hätte ziemlich weit oben auf dem Kopf etwa in der Schädelmitte gesessen. Zwar fehlt der Zirbeldrüse sowohl die einstellbare Linse und verschiedene andere Funktionen unserer eigentlichen Augen, sie kann jedoch Lichtschwankungen registrieren. Bei vielen niedrigen Tieren, bei einigen Fischen und Reptilien zum Beispiel, dient die Zirbeldrüse noch immer als Lichtsensor. Von außen ist sie in der Regel nicht sichtbar, da sie oft von einer dünnen, lichtdurchlässigen Hautmembran bedeckt wird. Sie ist jedoch vermutlich empfindlich genug, um das Tier zu warnen, wenn etwa ein Schatten auf seinen Rücken fällt, der von einem sich von hinten heranschleichenden Raubtier stammen könnte. Die Hauptfunktion der Zirbeldrüse scheint aber darin zu bestehen, den Lichtpegel zu kontrollieren und in Abhängigkeit davon die Abgabe bestimmter Hormone zu regulieren.

Bei den Säugetieren hat eine der wichtigsten Funktionen der Zirbeldrüse immer noch mit dem Lichtpegel zu tun. Wenn es dunkel wird, setzt die Zirbeldrüse ein Hormon namens *Melatonin* frei. Als direkte Auswirkung der gesteigerten Menge Melatonin in unserem Blut fühlen wir uns schläfrig. So hat es denn auch in letzter Zeit eine Reihe von Versuchen gegeben, Schlaflosigkeit und Schlafstörungen bei Menschen mit Hilfe gezielter Verabreichung von Melatonin zu behandeln.[13] Einer der Vorteile des Melatonins besteht darin, daß es als natürlich vorkommendes Hormon schlaffördernd wirkt, ohne den anschließenden «Kater» hervorzurufen, der nach der Einnahme von Schlafmitteln wie etwa Barbituraten häufig auftritt. Neuere Forschungsergebnisse deuten darauf hin, daß das Melatonin direkt auf die suprachiasmatischen Kerne wirkt und ähnlich wie der direkte Lichteinfall dazu beiträgt, die innere Uhr eines Menschen mit dem Vierundzwanzig-Stunden-Tag in Übereinstimmung zu halten.

Es gibt möglicherweise auch andere Faktoren, die unsere biologische Uhr nachstellen können. Manche Forscher sind der Meinung, daß regelmäßige Essenszeiten hierzu beitragen; andere glauben, daß regelmäßige Bewegung die gleiche Funktion erfüllen kann. Alle diese Zeitgeber sind jedoch schwächer und bei weitem nicht so zuverlässig wie das Licht.

Unsere zirkadiane biologische Uhr ist geschaffen worden, um unser Verhalten in Übereinstimmung mit dem Wechsel von Tag und Nacht und den entsprechenden Lichtveränderungen in Übereinstimmung zu halten. Deshalb achtet das winzige suprachiasmatische Kerngebiet, das diese Funktion übernimmt, hauptsächlich auf Schwankungen in der Lichtmenge, um uns im Takt mit unserer Vierundzwanzig-Stunden-Umwelt zu halten.

Da es sich bei unserer inneren Uhr um eine biologische Funktion handelt, müßte man annehmen, daß diese Uhr schneller oder langsamer läuft, wenn wir die Bedingungen variieren, die bekanntermaßen die Geschwindigkeit anderer physiologischer Abläufe im Körper beeinflussen. Einer der auffälligsten solcher Faktoren ist die Körpertemperatur. Bei steigender Körpertemperatur laufen viele normale physiologische Prozesse schneller ab.

Die Abhängigkeit der körpereigenen Zeit von der Körpertemperatur wurde zuerst von Dr. Hudson Hoagland nachgewiesen.[14] Die Geschichte begann während einer Grippeepidemie in den dreißiger Jahren. Hoaglands Frau war krank und hatte sehr hohes Fieber, an die neununddreißig Grad Celsius, und er mußte zur Apotheke, um ihr ein Medikament zu besorgen. Als er nach Hause zurückkehrte, war seine Frau ziemlich böse auf ihn, weil er so lange gebraucht habe. Stundenlang sei er unterwegs gewesen. In Wirklichkeit waren es gerade zwanzig Minuten gewesen. Die falsche Zeitwahrnehmung seiner Frau interessierte Hoagland. Ohne ihr zu sagen, woran er dachte, bat er sie also, den Ablauf einer Minute zu schätzen, indem sie die Sekunden von eins bis sechzig zählte. Hoagland verglich ihre Schätzung mit dem Sekundenzähler seiner Armbanduhr und konnte sich ein Bild davon machen, was mit dem Zeitsinn seiner Frau passiert war. Wie es sich herausstellte, betrugen ihre Schätzungen einer Minute im

Schnitt lediglich achtunddreißig Sekunden. Ihre hohe Körpertemperatur hatte offensichtlich zu einer Beschleunigung diverser physiologischer Aktivitäten geführt, und dies hatte zur Folge, daß ihre biologische Uhr schneller als sonst tickte. Mit anderen Worten, eine bestimmte physikalische Zeitspanne wird bei erhöhter Temperatur und entsprechend schneller ablaufenden Körperprozessen «zu lang» wahrgenommen. Neuere Versuche mit Sporttauchern, deren Körpertemperatur infolge eines Aufenthalts in kaltem Wasser gesenkt war, haben gezeigt, daß unsere innere Uhr unter solchen Bedingungen langsamer läuft.

Wenn solche einfachen Faktoren wie die Körpertemperatur unsere innere Uhr beeinflussen können, dürfte es angesichts der vielen physiologischen Unterschiede zwischen den Menschen nicht überraschend sein zu erfahren, daß unsere biologischen Uhren keineswegs alle mit der gleichen Geschwindigkeit laufen. Wenn wir auch alle den Tag beginnen, wenn das Licht unsere zirkadiane Uhr nachstellt, läuft der Tag keineswegs für uns alle im gleichen Rhythmus ab.

Benjamin Franklins berühmte Maxime *Early to bed and early to rise makes a man healthy, wealthy and wise* (Früh zu Bett und früh aufstehen macht gesund, reich und klug) beschreibt einen ganz bestimmten zirkadianen Rhythmus. Wenn Franklin ein Vöglein gewesen wär, so wäre er sicher eine Lerche gewesen. Diese Vögel stehen früh auf, um ihren Durst mit dem morgendlichen Tau zu stillen. Danach beginnen sie oft mit ihrem wunderschönen Morgenlied, das im Frühling als Lockruf dient. Menschen, die wie die Lerchen sind, die also eine bestimmte psychische Prädisposition zum «Morgenmenschen» haben, sind Frühaufsteher. Vom Augenblick des Aufstehens an sind sie wach, aufmerksam und bereit, mit den Aktivitäten des Tages zu beginnen. Sie arbeiten fleißig den Vormittag hindurch, lassen aber am Nachmittag ein wenig nach. Normalerweise sind sie schon früh am Abend bettmüde.

Diesen morgendlichen «Lerchen» stehen Menschen gegenüber, denen es schlicht und einfach unmöglich ist, Franklins Ratschlag zu befolgen. Wenn sie Vögel wären, so wären diese Menschen ganz bestimmt Eulen, denn diese Vögel gehen bekanntlich nachts und abends auf Streifzug. Menschen, die wie Eulen sind, sind eben von ihrer psychischen Prädisposition her «Abendmenschen». Das Aufstehen ist für sie eine schmerzliche Angelegenheit. Den Vormittag bringen sie torkelnd und klagend hinter sich, legen aber im Lauf des Tages langsam zu. Wenn erst der Abend kommt, sind sie einigermaßen auf Touren, und sie arbeiten oft bis tief in die Nacht hinein.

«Lerchen» und «Eulen» haben zwar beide einen zirkadianen Rhythmus, aber jeweils verschiedene; deren jeweilige Spitzen liegen etwa zwei Stunden auseinander. Dieser Unterschied macht sich in allen körperlichen Zyklen bemerkbar, darunter auch in den täglichen Temperaturschwankungen und der Zu- und Abnahme bestimmter Hormone. In psychischer Hinsicht jedoch wirken sich die Unterschiede viel stärker aus. Lerchen arbeiten am besten in den Morgenstunden, Eulen in den Abendstunden. Eulen sind am Morgen einfach elend, während die Lerchen umherschwirren und das Morgenlicht genießen. Abends fühlen sich Eulen voller Pep und Abenteuerlust, während die Lerchen schon nahe am Absturz sind.

Wenn ein Paar aus Lerche und Eule zusammenlebt, sind Spannungen und Streit sehr viel wahrscheinlicher, als wenn beide Lerchen oder beide Eulen sind. Es ist wirklich ungemein schwierig für diese beiden Menschentypen, einander zu verstehen. Die Lerche steht fassungslos neben dem Bett, in dem die Eule immer noch schlummert, stößt ihrem Partner in die Rippen und fragt sich, wie jemand so faul sein kann. Die Eule kann einfach nicht begreifen, wie jemand so früh aufstehen, geschweige denn so fröhlich dabei sein kann.

Ein klassisches Beispiel dafür, wie Lerchen und Eulen in zwei verschiedenen Welten leben und die Existenz des jeweils anderen Vogels kaum wahrnehmen, liefert die Biographie des ungarischen Schriftstellers Ferenc (Franz) Molnár. Molnárs Ruf gründet sich vor allem auf seine Dramen, insbesondere auf sein Erfolgsstück *Liliom* und das spätere Werk *Die rote Mühle*. Molnár war eine klassische Eule und verließ selten vor dreizehn Uhr das Haus. Als er in Budapest lebte, ergab es sich einmal, daß er in einem Zivilverfahren als Zeuge auftreten mußte. Das Problem dabei war, daß Molnár um neun Uhr früh bei Gericht sein mußte. Den energischen gemeinsamen Anstrengungen seiner Diener gelang es, den Dichter aus dem Bett und in seine Kleider zu bekommen; dann begleiteten sie ihn um acht Uhr dreißig persönlich vor die Haustür. Molnár fand sich inmitten der Menschenmenge, die jeden Morgen um diese Zeit auf dem Weg zur Arbeit an seinem Stadthaus vorüberflutete. Er blickte verstört um sich auf die vielen geschäftigen Leute und wandte sich dann an einen seiner Diener. «Um Gottes willen!» rief er. «Sind denn alle diese Leute auch Zeugen in diesem dummen Prozeß?»

Eine Reihe einfacher Tests sind entwickelt worden, um festzustellen, ob jemand eher ein Morgen- oder ein Abendmensch ist. Vielleicht macht es Ihnen Spaß, herauszubekommen, ob Sie eine Lerche oder eine Eule sind; dann können Sie den Testbogen auf S. 149 ausfüllen.

«Umsonst früh aufsteht, wer ansonsten immer spät», heißt es im Sprichwort. In diesem Spruch spiegelt sich die Tatsache, daß es schwierig ist, aus Eulen Lerchen zu machen. Im allgemeinen stimmt das auch. Wenn man von einer Eule verlangt, den Tagesablauf einer Lerche einzuhalten, oder umgekehrt, wird das Ergebnis in der Regel eine große Unzufriedenheit und eine geringere Arbeitseffektivität sein. Das bedeutet aber nicht, daß eine Veränderung ein für allemal ausgeschlossen ist. Verschiedene Untersuchungen haben gezeigt, daß wir alle mit zunehmendem Alter eine Tendenz zum Morgenmenschen entwickeln. Eulen zeigen dabei aber die größten Veränderungen und werden im Alter zunehmend lerchenhaft. Allen nicht zueinander passenden Lerche-Eule-Paaren sei also zugerufen: Haltet aus! Wenn ihr lange genug lebt, kann es nur noch besser werden.

Test: Sind Sie ein Morgen- oder ein Abendmensch?

Um festzustellen, ob Sie eine Lerche oder eine Eule sind, machen Sie einen Kreis um die Antworten, die auf Sie zutreffen.

1. Richtig wach fühle ich mich am	Morgen	Abend
2. Die meiste Energie habe ich am	Morgen	Abend
3. Ich kann mich besser an etwas erinnern, wenn ich es am lese oder höre	Morgen	Abend
4. Am produktivsten bin ich am	Morgen	Abend
5. Die besten Ideen habe ich am	Morgen	Abend
6. Ich fühle mich intelligenter am	Morgen	Abend
7. Freizeitaktivitäten unternehme ich lieber am	Morgen	Abend
8. Ausgehend davon, was mir persönlich am besten bekommt, und wenn ich meinen Tag völlig frei gestalten könnte, würde ich morgens aufstehen	vor 8 Uhr	nach 8 Uhr
9. Ausgehend davon, was mir persönlich am besten bekommt, und wenn ich meinen Tag völlig frei gestalten könnte, würde ich abends ins Bett gehen	vor 23 Uhr	nach 23 Uhr

10. In der ersten Stunde nach dem Aufstehen schätze ich meine Aufmerksamkeit und Energie wie folgt ein: eher hoch eher niedrig

Um diesen Test auszuwerten, zählen Sie, wie viele Antworten in der rechten Spalte von Ihnen eingekreist wurden. Wenn Sie sieben oder mehr eingekreist haben, sind Sie ganz klar eine Eule; haben Sie drei oder weniger eingekreist, sind Sie eindeutig eine Lerche. Bei vier bis sechs Antworten in der rechten Spalte sind Sie in dieser Hinsicht ziemlich durchschnittlich (d. h. ohne ausgeprägte Eulen- oder Lercheneigenschaften).

Auf der Wippe –
Das Auf und Ab unseres Müdigkeitszyklus

Wie wir eben gesehen haben, spielen sich im Tagesverlauf regelmäßige zyklische Veränderungen in unserem Körper ab. Da die Auswirkungen eines eventuellen Schlafdefizits durch diese zirkadianen Zyklen verstärkt werden können, ist es für uns wichtig zu wissen, zu welchen Tageszeiten wir mit einem Anfall von Schläfrigkeit zu rechnen haben. Folgt die Müdigkeit dem Vierundzwanzig-Stunden-Zyklus oder einem anderen Körperzyklus – nimmt sie vielleicht alle zwölf Stunden zu und ab, alle vier Stunden, alle neunzig Minuten sogar? Um das festzustellen, müssen wir einen Weg finden, den Grad der Schläfrigkeit im Tagesverlauf zu überprüfen. Nun könnte man meinen, das sei eine geradezu triviale Aufgabe. Könnte man nicht zum Beispiel einfach zählen, wie oft eine Testperson in einer gegebenen Zeit gähnt?

Für die meisten Menschen zählt das Gähnen – dieses langsame, übertriebene Öffnen des Munds, das lange, tiefe Einatmen mit dem darauf folgenden, kürzeren Ausatmen – zu den offensichtlichsten Anzeichen der Müdigkeit. Es handelt sich übrigens um ein weitverbreitetes Verhalten, das wir nicht nur mit unseren Haustieren wie Hunden und Katzen gemeinsam haben, sondern mit vielen anderen Tierarten, wie Krokodilen, Vögeln und Schlangen, ja sogar einigen Fischen. Es ist sicher richtig, daß schläfrige Menschen in der Regel häufiger gähnen als Menschen, die hellwach sind. Es ist auch richtig, daß Menschen, die sich offensichtlich von dem, was gerade passiert, gelangweilt fühlen, häufiger als sonst gähnen. Es ist aber nicht bekannt, ob das Gähnen eher die Schlafbereitschaft oder die erfolgreiche Abwehr der Schlafbereitschaft anzeigt. Wenn Sie sich einfach einmal recken und strecken, etwa weil Sie sehr lange in einer Position gesessen haben, kann das häufig ein Gähnen auslösen.

Leider ist also das Gähnen nicht einfach ein Zeichen der Müdigkeit. Bei manchen Tieren ist das Gähnen auch ein Streßindikator. Wenn ein Hundetrainer beim Gehorsamkeitstraining einen Hund gähnen sieht, handelt es sich meistens um ein Indiz dafür, daß dieses Tier unter erheblichem Druck steht. Vielleicht verlangt der Trainer zuviel oder geht zu schnell vor, so daß der Hund nicht mehr das Gefühl hat, die Situation zu übersehen. Meistens reichen ein paar Minuten Spiel und der Wechsel zu einer neuen Aktivität, um dieses Hundegähnen für eine ganze Weile zu bannen.

Auch bei Menschen kann das Gähnen Streß signalisieren. Als ich einmal eine Gruppe Fallschirmjäger vor ihrem ersten Sprung beobachten konnte, stellte ich fest, daß einige der Soldaten, die mit mir im Flugzeug saßen, ständig gähnten. Es war zehn Uhr früh, sie hatten gerade eine Kaffeepause gehabt, und ich bezweifelte, daß sie müde waren. Mit Sicherheit waren sie viel zu aufgeregt, um sich zu langweilen. Als ich den kommandierenden Offizier danach fragte, lachte er und sagte, das sei ein verbreitetes Verhalten, vor allem vor dem ersten Sprung. «Vielleicht versuchen sie, möglichst viel Luft einzusaugen, um sich leichter zu machen, falls sich ihr Fallschirm nicht öffnet», meinte er scherzhaft.

Das Gähnen hat auch einen sozialen Aspekt. Psychologen haben Schauspieler in vollen Räumen und Auditorien absichtlich gähnen lassen. Innerhalb weniger Augenblicke gibt es im ganzen Raum eine Zunahme des Gähnens, das fast jeden Menschen ansteckt. Ähnlich geht es uns, wenn wir Filme oder Videos mit gähnenden Menschen sehen – wir gähnen dann selbst häufiger. Wenn Sie sich selbst beobachten, kann es sein, daß Ihnen gerade jetzt auffällt, wie schon das Lesen darüber uns zum Gähnen anregt!

Die schlichte Wahrheit ist die, daß wir nicht wirklich wissen, wozu das Gähnen gut ist. Zunächst dachten die Naturwissenschaftler, das Gähnen solle den Anteil Sauerstoff im Blut erhöhen oder überschüssiges Kohlendioxid abbauen helfen. Wie wir inzwischen wissen, stimmt diese Erklärung nicht; wenn wir die Konzentration von Kohlendioxid in der Atemluft erhöhen, reagieren die Testpersonen nicht etwa mit häufigem Gähnen, sondern atmen schneller, um mehr Sauerstoff in die Lungen zu bekommen. Und auf der anderen Seite führt selbst das Atmen hundertprozentig reinen Sauerstoffs nicht dazu, daß die Häufigkeit des Gähnens abnimmt.

Ein Teil der Lösung dieses Rätsels mag im Strecken der Gesichts- und Mundwinkel liegen. Wenn Sie verstehen wollen, was ich damit meine, versuchen Sie einmal, beim Gähnen durch die Zähne einzuatmen, oder halten Sie den Mund ganz geschlossen und atmen Sie durch die Nase ein. In beiden Fällen gelangt die Luft ohne Schwierigkeiten durch die Luftröhre; aber obwohl Sie offensichtlich den Atmungsprozeß nicht beeinträchtigen, kommt Ihnen diese Art des Gähnens (also ohne das große Mundaufreißen) wahrscheinlich ausgesprochen unbefriedigend vor. Viele Menschen sagen, daß sie bei einem solchen Gähnen das Gefühl hätten, ein Gähnen abzuwürgen oder mitten im Gähnen steckengeblieben zu sein. Irgendwie gehört das Strecken der Kiefer auf jeden Fall dazu, worin auch immer die wirkliche Funktion des Gähnens bestehen mag.

Da das Gähnen also mit erheblich mehr Faktoren zusammenhängt als dem reinen Schlafbedürfnis, brauchen wir einen anderen Gradmesser der Müdigkeit. Manche Forscher haben einfach die Menschen gefragt, wie müde sie sich zu einem gegebenen Zeitpunkt fühlen, wobei die Testpersonen eine Art Punkteskala ankreuzen sollten. Es gibt allerdings bei solchen Selbsteinschätzungen einige Probleme. Manchmal lügen die Menschen einfach, wenn sie von den Forschern gefragt werden, wie müde sie seien. Das passiert, weil es in vielen Bereichen unserer Gesellschaft als Zeichen der Schwäche und eines Mangels an Ehrgeiz und Antriebskraft gilt, wenn man zugibt, schlaff und müde zu sein. In anderen Fällen wissen die Menschen einfach nicht, wie müde sie wirklich sind. Jemand mag etwa zugeben, daß er vier Tassen Kaffee braucht, um den Vormittag zu überstehen, aber es fällt ihm nicht im Traum ein, diese Tatsache darauf zurückzuführen, daß er so müde ist, daß er ohne Stimulierung durch Koffein seine tägliche Arbeit nicht erledigen könnte. Manche Menschen kommen einfach nicht darauf, daß sie es deshalb so schwer finden, sich morgens aus den Federn zu quälen, weil ihr Körper um ein paar weitere Stunden Schlaf geradezu bettelt, um einen Teil seines Schlafdefizits abzubauen und wieder normal funktionieren zu können. Aus diesen Gründen haben die Forscher eine andere Methode entwickelt, um den tatsächlichen Müdigkeitsgrad festzustellen. Sie basiert auf einer einfachen Definition des Schlafbedürfnisses: Je größer das Schlafbedürfnis, je schläfriger man also ist, desto schneller wird man einschlafen, wenn man dazu Gelegenheit hat.

In den heutigen Schlaflabors ist der sogenannte multiple Schlaflatenztest zum Standard bei der Messung der Schläfrigkeit avanciert. Die Testpersonen werden zur Aufzeichnung der Gehirnwellen verdrahtet. An den EEG-Mustern können die Forscher genau feststellen, wann das Gehirn in die erste Schlafphase eintritt. Alle zwei Stunden werden die Versuchspersonen aufgefordert, sich in einen verdunkelbaren Raum zu begeben, wo sie sich auf ein bequemes Bett legen und versuchen sollen, einzuschlafen. Die Zeit zwischen dem Löschen des Lichts und dem ersten Auftreten von Schlafsignalen auf dem EEG wird als *Schlaflatenz* bezeichnet. Sobald die aufgezeichneten Gehirnwellen den Eintritt in den Schlaf melden, wird die Versuchsperson geweckt, so daß die Prozedur des Tests selbst der täglichen Schlafmenge des Individuums nur wenige Minuten hinzufügt und die Testergebnisse nicht maßgeblich beeinflussen kann, wenn es darum geht, die Schlaflatenz unter den Bedingungen des Schlafentzugs oder eines bestimmten Tagesablaufs zu messen. An einem solchen Schlaflatenztest habe ich selbst als Versuchsperson teilgenommen. Man hat gerade das Gefühl, etwas entspannt zu sein und wegzudriften – schon kommt der Versuchsleiter, um einen zu wecken.

Allgemein gesprochen braucht eine normale Person mit einem heute als normal geltenden Tagesablauf etwa zehn bis fünfzehn Minuten, um einzuschlafen. (In diesem Test kann man höchstens zwanzig Minuten wach bleiben, weil der Versuch danach abgebrochen wird.) Gut ausgeruhte Menschen schlafen in diesen zwanzig Minuten in der Regel gar nicht ein, während Menschen mit einem Schlafdefizit in weniger als zehn Minuten einschlafen. Schläft jemand innerhalb von fünf Minuten ein, kann man davon ausgehen, daß er unter erheblichem Schlafmangel leidet, und eine solche kurze Schlaflatenz kann, falls das betreffende Individuum sich nicht selbst bewußt den Schlaf entzieht, auf eine gesundheitsgefährdende Schlafstörung hindeuten. Bei manchen Schlafstörungen, zum Beispiel einer Schlafapnoe oder einer Narkolepsie, ist es keineswegs unüblich, die Testperson innerhalb von zwei Minuten einschlafen zu sehen.

Zu den interessantesten und zuverlässigsten Erkenntnissen aus diesen Schlaflatenztests gehört die Feststellung, daß sich der Schlafdruck im Tagesverlauf variiert, und zwar in

Abhängigkeit von einigen der zirkadianen Rhythmen, die wir im vorigen Kapitel kennengelernt haben. Viele Versuche haben gezeigt, daß der stärkste Schlafdruck in den frühen Morgenstunden auftritt und einen Höhepunkt irgendwann zwischen ein Uhr nachts und vier Uhr früh erreicht. Zu dieser Zeit ist der gesamte Stoffwechsel des Körpers verlangsamt; man ist geradezu groggy vom Schlafbedürfnis, nicht sehr leistungsfähig und ein wenig ungeschickt, und man fühlt sich in dieser düsteren, nachtschlafenen Stunde ziemlich elend. Es ist vielfach belegt, daß Nachtschichtarbeiter in diesen Stunden häufiger Unfälle verursachen oder erleiden. Dieser Tiefpunkt des Tages ist so auffällig, daß viele Menschen darüber geschrieben haben. Die Verlangsamung der Stoffwechselvorgänge in jenen nächtlichen Stunden wird vielfältig als ein Gefühl allgemeiner Beklommenheit und unbestimmter Bedrohung erlebt. So schrieb zum Beispiel der Romancier F. Scott Fitzgerald: «In der dunklen Nacht der Seele ist es immer drei Uhr morgens.» Und in seinem ausgesprochen gespenstischen Roman *Das Böse kommt auf leisen Sohlen* benutzt Ray Bradbury den Begriff «Mitternacht der Seele», um die Zeit um drei Uhr früh zu kennzeichnen, den Tiefpunkt dieser zirkadianen Depression.

Das mit diesen fast noch mitternächtlichen Stunden assoziierte Gefühl des Unheimlichen und Beunruhigenden mag durchaus seine Berechtigung haben. In einer Reihe von Studien, in deren Verlauf fast eine halbe Million Todesfälle untersucht wurden, sind die Forscher zum Ergebnis gekommen, daß wir dem Tod am ehesten in den frühen Morgenstunden anheimfallen. Vielleicht, so manche Wissenschaftler, können wir einem lebensbedrohenden körperlichen Ereignis wie einem Herzanfall oder plötzlichen Atembeschwerden einfach nicht mit genügend Lebenskraft begegnen, wenn unser zirkadianer Zyklus seinen Tiefpunkt erreicht hat. Wenn wir durch

Krankheit bereits geschwächt sind, wird unsere Hinfälligkeit durch die langsameren Reaktionen und die schwächere Widerstandsfähigkeit unseres Körpers in den frühen Morgenstunden noch verstärkt.

Die Daten der Schlaflatenztests haben jedoch auch Überraschendes zutage gefördert. Während es die meisten Leser wohl kaum überraschen wird zu erfahren, daß wir zwischen ein Uhr nachts und vier Uhr früh am müdesten sind, hätten einige vielleicht nicht ohne weiteres vorhersagen können, daß wir einen zweiten Punkt höchster Müdigkeit genau zwölf Stunden später erleben. Dieser zweite Tiefpunkt stellt sich zwischen dreizehn Uhr und sechzehn Uhr ein, wenn die Sonne scheint und die meisten Menschen noch aktiv sind, im Beruf oder im Haushalt arbeiten, sich umherbewegen und allem Anschein nach hellwach sind. Die Messungen der Schlaflatenz zeigen jedoch, daß wir um, sagen wir, dreizehn oder vierzehn Uhr viel eher dazu neigen, schnell einzuschlafen, als etwa um zehn Uhr morgens oder am frühen Abend um achtzehn Uhr.

Wenn Sie einen Augenblick nachdenken, können Sie sich bestimmt daran erinnern, daß Sie auch zuweilen eine Welle von Müdigkeit am Nachmittag erleben. In vielen Ländern, hauptsächlich solchen, in denen das Klima wärmer ist, legen sich die Menschen nach dem Mittagessen für ein paar Stunden aufs Ohr: Es ist die Zeit der Siesta. In vielen Mittelmeerländern, zum Beispiel Italien und Spanien, ist die Siesta gang und gäbe. Auch in Griechenland schließen die meisten Geschäfte wegen des *messi medianos ipnos* («Nachmittagsschläfchens»). In vielen Ländern Mittel- und Südamerikas wird die Siesta gehalten, und bei einer Reise durch China entdeckte ein Kollege von mir, daß auch dort die Siesta weit verbreitet ist:

Es hat mich überrascht, mitten am Nachmittag Menschen zu sehen, die am Straßenrand und in manchen Städten auch einfach in Seitenstraßen oder Gassen auf dem Boden lagen und schliefen. Als ich unsere Dolmetscherin danach fragte, erwiderte sie, das nenne man hsiuhsi. *Sie meinte, dieser Nachmittagsschlaf werde von den Behörden offiziell geduldet, da es wohl in der Verfassung den Satz gebe: «Die werktätige Bevölkerung hat ein Recht auf Ruhe und Erholung.» Ich nahm jedoch zunächst an, diese Sitte sei hauptsächlich auf Bauern oder einfache Arbeiter beschränkt, da ich nie davon gehört hatte. Ich irrte mich. Als wir das Regierungsgebäude in der kleinen Stadt erreichten, die uns für die nächste Woche als Ausgangspunkt dienen sollte, war es früher Nachmittag. An der Tür wurden wir von einer Wache aufgehalten. «Es ist immer noch* hsiuhsi*», erklärte die Dolmetscherin. «Kommen wir in einer Stunde zurück, wenn sie ihre Ruhepause beendet haben.» Später sagte sie, diese Sitte werde in manchen Firmen, insbesondere solchen, die aktiven Handel mit dem Westen treiben, nicht mehr eingehalten. «Unseren Geschäftsleuten wird von Leuten aus Ihrem Land gesagt, es sei ein Zeichen der Faulheit, wenn sie am Nachmittag schliefen. Wir sind nicht faul und wollen schon gar nicht so erscheinen, also haben die meisten Geschäftsleute den* hsiuhsi *aufgegeben.»*

Man hat immer argumentiert, das Nachmittagsschläfchen bzw. die Siesta sei eine kulturelle Erfindung südlicher Länder, die es den Menschen ermöglichen solle, der Mittagshitze zu entfliehen, in der es ohnehin nicht möglich wäre, effektiv zu arbeiten. In einem warmen Klima könne es durchaus sinnvoll sein, sich in ein kühles, dunkles Zimmer zurückzuziehen und ein kleines Nickerchen zu halten. Es stellt sich jedoch heraus, daß die Mittagshitze keineswegs die Ursache dieser Siesta-Schläfrigkeit ist. Betrachten wir einmal die Stadt Edmonton in Kanada. Hier ist die University of Alberta beheimatet, deren Gebäude mit unterirdischen Tunnels miteinander verbunden sind, um die Studenten beim Gang von einem Gebäude zum nächsten vor der bitteren Kälte der nordischen Winter zu schützen. Selbst mitten im Winter, bei einer Außentemperatur von minus vierzig Grad Celsius (zufällig sind das auch minus vierzig Grad Fahrenheit, nebenbei bemerkt) ergeben die Schlaflatenztests die gleichen zwei Spitzenzeiten für Schläfrigkeit wie am Äquator. Im winterlichen Edmonton jedenfalls scheidet die Mittagshitze als Ursache für die Nachmittagsschläfrigkeit aus.

Manche Menschen haben eine alternative Erklärung für ihr Dösen am Nachmittag: Wenn sie mitten am Nachmittag an ihren Schreibtischen, Registrierkassen oder Fließbändern einnicken, schieben sie die Schuld aufs Mittagessen. Ein zu großzügig belegtes Mittagsbrot oder ein Kantinenessen, das schwer im Magen liegt, sei die Ursache dieser nachmittäglichen Müdigkeit, meinen sie. Diese Theorie ist uralt und kann bis zu Aristoteles zurückverfolgt werden, der behauptete, die Schläfrigkeit sei das Ergebnis von Gasen, die bei der Verdauung entstehen und sich dann nach oben bewegen würden. Je größer das Essen, desto mehr Gase würden entstehen und desto schläfriger wäre man auch. Heute reden wir einfach vom «Nachmittagstief».

Diese angebliche Ursache der Nachmittagsmüdigkeit ist, wie die Mittagshitze, ein Mythos. Wahrscheinlich konnte er entstehen, weil das Mittagessen eben das Ereignis ist, das in der Regel unserem nachmittäglichen Müdigkeitsanfall vorausgeht. Eine Anzahl Forscher hat inzwischen die «postprandiale Müdigkeitshypothese», wie sie im Wissenschaftsjargon genannt wird, mit verschiedenen Methoden überprüft. In manchen Fällen wurden Testpersonen über den Tag verteilt gleichbleibend kleine Mahlzeiten verabreicht, in anderen Fällen wurde der Umfang oder die Zusammensetzung der Mahlzeiten verändert, und in wiederum anderen Fällen wurde den Versuchspersonen sogar das Essen entzogen. Die Ergebnisse der Schlaflatenztests blieben sich gleich und bestätigen: Irgendwann zwischen dreizehn und sechzehn Uhr werden die Menschen sehr müde. Das passiert auch dann, wenn die Testpersonen am betreffenden Tag überhaupt kein Mittagessen zu sich genommen haben. Andererseits gibt es nie ein «nachfrühstückliches Tief» mit einem entsprechenden Nachlassen der Konzentrationsfähigkeit, auch wenn der Umfang und der Inhalt des Frühstücks durchaus mit einem Mittagessen vergleichbar wäre. Es dürfte also klar sein, daß unsere Schläfrigkeit am Nachmittag mehr mit unserer biologischen Uhr als mit unseren mittäglichen Essensgewohnheiten zu tun hat.

Es gibt bei dieser ganzen Mittagessensforschung allerdings eine kleine Komplikation. Nehmen wir einmal an, Sie haben bereits ein Schlafdefizit akkumuliert. Mit anderen Worten: Die Schlaflatenztests zeigen, daß Sie in gewissem Maße unter Schlafmangel leiden. Wenn Ihnen jetzt eine große Mahlzeit mit jeder Menge Stärke und vielen Kohlehydraten verabreicht wird, kann das Mittagessen doch etwas ausmachen. Noch schlimmer wird es, wenn zum Mittagessen ein alkoholisches Getränk hinzukommt. Mit anderen Worten: Befinden Sie sich an einem Tiefpunkt Ihres zirkadianen Zyklus, wird dieses Tief durch Schlafmangel noch verstärkt, und Faktoren können ins Gewicht fallen, die Ihre körperliche und geistige Funktionsfähigkeit verändern oder verlangsamen, etwa das Abzweigen von Energie zu Verdauungszwecken.

Erinnern wir uns: Zwischen ein Uhr und vier Uhr früh gibt es einen zirkadianen Tiefpunkt, und in dieser Zeit ist den statistischen Daten zufolge die Wahrscheinlichkeit des Sterbens größer als sonst. Es gibt aber auch einen zweiten Tiefpunkt unserer Körperfunktionen am Nachmittag, und die gleichen Daten zeigen, daß wir wahrscheinlich auch in dieser

Zeit dem Tod eher zum Opfer fallen können als zu anderen Zeiten. Zwar ist dieses erhöhte Risiko nicht ganz so klar ausgeprägt wie der nächtliche Anstieg, es ist jedoch deutlich erkennbar. Eine Untersuchung von etwa einer halben Million Todesfällen ergab, daß es am Nachmittag einen zweiten Spitzenwert der Todesanfälligkeit gibt – um sechzehn Uhr, genau zwölf Stunden nach dem nächtlichen Höchstwert.

Die Auswertung der Daten von Schlaflatenztests hat eine weitere Eigenart unserer täglichen Wachzyklen zutage gefördert: Zu bestimmten Zeiten am Vormittag und am frühen Abend werden Sie auch dann Einschlafschwierigkeiten haben, wenn Sie unter Schlafmangel leiden und dringend einschlafen wollen. Diese Zeiten werden auch als die für den Schlaf «verbotenen Zonen» bezeichnet. Die erste dieser Perioden erleben wir am Vormittag, mit einem Spitzenwert etwa zwischen neun Uhr und elf Uhr. Zu dieser Tageszeit fühlen sich die meisten Menschen wohl und bezeichnen diese Stunden oft als ihre produktivsten. Die zweite Spitze stellt sich etwa zehn bis zwölf Stunden später ein und konzentriert sich um die Zeit zwischen neunzehn und einundzwanzig Uhr, wo wir eine zweite Welle der geistigen Aufgewecktheit erleben. Menschen, die Arbeit mit nach Hause nehmen, um sie dort zu erledigen, berichten oft, daß sie sich etwa um zwanzig Uhr (also mitten in dieser Periode, in der das Einschlafen am wenigsten wahrscheinlich ist) schließlich wach und konzentriert genug fühlen, sich tatsächlich hinzusetzen und das zu erledigende Material vorzunehmen. In vielen lateinamerikanischen Ländern nimmt man in dieser Zeit auch die abendliche Mahlzeit ein.

Diese schlaflosen Zonen können sogar die Auswirkungen eines massiven Schlafmangels verschleiern. Auch Menschen, die sich einen totalen Schlafentzug zumuten, behaupten oft während der morgendlichen Hoch-Zeiten dieses inneren Zyklus, ihren «zweiten Wind» bekommen zu haben und eigentlich kein großes Schlafbedürfnis mehr zu verspüren. Zu diesen Zeiten verkünden auch die Teilnehmer von Schlaflosigkeitsmarathons, sie würden noch mehrere Tage durchhalten können. Eine ähnliche Regeneration findet während der schlaflosen Zone am frühen Abend statt. Verschiedene Aufgaben gehen leichter von der Hand, und man fühlt sich insgesamt wohl. Diese Perioden des Wohlbefindens können Menschen dazu bringen, sich weiterhin zu sehr unter Druck zu setzen und noch länger mit zuwenig Schlaf auszuharren.

Je größer das akkumulierte Schlafdefizit eines Menschen ist, desto stärker wird er die Auswirkungen dieses zwölfstündigen Zyklus von Mattheit und Wachsein verspüren. Diese zwölfstündigen Schwankungen der Schlafbereitschaft lassen sich sehr deutlich anhand der Schlaftagebücher verfolgen, die im Rahmen einer Versuchsserie der U.S. Army von den teilnehmenden Soldaten geführt wurden. Da es bei militärischen Einsätzen oft vorkommt, daß die Teilnehmer ohne Schlaf oder mit sehr wenig Schlaf auskommen müssen, ist die Kenntnis darüber, wie Menschen unter diesen Bedingungen denken und handeln, für die Armee natürlich von größter Wichtigkeit. In einem Experiment ging es darum, einen Radiohorchposten und Kommunikationsstützpunkt zu simulieren. Die als Versuchspersonen eingesetzten Soldaten mußten eine Reihe von Aufgaben übernehmen. Wie bei einem echten Horchposten mußten die Soldaten ständig auf bestimmte Signale achten und gleichzeitig ununterbrochen Informationen verarbeiten. Am wichtigsten war das schnelle und genaue Entschlüsseln eingehender Nachrichten. War die Botschaft entschlüsselt, mußte der Soldat auf Grundlage des Nachrichteninhalts bestimmte weitere Aufgaben durchführen. Zusätzliche Aufgaben und Tests sollten zeigen, wie gut und wie schnell die unter Schlafmangel leidenden Soldaten Entscheidungen treffen, körperliche Arbeit verrichten, sich Informationen merken konnten und so weiter. Was uns in diesem Zusammenhang am meisten interessiert, ist jedoch die Tatsache, daß die Soldaten alle zwei Stunden einen kurzen Eintrag in ein Tagebuch tippen mußten, das in einem Computer gespeichert wurde. Zwar sollten die Einträge kurz gehalten werden, doch die Soldaten wurden gebeten, auch folgende Angaben zu machen: wie sie sich körperlich befanden; wie müde sie sich fühlten; wie sie ihre eigene Leistung einschätzten; und ob sie sich zutrauten, den Einsatz erfolgreich abzuschließen (man hatte ihnen vorher gesagt, daß sie im Rahmen des Experiments bis zu zweiundsiebzig Stunden ohne Schlaf auskommen müßten). Die unten wiedergegebenen Tagebuchauszüge stammen von einem zwanzigjährigen Unteroffizier bei der Infanterie. (Die Zeiten sind von mir hinzugefügt worden, da die Teilnehmer nicht über die genaue Uhrzeit informiert wurden, als sie ihre Einträge machten.) Meine Kommentare zu den Einträgen des Soldaten sind *kursiv* gesetzt. Die Tagebucheinträge wurden alle zwei Stunden gemacht, ich habe jedoch nur solche Einträge wiedergegeben, die in etwa in die kritischen Zeiten des Schlaf-Wach-Zyklus fallen. Bei Beginn dieser Auszüge lief das Experiment bereits zweiundzwanzig Stunden. Der junge Unteroffizier hatte das Labor am Vortag um acht Uhr früh betreten. Das bedeutet, daß er bereits eine ganze Nacht ohne Schlaf verbracht hatte, als er den ersten hier wiedergegebenen Eintrag machte, und daß er beim letzten Eintrag seit achtundvierzig Stunden nicht mehr geschlafen hatte.

Sechs Uhr: *[Er taucht gerade aus dem frühmorgendlichen Tief auf.]* Richtig müde. Frage mich, weshalb ich mich hierfür gemeldet habe. Den Entschlüsselungstest habe ich völlig vermasselt. Ich könnte wirklich etwas Schlaf gebrauchen. Dieser Ort gefällt mir nicht.

Acht Uhr: Fühle mich besser. Vor ein paar Stunden fühlte ich mich sehr müde, aber dadurch, daß ich etwas gegessen habe, glaube ich, bin ich wieder auf Draht. Dieser Test mit dem ganzen Hin und Her und Umschalten lief okay.

Zehn Uhr: *[Jetzt hat er die vormittägliche Wachsamkeitsspitze erreicht.]* Ich fühle mich ziemlich gut. Diese Entschlüsselungsgeschichte habe ich richtig geknackt. Ich verstehe nicht, warum ich vorhin so viele Schwierigkeiten damit hatte, aber jetzt habe ich die Sache gepackt. Ich fühle mich ziemlich gut. Ich glaube nicht, daß es schwierig sein wird, diese Simulation zu Ende zu führen.

Vierzehn Uhr: *[Jetzt beginnt das nachmittägliche Tief.]* Immer noch okay. Ich bin etwas müde vom Essen, glaube ich, das holt mich jetzt ein. Glaube nicht, daß es mit den Tests, die sie mir gegeben haben, irgendwelche Probleme gibt.

Sechzehn Uhr: *[Den Spitzenwert der Nachmittagsmüdigkeit hat er gerade hinter sich.]* Müde. Vor einer halben Stunde wurde ich richtig langsam. Glaube, eine der Nachrichten habe ich verpaßt oder vermurkst. Bekam nur den letzten Teil mit. Habe den ganzen vorderen Teil verpaßt. Ist alles sowieso nur langweiliges Zeug.

Zwanzig Uhr: *[Jetzt hat er die abendliche Spitze der Wachsamkeit erreicht.]* Läuft okay. Das Essen hat mir geholfen. Ich hatte Probleme mit diesem Test, wo man Listen herstellen muß, aber jetzt habe ich die Sache raus. Die Entschlüsselungsgeschichte ist ganz interessant, wenn man die Schlüssel erst einmal im Kopf hat. Es ist irgendwie spannend zu sehen, wie die Lösung rauskommt. Ich hätte nicht gedacht, daß es so einfach ist, ohne Schlaf auszukommen.

Vierundzwanzig Uhr: Immer noch dabei. Etwas matt. Nicht viel los. Immer wieder die gleichen Tests. Ich müßte es eigentlich schaffen.

Zwei Uhr: *[Jetzt erreicht er die nächtliche Müdigkeitszone.]* Ziemlich müde. Ich glaube, sie versuchen, die Sache schwieriger zu machen, indem sie die Nachrichten schneller senden. Das ist unfair. Ist sowieso immer das gleiche, langweilige Zeug. Ich ziehe diese Sache durch, bloß um denen zu zeigen, daß ich es bringe.

Vier Uhr: *[Jetzt hat er den tiefsten Punkt des Zyklus durchgemacht. Der Eintrag enthielt eine Reihe von grammatikalischen und Rechtschreibfehlern, die hier verbessert worden sind.]* Brauche dringend Schlaf. Das Essen hat gar nicht geholfen. Glaube, ich bin bei einer Nachricht mittendrin eingeschlafen. Wahrscheinlich, weil das Entschlüsseln keinen Sinn ergab. Sowieso ein blödes System. Diese Schlüssel kann sich kein Mensch merken. Ich frage mich, ob es stimmt, daß ich jederzeit einfach hier raus kann. Bin so müde und hab die Schnauze so voll, ich könnte es direkt versuchen.

Sechs Uhr: Brauche etwas Ruhe. Könnte im Stehen einschlafen. Vor einigen Stunden war mir so, als würde ich Handschuhe tragen. Machte es nicht gerade leichter, die Tastatur zu bedienen. Jetzt wieder okay. Entschlüsseln geht langsam. Ich habe W. *[den Labortechniker]* gebeten, mir zu sagen, wie spät es ist. Das Arschloch hat sich geweigert.

Acht Uhr: Ich bin okay. Das Essen hat mich wieder auf die Beine gebracht. Ich glaube, die Nachrichten und das Entschlüsseln habe ich wieder unter Kontrolle. Könnte ein Nickerchen gebrauchen, aber ich glaube, ich schaffe es.

Zehn Uhr: *[Jetzt sind wir wieder beim Vormittags-Hoch.]* Ich bin okay. Fühle mich steif, erschöpft, aber nicht schläfrig. Ich kann noch ein paar Tage so weitermachen. Ich habe W. gesagt, daß ich beim Entschlüsseln der nächsten Nachricht den Rekord brechen will. Also aufgepaßt!

Diese Tagebucheinträge sind unter verschiedenen Gesichtspunkten interessant. Zunächst einmal bestätigen sie die Beobachtung, daß es Zeiten maximalen Schlafdrucks in den frühen Morgenstunden und am Nachmittag gibt. Es gab jedoch, wie Sie bemerkt haben werden, Zeiten am Vormittag und am frühen Abend, wo dieser unter völligem Schlafentzug leidende Mensch keine oder wenig Anzeichen von Müdigkeit zeigte. Da er nicht weiß, daß seine körpereigenen Zyklen den jeweiligen Grad seiner Müdigkeit bestimmen, schreibt der junge Unteroffizier fälschlicherweise die meisten Veränderungen in seiner geistigen Aufnahmefähigkeit dem Essen zu. In seinem elektronischen Tagebuch behauptet er manchmal, das Essen mache ihn wacher; und dann wiederum macht er die Mahlzeiten dafür verantwortlich, daß er müde geworden ist. Es ist auch interessant, die Stimmungsschwankungen des Soldaten in Verbindung mit seinem Schlafbedürfnis zu betrachten. Wenn er am schläfrigsten ist, findet er alles «langweilig», und man entdeckt sogar Spuren der Wut und der Feindseligkeit in seinen Tagebucheinträgen. Zu den Spitzenzeiten des Wachzyklus hingegen ist seine Laune ziemlich gut, er ist stolz auf seine Leistungen und legt ein gewisses, durchaus gutmütiges Konkurrenzverhalten an den Tag, zum Beispiel im letzten Eintrag (nach achtundvierzig Stunden ohne Schlaf), wo er beim Entschlüsseln eingehender Nachrichten den Geschwindigkeits«rekord» brechen will.

Fassen wir einmal zusammen: Wir wissen, daß es zirkadiane Zyklen gibt, die den Ablauf bestimmter Vorgänge in unserem Körper regeln. Es gibt den grundlegenden Vierundzwanzig-Stunden-Zyklus, der sich physiologisch als Veränderung unserer Körpertemperatur und unserer Stoffwechselvorgänge bemerkbar macht. Die Daten aus den Schlaflatenztests, die unsere Müdigkeit und Schlafbereitschaft im Tagesverlauf messen, zeigen jedoch, daß es einen zweiten wichtigen Zyklus gibt, der alle zwölf Stunden einen Spitzen- bzw. einen Tiefstwert erreicht. Wenn dieser Zyklus seinen tiefsten Punkt erreicht hat, werden wir schläfrig und verhalten uns so, als würden wir unter Schlafmangel leiden, auch wenn unser Schlafdefizit gar nicht so groß ist. Auf dem Höhepunkt des Zyklus, am Vormittag und am frühen Abend, verhalten wir uns so, als sei unser Schlafbedürfnis gar nicht vorhanden, auch wenn wir ein großes Schlafdefizit haben. Dieser Zyklus hat reale Konsequenzen: Er macht sich etwa in Statistiken bemerkbar, die den wahrscheinlichsten Todeszeitpunkt festhalten. Und er bestimmt, wie wir bald sehen werden, auch die Zeiten, in denen wir die meisten Fehler machen und am häufigsten verunglücken.

Müde Kinder – müde Eltern

Der Schlaf ist kein konstantes Phänomen. Im Verlauf unseres Lebens verändert sich auch unser Schlafverhalten. Der britische Schriftsteller Walter Savage Landor faßte unseren Lebenslauf einmal so zusammen: «Am Morgen unseres Lebens sind wir wach, erhitzt am Mittag, und erst am Lebensabend ruhen wir.» Was den Schlaf betrifft, wird allerdings erst umgekehrt ein Schuh daraus: Kleinkinder bekommen mehr Schlaf als alte Menschen. Jedes Lebensalter hat seine eigene charakteristische Schlafdauer und seine eigenen Schlafmuster. Beispielsweise schläft ein neugeborenes Kind zwischen sechzehn und zwanzig Stunden täglich, im Vergleich etwa zu den acht Stunden eines jungen Erwachsenen und den sechs bis sieben Stunden, die für alte Menschen als normal gelten.

Kleinkinder schlafen nicht nur länger als Erwachsene; sie schlafen auch entschieden anders. Vielen Eltern fällt auf, wie aktiv ihre Kinder sind und wie sich ihr Gesichtsausdruck verändert, auch wenn sie ganz offensichtlich schlafen. Im Schlaf verfügen die meisten Babys über eine ganz erstaunliche Palette von Gesichtsausdrücken – sie lächeln, ziehen Grimassen, sehen finster drein, ziehen eine verächtliche Schnute oder wirken überrascht. Außerdem bringen sie Laute hervor: sie gurren leise, stöhnen und brabbeln. Auch der Körper eines schlafenden Säuglings ist oft in Bewegung: Die winzigen Hände strecken sich aus, greifen oder ballen sich zu Fäusten, und manchmal reagiert der ganze Körper so, als wäre das Kind gerade erschreckt oder aber sanft gestreichelt worden. Wenn Sie einmal einem Baby bei diesen Bewegungen zusehen, schauen Sie einmal auf seine Augen. Wahrscheinlich können Sie beobachten, wie sie sich hinter den geschlossenen Lidern bewegen, was darauf hindeutet, daß diese Aktivität einen Traum begleitet.

Anfänglich standen die Wissenschaftler, die dieses Verhaltensmuster bei Kleinkindern untersuchten, vor einem Rätsel. Bei Erwachsenen tritt beim Träumen nur wenig Körperbewegung auf. Um uns daran zu hindern, unsere Träume auszuleben, sind die meisten großen Muskeln, die unsere Körper bewegen, ausgeschaltet oder gehemmt. Anscheinend sind die Mechanismen zur Hemmung der Muskelaktivität während des Schlafs beim Kleinkind noch nicht voll ausgebildet. Das bedeutet, daß die Beobachtung eines schlafenden Kleinkinds der beste Weg ist, eine Vorstellung von der Gehirnaktivität in der Traumphase des Schlafs zu gewinnen. So erhalten wir eine Gelegenheit, uns die motorischen Abläufe und Körperbewegungen vorzustellen, die unseren Traumszenarien zugrunde liegen.

Zum Rätsel des frühkindlichen Schlafs gehört aber auch die lange Zeit, die kleine Kinder beim Träumen zubringen. Anscheinend besteht bei Säuglingen die Hälfte der gesamten Schlafzeit aus Träumen. Von einem psychodynamischen Standpunkt – wie zum Beispiel der Theorie Freuds – aus betrachtet, ergibt das überhaupt keinen Sinn. Psychologen dieser Richtung sind immer davon ausgegangen, daß unsere Träume mit unseren Tagesaktivitäten zusammenhängen. Es heißt etwa, daß wir in unseren Träumen die emotionalen Situationen des Tages aufarbeiten, oder aber, daß sie als Teil des Verarbeitungsprozesses dienen, der nötig ist, um Informationen in unserem Langzeitgedächtnis permanent zu speichern. Wie könnte das aber auf ein neugeborenes Kind zutreffen? Es ist vielleicht gerade vier Stunden am Tag wach, und in dieser Zeit ist es hauptsächlich mit einfachen Nahrungs- und Ausscheidungsvorgängen befaßt. Das aufregendste Ereignis des Tages ist vielleicht das Windelwechseln oder das Abtupfen mit einem feuchten Schwamm. Jedenfalls sind wohl kaum zehn Stunden REM-Träume nötig, um die emotionalen und erinnernswerten Aspekte der Ereignisse dieser kurzen Wachphase zu verarbeiten. In letzter Zeit haben Dreyfus-Brisac und Monod in Paris Ergebnisse ihrer Schlafforschung vorgelegt, die uns einen Einblick in das Schlafverhalten im Mutterleib gewähren. Es stellt sich heraus, daß ein Kind von etwa fünfundzwanzig Wochen in der Gebärmutter fast die ganze Zeit träumt! Von diesem Alter an bis zur Geburt reduziert sich der Anteil des REM-Schlafs allmählich auf die Hälfte der gesamten Schlafzeit. Wozu diese vielen Träume?

Mitte der sechziger Jahre entwickelten drei Wissenschaftler von der Columbia University, Howard Roffwarg, Joseph Muzio und William Dement, eine interessante Theorie. Träume seien nicht einfach eine Wiederholung der Tagesaktivitäten, sondern seien sogar zur Entwicklung des Gehirns notwendig. So wie Muskeln bewegt werden müssen, damit sie sich voll entwickeln, müsse auch das Gehirn stimuliert werden, wenn es sich normal entwickeln soll. Das gelte insbesondere für jene Hirnregionen, die unsere Sinnesorgane und unsere Denkprozesse kontrollieren. Natürlich bietet die Gebärmutter nicht allzuviel an Umweltreizen an. Deshalb, so die Wissenschaftler, werden Träume geliefert, um die verschiedenen sich entwickelnden Teile des Gehirns anzuregen. Wie wir wissen, können die Träume von Erwachsenen alle möglichen Sinneseindrücke umfassen, nicht nur Bilder und Töne, sondern auch Tast- und Geschmackseindrücke, Gerüche und sogar Schmerzen. Für das Kind im Mutterleib würde der Traumzustand also eine Art Theatervorstellung darstellen, einen fast ununterbrochenen Strom aus seinem eigenen Inneren erzeugter Sinnesreize. Die durch diese Träume aktivierten und nach der Geburt benötigten Neuronenschaltungen erhielten damit die Gelegenheit, sich aufeinander abzustimmen, Reaktionen auf verschiedene Reizzustände zu entwickeln und sich damit auf ihren späteren Gebrauch vorzubereiten.

Neulich bemerkte einer dieser Wissenschaftler, William Dement: «Unsere 1966 entwickelte Theorie ist auch fünfundzwanzig Jahre danach haltbar – teilweise wegen ihrer zwingenden inneren Logik und teilweise deshalb, weil es außerordentlich schwierig ist, sie zu überprüfen.» In Wirklichkeit ist Dement zu bescheiden, denn einige neuere Forschungsergebnisse scheinen die Theorie zu bestätigen. Seinem inzwischen an der University of Texas arbeitenden Kollegen Roffwarg ist es gelungen, mit Hilfe von Drogen und anderen Techniken die REM-Phase des Schlafs selektiv auszuschalten. Als Testobjekte dienten ihm neugeborene Kätzchen. Wie Roffwarg zeigen konnte, führt das Unterbinden der Traumphasen bei diesen sehr jungen Tieren zu ganz bestimmten Störungen der Gehirnentwicklung.

Wenn der Hauptzweck der Träume darin besteht, eine normale Entwicklung des Gehirns beim Kleinkind zu ermöglichen, dann müßten sie im späteren Leben überflüssig werden. Manche Wissenschaftler sehen hierin den Grund für die Tatsache, daß wir mit zunehmendem Alter immer weniger Zeit beim Träumen zubringen. Ein Zyniker könnte sagen, damit belege die Wissenschaft lediglich, daß wir mit dem Alter nicht nur unserer Lebenskraft, sondern auch noch unserer Träume beraubt werden. Positiv betrachtet könnte man aber auch sagen, daß wir nie ganz aufhören zu träumen.

Wenn die Theorie der Hirnstimulation aber richtig ist, müßten Träume im hohen Alter überflüssig sein und gar nicht auftreten. Es ist jedoch eine bemerkenswerte Tatsache, daß wir unser ganzes Leben hindurch weiter träumen. Vielleicht werden Träume benötigt, um dem Kleinkind bei der Entwicklung seines Gehirns zu helfen, erfüllen aber im späteren Leben eine andere Funktion. Welche Funktion das sein könnte, wird immer noch kontrovers diskutiert. Neuere Forschungsergebnisse legen die Vermutung nahe, daß Träume tatsächlich für den Gedächtnisvorgang von Nutzen sind. Einige Ergebnisse lassen vermuten, daß unsere Träume integrale Bestandteile des Prozesses sind, mit dem wir unser Langzeitgedächtnis aufbauen.

Kleine Kinder träumen nicht nur anders; auch ihr Tiefschlaf ist anders als bei Erwachsenen. Man muß sich vor Augen halten, daß es sich beim Schlaf, evolutionsbiologisch gesehen, immer um einen Balanceakt handelt. Einerseits ist der Tiefschlaf offenbar der erholsamste und physisch notwendigste Bestandteil des Schlafs. Leider ist der Tiefschlaf aber andererseits auch ein Zustand, in dem man Raubtieren und anderen Gefahren hilflos ausgeliefert ist. Im Verhältnis zu anderen Tieren haben Menschen eine sehr lange Kindheit, in der das Kind den Schutz durch die Eltern braucht. Solange die Eltern wachen, können sich Kinder den Luxus langer Phasen tiefsten Schlafs gönnen. Im Vergleich zum Schlaf der Erwachsenen ist der Tiefschlaf kleiner Kinder nämlich außerordentlich tief. In dieser Schlafphase reagieren sie kaum auf Geräusche, Licht, Berührung und Hitzeeinwirkung. Diese Unempfindlichkeit wurde sehr anschaulich in einem Experiment nachgewiesen, bei dem die Kinder mit Kopfhörern einschliefen.[15] Als die Kinder laut EEG-Aufzeichnung in die Tiefschlafphase eingetreten waren, wurde über die Kopfhörer ein lautes Rauschen (ähnlich dem statischen Rauschen eines Radios) eingespielt. Die Kinder zeigten keine Anzeichen des Erwachens oder auch nur des Auftauchens aus dem Tiefschlaf, selbst als der Geräuschpegel einhundertdreiundzwanzig Dezibel erreichte. Das ist ein unglaublich lautes Geräusch; man vergleiche damit den lautesten menschlichen Ruf, der je aufgenommen wurde – er betrug gerade einhundertundelf Dezibel. Die Forscher sahen davon ab, den Geräuschpegel weiter zu erhöhen, weil er bereits eine Intensität erreicht hatte, bei der eine Beschädigung des Gehörs der Kinder zu befürchten war – ohne daß die Kinder davon wach geworden waren!

Bei der Geburt haben Kinder keine ausgeprägten zirkadianen Rhythmen. Ein klar definiertes Muster von Tagesaktivität und nächtlicher Ruhe bildet sich erst im Alter von etwa vier Monaten heraus. Auch vor diesem Alter sind zyklische Verhaltensvariationen bemerkbar, es handelt sich jedoch um kürzere, sogenannte *ultradiane* Zyklen. Als erster taucht ein neunzigminütiger Ruhe-Aktivitäts-Zyklus auf, der den ganzen Tag über andauert und zu einem Wechsel von ein- bis zweistündigen Schlafphasen und darauf folgenden kurzen Wachepisoden führt. Zwischen der zweiten und achten Lebenswoche macht sich ein zweiter Zyklus bemerkbar: ein etwa vierstündiger rhythmischer Wechsel von Schlafen und Aktivität. Dieser Zyklus ist bei Säuglingen derart ausgeprägt, daß er schon früh von namhaften Kinderärzten und Spezialisten wie Arnold Gesell von der Yale University als zeitliche Grundlage für die Säuglingspflege empfohlen wurde. Inzwischen ist der Vier-Stunden-Rhythmus für das Füttern und Windelwechseln von den entsprechenden Abteilungen vieler Krankenhäuser übernommen worden, und er scheint den Bedürfnissen der meisten Kinder dieser Altersgruppe ganz gut zu entsprechen.

Für die meisten Eltern wird der entscheidende Meilenstein in der Schlafentwicklung ihres Kindes dann erreicht, wenn ihr Baby tatsächlich zum erstenmal die Nacht durchschläft. Bei der überwältigenden Mehrheit aller Kinder wird das nicht vor einem Alter von etwa drei Monaten der Fall sein. Etwa zehn Prozent aller Eltern sind in der glücklichen Lage, ein Baby zu haben, das mit einem Monat die Nacht durchschläft; genauso viele aber werden in dieser Hinsicht Pech haben und mit einem Kind leben, das erst mit sechs Monaten die ganze Nacht schläft. Und diese Statistiken beziehen sich übrigens lediglich auf das *erstmalige* Durchschlafen, nicht darauf, wann dieses Verhalten zur Regel wird.

Zwischen dem Alter von drei Monaten und einem Jahr beginnen sich die Schlafmuster des Kindes aber zu stabilisieren, und das Kind schläft nachts regelmäßig zwischen sechs und acht Stunden. Es handelt sich hierbei nicht unbedingt um einen kontinuierlichen Schlaf; in diesem Alter wachen die meisten Kinder einmal in der Nacht auf und brauchen vielleicht die Zuwendung eines Elternteils. Bei manchen Kindern sind die zirkadianen Rhythmen immer noch instabil. Etwa zwölf Prozent aller Eltern haben es immer noch mit Kindern zu tun, bei denen der neunzigminütige Ruhe-Aktivitäts-Zyklus des Neugeborenen den sich herausbildenden Vierundzwanzig-Stunden-Zyklus überlagert. Das bedeutet, daß ihr Kind drei- bis viermal in der Nacht wach wird – und sie vielleicht auch weckt. In dieser Zeit wird das Kind auch tagsüber regelmäßig schlafen. Diese Schläfchen dauern in der Regel zwischen ein und zwei Stunden. Zuerst gibt es ein Schläfchen am Vormittag und ein weiteres am Nachmittag. Nach einer Weile verschwindet jedoch das Vormittagsschläfchen. Der Nachmittagsschlaf bleibt als ziemlich stark ausgeprägtes Verhalten, normalerweise in den Siestastunden zwischen dreizehn und sechzehn Uhr. Die meisten Kinder gehen zwischen achtzehn Uhr und zwanzig Uhr für den langen Nachtschlaf ins Bett, ein Viertel aller Kinder schläft jedoch erst lange nach zwanzig Uhr ein.

Mit etwa zwei Jahren verschwindet bei etwa fünfundzwanzig Prozent aller Kinder das Nachmittagsschläfchen (obwohl jedes dritte Kind bis zum fünften oder sogar sechsten

Lebensjahr dieses regelmäßige Nickerchen braucht). Die meisten Zweijährigen haben einen festen zirkadianen Schlafrhythmus, und etwa jedes dritte Kind kann ohne Anzeichen von Müdigkeit oder des Bedürfnisses, sich für die Nacht zurückzuziehen, bis zwanzig Uhr aufbleiben. Gerade in diesem Alter brauchen viele Kinder zusätzliche Zuwendung von ihren Eltern, bevor sie ruhig werden, und etwa fünfundzwanzig Prozent aller Kinder brauchen eine halbe Stunde oder mehr, bis sie einschlafen. Diese verlängerte Einschlafzeit ist für viele Eltern sehr anstrengend und eine Quelle vieler Klagen.

Es gibt eine Reihe von Hilfstechniken, die es Kindern erleichtern, ruhig zu werden und ohne Proteste einzuschlafen. Die erste besteht darin, ein regelmäßiges und verläßliches Ritual für die Nachtruhe aufzustellen und einzuhalten. Mögliche Bestandteile dieses Rituals sind: ein Glas Milch vor dem Zubettgehen; eine gleichbleibende, regelmäßige Abfolge, wie baden, dann Pyjama anziehen usw.; eine kurze Gutenachtgeschichte; vielleicht auch ein beruhigendes Einschlaflied oder ein gesprochenes Gebet, bevor das Kind zur Nacht gebettet wird. Kinder halten große Stücke auf die Routine, und es ist keineswegs unüblich, daß sie viele Nächte hintereinander die gleiche Gutenachtgeschichte vorgelesen haben wollen.

Eine weitere, sehr einfache Technik, die kindliche Ängste besänftigt und dem Kind das Loslassen und Einschlafen ermöglicht, ist der Gebrauch eines Nachtlichts. Das Licht sollte gedämpft sein, gerade hell genug, damit das Kind die Gegenstände im Raum erkennen kann, aber nicht so hell, daß es am Einschlafen gehindert oder zu anderen Aktivitäten ermuntert wird. Im Kopf eines Kleinkindes wird Dunkelheit oft mit Verlassenheit gleichgesetzt: Wenn man die Gegenstände um sich herum nicht sehen kann, dann muß man wohl ganz allein sein. Die Dunkelheit gestattet es auch den wohlbekannten

Objekten im Schlafzimmer, sich in schreckliche Ungeheuer zu verwandeln, wenn das Kind nachts aufwacht. Sieht das Kind hingegen beim Aufwachen die bekannten Möbelstücke und sein Lieblingsspielzeug um sich herum, wenn auch nur im schwachen Schein der Nachtlampe, fühlt es sich beruhigt und geborgen.

Ein weiteres Hilfsmittel, das die Einschlafzeit verkürzen und das Durchschlafen unterstützen kann, ist die Bereitstellung dessen, was die Psychologen ein Übergangsobjekt nennen – in der Regel also eines Stofftieres oder aber einer Lieblingsdecke. Sie kennen wahrscheinlich die Comicfigur Linus aus den «Peanuts». Sein Übergangsobjekt ist seine «Schmusedecke», die er immer bei sich haben muß, damit er sich geborgen und wohl in seiner Haut fühlt. Der Zweck eines Übergangsobjekts besteht darin, dem Kind die Trennung von Eltern und anderen Pflegepersonen zu erleichtern. Da das Objekt weich ist, vermittelt es ein Gefühl von körperlicher Wärme, Nähe und Geborgenheit. Untersuchungen bei Affenbabys haben gezeigt, daß ein Gefühl von etwas Warmem und Weichem zu den wichtigsten Dingen gehört, die das Muttertier ihrem Jungen geben kann. Wird einem Affenbaby die Möglichkeit dieser beruhigenden Berührungen genommen, wird es sich nicht normal entwickeln und eine Reihe extremer Streßsymptome an den Tag legen. Das Übergangsobjekt – das Stofftier, die Decke – bietet nicht nur etwas Weiches zum Berühren, sondern vermittelt, weil es immer da ist, ein Gefühl von Beständigkeit und Stabilität. Diese Gefühle sind für ein Kind besonders wichtig, wenn es einschläft oder in der Nacht aufwacht.

Eltern sollten weder beunruhigt noch traurig sein, wenn diese Übergangsobjekte im Leben ihres Kindes eine übergroße Rolle zu übernehmen scheinen. In der Regel entwickeln Kinder die Gewohnheit, dieses Objekt überall mitzunehmen. Das Stofftier, ob Häschen oder Bär, ist viel mehr als nur ein Spielzeug. Seine Anwesenheit bedeutet Vertrautheit und Wohlsein, und darauf verzichtet niemand gern. Ich erinnere mich noch an das Plüschtier, mit dem meine Tochter Rebecca schlief, einen Hund namens Barfy. Sie schleppte ihn überall mit sich herum, und mit der Zeit wurde Barfy ziemlich drekkig. Einmal haben wir versucht, ihn nachts heimlich zu entführen, um ihn zu waschen. Rebecca wurde wach, entdeckte sein Fehlen und wurde fast hysterisch. Zum Glück war Barfy gerade dabei, den letzten Gang im Wäschetrockner zu absolvieren, so daß wir ihn schnell herausholen und ihr zurückgeben konnten. Danach sorgten wir dafür, daß Rebecca wach war, wenn Barfy gewaschen wurde. Sie wartete neben der Waschmaschine und warf zwischen den Waschgängen einen kurzen Blick hinein, um sicherzustellen, daß er noch da war. Dann wartete sie geduldig vor der Glastür des Wäschetrockners, während Barfy drinnen herumtollte, und sobald der letzte Trockengang beendet wurde, riß sie ihn heraus und drückte den noch warmen Hund an sich.

Schließlich wurde Barfy so zerfetzt und zerschlissen, daß er Gefahr lief, auseinanderzufallen. Ich ging durch viele Spielzeuggeschäfte und Warenhäuser, um ein Stofftier zu finden, das genauso aussah; aber obwohl ihm manche ähnlich waren, gab es doch kein Duplikat. Schließlich kam ich auf eine List, die dann auch funktionierte. Erstens kaufte ich das Stofftier, das Barfy am ähnlichsten sah. Dann machten wir ein großes Theater um eine neue Frisur für Rebecca und zeigten ihr im Spiegel, wie anders sie mit ihren neuen Haaren aussah. Schließlich sagten wir, daß wir auch Barfy eine neue Frisur verpassen wollten, es sollte aber eine Überraschung für sie sein. Dann nahm ich den abgewetzten Hund in das Nebenzimmer, wobei ich die Tür einen Spalt offen ließ. Es folgten alle die Geräusche, die zu einem spektakulären Frisierereignis gehören. Ich ließ Rebecca auch gelegentlich einen kurzen Blick auf den Fortgang der Ereignisse werfen – einmal steckte Barfy seinen alten Kopf durch die Tür, dann eine Pfote, dann eine Pfote des neuen Hundes. Schließlich erschien ich mit dem neuen Hund unter einem Badehandtuch. Mit großem Trara enthüllte ich «Barfy» mit seiner neuen Frisur. Rebecca war außer sich vor Freude und drückte Barfy II beglückt an sich, ohne irgendeinen Verdacht zu schöpfen. (Der ursprüngliche Barfy, sorgfältig in einer Papiertüte versteckt, wurde heimlich aus dem Haus geschafft und wohnt jetzt in jener großen Spielzeugkiste im Himmel.)

Vom psychologischen Standpunkt aus ist ein Übergangsobjekt nicht nur als Einschlafhilfe von Bedeutung. Es dient dem Kind als Freund und Testperson für Ideen und Aktivitäten; und es kann auch geduldig zuhören, wenn die Eltern nicht verfügbar sind oder sich in den Augen des Kindes als lieblos erweisen (zum Beispiel, indem sie sich weigern, ihm irgendeinen Wunsch zu erfüllen). Als Einschlafmittel ist es allerdings unersetzlich: Dem Kind ermöglicht es, ohne die physische Anwesenheit der Eltern einzuschlafen. Und wenn ein Kind mitten in der Nacht aufwacht und den geliebten Spielkameraden neben sich findet, merkt es, daß es gar nicht nötig ist, nach den Eltern zu rufen. Auf diese Weise verhilft das Übergangsobjekt nicht nur dem Kind, sondern auch den Eltern zu einer ungestörten Nachtruhe.

Im Alter von zwei Jahren, insbesondere wenn ein Übergangsobjekt vorhanden ist, wachen Kinder viel seltener während der Nacht auf (oder brauchen jedenfalls viel seltener die Zuwendung ihrer Eltern, wenn sie wach werden). Nur etwa die Hälfte aller Kinder verlangt wenigstens einmal in der Nacht nach einem Elternteil. Es gibt jedoch große Unterschiede von Kind zu Kind, und jedes zwanzigste Kind wird immer noch jede Nacht dreimal oder öfter wach.

Was ist die optimale Schlafmenge für ein Kind? Leider gibt es hierauf keine wissenschaftliche Antwort, da verschiedene Kinder verschiedene Schlafbedürfnisse haben. Wie bei manchen Erwachsenen aber gibt es Kinder, die scheinbar mit weniger Schlaf als ihre Altersgenossen gut auskommen – denen es aber möglicherweise mit mehr Schlaf bessergehen würde. Im Unterschied zu Erwachsenen macht sich ein Schlafdefizit bei Kindern nicht unbedingt als zunehmende Schläfrigkeit am Tag bemerkbar. Manche Kinder, die zuwenig schlafen, entwickeln ausgesprochen irreführende Symptome: Statt müde zu sein, machen sie oft einen geradezu hyperaktiven Eindruck, entwickeln Verhaltensweisen, die von den Pflegepersonen als «manisch» oder «überdreht» bezeichnet werden. Um es genauer zu sagen: Diese Kinder sind in einem Maße impulsiv und gleichzeitig starken Stimmungsschwankungen unterworfen, daß sie es oft schwer finden, gute soziale Kontakte zu anderen Kindern oder zu Pflegepersonen aufzubauen. Manchmal sind diese Kinder gereizt und aggressiv. Wenn sie mit Erwachsenen zu tun haben, ins Kino oder Theater gehen oder Unterricht haben, wirken sie oft unaufmerksam oder geistesabwesend, als würden sie mit ihren Gedanken ganz woanders sein.

Die meisten Eltern können sich nicht vorstellen, wie ein Kind ein Schlafdefizit akkumulieren könnte. Es gibt aber hierfür eine Reihe von Gründen. Manche haben mit emotionalen Streßfaktoren beim Kind zu tun, andere mit einer Schlafumgebung, die dem Kind das Schlafen erschwert, etwa durch zuviel Lärm und Aktivität. Einer der Hauptgründe dafür, daß Kinder zuwenig schlafen, liegt aber darin, daß Eltern die Bett- und Weckzeiten des Kindes so festsetzen, daß sie mit ihren eigenen Schlafgewohnheiten übereinstimmen. Vielleicht werden die Kinder erst eine oder zwei Stunden vor der Schlafenszeit der Eltern ins Bett geschickt und müssen aufstehen, wenn bei den Eltern der Wecker klingelt, um etwa am gemeinsamen Familienfrühstück teilzunehmen. Auf diese Weise kann es vorkommen, daß ein Kind, dessen Schlafbedürfnis zehn oder sogar zwölf Stunden pro Tag beträgt, mit den gleichen sieben Stunden (oder bestenfalls einer oder zwei Stunden mehr) auskommen muß, die sich die Eltern gönnen. Leider ist das für ein Kind keinesfalls ausreichend.

Nehmen wir an, Ihr Kind wirkt entweder tagsüber sehr müde oder aber besonders gereizt, wie ich das oben geschildert habe. Wie können Sie feststellen, ob dieses Verhalten auf mangelnden Schlaf zurückzuführen ist? Es gibt einen einfachen Test, der bei den meisten Menschen wirkt. Die allgemeine Regel lautet: Kinder sollten so viel Schlaf bekommen, daß sie normalerweise ohne elterliches Rütteln und Schütteln aufwachen. Wenn Sie also Ihr Kind morgens wachrütteln müssen – wenn das Kind nur langsam aus den Federn kommt und Ihre Aufforderungen, sich doch ein bißchen zu beeilen, einfach ignoriert –, dann könnte es sein, daß dieses Kind mehr Schlaf braucht. Schleppt sich das Kind morgens schwerfällig und lustlos dahin? Gähnt es am Frühstückstisch oder reibt sich die Augen? Ist es früh am Morgen geistig «nicht ganz da»? Das sind weitere Anzeichen unzureichenden Schlafs. Wenn Sie befürchten, Ihr Kind könnte ein Schlafdefizit akkumuliert haben, gibt es einen letzten Test: Sorgen Sie dafür, daß der Junge oder das Mädchen länger schläft. Sollte es sich tatsächlich um ein Schlafdefizit gehandelt haben, müßten Sie bereits in der ersten oder zweiten Woche eine merkliche Besserung feststellen.

Manchmal reicht etwas mehr Schlaf sogar aus, um kindliche Verhaltensschwierigkeiten zu lösen. Es kommt vor, daß Kinder, die als hyperaktiv diagnostiziert wurden oder denen Konzentrationsschwierigkeiten attestiert wurden, nach einer Verlängerung ihrer Schlafdauer besser in der Schule mitkommen und ein besseres Sozialverhalten an den Tag legen. In einer Studie wird von einem zehnjährigen Mädchen berichtet, das etwas mehr als sieben Stunden Schlaf pro Nacht bekam. Ihre schulischen Leistungen waren ungenügend, es fiel ihr schwer, längere Zeit stillzusitzen und ihre Aufgaben zu erledigen, und die soziale Interaktion mit den Klassenkameradinnen war schlecht. Nachdem sie aber regelmäßige Bett- und Aufstehzeiten einhalten mußte und zwei Stunden mehr Schlaf bekam, verschwanden viele ihrer Symptome. Sie wirkte ruhiger, arbeitete besser und kam viel besser mit ihren Klassenkameradinnen und den Lehrkräften aus.[16] Viele Eltern «schwieriger Kinder» stellen überrascht fest, welche positiven Auswirkungen eine dauerhafte Verlängerung der Schlafzeit bringen kann.

Einer der vielleicht wichtigsten und zugleich am wenigsten diskutierten Aspekte kindlicher Schlafmuster ist ihr Einfluß auf den Schlaf der Eltern. Ein Kind, das noch keinen regelmäßigen Schlaf-Wach-Zyklus entwickelt hat und dessen Schlaf häufig unterbrochen wird, hat vielleicht Probleme; von ihm wird aber nicht verlangt, gefährliche Maschinen zu bedienen, im dichten Verkehr aufmerksam Auto zu fahren, logische und gut durchdachte Entscheidungen zu treffen, von denen die Zukunft einer Familie oder der Erfolg eines Unternehmens abhängen können. Von den Eltern dieses Kindes werden allerdings solche Leistungen verlangt, obwohl ihr eigener Schlaf durch die Anforderungen des Kindes schwer in Mitleidenschaft gezogen worden ist.

Die Eltern neugeborener Kinder müssen unter Umständen jede Nacht ihren Schlaf im Abstand von neunzig Minuten unterbrechen, und auch die Eltern etwas älterer Kinder müssen immer damit rechnen, daß ihr Schlaf mehrmals in der Nacht gestört wird. Wie ich bereits gezeigt habe, kann der unterbrochene Schlaf seine Erholungswirkung nicht voll entfalten.

Wird der Schlaf über längere Zeit immer wieder unterbrochen, kann man ein sehr hohes Schlafdefizit akkumulieren. Wie verschiedene Untersuchungen belegen, klagen bis zu einem Drittel aller Eltern über Schlafstörungen ihrer Kinder. Bei näherem Hinsehen wird deutlich, daß es in der überwiegenden Mehrzahl dieser Fälle um Störungen in den Schlafgewohnheiten der Eltern geht, die durch ganz normales kindliches Schlafverhalten ausgelöst werden. Leider hören diese Probleme nicht mit drei oder vier Monaten auf, wenn das Kind zum erstenmal überhaupt fähig wäre, die Nacht durchzuschlafen, sondern dauern an, bis das Kind zwei oder manchmal drei Jahre alt ist.

Eine Reihe von Untersuchungen hat sich mit den Auswirkungen junger Kinder auf das Schlafverhalten ihrer Eltern befaßt. In der Regel führt die Ankunft eines neuen Babys zu einem Schlafverlust von vierhundert bis siebenhundertfünfzig Stunden im ersten Jahr. Im Schnitt beträgt der Schlafverlust mehr als zwei Stunden pro Nacht, bis das Kind vier oder fünf Monate alt ist, und fällt danach allmählich auf eine Stunde pro Nacht für den Zeitraum zwischen dem Alter von fünf Monaten und etwa zwei Jahren. Es verwundert nicht, daß viele Eltern, deren ohnehin knapp bemessener Schlaf derart fragmentiert wird, die ersten Monate im Leben ihres neuen Kinds wie Schlafwandler hinter sich bringen. Im ersten Monat, so die Untersuchungsergebnisse, berichten die meisten Mütter von völlig unkonventionellen Schlafmustern. Oft versuchen die Mütter zunächst, sich den Schlafgewohnheiten ihres Kinds anzupassen und viele kleine ein- bis zweistündige Schläfchen einzulegen. Eine Mutter beschrieb mir diese Zeit wie folgt:

Ich bin fast die ganze Zeit müde. Alle anderthalb bis zwei Stunden wird Rickie [das Baby] *wach und braucht Zuwendung. Dann wickele oder füttere ich ihn. Zwischendurch, tagsüber jedenfalls, versuche ich einfach, so oft wie möglich zu schlafen. Ich lege das Baby hin und strecke mich auf dem Sofa aus. Diese Schläfchen sind nicht sehr erfrischend. Vielleicht, weil sie so kurz sind. Rikkie schläft selten mehr als zwei Stunden. Nachts steht Dennis* [ihr Mann] *auf und wechselt die Windel, wenn sie schmutzig ist, und bringt mir das Baby zum Stillen. Das hilft ein wenig. Ich brauche nicht wirklich aufzuwachen und konzentriert zu sein, und ich kann dösen, während das Baby nuckelt. Gestern kam eine Freundin zu Besuch und fragte mich, was ich als Geschenk für das Baby wolle. Ich sagte ihr, alles was ich wollte, wäre einmal richtig ausschlafen. Sie hat mir nicht geglaubt, aber es stimmt. Mir ist so, als würde ich die ganze Zeit im Halbschlaf herumlaufen.*

Tatsächlich schlief diese Mutter insgesamt sieben Stunden täglich, nur eine Stunde weniger als vor der Geburt des Kindes. Aber ihr Schlaf war auseinandergerissen und vermutlich weder tief genug noch wirksam. Wahrscheinlich ist die Unterbrechung des Schlafs in diesem Fall das Hauptproblem. Sieben Stunden unterbrochenen Schlafs entsprechen, was die Wiederherstellung der geistigen Leistungsfähigkeit betrifft, wahrscheinlich nur fünfeinhalb Stunden kontinuierlichen Schlafs.

Robin Abcarian hat auf humoristische Weise ihre Erfahrungen als Mutter beschrieben[17]:

Mein ehedem großer Freundeskreis ist zusammengeschmolzen, und übriggeblieben sind die wenigen Leute, die zur gleichen Zeit wie ich Eltern geworden sind. Aus interessanten und interessierten, engagierten und gebildeten Menschen haben wir uns zurück-

entwickelt zu Eltern kleiner Kinder, die unter Schlafentzug leiden und sich nichts seliger wünschen als ein bißchen Schlaf ... Jede Unterhaltung beginnt mit dem gleichen, traurigen Thema: Wie wenig wir in der Nacht zuvor geschlafen haben.

Es ist die schlichte Perversion der Konkurrenzmentalität bei Konsumgütern, die wir bei anderen Leuten so lächerlich finden: «Ihr seid um vier Uhr wegen des Babys aufgestanden? Unseres hat uns um zwei, drei und vier geweckt! Da kommst du wohl endgültig nicht mit, du dumme, hoffnungslos ausgeruhte Gans!»

Den Männern geht es oft nicht viel besser. Sie werden häufig gebeten, nachts mitzuhelfen, müssen aber trotzdem ihre Arbeit erledigen. Ihr Schlafdefizit können sie nicht einmal mit Nickerchen kompensieren. Ein neuer Vater erzählte mir zum Beispiel:

Ich glaube, Alice hat deshalb beschlossen, Katie nicht zu stillen, damit ich nachts aufstehen und mich um sie kümmern kann. Dieser erste Monat ist die reine Hölle gewesen. Alle anderthalb Stunden stehe ich auf. Ich brauche dann eine halbe Stunde, um sie zu wickeln und ihr die Flasche zu geben, und dann gehe ich zurück ins Bett. Sobald mein Kopf das Kopfkissen berührt, bin ich weg, glaube ich. Jedenfalls bin ich richtig müde. Heute habe ich mich mit den Arbeitskollegen zum Mittagessen hingesetzt und bin einfach eingeschlafen. Sie haben mich rechtzeitig wieder geweckt, als es Zeit war, wieder an die Arbeit zu gehen. Letzten Mittwoch bin ich leider sogar bei der Arbeit eingeschlafen. Charlie meinte, der Vorarbeiter hätte mich gesucht. Er sagte ihm, ich wäre wohl auf der Toilette, und ging mich schnell holen. Er meinte, ich hätte an der hinteren Werkbank gesessen, den Kopf gegen die Wand gelehnt, die Augen geschlossen, als er mich fand. Was mich noch halbwegs auf den Beinen hält, ist die Überlegung, daß es nur ein paar Monate dauern wird.

Leider ist die Annahme, die Schlafgewohnheiten des Kindes würden innerhalb weniger Monate denen eines Erwachsenen entsprechen und den Eltern ermöglichen, wieder normal zu schlafen, einfach nicht zutreffend. Die meisten Eltern müssen weiterhin mit unterbrochenem Schlaf auskommen, weil ihre Kinder bis weit ins zweite Lebensjahr hinein in der Nacht wach werden und Zuwendung brauchen. Manche Kinder werden bis zum Alter von fünf Jahren immer wieder wach. Im Vergleich zu gleichaltrigen Paaren berichten die Eltern zweijähriger Kinder von erhöhter Schläfrigkeit am Tag, reduzierter Motivation, Anfällen von Depression und Sorgen wegen ihrer Leistungsfähigkeit bei der Arbeit sowie einer erhöhten Unfallhäufigkeit. Das sind sämtlich Symptome, die mit einem Schlafdefizit einhergehen. Die Situation wurde wohl am treffendsten von dem Dichter und Essayisten Ralph Waldo Emerson zusammengefaßt, der 1836 schrieb: «Mag ein Kind noch so hübsch sein, seine Mutter ist allemal froh, wenn es endlich einschläft.»

ZWÖLF TIPS FÜR SCHLÄFRIGE ELTERN SCHLAFLOSER KINDER

Hier sind einige Dinge, die Eltern tun können, um regelmäßige Schlafgewohnheiten bei ihren Kindern herauszubilden und ihnen das Durchschlafen zu erleichtern:

Für Säuglinge

1. Wecken Sie nie ein schlafendes Kind – auch nicht zum Füttern. Das Kind richtet sich seinen eigenen Schlaf-Wach-Rhythmus ein. Wenn Sie sich einmischen, werden Sie nur das regelmäßige Muster stören und die Entwicklung hin zum Vierundzwanzig-Stunden-Zyklus verlangsamen.

2. Sorgen Sie dafür, daß Ihr Baby am Ende des Tages gut gefüttert wird.
3. Gestalten Sie die nächtlichen Fütterungszeiten ruhig und ohne viel Aufregung. Lassen Sie das Licht gedämpft, und reduzieren Sie das Reden, Singen, Miteinandergurren und den Augenkontakt auf ein Minimum.
4. Gestalten Sie die Fütterungszeiten am Tag aufregend, mit viel Interaktion: Reden Sie, singen Sie, spielen Sie mit dem Kind. Machen Sie alle Lichter an, oder, besser noch, füttern Sie Ihr Kind in der Nähe eines Fensters, durch das viel Licht hereinströmt.
5. Lassen Sie irgendwann einmal zwischen dem neunten und dem zwölften Monat das nächtliche Füttern weg. Lassen Sie das Baby einfach weinen, bis es einschläft, was normalerweise nur zehn bis zwanzig Minuten dauert. Nach drei oder vier Nächten werden die meisten Babys die Nacht durchschlafen.

Für Säuglinge und Kleinkinder

6. Geben Sie Ihrem Kind ein Übergangsobjekt, zum Beispiel ein Stofftier oder eine Puppe. Es sollte so klein sein, daß ein einjähriges Kind es ohne weiteres mit sich herumschleppen kann, aber so groß, daß es nachts im Bett leicht zu finden ist.
7. Benutzen Sie das Bettchen oder die Krippe nur zum Schlafen und nicht zum Aufbewahren von Spielzeug (außer dem Übergangsobjekt). Benutzen Sie zum Spielen oder für andere Wachaktivitäten ein Gatter oder einen sicheren Teil des Zimmers.
8. Vermeiden Sie Kakao oder Cola und andere Erfrischungsgetränke vor dem Zubettgehen. Gegen Milch ist nichts einzuwenden.
9. Entwickeln Sie regelmäßige Bettzeitaktivitäten. Sorgen Sie dafür, daß Ihr Kind immer zur gleichen Zeit ins Bett kommt. Richten Sie eine gleichbleibende Abfolge be-

stimmter Handlungen ein, zum Beispiel etwas Milch trinken, sich waschen, Pyjama anziehen, dem Haustier gute Nacht sagen und so weiter.

10. Lassen Sie im Kinderzimmer ein Nachtlicht an.
11. Für manche Kinder stellt ein leises Geräusch, wie zum Beispiel ein leise spielendes Radio oder noch besser weißes Rauschen, eine Hilfe beim Einschlafen dar.
12. Seien Sie in der Nacht nicht allzu nachgiebig gegen Forderungen Ihres Kinds. Wenn das Kind unruhig ist oder weint, warten Sie ein paar Minuten, bis Sie in sein Zimmer gehen. Wenn das Kind aufhört, gehen Sie nicht hinein. Wenn es nicht aufhört, beruhigen Sie das Kind, aber verwöhnen Sie es nicht. Streicheln Sie ein paarmal über seinen Rücken oder seine Brust. Sorgen Sie dafür, daß es bequem liegt (und trocken ist), aber heben Sie das Kind nicht auf. Für ältere Kinder kommt eine kurze Beruhigung hinzu wie: «Alles ist in Ordnung. Mami und Papa sind gleich nebenan. Schlaf jetzt.» Und dann gehen Sie.

Schlaffe Teenager

Im *Wintermärchen* läßt Shakespeare eine seiner Figuren wie folgt über die Jugend herziehen: «Ich wollte, es gäbe gar kein Alter zwischen zehn und dreiundzwanzig, oder die jungen Leute verschliefen die ganze Zeit: denn dazwischen ist nichts, als den Dirnen Kinder schaffen, die Alten ärgern, stehlen, balgen.» Es ist klar, daß Teenager diesen Lebensabschnitt nicht «verschlafen», im Gegenteil: Neuere Untersuchungen belegen, daß es sich bei Heranwachsenden um eine Gruppe mit einem extrem hohen Schlafdefizit handelt. Manche Forscher gehen sogar so weit, im oft unüberlegten, impulsiven und teilweise unverantwortlichen Verhalten dieser Altersgruppe eine Konsequenz ihres Schlafmangels zu vermuten.

Zwischen dem Alter von sechs Jahren und dem Einsetzen der Pubertät (sagen wir, mit zwölf) nimmt das Schlafpensum eines Kindes stetig ab. Bekommt ein sechsjähriges Kind zwischen zehn und elf Stunden täglich, sind es beim Zwölfjährigen an der Schwelle zur Pubertät normalerweise achteinhalb Stunden. Kinder verkürzen ihre Schlafzeit, indem sie ihre Aktivitäten in die Abendstunden hinein ausdehnen. Manche dieser Aktivitäten haben mit der Schule zu tun, Hausarbeiten und Lernen etwa, viele aber mit sozialen Kontakten und Unterhaltung. Kinder sind abends in der Regel voll beschäftigt: Sie sehen fern, hören Musik, spielen oder unterhalten sich mit Freunden und Freundinnen (persönlich oder am Telefon). Mit anderen Worten: Sie tun genau das gleiche wie ihre Eltern. Sie dürfen ihre Bettzeit aufschieben, müssen aber trotzdem früh aufstehen. Schließlich wird ihr Tagesablauf genauso von der Schule bestimmt wie der ihrer Eltern von ihrer Arbeit. Wie sagte der amerikanische Schriftsteller James Baldwin: «Auf ihre Eltern hören, das konnten Kinder nie besonders gut; sie imitieren aber, das klappt immer.»

Leider tut es aber Teenagern weder körperlich noch seelisch gut, die verkürzten Schlafzeiten der Erwachsenen zu übernehmen. Die Denk- und Verhaltensmuster sowie die Stimmungsschwankungen vieler Menschen in diesem späten Stadium der Kindheit erinnern an die Symptome von Menschen, die ein Schlafdefizit mit sich herumschleppen. Die von Dr. Mary A. Carskadon und Dr. William Dement durchgeführten Laboruntersuchungen zeigen, daß Zwölfjährige wahrscheinlich an die zehn Stunden Schlaf brauchen. Ja, es ist durchaus nicht übertrieben zu sagen, daß diese Schlafmenge wahrscheinlich auch von älteren Heranwachsenden benötigt wird.[18]

Nach der Pubertät werden die Anzeichen eines Schlafdefizits bei vielen Jugendlichen sehr deutlich. Im Alter zwischen zehn und achtzehn Jahren wird der Zeitpunkt des Schlafengehens immer weiter hinausgeschoben. Für einen Zehnjährigen ist es nicht ungewöhnlich, um einundzwanzig Uhr ins Bett zu gehen, während die Achtzehnjährige auch an Wochentagen diesen Punkt bis ein Uhr dreißig hinausschiebt. Zum Teil hat dieses Verschieben des Schlafengehens etwas mit der zunehmenden zeitlichen Beanspruchung durch Hausaufgaben und andere schulische Aktivitäten zu tun; zu einem größeren Teil aber hängt sie damit zusammen, daß viele Jugendliche eine Teilzeitarbeit übernehmen – sei es, um sich Konsumartikel und Vergnügungen zu leisten, sei es, um wichtigere Dinge wie Schulgelder oder Kursgebühren bezahlen zu können. Teenager, die mehr als zwanzig Stunden pro Woche arbeiten, müssen sich wegen des unausweichlichen Schlafmangels tagsüber besonders schläfrig fühlen.

Zu diesem Schlafdefizit trägt außerdem noch ein sozialer Faktor bei. Während die meisten Erwachsenen am Wochenende länger schlafen, um ihr Schlafdefizit auszugleichen, schlafen viele Teenager am Wochenende noch weniger als sonst. Die Wochenenden werden von Teenagern oft für lange Nächte geselliger Aktivität ausgenutzt. Zwar schlafen sie nach einer solchen Nacht oft bis in die späten Vormittagsstunden, insgesamt aber kann es sein, daß sie am Wochenende noch weniger Schlaf bekommen als während der Woche. Wenn also am Montag der Wecker klingelt, hat der Teenager unter Umständen ein größeres Schlafdefizit als am Freitag zuvor. Auf diese Weise kann ein Schüler im Verlauf eines Schuljahres ein ganz ansehnliches Schlafdefizit akkumulieren.

Für Teenager ist der Schlafmangel keineswegs ein untergeordnetes Problem. Inzwischen sind mehrere großangelegte Untersuchungen über die Schlafgewohnheiten dieser Altersgruppe durchgeführt worden. Etwa die Hälfte der befragten Teenager, so die übereinstimmenden Ergebnisse, wünschen sich mehr Zeit zum Schlafen. Es deutet auch einiges darauf hin, daß Jugendliche in den Ferien, insbesondere wenn sie nicht zu Hause sind oder sich in einem sozialen Umfeld befinden, wo der Druck, sich ins Nachtleben zu stürzen, nicht so stark ausgeprägt ist, in alte Schlafgewohnheiten zurückfallen und sehr oft zehn bis elf Stunden täglich schlafen. Eine solche Schlafdauer entspricht auch viel eher ihrem tatsächlichen Schlafbedürfnis. Während des Schuljahres hingegen, wenn sie zu Hause sind und mit ihrer knapp bemessenen Schlafdiät auskommen müssen, berichten die meisten Jugendlichen, daß sie mit Müdigkeitsanfällen ringen müssen. Bei Aufgaben, die konzentrierte Aufmerksamkeit, präzise Bewegungen, ein gutes Gedächtnis, die Fähigkeit zum Problemlösen und ähnliche kognitive Anforderungen stellen, kann man bei Teenagern ein periodisches Nachlassen der Leistungsfähigkeit feststellen. Diese Probleme tauchen insbesondere dann auf, wenn die Jugendlichen so müde sind, daß sie immer wieder kurz einnicken, etwa beim nachmittäglichen Tiefpunkt des zirkadianen Zyklus. In solchen Perioden schläft die betreffende Person ohne Vorwarnung einfach ein. Eine solche Minischlafphase kann wenige Sekunden bis einige Minuten dauern. Ein Beispiel hierfür beschreibt der siebzehnjährige Mittelstufenschüler Alonzo:

Ich saß da im Geschichtsunterricht, hatte das Heft vor mir aufgeschlagen und den Bleistift in der Hand, wie immer. Diese Stunde ist immer schwer für mich, weil sie gleich nach dem Mittagessen beginnt, und da bin ich eben müde. An diesem Tag sprach Herr G. über Steuern oder so etwas aus der Zeit, als Amerika noch englische Kolonie war. Er erzählte etwas über Whisky und Pennsylvania, was mir ohnehin nicht ganz klar war, und als ich wieder zu mir kam, waren alle gerade dabei, aufzustehen. Es dauerte eine Weile, bis mir klar wurde, daß die Stunde vorbei war. Ich konnte mich gerade mal an den Anfang der Stunde erinnern. Ich sah mir meine Aufzeichnungen an. Ganze zwei Worte hatte ich geschrieben: «Whisky Revolution». Das hat mich ziemlich geschockt. Daß ich müde war und so, das wußte ich, aber das hier war einfach wie plötzlich weggetreten sein.

Eins der Hauptanzeichen dafür, daß ein Teenager unter Schlafmangel leidet, besteht darin, daß die Eltern ihr Kind nur schwer wecken können. Vor der Pubertät wachen die meisten Kinder spontan jeden Morgen auf und freuen sich auf den neuen Tag. Jugendliche brauchen oft mehrere Weckrufe und ein paar Rippenstöße. Die folgende Lösung des Weckproblems ist typisch für viele Oberstufenschüler:

Vor allem wenn wir einen Test am nächsten Tag schreiben, brauche ich auf jeden Fall mehr als einen Wecker. Neben dem Bett habe ich einen Radiowecker, den ich schon mal laut einstelle. Dann habe ich noch einen Wecker zum Aufziehen mit einer Weltklasse-Klingel, den ich auf der anderen Seite des Zimmers auf die Kommode stelle. Den stelle ich auf fünfzehn Minuten später ein. Den Radiowecker verschlafe ich ziemlich oft, aber ich muß aus dem Bett, um den anderen Wecker abzustellen, sonst fällt das ganze Haus aus dem Bett. Und davon werde ich in der Regel wach.

Aus dem Blickwinkel eines Elternteils erzählt der Vater eines Oberstufenschülers:

Jeff hatte einen Chemietest verschlafen und machte sich Sorgen, daß ihm das wieder passieren könnte. Also sagt er mir: «Paps, du mußt einfach dafür sorgen, daß ich morgen wach bin, da schreiben wir wieder einen Test. Schüttel mich ordentlich, und wenn ich dann immer noch nicht wach bin, schmeiß mich aus dem Bett.» Also gehe ich am nächsten Morgen rein, und er liegt wie besinnungslos da. Ich schüttele ihn, aber er gibt nur undeutliche Laute von sich. Schließlich bin ich derart frustriert, daß ich die Matratze an diesen kleinen, an der Seite angenähten Henkeln packe und ihn aus dem Bett und auf den Fußboden kippe. «Bist du wach?» frage ich. «Ja, Paps, ich bin wach», sagt er. Dann fahre ich zur Arbeit. Als ich am Abend nach Hause komme, ist er richtig sauer auf mich. «Warum hast du nicht dafür gesorgt, daß ich aufstehe?» fragt er. «Ich habe diesen verdammten Test schon wieder verschlafen.» Also sage ich: «Ich habe dich auf den Boden gekippt, und du sagtest, du wärst wach.» Und er sagt: «Du hättest dableiben müssen, bis du sicher warst, daß ich wach war. Wenn ich schlafe, lüge ich immer!»

Wenn fast alle Eltern von Schwierigkeiten beim Wecken ihrer Kinder im Jugendlichenalter zu berichten wissen, so ist das ein sicheres Anzeichen dafür, daß diese Teenager nicht genug Schlaf bekommen. Vielleicht ist es auch ein Anzeichen dafür, daß sich ihre innere Uhr umstellt. Aufgrund ihrer Untersuchungen glaubt Dr. Mary A. Carskadon von der Brown University, daß Teenager eine *Phasenverschiebung* durchmachen, daß ihre zirkadiane Uhr sie dazu anhält, später aufzustehen und später ins Bett zu gehen als die meisten Erwachsenen. Die Einstellung der inneren Uhr scheint sich mit Einsetzen der Pubertät plötzlich zu ändern, und diese Änderung wird beibehalten bis nach dem zweiten Lebensjahrzehnt. Dadurch werden Teenager insgesamt den Eulen ähnlicher, die sich in den Abendstunden am wohlsten fühlen. Eine Lösung für diesen zirkadianen Schichtwechsel in der Pubertät wäre eine Veränderung des Stundenplans in der Oberschule, um einen späteren Schulbeginn zu ermöglichen.

Wenn es unter didaktischen Gesichtspunkten auch sinnvoll wäre, die Stundenpläne auf die innere Uhr der Jugendlichen abzustimmen, wäre es jedoch sehr schwierig, solche Veränderungen mit dem ohnehin komplizierten Ablauf sportlicher und anderer außerschulischer Aktivitäten in Einklang zu bringen. Solche Veränderungen würden auch mit den Lebensrhythmen der Erwachsenenwelt in Konflikt geraten. Darüber hinaus sind manche Menschen der Ansicht, eine solche Anpassung hieße die Teenager «verhätscheln», statt sie zu zwingen, ihren Verpflichtungen nachzukommen, zu denen die Einhaltung eines Stundenplans natürlich gehört.

Inzwischen stellen sich jedoch manche Hochschulverwaltungen den Problemen, die mit diesem Verhaltensmuster vieler junger Menschen zusammenhängen. So wurde kürzlich von einer Hochschule eine Abwesenheitsquote von bis zu vierzig Prozent bei früh angesetzten Kursen gemeldet, auch wenn sie von beliebten Dozenten durchgeführt wurden. Der Dekan einer Universitätsfakultät sagte mir:

Eine Zeitlang haben wir empfohlen, die Kurse des ersten und zweiten Lehrjahrs nicht in den ersten zwei oder drei Stunden durchzuführen, sondern auf den Nachmittag zu verschieben. Auf diese Weise konnten wir wenigstens davon ausgehen, daß die meisten Studenten wach und auf dem Universitätsgelände sein würden. Leider war das Ergebnis dieser Empfehlung eine Raumkrise. Wir hatten nicht genug Hörsäle für die verschiedenen Anfangssemesterkurse, die am Nachmittag angesetzt wurden. Als ein Komitee die Empfehlung aussprach, zu diesem Zweck mehr Hörsäle zu bauen, platzte dem Universitätspräsidenten der Kragen. «Wenn sie [die Studenten] *nicht rechtzeitig aus ihren verdammten Betten aufstehen können und ihre Kurse verpassen, ist das ihr Problem. Als nächstes wird wohl das Komitee verlangen, daß wir Kinderbetten in den Hörsälen installieren, um den Studenten entgegenzukommen, die gern bei der Vorlesung schlafen!»*

Zu den vielleicht wichtigsten Aspekten des Schlafs bei Jugendlichen, vor allem im Hinblick auf ihr späteres Leben, gehört die Herausbildung einer erwachsenen Einstellung gegenüber dem Schlafen, die besagt: Wenn sich etwas Interessantes oder Wichtiges ergibt, das mehr Zeit in Anspruch nimmt, wird diese Zeit von der Schlafzeit abgeknapst. Dann wird eine Arbeit «durchgezogen», die Nacht durchgemacht, besonders vor einer Prüfung oder wenn es gilt, den Abgabetermin für ein Papier oder Projekt einzuhalten. Da für Jugendliche die Ausbildung eine ähnliche Rolle spielt wie die Arbeit für Erwachsene, werden die in der Schule entwickelten Verhaltensmuster gegenüber der Arbeit, der Freizeit und dem Schlaf im Erwachsenenleben größtenteils beibehalten.

In der Regel muß ein Student nur dann die Nacht durchmachen, wenn er eine abzuliefernde Arbeit oder ein bestimmtes Lernpensum aufgeschoben hat, weil es gerade interessantere oder dringendere Dinge zu tun gab. Wenn der Tag der Abrechnung näher rückt, muß die früher verschwendete Zeit irgendwo gestohlen werden. Die übliche Lösung ist eine Nachtsitzung zum Arbeiten oder Lernen. Studenten werden für eine solche Anstrengung auf zweierlei Art belohnt. Erstens gibt es die soziale Anerkennung seitens der Freunde und oft sogar auch der Eltern, die solche heroischen Anstrengungen zu bewundern scheinen und den damit verbundenen Schlafverlust als Beleg dafür ansehen, daß der Student engagiert, ehrgeizig und energisch ist, zumindest aber hart genug, diesen Streß auszuhalten. Diese Haltung spiegelt die allgemeine gesellschaftliche Einstellung wider: Wer schläft, ist faul; wer ohne Schlaf auskommt, ist stark und bewundernswert. Zweitens wird der Student durch die tatsächlichen Resultate seiner Nachtsitzung belohnt. Bei Stoffen, die auswendig gelernt werden müssen (bei Sprachen, manchen Aspekten der Geschichte und auch der Naturwissenschaften, wenn es etwa darum geht, Tierarten, Körperteile, geologische Formationen und so weiter zu benennen), kann das geballte Pauken in einer ausgedehnten Nachtsitzung tatsächlich funktionieren – irgendwie. Diese Art Lernstoff kann das Gedächtnis trotz Schlafdefizits wenigstens für kurze Zeit speichern. Oft reicht die Zeit, um das Examen zu schaffen. Leider aber bleibt das Gelernte nicht im Gedächtnis haften. Ohne ausreichenden Schlaf können wir unsere Erinnerung nicht «festigen» (womit wir das Abspeichern in unserem Langzeitgedächtnis meinen). Die Speicherkapazität unseres Langzeitgedächtnisses ist praktisch unbegrenzt und so gut wie unzerstörbar. Untersuchungen haben gezeigt, daß wir uns an Fremdsprachenvokabeln, die wir in der Schule gelernt und nie wieder benutzt haben, auch nach fünfzig Jahren wieder erinnern können, wenn sie damals beim Lernen ins Langzeitgedächtnis übernommen wurden. Umgekehrt schwinden Vokabeln, die nicht ins Langzeitgedächtnis gelangen, bald aus unserem Gedächtnis und sind dann für immer verloren.

Wenn es darum geht, einen Stoff zu lernen, bei dem der Student komplexe Logik oder «abweichendes Denken» zum Lösen bestimmter Probleme anwenden muß, ist eine durchgemachte Nacht auch nicht sehr effektiv. Abweichendes Denken ist wichtig, wenn wir kreative Lösungen suchen, oder wenn das Problem von uns Flexibilität und eine innovative Herangehensweise verlangt. Eine ganze Reihe von Untersuchungen hat gezeigt, daß es gerade diese Aspekte des Denkens sind, die durch Schlafverlust ihrerseits am schnellsten verlorengehen. Handelt es sich also darum, auswendig Gelerntes wieder «auszuspucken», kann eine Nachtsitzung funktionieren; wird aber der Stoff zum Lösen komplexer Probleme oder für die Diskussion komplizierter Sachverhalte oder Meinungen gebraucht, ist ein solches Arbeiten nicht sehr effektiv. Und wenn der Student deshalb ohne Schlaf auszukommen versucht, weil er ein Semesterpapier abzuliefern hat, das auf der Grundlage der Qualität und Originalität der Gedanken beurteilt werden soll, so sind seine Nachtsitzungen geradezu kontraproduktiv. Oft wirken solche in Nachtsitzungen fertiggestellten Arbeiten flach und uninspiriert und enthalten nur zu offensichtliche Lücken in der logischen Argumentation und der Gliederung.

Obwohl es nachgewiesen ist, daß der Schlafverzicht keine produktive Lernstrategie darstellt, wird sie von bestimmten Teilen unserer Gesellschaft immer noch bewundert und gefordert. In manchen Kulturkreisen ist der Prozeß sogar regelrecht institutionalisiert worden. In Japan zum Beispiel stehen die Schüler unter einem hohen Erwartungsdruck, wenn sie die national einheitliche Hochschuleingangsprüfung ablegen. Zum «fleißigen Lernen» gehört für viele Schüler der Besuch einer *juku* oder besonderen Vorbereitungsschule im Anschluß an den normalen Unterricht. Nach der *juku* sollen die Schüler nach Hause gehen und weiter lernen. Für viele ist es keineswegs ungewöhnlich, bis spät in die Nacht zu pauken, und oft werden Schüler sogar dazu ermuntert, ihre nächtliche Ruhezeit einzuschränken, um noch mehr lernen zu können. Unter japanischen Schülern kursiert eine Art Sprichwort, das viele von ihnen als Motto übernommen haben: «Mit vier bestanden, durchgefallen mit fünf.» Die Zahlen beziehen sich auf die Stunden, die sich der Schüler jede Nacht zum Schlafen gönnt. Wenn es stimmt, wie die Untersuchungen ja zeigen, daß diese Vorgehensweise als Strategie zur Speicherung des Lernstoffs im Langzeitgedächtnis nicht besonders nützlich ist, ja sogar dazu beiträgt, die Qualität des kreativen und originellen Denkens bei diesen Schülern zu reduzieren – warum wird sie gefördert? Manche Kulturforscher sehen in dem japanischen System eine Art Initiationsritus: Indem sie gerade unter diesen Bedingungen ihre Prüfungen gut bestehen, beweisen die Studenten den Hochschulen und ihren zukünftigen Arbeitgebern, daß sie das Durchhaltevermögen, den Ehrgeiz und die Charakterstärke besitzen, Druck auszuhalten und Schwierigkeiten zu meistern.

Schlafdiebe in der Küche

Wenn Sie Ihr Schlafdefizit weiter ausbauen wollen, brauchen Sie nur kurz in die Küche zu gehen. Solange es Menschen gibt, haben wir allerlei Speisen und Getränke, Zusammengebrautes und Destilliertes zu uns genommen, um Veränderungen unseres Bewußtseinszustands hervorzurufen. Zwar sind auch subtile Bewußtseinsveränderungen möglich, doch im Grunde gibt es zwei Veränderungsmöglichkeiten, die alle anderen überlagern. Manche Substanzen werden gegessen oder getrunken, weil sie uns wacher und munterer (Stimulanzien, Aufputschmittel), andere, weil sie uns ruhiger und müder machen (Beruhigungsmittel). Es ist ganz erstaunlich, wie viele Menschen völlig falsche Vorstellungen davon haben, welche Wirkungen bestimmte Stoffe haben. Das kann dazu führen, daß wir durch den Versuch, unseren Schlaf zu verbessern, ihn in Wirklichkeit verschlechtern.

Viele Speisen, auch solche, die ganz ungefährlich und beruhigend aussehen, enthalten versteckte Stimulanzien, die uns stundenlang um den Schlaf bringen können. Am häufigsten kommt das Koffein als verstecktes Stimulans vor. Es gehört zu einer Gruppe organischer Verbindungen, die in mehr als sechzig Pflanzenarten nachgewiesen worden ist. Die meisten von uns wissen, daß Koffein in Kaffee und Tee enthalten ist; darüber hinaus findet man diesen Stoff aber in vielen Lebensmitteln, in Limonaden etwa, aber auch in Backwaren (wo er als Geschmacksverstärker eingesetzt wird) sowie in einer Reihe nichtrezeptpflichtiger Medikamente.

Medizinisch gesehen hat das Koffein eine derart starke stimulierende Wirkung auf den menschlichen Körper, daß es als Droge gelten muß. Zu den auffälligsten Eigenschaften des Koffeins gehört seine schnelle Wirkung. Innerhalb von Minuten hat es sich in die Blutbahn katapultiert und bringt fast sofort die ersten neurophysiologischen Wirkungen hervor. Nach einer halben Stunde bis Stunde erreicht die Konzentration des Koffeins im Blut ihren Spitzenwert, und die Droge kann ihre volle Wirkung entfalten. Danach kann es bis zu sechs Stunden dauern, bis der Organismus den Stoff vollständig abgebaut hat. Fast jede Kultur auf dieser Erde hat ein koffeinhaltiges Getränk in irgendeiner Form entwickelt.

Die wohl älteste Aufbereitungsform des Koffeins ist der Tee. Es gibt Hinweise darauf, daß bestimmte asiatische Stämme schon vor fünftausend Jahren an ihren Lagerfeuern die grünen Blätter wilder Teesträucher in Kochtöpfen aufgebrüht haben, um Tee herzustellen. Ein dem legendären chinesischen Kaiser Schen Nung zugeschriebenes medizinisches Tagebuch aus dem Jahr 2737 v. Chr. lobt den Tee: «Er löscht den Durst. Er mindert das Schlafbedürfnis. Er erquickt und erfreut das Herz.»

Im sechsten Jahrhundert gelangte der Tee nach Japan, wo er zunächst von Zen-Mönchen benutzt wurde. Sie brauchten die Stimulierung durch Koffein, um während der langen Meditationssitzungen wach zu bleiben. Das Teetrinken wurde schließlich Bestandteil des Zen-Rituals, was zur Herausbildung der formalen japanischen Teezeremonie *chado* («Weg des Tees») beitrug.

Nach Europa kam der Tee Mitte des sechzehnten Jahrhunderts im Gepäck der aus Asien zurückkehrenden jesuitischen Missionare. Als Teil ihrer Mitgift brachte Katharina von Bragança, die spätere Gattin des englischen Königs Karl II., mehrere Kisten Tee mit sich, was nach Ansicht mancher Historiker zur Etablierung des Tees als Getränk und Mittelpunkt nachmittäglicher Geselligkeit im Inselreich entscheidend beitrug. Während das Gebräu in den folgenden Jahren auch bei den unteren Schichten der Bevölkerung immer beliebter wurde, richteten einige Hauptvertreter der industriellen Revolution in England massive Kritik gegen den Tee, der um die Mitte des neunzehnten Jahrhunderts von einem führenden Nationalökonomen als Ursache einer Lähmung der britischen Wirtschaft an den Pranger gestellt wurde: Die früher ausschließlich zum Arbeiten genutzte Zeit werde jetzt unproduktiv beim Teeschlürfen vertrödelt.

Der Tee wird aus den Knospen und Blättern einer bestimmten Pflanzenart, der *Camellia sinensis*, gewonnen. Genaugenommen handelt es sich also bei Kräutertees nicht eigentlich um Tee. Den Tee teilt man je nach Herstellungsverfahren in drei große Kategorien ein. Der schwarze Tee entsteht, wenn die getrockneten Teeblätter zerkleinert werden. Dabei wird ein Enzym freigesetzt, das einen Gärungsprozeß auslöst. Der aufgebrühte schwarze Tee ist im Vergleich zu anderen Teearten etwas süßer und hat einen kräftigen Bernsteinton. Der Gärungsprozeß kann gestoppt werden, indem die Blätter gedämpft oder geröstet werden. Der grüne Tee wird nicht gegoren und ergibt ein mildes, etwas bitteres, blaßgrüngelbliches Gebräu. Zu den nur teilweise gegorenen Tees gehören die verschiedenen Oolong-Sorten; aus ihnen gewinnt man ein helles, braungrünes Getränk mit einem auffällig rauchigen Geschmack.

Unabhängig davon, um welche Teesorte es sich handelt, enthalten die Blätter, aus denen der Tee bereitet wird, etwa vier Prozent Koffein. Je nachdem, wie heiß der Tee aufgegossen wird, wie lange er zieht und wieviel Tee benutzt wird, enthält eine normale Teetasse zwischen vierzig und neunzig Milligramm Koffein. Das reicht, um bei den meisten Menschen eine deutliche Belebung zu bewirken. Werden die Teeblätter in ein Bad aus Methylenchlorid* gelegt, so wird das Koffein entzogen, und man erhält koffeinfreien Tee.

Zwar glauben viele Menschen, der Tee eigne sich als beruhigender Schlummertrunk (insbesondere, wenn er mit bestimmten Zusätzen zubereitet wird, z. B. Milch oder Honig), aber das ist ein Irrglaube. Experimentell wurde nachgewiesen, daß das Teetrinken die Zeit bis zum Einschlafen verlängert, den Anteil des Tiefschlafs verkürzt und insgesamt zu einem unruhigeren Schlaf führt.

Auch der Kaffee enthält, wie jeder weiß, Koffein. Außer Wasser gibt es kein Getränk, das heute in größeren Mengen getrunken wird, wobei der Pro-Kopf-Verbrauch in den USA am höchsten ist. Dort werden täglich fünfhundertfünfzig Millionen Tassen Kaffee geleert.

Die Entdeckung des Kaffees wird in vielen Legenden beschrieben. Eine der beliebtesten erzählt vom arabischen Ziegenhirten Kaldi, der um die Mitte des neunten Jahrhunderts lebte. Kaldi fiel das sonderbare Verhalten seiner Ziegen auf: Wenn sie die roten Beeren eines bestimmten Strauchs fraßen, wurden die Tiere springlebendig und ausgelassen. Als Kaldi es wagte, selbst einige Beeren zu kauen, fühlte er sich auch springlebendig und ausgelassen. Also brachte er die Nachricht von den wundersamen Eigenschaften der Kaffeebeeren zurück in sein Dorf. Vierhundert Jahre lang wurde der Kaffee so konsumiert, wie es Kaldi vorgemacht hatte: Die Araber haben die Beeren einfach gekaut, um in den Genuß ihrer stimulierenden Wirkung zu kommen.

Im dreizehnten Jahrhundert begannen die Araber, aus den gerösteten Samen der Kaffeebeeren ein heißes Getränk zu

* Methylenchlorid wird in Deutschland auch als Dichlormethan bezeichnet. – Der Übersetzer

brühen. Dieses Getränk wurde so beliebt, daß Kaffeepflanzen in alle Ecken des arabischen Reichs exportiert wurden. Die muslimische Bevölkerung dieser Gebiete entwickelte eine Begeisterung für den Kaffee, die an Koffeinsucht grenzte. Man schätzte seine belebende Wirkung. Er erhöhe mit der Energie auch die Kampfkraft und die sexuelle Leistungsfähigkeit des Mannes, hieß es. Ja, die Wirkungen des Getränks wurden in derart glühenden Farben geschildert, daß sich ein religiöses Problem ergab: Von einem orthodoxen islamischen Geistlichen wurde der Kaffee zu einem Rauschmittel erklärt; und da nach dem Koran, der Heiligen Schrift des Islam, alle Rauschmittel verboten sind, sei auch der Kaffee zu verbieten. Die selten um Argumente verlegenen Araber fanden einen Ausweg aus diesem Dilemma, indem sie darauf hinwiesen, daß die anregende Wirkung des Kaffees den Benutzern des Stoffs ermögliche, sich länger und inbrünstiger ihren religiösen Übungen zu widmen und es ihnen im übrigen gestatte, bis spät in die Nacht hinein wachsam zu bleiben, um gegebenenfalls den Feinden des Islams zu begegnen. Als Kompromiß einigte man sich in einigen arabischen Regionen darauf, den Frauen den Kaffeegenuß zu verbieten (da man befürchtete, ihre «schwachen Hirne» könnten die durch das Getränk ausgelöste Hochstimmung möglicherweise nicht verkraften).

Es gibt zwei Hauptquellen für den Kaffee: die in Äthiopien beheimatete ursprüngliche Kaffeepflanze *Coffea arabica*; und eine verwandte afrikanische Pflanze namens *Coffea robusta*. Beide Pflanzen bringen eine duftende, weiße, jasminähnliche Blüte hervor, die ihrerseits die Beeren produziert, in denen sich die Kaffeebohnen (eigentlich die Samen) befinden. Diese werden getrocknet und geröstet. Anders als beim Tee hat dieser erste Verarbeitungsvorgang bereits eine Auswirkung auf den Koffeingehalt des Endprodukts. Längeres Rösten läßt die Kaffeebohnen dunkler werden und erhöht den Koffeingehalt.

Die schlafhemmende Wirkung des Kaffees beruht natürlich auf dem Koffein. Kaffee von *Coffea arabica* enthält im Schnitt 1,2 Prozent Koffein (Gewicht in Trockenmasse). Der Koffeingehalt ist bei dem von der *Coffea robusta* geernteten Kaffee fast doppelt so hoch, nämlich im Durchschnitt etwa 2,3 Prozent des Trockengewichts. Eine typische Tasse Kaffee, unter Verwendung einer der in den USA beliebten Kaffeesorten (die größtenteils aus *Coffea-arabica*-Bohnen hergestellt werden), enthält achtzig bis hundertzwanzig Milligramm Koffein.* Eine aus reinen *Coffea-robusta*-Bohnen gebrühte Tasse Kaffee hat beinahe doppelt so viel Koffein, nämlich hundertsechzig bis zweihundertzwanzig Milligramm. Löslicher Kaffee enthält erheblich weniger Koffein, im Schnitt etwa fünfundsechzig Milligramm pro Tasse.

Der erste koffeinfreie Kaffee verdankt seine Entstehung einem gewissen Dr. Ludwig Roselius, Chef eines großen europäischen Kaffeekonzerns – und einem glücklichen Zufall. 1903 wurde eine für Dr. Roselius bestimmte Schiffsladung Kaffee während eines Sturms vom Meerwasser verdorben, wie man meinte. Den unverkäuflich gewordenen Kaffee überließ Roselius einigen Lebensmittelchemikern in Montreal mit dem Auftrag, das zu retten, was zu retten war. Als die Chemiker den Kaffee untersuchten, entdeckten sie, daß ein Großteil des Koffeins durch das Meerwasser aus den Kaffeebohnen herausgebleicht worden war. Nach einem Waschverfahren zum Entfernen der Salze blieb ein Kaffee zurück, der dem Original nicht unähnlich schmeckte, aber siebenundneunzig Prozent weniger Koffein enthielt, im Schnitt weniger als drei

* In den USA werden im Durchschnitt zwanzig bis dreißig Gramm Röstkaffee pro Liter verwendet, in Deutschland fünfzig Gramm. Dementsprechend höher kann der Koffeingehalt der einzelnen Tasse sein. Ein führender deutscher Kaffeehersteller gibt die typische Bandbreite mit siebzig bis einhundertfünfzig Milligramm pro Tasse an. – Der Übersetzer

Milligramm pro halbem Pfund. Roselius nannte das neue Produkt Sanka, was einfach eine Zusammenziehung der französischen Wörter *sans caffeine* – «ohne Koffein» – darstellt.

Eine normale Tasse Kaffee enthält genug Koffein, um den Schlaf ganz empfindlich zu stören. Koffein wirkt zwar sehr schnell, wird aber oft nur langsam vom Körper abgebaut. Verantwortlich für diesen Vorgang ist die Leber, die dafür oft bei jungen Erwachsenen drei bis sechs Stunden braucht. Bei älteren Menschen dauert der Prozeß erheblich länger, bis zu vierundzwanzig Stunden. Versuche haben gezeigt, daß eine einzige Tasse Kaffee, die zwei Stunden vor dem Zubettgehen getrunken wird, die von einem Erwachsenen durchschnittlich zum Einschlafen benötigte Zeit verdoppelt. Außerdem halbiert sie die Menge des Tiefschlafs und kann dazu führen, daß die betreffende Person viermal so oft wie sonst in der Nacht wach wird.

Viele Menschen wissen nicht, daß Schokolade neben anderen Stimulanzien auch Koffein enthält. Schokolade ist ein Produkt der Neuen Welt. Sie wird aus Kakaobohnen gewonnen. Der in Süd- und Mittelamerika beheimatete Baum, von dem diese Bohnen stammen, heißt *Theobroma,* was als «Speise der Götter» übersetzt werden kann.

Nach Europa gelangte die Schokolade mit den zurückkehrenden spanischen Conquistadoren, die den milden Rausch, der von den in der Bohne enthaltenen Stimulanzien hervorgerufen wird, zu schätzen gelernt hatten. Das erst später Kakao genannte Getränk wurde hergestellt, indem man Schokolade in Wasser auflöste und reichlich Zucker sowie kleinere Mengen Vanille und Zimt hinzutat. Am spanischen Hof war das neue Getränk eine derartige Sensation, daß König Ferdinand das Rezept zum Staatsgeheimnis erklärte. Auf den Verrat auch nur der kleinsten Einzelheiten der Herstellungsprozedur stand die Todesstrafe. Offensichtlich hat diese Drohung bei denen, die das geheime Verfahren kannten, seine Wirkung getan, denn das Rezept blieb ein ganzes Jahrhundert hindurch geheim. Schließlich ließ die spanische Prinzessin Maria Theresa sozusagen die Bohne aus dem Sack. Als sie 1660 den französischen König Ludwig XIV. heiratete, gehörten mehrere Kisten Kakao zu ihrer Mitgift. Der französische Hof wurde verrückt nach dem neuen Getränk, das sich daraufhin in ganz Europa ausbreitete.

Die Schokolade begann auch, neue Formen anzunehmen. Anfang des neunzehnten Jahrhunderts wurde in den Niederlanden das Verfahren zur Herstellung von Kakaobutter entwickelt, und 1847 stellte die englische Firma Fry & Sons aus Kakaobutter und sehr fein gemahlenem Zucker die erste «feste Eßschokolade» her, eine sehr dunkle und süße Konfektmasse. Die Erfindung der Milchschokolade wird dem Schweizer Daniel Peter zugeschrieben. Er fügte der Schokoladenmischung Milchpulver hinzu und stellte ein Produkt her, in das sich die Schweizer sofort verliebten. Noch heute wird in der Schweiz mehr Schokolade pro Kopf der Bevölkerung gegessen als sonst irgendwo auf der Erde, nämlich im Schnitt zwanzig Pfund. Die Amerikaner essen auch viel Schokolade, bringen es aber nur auf etwa elf Pfund pro Person und Jahr.

Die Schokolade wirkt als Stimulans, weil sie nicht nur Koffein enthält, sondern auch ein weiteres Aufputschmittel, Theobromin. Aus Untersuchungen, die in den achtziger Jahren durchgeführt wurden, geht hervor, daß die Schokolade außerdem eine Anzahl weiterer chemischer Zusammensetzungen enthält, deren chemische Struktur der Struktur einiger Amphetaminbestandteile ähnlich ist. Wenn wir uns also lediglich auf den Koffeingehalt der Schokolade konzentrieren, unterschätzen wir ihre Wirkung als Muntermacher. Aus chemischen Gründen hängt die Menge anderer Stimulanzien in der Schokolade allerdings von der Menge des enthaltenen

Koffeins ab. Das heißt also, je höher der Koffeingehalt der Schokolade, desto höher ist auch der Gehalt an weiteren Stimulanzien. Ein Forscher schätzt die stimulierende Wirkung von Schokolade auf etwa das Doppelte des reinen Koffeingehalts. Als Faustregel kann gelten: Je dunkler die Schokolade, desto mehr Koffein enthält sie. Anderthalb Pfund dunkle Schokolade werden etwa zweiunddreißig Milligramm Koffein enthalten, gegenüber nur neun Milligramm bei der gleichen Menge Vollmilchschokolade. (Weiße Schokolade gilt in den USA offiziell nicht einmal als Schokolade, da sie zuwenig von der Substanz enthält, die aus der Kakaobohne gewonnen wird, und darf nur noch unter Bezeichnungen wie «Konfekt-Überzugsmasse» oder «Schweizer Schneekonfekt» verkauft werden.)

Viele Menschen trinken vorm Zubettgehen eine Tasse heiße Schokolade. Eine Tasse Kakao enthält im Durchschnitt etwa fünfzehn Milligramm Koffein sowie weitere Stimulanzien. Zusammen ergeben diese Substanzen eine Aufputschwirkung, die etwa dreißig Milligramm Koffein entspricht. Das ist weniger als bei einer Tasse Kaffee oder Tee, kann aber ausreichen, um bei manchen Menschen Schlafstörungen hervorzurufen. Einige Hersteller haben inzwischen das Problem erkannt und koffeinarme Produkte zur Herstellung heißer Schokoladengetränke auf den Markt gebracht.

Die meisten Menschen sind überrascht zu hören, daß ganz unschuldig aussehende Limonaden wie Coca-Cola in Wirklichkeit erhebliche Mengen Stimulanzien enthalten, vor allem Koffein. Die ersten mit Kohlensäure durchsetzten «Sodawasser» oder «Brausen» enthielten weder Koffein noch Geschmackselemente. Es ging den Herstellern nur darum, das natürliche Sprudeln des Mineralwassers aus Heilquellen zu imitieren, das seit dem späten achtzehnten Jahrhundert äußerst gern getrunken wird. Dieses Heilwasser, so glaubte man, sei nicht nur besonders rein und angenehm zu trinken, sondern auch noch auf vielfältige Weise gesund und wohltuend. Der erste mit Kohlensäure durchsetzte «Sprudel» wurde um 1800 unter der Bezeichnung «Mineralwasserimitat» auf den Markt gebracht. Kurz danach wurden die ersten Brausen «mit Geschmack» hergestellt, und im Laufe der nächsten achtzig Jahre kamen die Produkte auf den Markt, deren Markennamen noch heute ein Begriff sind.

Das wohl bekannteste Erfrischungsgetränk der Welt ist Coca-Cola. Der Schöpfer dieses Getränks hieß John S. Pemberton, war studierter Apotheker und hatte außerdem als Kavallerieoffizier der Südstaaten im Bürgerkrieg gedient, weshalb er in Atlanta (Georgia) als «Doktor» und «Major» bekannt war. Um 1880 wollte Pemberton ein starkes Aufputschmittel herstellen und entschied sich schließlich für zwei kräftige Stimulanzien: Zunächst wandte er sich dem Kokastrauch zu, wobei es ihm um das Kokain ging, das aus den Blättern gewonnen werden kann. In geringen Mengen hat Kokain eine einfache stimulierende Wirkung, die etwa zehnmal so hoch ist wie die entsprechende Menge Koffein. Dazu nahm Pemberton ein Extrakt aus dem afrikanischen «Höllensamen», den wir als Kola-Nuß kennen. Der Extrakt aus der Kola-Nuß enthält hochgradig konzentriertes Koffein und wurde wegen seiner belebenden Wirkung geschätzt und in verschiedenen medizinischen Präparaten verwendet. Das Problem bei diesem Extrakt wie bei dem Extrakt des Kokablatts besteht darin, daß sie ziemlich bitter sind und unangenehm schmekken. Um diesen Geschmack zu übertünchen, fügte Pemberton große Mengen Zucker und eines Geschmacksstoffs hinzu, der im wesentlichen aus Zimt, Vanille und Zitrusaroma bestand, in dem aber keine einzelne Geschmacksrichtung dominierte. Das Ergebnis dieser Mischung aus Zucker, Geschmacksstoff und den beiden Stimulanzien war ein Sirup, den Pembertons

Geschäftspartner Frank M. Robinson auf den Namen Coca-Cola taufte. (Die zweite Hälfte des Namens heißt *Cola* statt *kola*, weil Robinson der Ansicht war, in der geschwungenen Handschrift, die er für das Markenzeichen des Produkts ausgewählt hatte, machten sich zwei große C einfach besser.)

In den ersten Jahren wurde Coca-Cola als Sirup in Apotheken verkauft. Es sollte direkt eingenommen oder mit Wasser vermischt werden. Nach Pembertons Tod wurden die Rechte an dem Rezept von Asa G. Chandler gekauft, ebenfalls Apotheker in Atlanta. Er pries das Produkt nicht einfach als Aufputschmittel, sondern auch als Gesundheits- und Erfrischungsgetränk an. Die Leute kamen auf den Geschmack, und Coca-Cola wurde fortan mit Sodawasser vermischt und als Limonade verkauft. Das genaue Rezept für Coca-Cola bleibt eines der am besten gehüteten Geheimnisse der Firma. Nur zwei Menschen kennen die genaue Formel, sagt man, und sie dürfen laut Vertrag nie zusammen im gleichen Flugzeug reisen. Trotzdem wissen wir doch einiges über das Rezept. Erstens wird seit 1903 kein Kokain mehr verwendet, und zweitens wird dem Getränk immer noch chemisch reines Koffein beigemengt, um seine stimulierende Wirkung zu erhalten. Ein mittlerer Becher Coca-Cola (0,3 Liter) enthält etwa fünfunddreißig Milligramm Koffein.

Angesichts der enormen Popularität von Coca-Cola ist es nicht überraschend, daß andere Cola-Getränke als Konkurrenten aufgetaucht sind. Fast alle diese Getränke enthalten einen ordentlichen Schuß Koffein. 0,3 Liter Pepsi-Cola enthalten siebenunddreißig Milligramm Koffein. Auch viele andere Limonaden enthalten Koffein, darunter solche mit Zitrusgeschmack wie Mountain Dew (zweiundfünfzig Milligramm) oder Sunkist Orange (zweiundvierzig Milligramm), deren Koffeingehalt dem einer Tasse Tee entspricht. Koffeinfreie Erfrischungsgetränke wie 7-Up, Fresca oder Root Beer haben sich nach wie vor auf dem Markt behaupten können, im allgemeinen jedoch verkaufen sich Erfrischungsgetränke mit Koffein besser als solche ohne.*

Die meisten Erwachsenen legen keinen besonderen Wert auf eine Limonade vor dem Schlafengehen, aber viele moderne Eltern lassen ihre Kinder solche Getränke abends beim Essen (oder als Belohnung für das friedliche Ins-Bett-Gehen) trinken. Da nach dreißig bis sechzig Minuten die Koffeinkonzentration im Blut ihren Spitzenwert erreicht, ist dies offensichtlich kein sinnvolles Bestechungsmittel. Außerdem braucht der Körper eines Kindes fünf bis sieben Stunden zum effektiven Abbau des Koffeins. Die Cola beim Abendessen kann also durchaus schuld an der mitternächtlichen Unruhe und Schlaflosigkeit des Kindes sein.

Das Koffein kann auch auf eine versteckte und hinterhältige Weise den Schlaf stören. Der Stoff kann nämlich von der Blutbahn einer stillenden Mutter in die Brust gelangen und sich in der Muttermilch akkumulieren. Die Mütter sehr kleiner Kinder leiden oft unter starkem Schlafmangel, wie wir gesehen haben. Eine solche Mutter trinkt vielleicht viel Kaffee, weil das Koffein ihr hilft, ihre tägliche Arbeit zu erledigen. Weil sie aber einen Teil dieses Koffeins an ihr Kind weitergibt,

* In Deutschland ist die Lage etwas anders. Wie Dr. Monika Beutgen vom Bundesverband der Deutschen Erfrischungsgetränke-Industrie mitteilt, gibt es «außer den Cola-Getränken in Deutschland kaum marktrelevante koffeinhaltige Erfrischungsgetränke. Zwar sind seit 1994 die sog. Energy Drinks ... auf dem Markt. Diese haben jedoch nur einen verschwindend geringen Anteil am Markt der Erfrischungsgetränke, und ihr Absatz ist auch bereits wieder rückläufig. Einzelne Hersteller bieten zudem Limonaden mit Guarana an. Zunehmende Bedeutung erlangen allerdings die Eisteegetränke.» Insgesamt hatten Colagetränke in Deutschland 1996 einen geschätzten Marktanteil von 39,4 Prozent, Tendenz steigend, Eistee- und Eiskaffeegetränke einen Anteil von 4,7 Prozent, Tendenz stark steigend. – Der Übersetzer

wird das Kind unruhig und wacht öfter auf. Am Ende haben wir es mit einem Teufelskreis zu tun, bei dem das Kind schlecht schläft, weil es mit der Muttermilch Koffein aufnimmt, während die dadurch am Schlafen gehinderte Mutter immer mehr Koffein zu sich nehmen muß, um funktionieren zu können, was wiederum zu einer Erhöhung des Koffeingehalts in der Muttermilch führt und so weiter und so fort.

In gewisser Weise ist die Effektivität und Beliebtheit des Koffeins ein weiteres Indiz für den Schlafmangel, unter dem unsere Gesellschaft insgesamt leidet. Koffein erhöht unsere Aufmerksamkeit und kann unsere geistige und körperliche Leistungsfähigkeit steigern, insbesondere bei Aufgaben, die unsere kontinuierliche Aufmerksamkeit erfordern, beispielsweise beim Kontrollieren eines Radarbildschirms oder bei der Qualitätsprüfung am Fließband. Menschen mit einem Schlafdefizit können mit Hilfe von Koffein ihren normalen Leistungsstandard halten. Bemerkenswert sind allerdings die Ergebnisse einiger Untersuchungen, aus denen hervorgeht, daß bei gut ausgeruhten und wachen Menschen ohne Anzeichen eines Schlafdefizits die Leistung durch Koffein *nicht* gesteigert wird. Dieses Resultat legt die Vermutung nahe, im Koffein nicht so sehr einen Stoff zu sehen, der uns ermuntert und anregt, sondern eher ein Mittel, die Ermüdungssymptome auszugleichen oder zu übertünchen, die eine Folge unzureichenden Schlafs sind. Wenn unsere Leistungsfähigkeit nicht durch Schlafmangel beeinträchtigt wird, bringt uns das Koffein auch keine Vorteile. Das mag eine Erklärung für den verstärkten Konsum von Tee und Kaffee in hochindustrialisierten Gesellschaften sein, wo der Zeitdruck am stärksten ist.

Das Koffein ist die weltweit am häufigsten benutzte psychoaktive Droge. An zweiter Stelle steht eine weitere legale Droge, die ebenfalls als Stimulans wirkt, nämlich das Nikotin. Das Nikotin wird beim Rauchen von Tabak als wichtigster aktiver Bestandteil freigesetzt. Trotz der Warnungen vor Gesundheitsrisiken und den vielerorts geltenden Einschränkungen und Verboten rauchen in den Vereinigten Staaten immer noch etwa zweiunddreißig Prozent aller erwachsenen Männer und siebenundzwanzig Prozent aller erwachsenen Frauen. Auf die gesamte erwachsene Bevölkerung umgerechnet ergibt sich ein durchschnittlicher jährlicher Verbrauch von zweitausendachthundert Zigaretten pro Kopf. In vielen anderen Ländern wird noch mehr geraucht. In Italien, Frankreich und Japan gibt es sogar Anzeichen für eine Zunahme des Rauchens.*

Der Tabak wurde von Christoph Kolumbus in Europa eingeführt. Als er Amerika entdeckte, sah er, wie die Indianer den Tabak benutzten, und zwar auf eine ähnliche Art, wie wir es heute noch tun. Die Indianer schrieben dem Tabak verschiedene medizinische Eigenschaften zu, und das war auch der Grund, weshalb Kolumbus ihn mit nach Hause nahm. Die Beliebtheit des Tabaks hängt jedoch in erster Linie mit seinen stimulierenden und suchtbildenden Eigenschaften zusammen.

Beim Rauchen wird das Nikotin bereits über die Mundschleimhaut aufgenommen. Bei einem Lungenzug ist die Aufnahme des Nikotins fast so wirkungsvoll wie bei einer intravenösen Spritze. Etwa acht Sekunden nach dem Inhalieren

* Vom Verband der Cigarettenindustrie werden folgende Prozentzahlen für Deutschland (1993) angegeben: Erwachsene Männer (über fünfzehn Jahre): 36,9 Prozent (alte Bundesländer) bzw. 43,8 Prozent (neue Bundesländer); erwachsene Frauen: 20,5 Prozent (alte Bundesländer) bzw. 21,5 Prozent (neue Bundesländer). Insgesamt rauchen damit achtundzwanzig Prozent der Bevölkerung, mit einem Durchschnittsverbrauch von siebentausenddreihundert Zigaretten pro Raucher und Jahr. Ausgehend von Zahlen des Mikrozensus stellt Burckhard Junge vom Robert-Koch-Institut Berlin 1994 auch für Deutschland einen fast fünfprozentigen Anstieg des Verbrauchs gegenüber dem Vorjahr fest. – Der Übersetzer

des Rauchs kommt das Nikotin im Gehirn an. Die dadurch ausgelöste Erregungswelle wird als äußerst angenehm und genußvoll beschrieben. Die Hauptwirkung des Nikotins besteht in einer Reduzierung der Müdigkeit und einem Gefühl erhöhter Aufnahmefähigkeit; einige Forschungsergebnisse deuten darauf hin, daß es über die Verbesserung der Gedächtnisleistung auch andere geistige Prozesse positiv beeinflussen kann. Das Nikotin wirkt sowohl direkt wie auch indirekt. Zu den direkten Wirkungen zählt die Ausschüttung von Epinephrin (besser bekannt als Adrenalin) und des verwandten Hormons Norepinephrin (Noradrenalin), die als starke Stimulanzien den Puls und den Blutdruck erhöhen.

Der Nikotinanteil des Tabaks ist von Tabakart zu Tabakart verschieden und hängt außerdem von der Methode des Trocknens und der Weiterverarbeitung ab. Dunkler, luftgetrockneter und feuergetrockneter Tabak enthält etwa 4,5 Prozent Nikotin, während röhrengetrockneter Tabak nur etwa drei Prozent enthält. Der Burley-Tabak enthält etwa vier Prozent Nikotin, bei den Orient- und Virginia-Tabaksorten, die zusammen mit dem Burley-Tabak einen Großteil des Zigarettentabaks ausmachen, sind es rund zwei Prozent. Das bei der Herstellung von Zigarren und vielen Pfeifentabaksorten übliche Fermentieren des Tabaks reduziert den Nikotingehalt und damit die Gesamtwirkung des Nikotins auf den Körper.

Das Nikotin ist ausgesprochen suchtbildend. Innerhalb einer Stunde nach dem Rauchen einer Zigarette, wenn sich die Nikotinkonzentration im Blut etwa halbiert hat, setzt normalerweise das Verlangen nach einer weiteren Zigarette ein. Ist man einmal nikotinsüchtig, fällt es ziemlich schwer, mit dem Rauchen aufzuhören. Man hat geschätzt, daß nur etwa zwanzig Prozent aller Raucher den Nikotinverzicht länger als zwei Jahre durchhalten.

Was uns hier interessiert, ist die nachweislich negative

Auswirkung des Nikotins auf den Schlaf. Mehrere Untersuchungen haben gezeigt, daß Raucher, die eine Packung Zigaretten pro Tag konsumieren, in der Regel unter Einschlafschwierigkeiten leiden. Die Analyse ihrer Gehirnwellen zeigt, daß sie nicht so tief schlafen wie Nichtraucher. Dieser Befund wird übrigens durch die Beobachtung unterstützt, daß Raucher, die das Rauchen aufgegeben haben, in einer Art Überkompensationseffekt erheblich mehr Tiefschlaf bekommen, wahrscheinlich um den bis dahin verlorenen Schlaf wettzumachen. Wenn es ihnen gelingt, mit dem Rauchen aufzuhören, klagen Raucher anfangs oft über Schläfrigkeit und Mattheit, obwohl aus den Aufzeichnungen ihrer Hirnströme hervorgeht, daß sie jetzt besser schlafen. Diese Müdigkeit hat also nichts mit schlechtem Schlaf zu tun, sondern damit, daß der Raucher nicht mehr über den Tag verteilt seine Dosis des Aufputschmittels Nikotin erhält.

Auch die Wirkung des Rauchens auf die Atmungsorgane beeinflußt das Schlafverhalten. Wer raucht, leidet öfter an einer verstopften Nase oder einem Halskatarrh sowie allerlei Entzündungen und Schwellungen der Schleimhäute der oberen Atemwege. Diese Faktoren wiederum führen dazu, daß der Raucher öfter schnarcht, und sie verstärken die Symptome bestimmter Schlafstörungen, wie zum Beispiel der Schlafapnoe. Durch das Rauchen wird auch die Aufnahmefähigkeit der Lungen für Sauerstoff aus der Luft reduziert. Also wird ein Raucher mit derart eingeschränkter Sauerstoffaufnahme und verengten Atemwegen erheblich öfter als andere Menschen dazu neigen, mehrmals in der Nacht kurz wach zu werden und verzweifelt nach Luft zu schnappen. Obwohl dieses häufige nächtliche Aufschrecken dem Bettpartner und der Familie nicht verborgen bleibt, ist es dem Raucher selbst oft unbewußt und macht sich lediglich als Mattigkeit und Schläfrigkeit während des Tags bemerkbar.

Wie beim Koffein gelangt auch das Nikotin in die Muttermilch rauchender Mütter. Untersuchungen haben gezeigt, daß Säuglinge, deren Mütter rauchen, im Durchschnitt zweimal so häufig unter Einschlafschwierigkeiten leiden als die Kinder von Nichtraucherinnen. Man geht davon aus, daß diese Kinder sozusagen aus zweiter Hand zu Rauchern geworden sind und dementsprechend unter den typischen Schlafstörungen als Folge der Nikotinaufnahme zu leiden haben.

Bisher haben wir uns mit Aufputschmitteln beschäftigt. Es gibt jedoch einige weitverbreitete Speisen und Getränke, die benutzt wurden und werden, um den Schlaf herbeizuführen oder den Schlafimpuls auszulösen. Ich gehe hier nicht auf rezeptpflichtige Schlaftabletten wie Barbiturate ein, da ich davon ausgehe, daß man kaum unwissentlich zu solchen Mitteln greifen wird, wenn man sich aus dem Kühlschrank etwas für den kleinen Hunger zwischendurch zusammenstellt.

Im Vorübergehen sollte ich aber vielleicht etwas über rezeptfreie Schlafmittel sagen. Es handelt sich dabei fast durchweg um Antihistaminika, ähnlich den Präparaten, die man vielleicht gegen einen Schnupfen einnimmt. Bei der Entwicklung der Antihistaminika wurde früh festgestellt, daß viele von ihnen Schläfrigkeit hervorriefen. Manche Pharmahersteller beschlossen, aus dieser Nebenwirkung Kapital zu schlagen und diese Antihistaminika allein wegen ihrer beruhigenden Wirkung zu vermarkten. Die Fachleute äußern sich nicht gerade enthusiastisch über diese Mittel. Sie wirken langsam und nicht sehr stark und werden nur langsam wieder vom Körper abgebaut. Dieser langsame Abbau bedeutet, daß manche Menschen sich noch tagsüber müde und matt fühlen, weil sie am Abend zuvor ein Medikament zu sich genommen haben, um besser schlafen zu können.

Wenn Sie nach einem rezeptfreien Mittel suchen, das Ihnen helfen könnte, sollten Sie vielleicht das weltweit am häufigsten benutzte Medikament prüfen, nämlich Aspirin. In den USA werden jährlich achtzig Millionen Tabletten Aspirin eingenommen, was einer Gesamtmenge von sechzehntausend Tonnen entspricht. Schon im frühen Mittelalter war bekannt, daß ein aus Weidenborke hergestellter Tee gut gegen Fieber und Schmerzen wirkt und wohl auch zu einem ruhigeren Schlaf führt. 1874 entstand in Dresden die erste Aspirinfabrik. Der Wirkstoff war damals der gleiche wie heute, nämlich Acetylsalicylsäure, eine Zusammensetzung aus Salicylsäure (dem Wirkstoff der Weidenborke) und Acetylsäure (die man beispielsweise in Essig findet). Die Firma gehörte Friedrich Bayer, der das Produkt patentierte und unter dem Namen «Aspirin» verkaufte. Mir hat man gesagt, der Name leite sich von St. Asprinius ab, dem Schutzheiligen der Kopfschmerzen.

Viele Menschen behaupten, Aspirin helfe ihnen, besser zu schlafen. Peter Hauri von der Mayo Clinic in Rochester (Minnesota) hat gezeigt, daß dies tatsächlich bei vielen unter Schlaflosigkeit leidenden Menschen der Fall ist. Das Aspirin wirkt allerdings hauptsächlich in der zweiten Nachthälfte, indem es die Schlafdauer insgesamt verlängert und die Häufigkeit des nächtlichen Erwachens verringert. Die empfohlene Dosis ist zwei Tabletten vor dem Zubettgehen, die mit einem großen Glas Wasser einzunehmen sind. Das Wasser ist wichtig, denn eine Aspirintablette, die mehr oder weniger trocken auf der Magenwand liegt, während man schläft, kann bis zum Morgen ein schlimmes Magengeschwür hervorrufen.

Das allerdings am häufigsten selbst verschriebene Schlafmittel ist der Äthylalkohol, den man etwa in Whisky, Bier, Wein oder Likör findet. Fast jeder, der mit Alkohol zu tun gehabt hat, kennt das entspannte Gefühl, das sich bald nach dem Genuß einstellt. Nach nur wenigen Gläsern fühlt man sich oft ausgesprochen schläfrig. Diese Nebenwirkung wird oft von Menschen ausgenutzt, die Probleme mit dem Einschlafen haben.

Die Wirkung des Alkohols wird von vielen verschiedenen Faktoren beeinflußt. Zunächst einmal hängt die Geschwindigkeit unserer Alkoholaufnahme von seiner Konzentration ab. Der Alkohol eines vierzig- bis fünfundvierzigprozentigen Whiskys wird schneller aufgenommen als der eines Biers, das lediglich drei bis sieben Prozent Alkohol hat. Befinden sich bereits Speisen oder nichtalkoholische Flüssigkeit im Magen, wird die Alkoholkonzentration herabgesetzt. Auch die körperliche Verfassung der betreffenden Person beeinflußt die Art, wie sie Alkohol aufnimmt. Da sich der Alkohol durch den Wassergehalt des Gewebes ausbreitet, wird ein muskulöser Mensch am Ende weniger Alkohol im Blut haben als ein fetter Mensch, der die gleiche Menge trinkt.

Eine bemerkenswerte Tatsache im Zusammenhang mit dem Alkohol ist seine regelmäßige und sozusagen ordnungsgemäße Entsorgung durch den Stoffwechsel des Körpers. Dieser Abbau hat überhaupt nichts mit der von einer Person konsumierten Menge Alkohol zu tun. Jede Stunde kann unser Körper etwa zehn bis fünfzehn Milligrammliter Alkohol abbauen. Das entspricht etwa der Alkoholmenge von 2,8 Zentiliter Whisky, 0,3 Liter Bier oder 0,1 Liter Wein. Als Faustregel gilt also: pro Stunde können wir die Alkoholwirkung eines Drinks abbauen.

Hinsichtlich der Auswirkungen des Alkohols auf den Schlaf sind die Forschungsergebnisse bemerkenswert klar und eindeutig. Die Einnahme von Alkohol macht einen müde und reduziert die zum Einschlafen benötigte Zeit. Diese wohltuenden Wirkungen gelten allerdings nur für die erste Nachthälfte. In dieser Zeit bekommt man eine Menge Tiefschlaf, dafür sind aber die REM-Traumphasen erheblich eingeschränkt oder verschwinden überhaupt. In der zweiten Nachthälfte hingegen schläft man nach dem Alkoholgenuß schlechter und erheblich unruhiger.

Wie müde man nach einer Dosis Alkohol wird, hängt von dem Schlafdefizit ab, das man mit sich herumträgt. Ist man von vornherein müde, verstärkt sich die Wirkung des Alkohols.[19] In einem Versuch mußten die Teilnehmer ein Schlafdefizit akkumulieren, indem sie fünf Nächte hintereinander nur fünf Stunden im Bett verbringen durften. Durch dieses Schlafdefizit wurde die Wirkung des Alkohols derart verstärkt, daß die Teilnehmer bereits nach drei Drinks genauso benebelt, müde und funktionsuntüchtig waren wie nach sechs Drinks im ausgeruhten Zustand. Umgekehrt führt die Ausdehnung der Ruhezeit dazu, daß sich der Alkohol weniger verheerend auf die geistigen Fähigkeiten auswirkt und übrigens auch weniger schläfrig macht. In einem Versuch brachten die Teilnehmer jede Nacht zehn Stunden im Bett zu. Als man ihnen später eine Dosis Alkohol gab, die vier Drinks entsprach und bei ihrem normalen Schlafpensum von acht Stunden ausgereicht hatte, sie müde und tolpatschig zu machen, hatte der Alkohol kaum meßbare Auswirkungen.

Die Wirkung des Alkohols hängt von der Müdigkeit des Individuums ab, ganz gleich, wie diese Müdigkeit zustande gekommen ist. Wie wir gesehen haben, gibt es Spitzenzeiten der Müdigkeit und des Wachseins, die mit unserem normalen zirkadianen Zyklus zusammenhängen. Eine Dosis Alkohol am frühen Abend, wenn wir geistig am regsten sind, spüren wir kaum. Die gleiche Dosis kurz nach dem Mittag, wenn wir auf den Spitzenwert der Nachmittagsschläfrigkeit zusteuern, kann unser Denken und unsere logischen Fähigkeiten erheblich stärker beeinträchtigen und uns noch müder machen.

Und was ist mit warmer Milch, dem bewährten Hausrezept? Die Antwort hierauf ist etwas kompliziert und erfordert einen kurzen Blick auf die Chemie des Schlafs. In unserem Gehirn gibt es einen Stoff namens Serotonin, der zu den sogenannten Neurotransmittern gehört. Neurotransmitter sind Botenstoffe, die Nachrichten von einer Zelle zur nächsten weitergeben. Der Botenstoff Serotonin scheint eng mit dem Teil unseres Gehirns zusammenzuhängen, der für das Müdigkeitsgefühl verantwortlich ist. Wenn der Serotoninpegel in diesen Hirnregionen hoch ist, wie zum Beispiel normalerweise spätabends, sind wir schläfrig. Wenn der Serotoninspiegel sinkt, wie zum Beispiel am Vormittag, sind wir rege. Wenn wir einem Individuum unter kontrollierten Bedingungen den Schlaf entziehen, steigt der Serotoninspiegel, und zwar im direkten Verhältnis zum Schlafverlangen. Sowohl im Tier- wie auch im Menschenversuch wurde gezeigt, daß die Einnahme von Medikamenten, die entweder die Wirkung des Serotonins blockieren oder den Serotoninspiegel im Gehirn stark herabsetzen, zu Unruhe und Schlaflosigkeit führt. Umgekehrt haben Drogen, die den Pegel des Neurotransmitters erhöhen, eine entspannende und einschläfernde Wirkung.

Kehren wir also zu unserer warmen Milch zurück. Neurotransmitter wie Serotonin bestehen aus Chemikalien, die man Aminosäuren nennt. Der wichtigste Baustoff des Serotonins ist eine Aminosäure namens Tryptophan (genauer: L-Tryptophan), die in vielen Proteinen vorkommt, die wir zu uns nehmen, besonders auch in Milch (und in Frischkäse, Joghurt, Eiskrem, Hühnchen, Truthahn, Cashew-Nüssen, Sojabohnen und Thunfisch). Untersuchungen am Massachussets Institute of Technology haben gezeigt, daß die Einnahme von Speisen, die reich an Tryptophan sind, den Pegel dieser Substanz im Blut und auch die Serotonin-Konzentration im Gehirn erhöhen kann.

Es gibt auch eine Methode, den Serotoninpegel im Gehirn sozusagen durch die Hintertür zu erhöhen. Dazu muß Tryptophan freigesetzt werden, das sich bereits im Körper befindet. Das Tryptophan zeichnet sich unter den zwanzig anderen Aminosäuren dadurch aus, daß es an den großen Proteinmolekülen haftenbleibt, die Bestandteil des Blutplasmas sind – ähnlich wie Watte an einem fusseligen Wollpullover hängenbleibt. Das führt dazu, daß unter normalen Umständen nur etwa fünf Prozent des tatsächlich im Blut zirkulierenden Tryptophans frei verfügbar sind. Wenn wir viele Kohlehydrate essen, steigt der Blutzuckerspiegel, was wiederum die Bauchspeicheldrüse veranlaßt, Insulin abzusondern, um den Zucker unter Kontrolle zu halten. Durch die Absonderung des Insulins wird etwas Tryptophan von den Molekülen gelöst, auf denen es normalerweise sitzt. Sind ausreichend Vitamin B_6 und einige weitere Enzyme zur Hand, kann das Tryptophan sehr schnell in Serotonin verwandelt werden. Es gibt sogar einige Hinweise darauf, daß man abends seine Schläfrigkeit verstärken kann, indem man etwas Vitamin B_6 zu sich nimmt, vielleicht weil dadurch die Umwandlung von Tryptophan in Serotonin begünstigt wird.

Die bisherige Darstellung sollte aber klargemacht haben, daß die durchschnittliche Speisekammer weit mehr potentielle Schlafdiebe als Schlafhelfer enthält. Wahrscheinlich ist das beste Hausmittel gegen Schlaflosigkeit ein Glas Milch und dazu ein paar Aspirintabletten. Fast alles, was Sie sonst in Ihrer Küche finden, wird Sie eher wach halten als in den Schlaf wiegen.

Der Fluch der Ondine

Wenn wir tagsüber müde werden, kann das einfach daran liegen, daß wir zuwenig schlafen, oder auch daran, daß wir gerade einen Tiefpunkt des zirkadianen Zyklus erreicht haben. Es gibt allerdings auch bestimmte gesundheitliche Probleme, die uns den Schlaf rauben können.

Man erzählt sich eine Geschichte über die Wassernymphe Ondine. Wie ihre Schwester war auch sie von bezaubernder Schönheit. Frei und ungebunden, wie sie war, mußte sich Ondine aber vor den Männern vorsehen, denn sie allein bedrohen die Unsterblichkeit der Nymphen. Verliebt sich je eine Nymphe in einen Sterblichen und bringt sein Kind zur Welt, so verliert sie das Geschenk ewigen Lebens: Sie beginnt zu altern und muß nach Ablauf der menschlichen Lebensfrist auch sterben. Und doch war Ondine beeindruckt, als sie dem schönen jungen Ritter Sir Lawrence in der Nähe ihres Teichs begegnete. Lawrence war von ihrer Schönheit, wie man früher sagte, hingerissen. Er sehnte sich nach ihr, wollte sie näher kennenlernen und kehrte immer wieder zum Teich zurück, um nach ihr zu suchen. Bald ertappte sich Ondine dabei, wie sie sich auf die Besuche des Ritters freute. So kam es, daß sie einander wieder trafen, miteinander sprachen und sich verliebten. Wie es in Märchen üblich ist, heirateten diese beiden attraktiven und ganz besonderen Wesen. Als sie ihr Ehegelübde ablegten, sagte Sir Lawrence: «Solange ich wache und nicht schlafe, soll jeder Atemzug zugleich meine Liebe und meine Treue zu dir bezeugen.» Ondine ihrerseits versprach: «Solange unsere Liebe gilt, wird meine Zauberkraft dir als Schild dienen und sich nie gegen dich kehren.» Leider handelt es sich bei diesem Märchen jedoch nicht um eine Geschichte, in der die Liebenden glücklich bis an ihr seliges Ende leben.

Ein Jahr nach der Hochzeit schenkte Ondine dem Ritter Lawrence einen Sohn. Und von diesem Augenblick an begann ihr Körper zu altern. Sonne, Wind und Zeit taten ihr Werk, und Ondines blendende Schönheit begann allmählich zu welken. Da zeigte es sich, daß Sir Lawrence eher der Leidenschaft als der Liebe verfallen war. Als Ondines körperliche Attraktivität nachließ, begann er sich nach anderen Schönheiten umzusehen und sich für einige der jüngeren, hübschen Mädchen zu interessieren, die in der Gegend wohnten.

Eines Nachmittags ging Ondine an den Stallungen vorbei, als sie das wohlvertraute und auffällige Schnarchen ihres Mannes hörte. Es belustigte sie der Gedanke, daß er anscheinend mitten am Tag an diesem merkwürdigen Ort eingeschlafen war, und sie beschloß, ihn zu wecken und ihm den Vorschlag zu machen, sein Nickerchen zu Hause fortzusetzen. Als sie aber den Stall betrat, entdeckte sie Sir Lawrence in den Armen einer Frau. Sie waren auf einem Lager aus Stroh gebettet, und die im Stall umher verstreuten Kleidungsstücke erzählten ihre eigene Geschichte. Der Verrat dieses Mannes, für den Ondine ihre Unsterblichkeit geopfert hatte, mußte bestraft werden. Und noch besaß Ondine ausreichend Zauberkraft, um ihre Rache zu verwirklichen. Sie stieß ihren Mann mit dem Fuß wach, zeigte mit dem Finger auf ihn und sprach ihren Fluch: «Du hast mir geschworen, solange du wach wärest und nicht schliefest, solle dein jeder Atemzug mir Treue bezeugen, und ich habe deinen Eid angenommen. So sei es also. Solange du wachst, sollst du deinen Atem haben. Solltest du aber jemals einschlafen, so wird dir der Atem genommen, und du wirst sterben!» Die Geschichte endet mit einer der Lieblingszeilen der alten Erzähler: «Und so kam es auch.»

Diese Version der Geschichte Ondines* ist unter mehreren Aspekten interessant, denn es gibt tatsächlich ein Leiden, bei dem die Menschen zu atmen aufhören, wenn sie einschlafen. Diese Menschen leiden an einer sogenannten *Schlafapnoe*. In der Fachsprache bedeutet eine Apnoe das zeitweise Aussetzen des normalen Atmungsvorgangs. Zu den revolutionären Ergebnissen der Schlafmedizin in den letzten zwanzig Jahren gehört nicht nur die Erkenntnis, daß es schlafbezogene Atmungsstörungen gibt, sondern auch, daß dieses Leiden erheblich verbreiteter ist, als bis dahin angenommen. Einigen Schätzungen zufolge leiden etwa zehn Prozent aller Männer und vier Prozent aller Frauen mit zunehmendem Alter an einer Form der Schlafapnoe. Damit wäre dieses Problem eines der häufigsten chronischen Leiden überhaupt. Die Schlafapnoe ist auch nicht auf die leichte Schulter zu nehmen. Menschen, die an einer Schlafapnoe leiden, müssen mit Herzproblemen und überhöhtem Blutdruck rechnen. Sie sind anfälliger für Schlaganfälle und verschiedene Krankheiten des zentralen Nervensystems. Oft sind sie tagsüber sehr müde und schläfrig, klagen über einen Verlust an Lebensfreude und über Konzentrationsschwierigkeiten, einen Mangel an Durchhaltevermögen, eine verminderte Fähigkeit zum Problemlösen sowie Depressionen. Außerdem verletzen sie sich häufiger bei Unfällen. Es fällt auf, daß die gleichen Probleme bei einem großen Schlafdefizit auftreten, was auch nicht überraschend ist, denn bei der Apnoe handelt es sich um eine massive Schlafstörung. Die Apnoe raubt uns nicht nur den

* Im deutschen Sprachraum ist die Nymphe durch die Erzählung *Undine* von Friedrich Baron de la Motte Fouqué bekannt, deren Handlung allerdings in einigen Punkten von der hier wiedergegebenen abweicht. – Der Übersetzer

Schlaf. Sie raubt uns auch die Gesundheit und die Lebensfreude.

Sie erinnern sich: Ondines ungetreuer Sir Lawrence verdankte sein Unglück nicht zuletzt der Tatsache, daß er schnarchte. Schnarchen und Schlafapnoe hängen miteinander zusammen. Die Schnarchlaute werden durch Schwingungen des weichen Gewebes im Mund- und Rachenraum erzeugt. Sie sind in der Regel am lautesten, wenn die schnarchende Person einatmet. Genauer gesagt: Das verschiedentlich als Poltern oder Rumpeln, Sägen, Knattern, Klicken oder Keuchen beschriebene Geräusch wird durch das rhythmische Blockieren und Befreien der oberen Atemwege erzeugt. Das Schnarchen ist sehr viel weiter verbreitet, als die meisten Menschen glauben: Jeder vierte Mann und jede siebente Frau schnarcht. Besonders anfällig sind übergewichtige und alte Menschen.

Vielleicht, so die These eines Wissenschaftlers, hat das Schnarchen früher einmal, in der dunklen Vorgeschichte unserer Spezies, eine nützliche Funktion gehabt. Erinnern wir uns: Beim Schlafen waren unsere Vorfahren etwaigen Raubtieren hilflos ausgeliefert. Das laute Schnarchen wäre dieser These zufolge ein Geräusch, mit dem das Knurren oder Brüllen eines größeren Raubtiers imitiert wird. Einem anderen Tier, das auf der Jagd nach Beute an der Höhle unserer Vorfahren vorbeikäme, würde dieses Geräusch signalisieren: «Es gibt andere große, gefährliche Tiere hier in der Gegend – bleib draußen, sonst gibt's Ärger!»

Jahrelang galt das Schnarchen schlicht als nächtliche Ruhestörung. Schnarcher sind die Zielscheibe vieler Witze, wie zum Beispiel in dem alten Sprichwort: «Lache, und die Welt lacht mit dir; schnarche, und du schläfst allein.» Viele Comicfiguren, wie Blondies Mann Dagwood oder der Kater Garfield, geraten in komische Situationen, die mit dem Schnarchen zu tun haben oder vom Schnarchen ausgelöst werden.

Für diejenigen, die mit einem Schnarcher leben müssen, ist das Schnarchen ausgesprochen unangenehm. Ehen sind in die Krise geraten oder sogar gescheitert, weil ein Ehepartner zu laut geschnarcht hat. Ein schlagendes Beispiel dafür, wie unangenehm das Schnarchen sein kann, liefert das Leben von John Wesley Hardin. Der 1853 geborene Hardin wuchs im gesetzlosen Grenzgebiet des damaligen Texas auf und wurde als Glücksspieler und Pistolenheld bekannt. Eines Nachts in den siebziger Jahren war Hardin in einer der typischen Bretterbuden abgestiegen, die im Wilden Westen als Hotel durchgingen. Mitten in der Nacht wurde er durch das laute Schnarchen des Mannes im Nachbarzimmer geweckt. Hardin brüllte, der Mann solle endlich Ruhe geben, und trat mehrmals gegen die Wand, was jedoch ohne Wirkung auf den Krachmacher blieb. Schließlich griff Hardin nach seinem schweren fünfundvierziger Revolver und schoß mehrmals durch die Wand. Von einer Kugel getroffen, humpelte der tönende Schläfer von dannen, um sich ärztlich versorgen zu lassen, und Hardin konnte in Ruhe weiterschlafen. Hardins Nachbar hatte dabei mehr Glück als der Ehemann einer kalifornischen Frau, die sich bei der Polizei meldete, um den Tod ihres Ehemanns zu melden, der von fünf Schüssen durchlöchert worden war. «Ich habe ihm immer gesagt, hör auf zu schnarchen und schaff diese dämliche, gefährliche Pistole ab, die du neben dem Bett hast», erklärte die Frau den ermittelnden Beamten. «Und beides hat er nicht gemacht, also habe ich das Problem auf meine Art gelöst.»

Vom medizinischen Standpunkt betrachtet ist das Schnarchen wichtig als Indiz einer Verengung oder Verstopfung der Atemwege. Das ist ein frühes Anzeichen dafür, daß sich eine Schlafapnoe entwickeln könnte. Betrachten wir den Fall Gordons:

Gordon war vierundvierzig Jahre alt. Mit fünfundneunzig

Kilo Körpergewicht bei einer Körpergröße von ein Meter achtundsiebzig wog er eindeutig zu viel. Ihm gehörte ein mittelgroßer Souvenirladen im Touristengebiet einer Großstadt, in dem außer ihm und seiner Frau vier Hilfskräfte arbeiteten. Es war Gordons Frau, die ihn dazu drängte, wegen seines Schnarchens das Schlaflabor aufzusuchen. Sein Schnarchen störte sie beim Schlafen, und manchmal ging sie auch in ein anderes Zimmer, um dem Geräusch zu entkommen. Sie drohte ihm mit getrennten Schlafzimmern, wenn er sich nicht helfen ließe.

Gordon gab an, seit seiner Kindheit geschnarcht zu haben, und erinnerte sich, daß auch sein Vater ein lauter Schnarcher gewesen war. Gordon hatte schon verschiedene Mittel gegen das Schnarchen ausprobiert, darunter ein Spezialkissen, das ihm seine Frau gekauft hatte, und, als das nicht funktionierte, einen speziellen Anti-Schnarch-Kragen. Als sich auch der Kragen als wirkungslos erwies, kaufte Gordons Frau ihm Plastikclips für die Nase. Sie funktionierten auch nicht.

Gordon meinte, er habe einen verhältnismäßig festen Schlaf, und behauptete, nur einmal pro Nacht wach zu werden, nämlich wenn er den Drang verspüre, auf die Toilette zu gehen, um zu urinieren. Allerdings beklagte er sich darüber, daß er nachts heftig schwitze. Sein Schlafanzug und sein Kopfkissen seien oft so naß, daß er eine neue Schlafanzugjacke anziehe und das Kissen umdrehe, bevor er sich wieder zum Schlafen hinlege. Zwar schlafe er anscheinend tief, es falle ihm aber oft schwer, wach zu werden, und er fühle sich morgens wenig erfrischt oder sogar «benebelt». Außerdem klagte er über diffuse morgendliche Kopfschmerzen. Als Gordon gefragt wurde, wie wach er sich tagsüber fühle, meinte er, er schätze sich «so durchschnittlich» ein. Im Verlauf des Gesprächs wurde jedoch ganz klar, daß seine Müdigkeit für ihn ein großes Problem darstellte. Er räumte ein, daß er viel

Kaffee trinke und daß er ohne den Kaffee sehr schläfrig werde. Seine Frau und seine Angestellten entdeckten ihn zu verschiedenen Tageszeiten beim Dösen an seinem Schreibtisch im Hinterzimmer des Ladens.

Gordons Frau lieferte zusätzliche Informationen: «Wenn er vorne im Laden zu tun hat, geht er immer auf und ab. Wenn er sich auf den Stuhl an der Kasse setzt, fallen ihm die Augen zu, und er sieht aus, als ob er jeden Augenblick einschlafen würde. Er beklagt sich aber darüber, daß ihn auch ein Nickerchen nicht besonders erfrischt. Früher hatte er einen großartigen Humor und war vielseitig interessiert, aber in letzter Zeit scheint ihn nichts mehr zu interessieren. Früher haben wir uns abends oft gemeinsam Filme im Fernsehen angeschaut, aber wenn ich jetzt ein Video einlege, schläft er auf dem Sofa einfach ein. Er sagt, daß ich langweilige Filme aussuche. Wenn sie nicht langweilig wären, sagt er, würde er nicht einschlafen. Er wirkt depressiv, anders als früher, und er scheint gar keine Motivation mehr zu haben. Wir hatten immer davon gesprochen, den Laden zu erweitern. Als das kleine Geschäft nebenan leer wurde, schien das eine gute Gelegenheit zu sein. Wir hätten es kaufen und unseren Laden erweitern können. Aber als ich das vorschlug, hat er nur abgewinkt. Es wäre zuviel Aufwand und würde zuwenig bringen. In letzter Zeit vernachlässigt er auch einige wichtige geschäftliche Dinge.»

Gordons Schlaf im Labor zu beobachten, war sowohl faszinierend als auch schmerzlich. Er selbst versprach sich viel von den Untersuchungen, «damit meine Frau nicht weiter neben diesem Außenbordmotor schlafen muß». Er wurde mit den üblichen EEG-Elektroden zur Schlafüberwachung beklebt und außerdem mit einigen Zusatzgeräten ausgestattet, darunter ein winziges, kastenförmiges Gerät, das an seiner Schulter befestigt wurde und seine Schlafpositionen (auf dem

Rücken, der Seite oder dem Bauch) sowie sämtliche Bewegungen während der Nacht aufzeichnete. Über dem Bett hing ein Mikrofon, um Gordons Schnarchlaute zu messen. Außerdem wurden drei Vorrichtungen zur Messung seiner Atmung angebracht: Erstens wurde ein druckempfindliches Band um seinen Brustkorb gelegt, um die Expansion und Kontraktion der Lungen beim Atmen zu messen. Zweitens wurde ein Gerät angebracht, das wie ein kleines Kopfmikrofon aussieht und mit dem die Temperatur der Atemluft gemessen wurde. Ausgeatmete Luft wird durch den Körper erwärmt und hat also eine höhere Temperatur als die eingeatmete Luft. Schließlich wurde der Sauerstoffgehalt in Gordons Blut kontinuierlich überwacht. Dazu benutzt man einen sogenannten *Ohroximeter.* Dieses Gerät wird ans Ohr geklemmt und enthält eine Lichtquelle, die gegen eine Seite des Ohrläppchens gedrückt wird, und auf der anderen Seite einen Sensor. Der Sensor mißt die durch das Ohrläppchen dringende Lichtmenge. Bei einem hohen Sauerstoffgehalt wird das Blut rot, wohingegen sauerstoffarmes Blut einen eher bläulichen Teint hervorruft. Je intensiver die Rotfärbung des Bluts, desto mehr rotes Licht erreicht den Sensor. Indem man also die Schwankungen des durch das Ohrläppchen dringenden Lichts mißt, erhält man zuverlässige Werte über den Sauerstoffgehalt des Bluts – ganz ohne Nadeln und zerstochene Venen.

Trotz dieser ganzen Meßgeräte schlief Gordon fast sofort ein. Sein EEG zeigte, daß er bereits einhundertdreiundvierzig Sekunden nach Ausschalten des Lichts eingeschlafen war. Sein Schlaf sollte aber nicht sehr lange dauern. Nach nur neunundfünfzig Sekunden Schlaf gab Gordon einen schnaufenden Schnarchlaut von sich; dann, während das EEG anzeigte, daß er dabei war, aus dem normalen Schlafmuster aufzutauchen, schien er förmlich – und hörbar – nach Luft zu schnappen. Dieser Zyklus setzte sich dann die ganze Nacht fort: Gordon schlief ein und durchlief die ersten Phasen leichten Schlafs. Dann, nach einigen unregelmäßigen Schnarchlauten, zeigte das EEG an, daß er wieder aufgewacht war. Zwischen den einzelnen Schnarchepisoden atmete Gordon, wie die Meßgeräte zeigten, weder ein noch aus. Nur wenn er Schnarchlaute von sich gab, bekam er überhaupt Luft. Insgesamt war Gordon vierhundertsechsundfünfzig Minuten (siebeneinhalb Stunden) im Bett. In dieser Zeit wurde er vierhundertsechsundzwanzigmal wach, was bedeutet, daß er in jeder Stunde sechsundfünfzigmal wach wurde. Jede Schlafperiode dauerte im Schnitt also nur etwa dreiundsechzig Sekunden.

Am erschreckendsten waren die Ergebnisse der Messung des Sauerstoffgehalts im Blut. Wenn wir den höchstmöglichen Sättigungsgrad des Bluts mit einhundert ansetzen, dann wird der Sauerstoffgehalt beim Schlaf im Normalfall zwischen sechsundneunzig und neunundneunzig Prozent schwanken. Nach Ansicht der meisten Forscher besteht bei einem Abfallen des Sauerstoffgehalts unter neunzig Prozent eine echte Gefahr, daß bestimmte Zellen, insbesondere im Gehirn und dem zentralen Nervensystem, absterben. Bei Gordon stieg der Sauerstoffgehalt zwar nach jedem Atemzug an, fiel aber stetig wieder, während er ohne zu atmen dalag. In der Regel fielen die Werte auf achtzig bis fünfundachtzig Prozent, bis die Atmung wieder einsetzte. Einmal sah ich zu meinem Erstaunen, daß der Sauerstoffwert auf unter sechzig Prozent gefallen war! Wenn wir die Zeiten zusammenzählen, in denen Gordons Sauerstoffwerte unter der kritischen Marke von neunzig Prozent lagen, so kommen wir auf einhundertzwölf Minuten, was etwa einem Viertel seiner Nachtruhe entsprach. In diesen fast zwei Stunden mußte das Gehirn ohne die zur Aufrechterhaltung der Gesundheit des Zellengewebes notwendige Sauerstoffkonzentration im Blut auskommen.

Wie fühlte sich Gordon am nächsten Morgen? Er meinte, er habe so geschlafen wie immer. Vielleicht sei er wegen der ungewohnten Umgebung, der Drähte und so weiter ein paarmal öfter als sonst wach geworden, etwa sechsmal vielleicht, schätzte er – also vierhundertzwanzigmal weniger, als tatsächlich der Fall gewesen war. Ein wenig müde sei er immer noch, räumte er ein, und ein bißchen mehr Schlaf würde nicht schaden. Außerdem hatte er leichte Kopfschmerzen und nahm mit seiner ersten Tasse Kaffee auch ein paar Aspirin.

Leider ist Gordon kein ungewöhnlicher Fall.

In der letzten Zeit haben die Wissenschaftler eine Menge über die Vorgänge bei der Schlafapnoe durch das Studium der englischen Bulldogge lernen können, denn dieser Hund leidet unter dem gleichen Problem. Sein rundliches Gesicht mit der kurzen Schnauze hat viel mehr Ähnlichkeit mit einem menschlichen Gesicht, als dies bei anderen Hunderassen der Fall ist. Und diese Gesichtsform führt dazu, daß die Bulldogge schnarcht und unter Schlafapnoe leidet. Aus Untersuchungen sowohl an Menschen wie auch an Tieren wissen wir, daß es zwei Prozesse gibt, die eine Schlafapnoe hervorrufen können. Beim ersten geht es um die Hirnaktivität, genauer gesagt um die Fähigkeit des Gehirns, Vorgänge im Körper und in der Nähe des Körpers wahrzunehmen und zu kontrollieren. Wenn wir einschlafen, läßt die Aufmerksamkeit des Gehirns offensichtlich nach, und die meisten Körperfunktionen werden umgeschaltet auf das neurologische Äquivalent eines «automatischen Piloten». Eine der Hauptformen der Schlafapnoe hängt mit einem Fehler in diesem System zusammen, bei dem der automatische Pilot die Sauerstoffkonzentration im Blut nicht überprüft. Schläft der unter Schlafapnoe leidende Mensch ein, so schläft auch der das Atmen kontrollierende Autopilot ein. Das heißt, bei einer Schlafapnoe wird die Sauerstoffkonzentration im Blut von der im Hirnstamm lokalisierten neurologischen Kontrollinstanz nicht ausreichend überwacht. Wenn Menschen mit dieser Art Schlafapnoe einschlafen, hören sie auf zu atmen. Erst wenn der Sauerstoffspiegel so weit gefallen beziehungsweise der Kohlendioxidspiegel so weit gestiegen ist, daß eine bedrohliche Situation entsteht, wird das Gehirn kurzfristig wach. Keuchend holt der Schläfer Atem, um den Sauerstoffhaushalt wieder in Ordnung zu bringen – ein nur scheinbar unwillkürliches, in Wirklichkeit vom kaum wachen Gehirn ausgelöstes, grunzendes Einsaugen der Luft. Daraufhin schaltet das Gehirn die schadhafte automatische Kontrolle wieder ein und schläft bis zur nächsten Sauerstoffkrise weiter, die dreißig Sekunden bis zehn Minuten nach dem erneuten Einschlafen wieder eintreten wird.

Diese Form der Schlafapnoe heißt *zentrale Schlafapnoe*. Als sie in den fünfziger Jahren entdeckt wurde, nannte man sie den *Fluch der Ondine*, nach der Legende des ungetreuen Sir Lawrence, der dazu verdammt war, den Atem zu verlieren und zu sterben, sollte er jemals einschlafen. Dieser poetische und phantasievolle Name scheint aber ein Opfer der neuen Sprachempfindlichkeit geworden zu sein, der es als Zeichen mangelnder Empathie gilt, leidende Menschen als Opfer eines Fluchs zu bezeichnen.

Die zweite Form der Schlafapnoe wird einfach dadurch hervorgerufen, daß die Atemwege blockiert werden. Beim Einschlafen entspannen sich alle unsere Muskeln im ganzen Körper, auch die Muskeln der Zunge, des Rachenraums, der Kehle und der oberen Atemwege (in der Fachsprache *Pharynx* genannt). Bei normalen Schläfern findet dieser Kollaps des Lufttrakts langsam statt, und der Körper kann sich darauf einrichten, indem er zum langsamen, tiefen Atmen übergeht, das wir alle als Kennzeichen des Schlafs wiedererkennen. Das typische Opfer der Schlafapnoe ist ein übergewichtiger Mann mittleren Alters. Das Alter spielt deshalb bei der Apnoe eine Rolle, weil der Muskeltonus (die Muskelspannung) mit dem Alter nachläßt; das Gewicht stellt ein Problem dar, weil sich das Fett im Gesicht und im Hals sammelt und als zusätzliches Gewicht auf den Atemweg drückt und den Kollaps beschleunigt. Ist der Atemweg an einer einzigen Stelle blockiert, können Atemversuche sogar dazu führen, daß er sich weiter schließt. Wenn Sie sich ein anschauliches Bild von diesem Vorgang machen wollen, nehmen Sie einen Strohhalm und kneifen Sie ein Ende zu. Wenn Sie jetzt an dem Strohhalm ziehen, der hier als Modell der Luftröhre dient, wird der ganze Strohhalm flach und schließt sich. Sie müssen zunächst die Richtung des Luftzugs durch den Strohhalm ändern, also durch Pusten den Strohhalm wieder öffnen, bevor Sie mit ihm wieder etwas aufsaugen können. Das gleiche passiert in der Luftröhre des Menschen. Das Schnaufen, Schnarchen und Grunzen ist der Versuch, durch Einatmen, Ausatmen und wieder Einatmen den blockierten Atemweg wieder frei zu bekommen. Diese Art der Schlafapnoe heißt *obstruktive Schlafapnoe*, und sie ist die verbreitetste Form dieses Leidens.

Gibt es eine Möglichkeit festzustellen, ob man an einer Schlafapnoe leidet, ohne ins Schlaflabor zu gehen? Anhand des folgenden Fragebogens zur Schlafapnoe können Sie sich ein einigermaßen zuverlässiges erstes Bild machen. Er ist natürlich nicht so aussagekräftig wie einige ausführlichere Fragebögen oder gar eine medizinische Untersuchung, aber für die meisten Fälle, in denen die Symptome klar hervortreten, reicht er aus.

Fragebogen zur Schlafapnoe

1. Ist Ihnen gesagt worden, daß Sie laut schnarchen?	ja	nein
2. Ist Ihnen gesagt worden, daß Sie schlimmer schnarchen, wenn Sie auf dem Rücken liegen?	ja	nein
3. Hat man Ihnen gesagt, daß Sie eher schnarchen oder lauter schnarchen, wenn Sie unmittelbar vor dem Schlafen Alkohol zu sich genommen haben?	ja	nein
4. Schwitzen Sie nachts heftig?	ja	nein
5. Hat man Ihnen jemals gesagt, daß Sie nachts nicht atmen oder den Atem anzuhalten scheinen?	ja	nein
6. Ist Ihnen gesagt worden, daß Sie einen hohen Blutdruck haben?	ja	nein
7. Wachen Sie gelegentlich nachts mit dem Gefühl auf, nach Luft zu schnappen oder unter Atemnot zu leiden?	ja	nein
8. Haben sie beim Einschlafen oft den Eindruck, daß Ihre Nase verstopft wird?	ja	nein
9. Fällt Ihnen nachts das Atmen schwerer, wenn Sie auf dem Rükken liegen?	ja	nein
10. Fällt Ihnen nachts das Atmen schwerer, wenn Sie Alkohol getrunken haben?	ja	nein
11. Rauchen Sie seit mehr als einem Jahr, oder haben Sie früher einmal länger als ein Jahr geraucht?	ja	nein
12. Fühlen Sie sich morgens nach dem Aufwachen in der Regel unausgeschlafen und nicht wirklich erfrischt?	ja	nein
13. Wachen Sie manchmal morgens oder in der Nacht mit Kopfschmerzen auf?	ja	nein
14. Sind Sie älter als fünfunddreißig?	ja	nein
15. Werden Sie oft tagsüber extrem müde und schläfrig?	ja	nein
16. Ist Ihnen gesagt worden, daß Sie unruhig schlafen, daß Sie zucken, daß Sie sich beim Schlafen oft umdrehen oder sich viel bewegen?	ja	nein
17. Diese letzte Frage hat mit Ihrem relativen Körpergewicht zu tun. Um sie zu beantworten, schauen Sie auf Tabelle zwei. Suchen Sie links Ihr ungefähres Körpergewicht heraus und vergleichen Sie Ihre Körpergröße mit den rechts angegebenen Werten. Sind Sie *kleiner* als dort angegeben, kreisen Sie hier *ja* ein; sind Sie *genauso groß* oder *größer*, ist Ihre Angabe hier *nein*.	ja	nein

Um diesen Fragebogen auszuwerten, zählen Sie, wie oft Sie eine Frage mit *ja* beantwortet haben. Wenn Sie neun oder mehr Fragen mit *ja* beantwortet haben, haben Sie einige Symptome, die auch bei Menschen auftreten, die unter einer Schlafapnoe leiden. Vielleicht sollten Sie diese Frage mit einem Arzt besprechen oder eine Schlafklinik aufsuchen. Sollten Sie zwölf oder mehr Fragen mit *ja* beantwortet haben, gibt es eine sehr hohe Wahrscheinlichkeit, daß Sie unter einer Schlafapnoe leiden, und ich würde Ihnen im Interesse Ihrer Gesundheit dringend zu einer medizinischen Untersuchung raten.

Tabelle 2 (wird zur Beantwortung von Frage 17 gebraucht)

Ihr Körpergewicht (geschätzt)		
		Wenn Sie *kleiner* sind, als hier angegeben, beantworten Sie Frage 17 mit *ja*
US-Pfund*	Kilo	Zentimeter
weniger als 105	weniger als 48	antworten Sie mit *nein*, unabhängig von Ihrer Größe
110	50	139
120	54	144
130	59	151
140	64	157
150	68	162
160	73	168
170	77	172
180	82	178
190	86	182
200	91	187
210	95	191
220	100	196
230	104	200
240	109	205
250	113	208
mehr als 255	mehr als 116	antworten Sie mit *ja*, unabhängig von Ihrer Größe

* 1 US-Pfund entspricht 0,454 Kilogramm

Nehmen wir einmal an, bei Ihnen ist eine Schlafapnoe diagnostiziert worden, oder Sie befürchten, daß Sie eine Schlafapnoe haben. Mit diesem Leiden geht eine Reihe von Problemen einher, darunter ein verstärktes Risiko von Herzkrankheiten, hoher Blutdruck, Tagesmüdigkeit, erhöhtes Unfallrisiko. Außerdem kann es Ihr Leben drastisch verkürzen, und zwar durch Ersticken, wenn die Blockierung der Atemwege nicht rechtzeitig aufgehoben werden kann oder der Weckreflex aus irgendeinem Grund verzögert wird. (Das hat man bei englischen Bulldoggen beobachtet: Hunde dieser Rasse können, wenn sie fünf Jahre alt oder älter sind, an den unmittelbaren Folgen der Apnoe sterben, wenn das Leiden nicht behandelt wird.) Sollten Sie also an einer Schlafapnoe leiden, so liegt es auf der Hand, daß Sie etwas unternehmen sollten, um sie loszuwerden oder die Symptome so weit wie möglich zu reduzieren.

Was ist bei Schlafapnoe zu tun? In ernsten Fällen dürfte eine ausgedehnte medizinische Behandlung angebracht sein. Zu den heute verbreiteten Behandlungen gehört eine beim Schlafen über Mund und Nase getragene und mit einer Pumpe verbundene Maske, die durch den ständig erhöhten Luftdruck dafür sorgt, daß die Luftwege offen bleiben. Verschiedene chirurgische Eingriffe sind möglich, um der Verstopfung der Atemwege entgegenzuwirken. (Chirurgische Eingriffe sind auch bei der Bulldogge erfolgreich.)

Ist Ihr Zustand aber noch nicht so ernst, so gibt es einige einfache Maßnahmen, mit deren Hilfe Sie die Symptome der Schlafapnoe reduzieren können:

- *Nehmen Sie ab:* Es ist eine Tatsache, daß fast alle Menschen, die unter Schlafapnoe leiden, übergewichtig sind. Oft reicht es schon, abzunehmen, um das Problem zu beseitigen, und zwar weil dadurch auch das Fettgewebe an der Zungenwurzel reduziert wird, das den Atem blockiert, und weil mit dem Körpergewicht auch der Druck auf die Luftröhre nachläßt, die zugleich mehr Platz hat, sich auszudehnen.

- *Meiden Sie abends Alkohol und Beruhigungsmittel:* Der Alkohol wirkt sich derart auf das zentrale Nervensystem aus, daß der Muskeltonus während des Schlafs noch mehr nachläßt als sonst. Untersuchungen haben gezeigt, daß sich die Anzahl der Schlafapnoe-Episoden verdoppeln kann, wenn man vor dem Schlafengehen Alkohol trinkt. Beruhigungsmittel haben den gleichen Entspannungseffekt auf die Muskeln.
- *Meiden Sie Allergene:* Alles, was zu einer Verstopfung Ihrer Nase führt, erhöht auch die Wahrscheinlichkeit nächtlicher Apnoe-Anfälle. Meiden Sie Speisen, gegen die Sie allergisch sind, und verwenden Sie bei Stauballergien oder Heuschnupfen einen Luftfilter für Ihre Räume.
- *Rauchen Sie nicht:* Tabakrauch reizt die oberen Atemwege, wodurch eine Blockierung wahrscheinlicher wird.
- *Sorgen Sie dafür, daß Ihre Nase frei bleibt:* Es gibt Nasensprays oder rezeptfreie orale Medikamente gegen Schnupfen oder eine verstopfte Nase. Achten Sie darauf, daß es sich nicht um ein Antihistaminikum handelt; Antihistaminika haben die gleiche muskelentspannende Wirkung wie Alkohol und Beruhigungsmittel.
- *Schlafen Sie auf einem festen Kissen und einer festen Matratze:* Alles, was Ihnen einen Knick in den Hals macht, kann auch zu einem Apnoe-Anfall beitragen. Wenn Sie ganz ohne Kissen schlafen, bleiben die oberen Atemwege gerade. Eine feste Matratze kann auch von Nutzen sein.
- *Spielen Sie mal Ball – aber anders:* Eine Schlafapnoe tritt eher ein, wenn man auf dem Rücken liegt. Eine Seiten- oder Bauchlage reduziert den Druck auf die Atemwege. Leider kann man seine Schlafposition nicht kontrollieren,

wenn man einmal eingeschlafen ist. Eine clevere Lösung dieses Problems besteht darin, eine Tasche auf den Rücken Ihres Schlafanzugs zu nähen und einen Tennisball in diese Tasche zu stecken. Wenn Sie sich nachts auf den Rücken drehen, wird der Tennisball als unbequeme Druckstelle bewirken, daß Sie automatisch oder unbewußt Ihre Körperhaltung ändern und sich auf den Bauch oder die Seite legen.

- *Denken Sie an Ondine:* Ein letzter Ratschlag. Er hat keine naturwissenschaftliche Grundlage. Ich führe ihn hier lediglich der Vollständigkeit halber an, damit nichts ungesagt bleibe, was Sie davor bewahren könnte, der Schlafapnoe zum Opfer zu fallen. Wenn Sie eine Nymphe oder eine ähnlich zauberhafte Person heiraten und ihr die Treue schwören, lassen Sie sich bloß nicht mit jemand anderem erwischen!

Schlaflose Nächte

Der Komiker W. C. Fields sagte einmal: «Gegen die Insomnie hilft nur eins: ordentlich schlafen.» Menschen, die mit ihren Schlafschwierigkeiten zum Arzt gehen, bekommen wahrscheinlich die Diagnose zu hören, sie litten an «einfacher Insomnie». Das Problem bei der Schlaflosigkeit ist aber gerade, daß sie keine einfache Sache ist. Zum Krankheitsbild der Insomnie werden in der Regel gezählt: Einschlafschwierigkeiten, Durchschlafschwierigkeiten (darunter zu frühes Erwachen, die Unfähigkeit, wieder einzuschlafen, und häufiges nächtliches Erwachen) sowie eine allgemein schlechte Schlafqualität. Die Schlaflosigkeit ist jedoch kein spezifisches Leiden; sie ist vielmehr ein Symptom wie ein Fieber. Kein verantwortlicher Arzt würde ein «einfaches Fieber» diagnostizieren, da es durch eine Vielzahl von Ursachen hervorgerufen sein könnte. Zwar kann man das Fieber direkt behandeln – mit Aspirin etwa oder vielleicht mit kalten Kompressen an der Stirn; aber dadurch wird das dem Fieber zugrunde liegende Problem nicht gelöst. Das gleiche gilt für die Schlaflosigkeit. Man kann das Symptom direkt bekämpfen, etwa mit einem Schlafmittel; aber dadurch werden die tiefer liegenden Probleme nicht beseitigt, die zur Schlaflosigkeit geführt haben. Diese Probleme können ziemlich komplexer Art sein – oder aber geradezu lachhaft simpel.

Über gelegentliche Schlaflosigkeit klagen etwa fünfunddreißig Prozent der Bevölkerung, etwa siebzehn Prozent über häufige und ihre Lebensqualität beeinträchtigende Insomnie.

Leider wird bislang hauptsächlich an den Symptomen herumgedoktert. In den Vereinigten Staaten allein gibt es über dreizehn Millionen Menschen, die regelmäßig ein verordnetes Schlafmittel zu sich nehmen. Damit stellen Schlafmittel die am zweithäufigsten verordnete Medikamentensorte der Welt dar. Nur Antibabypillen werden häufiger verschrieben.

Die meisten Patienten bekommen allein aufgrund ihrer eigenen Symptombeschreibung ein Rezept für Schlafmittel. Das heißt, der Patient sagt dem Arzt, daß er nachts wenig oder unruhig schläft, und auf der Grundlage dieser Aussage wird das Medikament verschrieben. Nur sehr wenige Patienten werden etwa beim Schlafen im Schlaflabor beobachtet. Die Insomnie ist damit eines der wenigen Gesundheitsprobleme, die von Ärzten behandelt werden, ohne daß objektive klinische Befunde im Einzelfall vorliegen. Das ist nicht zuletzt deshalb bedauerlich, weil der subjektive Eindruck, schlecht geschlafen zu haben, außerordentlich unzuverlässig sein kann. Wenn wir zum Beispiel die persönlichen Berichte über schlechten Schlaf mit den objektiveren Messungen im Schlaflabor vergleichen, finden wir in vier von fünf Fällen, daß die subjektiven Klagen über Schlaflosigkeit durch keines der heute verfügbaren wissenschaftlichen Meßverfahren bestätigt werden können. Allein auf der Basis der Meßdaten gibt es oft keine Möglichkeit, zwischen dem angeblichen Insomniker und dem angeblich normalen Individuum zu unterscheiden. Die meisten Menschen, die nach Klagen über schwere Schlafstörungen im Schlaflabor untersucht werden, schlafen eine halbe bis volle Stunde länger, als von ihnen selbst angenommen. In der Regel schlafen sie auch dreißig Minuten früher ein, als sie selbst angeben.

Damit soll nicht geleugnet werden, daß die Insomnie existiert. Es ist nur so, daß wir gerade dann, wenn tatsächlich ein Problem vorliegt, die Situation oft für noch schlimmer halten, als sie es in Wirklichkeit ist. Ein klinisch eindeutiger Fall von Insomnie liegt dann vor, wenn eine der folgenden Aussagen auf den Patienten zutrifft:

- Er braucht *länger als* dreißig Minuten zum Einschlafen.
- Er wird fünfmal oder öfter pro Nacht wach.
- Die Gesamtmenge des durch das nächtliche Erwachen verlorenen Schlafs beträgt mehr als dreißig Minuten, und die Gesamtschlafdauer beträgt sechseinhalb Stunden oder weniger pro Nacht.
- Wenn der Patient frühmorgens wach wird und nicht wieder einschlafen kann, beträgt die Gesamtdauer des Schlafs pro Nacht weniger als sechseinhalb Stunden.
- Die Gesamtmenge des Tiefschlafs beträgt nach EEG-Messungen weniger als fünfzehn Minuten pro Nacht.

Wer gelegentlich eine oder mehrere dieser Bedingungen erfüllt, ist deshalb nicht automatisch Insomniker. Schließlich erlebt jeder von uns hin und wieder eine schlechte Nacht. Bei einer echten Insomnie sollten die Symptome relativ lang anhaltend sein, das heißt, sie sollten wenigstens drei Wochen hintereinander aufgetreten sein. Außerdem sollten sich im Wachleben irgendwelche Folgen der Schlaflosigkeit bemerkbar machen. In der Regel heißt das ein Gefühl von Erschöpfung, Ausgelaugtsein und ausgesprochener Schläfrigkeit zu verschiedenen Tageszeiten.

Viele Menschen glauben schon, sie litten an einer Insomnie, wenn sie etwa nachts ihre acht Stunden Schlaf nicht bekommen, oder wenn sie hin und wieder nicht einschlafen können oder nachts wach werden. Einmal kam einer meiner Kollegen zu mir und wollte sich wegen seiner Insomnie beraten lassen. Er brauche immer fast eine halbe Stunde zum Einschlafen und werde jede Nacht drei- oder viermal wach, klagte er. Als ich ihn darauf hinwies, daß diese Symptome in keiner Weise von dem abweichen, was wir als normales Schlafverhalten diagnostizieren, schien er ein wenig perplex. Einige Wochen später jedoch sagte er mir, daß er seit unserer Unterhaltung viel besser schlafe. Sein Problem war offensichtlich nicht eine Insomnie, sondern die Angst vor einer möglichen Insomnie.

Als ich später über die Unterhaltung mit diesem Kollegen nachdachte, ging es mir durch den Kopf, daß ihm ein Arzt aufgrund seiner Klagen über schlechten Schlaf wahrscheinlich irgendein Schlafmittel verschrieben hätte. Die Einnahme dieses Medikaments hätte dann zu wirklicher Insomnie führen können. Es klingt ironisch, ist aber eine Tatsache, daß die Einnahme von Schlafmitteln eine der häufigsten Ursachen für Schlafstörungen ist. Das kommt so: Da die Schlaflosigkeit ein Symptom ist und keine Krankheit, führt die Behandlung des Symptoms nicht zur Behebung oder Besserung des tiefer liegenden Problems. Wird dieses – psychische oder physische – Problem nicht behandelt, muß das Schlafmittel weiterhin eingenommen werden. Patienten aber, die über längere Zeit ein Schlafmittel einnehmen, entwickeln in aller Regel eine Toleranz gegenüber dem Medikament. Mit anderen Worten, das Mittel wirkt nicht mehr so stark, und der Patient verlangt vom Arzt eine höhere Dosis. Versucht der Patient jetzt, ohne das gewohnte Medikament einzuschlafen oder auch nur die Dosis zu reduzieren, tauchen Probleme auf. Es gibt Entzugserscheinungen, oft in Gestalt eines «Rebound»-Effekts. Der arme Patient leidet jetzt unter noch schlimmeren Symptomen als zuvor und ist bald davon überzeugt, sein Zustand habe sich verschlimmert. Das Resultat steht von vornherein fest: Die meisten Patienten nehmen ihr Mittel wieder ein, und zwar in noch höheren Mengen als vorher.

Dieses Muster ist derart verbreitet, daß es eine fachsprachliche Bezeichnung erhalten hat: *Medikamenten-Insomnie.* Mehrere Untersuchungen haben gezeigt, daß bereits der Gebrauch bestimmter Schlafmittel an drei aufeinanderfolgenden Tagen nach dem Absetzen des Medikaments zu einer heftigen Reaktion mit Schlaflosigkeit und Schlafstörungen in den folgenden Nächten führen kann. Besonders beunruhigend bei alledem ist die vom United States Institute of Medicine festgestellte Tatsache, daß die Auswirkungen der verordneten Medikamente auf den Schlaf der Insomniker ohnehin ziemlich gering sind. Die Einschlafzeit wird im Schnitt um fünfzehn Minuten verkürzt, die Gesamtschlafdauer lediglich um durchschnittlich dreißig Minuten verlängert. Angesichts der ungünstigen Nebenwirkungen erscheint dieser Gewinn ausgesprochen fragwürdig. Aus diesen Überlegungen ist zu schließen, daß Schlafmittel nur wenige Tage hintereinander genommen werden sollten, und auch das nur zur Überbrükkung, während die der Schlafstörung zugrunde liegenden Probleme ermittelt und behandelt werden.

Es ist natürlich der Fall, daß bestimmte Krankheiten, die Schmerzen und Unannehmlichkeiten bereiten, auch zu Schlafstörungen führen können, ebenso wie bestimmte neurologische Erkrankungen, vor allem solche, die mit Zuckungen oder Zittern verbunden sind. Spätestens seit Hippokrates (viertes Jahrhundert v. Chr.) geht man davon aus, daß auch psychologische Probleme wie Angst oder Streß (oder, wie es Hippokrates formulierte, «die Fährnisse des Lebens») die gewohnten Schlafmuster durcheinanderbringen können. Die Depression etwa ist mit einem charakteristischen Früherwachen verbunden, das zu einer den ganzen Tag über anhaltenden Lethargie und Erschöpfung führt. Eine weitere, bekannte und vorhersehbare Ursache von Schlafproblemen ist das Alter, da unsere Schlafmuster mit fortschreitendem Alter wieder unregelmäßiger werden, wie wir oben gesehen haben.

Eine Form der Insomnie, die eine medizinische Ursache hat, ist dennoch leicht durch eine Veränderung in der Schlafumgebung abzustellen. Etwa elf Prozent der Bevölkerung berichten, daß sie gelegentlich durch Sodbrennen am Einschlafen gehindert oder in der Nacht geweckt werden. Beim Sodbrennen handelt es sich um einen brennenden oder stechenden Schmerz in der Brustgegend. Trotz dieser Lokalisation (und obwohl es auf englisch *heartburn* heißt) hat das Sodbrennen nichts mit dem Herz zu tun. Das unangenehme Gefühl resultiert aus dem Zurückfließen des hochgradig säurehaltigen Mageninhalts in die Speiseröhre. Während der Magen über eine besondere Schutzschicht gegen starke Säuren verfügt, ist die Speiseröhre ungeschützt ihrer ätzenden Wirkung ausgesetzt. Wenn also der Mageninhalt durch das Ventil zurückfließt, das den Magen von der Speiseröhre trennt, wird das Gewebe der Speiseröhre angegriffen, und das spürt man als Brennen in der Brustgegend. Zuweilen wird dieses Brennen von einem sauren oder gallenbitteren Geschmack im Mund begleitet, je nachdem, was sich im Magen befindet. In extremen Fällen kann das zu einem Hustenanfall führen, insbesondere dann, wenn die Stimmbänder diesem Säurebad ausgesetzt werden. Bei chronischem Sodbrennen wird zuweilen bei einem solchen Hustenanfall sogar Blut gespuckt.

Das Sodbrennen – der Säurerückstau – tritt am häufigsten auf, wenn man liegt, und zwar aus einem einfachen Grund: Im Liegen kann die Schwerkraft nicht dazu beitragen, die Speisen vom Magen in den Darm zu transportieren, wo der Prozeß der Verdauung abgeschlossen wird. Da wir normalerweise im Liegen schlafen, ist es klar, daß der Säurerückstau häufiger nachts auftreten wird, wenn wir schlafen wollen.

Die Lösung dieses Problems ist im Grunde ganz einfach. Erstens sollte man drei Stunden vor dem Schlafengehen keine schwere Mahlzeit zu sich nehmen; darüber hinaus kann man den Rückfluß der Magensäure mit ziemlicher Sicherheit einfach dadurch verhindern, daß man das Kopfende des Betts ein wenig anhebt. So kann die Schwerkraft das Ihre tun, damit der Mageninhalt auf dem natürlichen Weg in den Darm befördert wird und nicht in die Speiseröhre zurückschwappt. Um das Bett anzuheben, kann man Klötze oder Keile unter die Füße des Kopfendes stellen. Man sollte es zunächst mit einer sehr leichten Neigung probieren; manchmal reicht es, das Kopfende um zwei bis vier Zentimeter anzuheben. Schon bleibt der Mageninhalt dort, wo er hingehört, und man kann ohne störendes Sodbrennen wieder schlafen. Ich habe auch versucht, mit Hilfe mehrerer Kissen meinen Oberkörper anzuheben, aber das hat nicht sehr gut funktioniert, weil ich im Schlaf immer wieder von den Kissen herunterrollte und am Ende doch in einer horizontalen Position landete. Das Bett anheben ist das sicherste Mittel; wenn man es sich leisten kann, kommt auch ein elektrisch verstellbares Bett in Frage. So oder so hat man jedenfalls ein wirksames und ungefährliches Mittel gegen eine der medizinischen Ursachen der Insomnie zur Hand.

Eine Warnung ist an dieser Stelle vielleicht angebracht: Heben Sie das Bett nicht zu sehr an. Alle Betten und Matratzen sind so entworfen, daß wir uns ausstrecken und in einer waagerechten Lage schlafen können. Zwar können wir auch im Sitzen schlafen (viele Lehrer und Professoren sind davon überzeugt, daß die Mehrzahl ihrer Schüler und Studenten zwar auf ihren Plätzen sitzt, aber dennoch den Unterricht im sanften Schlaf hinter sich bringt). Vom Gesichtspunkt der Architektur oder des Umweltschutzes aus betrachtet mag es sinnvoll erscheinen, Schlafräume so einzurichten, daß die Menschen im Sitzen schlafen müssen (schließlich braucht ein Sessel weniger Platz als ein Bett). Man könnte noch mehr Menschen in noch engere Wohnräume quetschen, wenn sie sich nicht zum Schlafen ausstrecken müßten. Warum benutzen wir also nicht Stühle zum Schlafen statt Betten?

Die Ablehnung von Sitzgelegenheiten als Schlafstellen hat tatsächlich gute Gründe. Es geht um unsere Gesundheit und um die Qualität unseres Schlafs. Viele von Ihnen wissen wahrscheinlich, wie es ist, wenn man einen Nachtflug bucht, um früh am nächsten Morgen am Ziel zu sein. Man begründet eine solche Entscheidung in der Regel etwa wie folgt: «Wenn mein Flug um zweiundzwanzig Uhr geht und um sechs Uhr ankommt, kann ich immer noch beinahe acht Stunden Schlaf bekommen. Ich kippe den Sitz nach hinten, wickele mich in eine Decke und klemme mir ein Kissen unter den Kopf. So komme ich frisch und ausgeruht zur Sitzung um acht Uhr früh.» Natürlich sieht die Wirklichkeit völlig anders aus. Obwohl Sie sofort einschlafen (noch bevor die Stewardeß ihre Sicherheitsansage beendet hat) und erst sieben Stunden später geweckt werden, fühlen Sie sich kaum erfrischt (ja oft genug kommt es Ihnen vor, als hätten Sie gar keine Nachtruhe gehabt). Und in einem solchen Zustand müssen Sie zu allem Übel an dieser wichtigen Sitzung teilnehmen!

Ihr schlechter Schlaf hat nichts mit dem Lärm, dem Rütteln oder der fremden Umgebung des Flugzeugs zu tun. Die schlechte Qualität des Flugzeugschlafs hängt direkt mit der Tatsache zusammen, daß Sie im Sitzen schlafen. Die EEG-Aufnahmen von Menschen, die im Sitzen schlafen, sei es in einem bequemen Ohrensessel oder auf einem an einen Tisch herangeschobenen Stuhl, dokumentieren einen außerordentlich schlechten Schlaf im Verhältnis zum Schlaf in der ausgestreckten, horizontalen Lage. So bekommt man im Sitzen so gut wie gar keinen Tiefschlaf. Dabei hängt es im allgemeinen gerade von dem Anteil des Tiefschlafs ab, welche wiederbelebende und kräftigende Wirkung der Schlaf entfalten kann. Menschen, die im Sitzen schlafen, scheinen die ganze Nacht hindurch zwischen den beiden leichtesten Schlafphasen hin und her zu schweben.

Warum können wir im Sitzen so schlecht schlafen? Die Antwort auf diese Frage ist vielleicht ganz einfach und klingt womöglich banal. Daß es nicht gut wäre, im Stehen einzuschlafen, leuchtet unmittelbar ein; würde man in eine Schlafphase driften, in der man sehr entspannt ist und der Körper völlig erschlafft, so müßte man hinfallen. Bei einem unglücklichen Fall könnte man sich an einer harten Fläche oder der scharfen Kante eines Möbelstücks arg verletzen. Es ist zwar nicht unmöglich, im Stehen einzuschlafen; aber die Schlafstadien, die dabei erreicht werden, sind sehr leicht. Wenn der Körper schwankt oder wankt, wird der Schläfer rechtzeitig wach und kann das Umfallen noch verhindern. Es kann durchaus der Fall sein, daß wegen der aufrechten Haltung des Oberkörpers das Sitzen vom Gehirn als eine eher stehende als liegende Haltung interpretiert wird. Deshalb können wir im Sitzen die Tiefschlafphase nicht erreichen; der Körper überwacht seine Haltung und läßt nur leichten Schlaf zu. Theoretisch gibt es vielleicht eine Art kritische Neigung des Sitzens, die das Gehirn als ausreichend horizontal erachtet, um den Tiefschlaf zuzulassen. Wie dem auch sei, die Forscher haben diesen kritischen Winkel noch nicht entdeckt. Es dürfte aber klargeworden sein, daß auch im bequemsten Sessel keine ausreichende Ruhe zu haben ist und daß unsere Betten aus gutem Grunde flach sind. Im Kontext des Säurerückflusses bedeutet das: die Neigung des Betts darf nur gering sein, auf keinen Fall auch nur annähernd so stark wie bei einem Sessel, selbst einem verstellbaren Fernseh- oder sogenannten Schlafsessel.

Bestimmte Lebensgewohnheiten können auch zu körperlich bedingten Schlafstörungen führen. Sport am Abend erhöht oft den Erregungszustand und macht es schwerer, einzuschlafen. Eine schwere Mahlzeit wenige Stunden vor dem Schlafengehen, insbesondere wenn sie stark gewürzt ist und einen hohen Fettgehalt hat, kann das Schlafen beeinträchtigen. Der Konsum von Alkohol, Nikotin oder Koffein führt dazu, daß der Schlaf insgesamt reduziert, zerstückelt und durcheinandergebracht wird.

Manchmal sind die Ursachen einer Schlafstörung so einfach zu beseitigen, daß man sich fragt, warum sie nicht schon lange abgestellt worden sind. Schätzungsweise ein Drittel aller Fälle von Insomnie sind auf eine schlechte Schlafumgebung zurückzuführen. Einige der offensichtlichsten Faktoren haben mit dem Bett oder den Kopfkissen zu tun. Eine zu weiche Matratze hemmt die normalen nächtlichen Bewegungen des Körpers und erschwert es dem Schläfer oft, in einer neuen Position bequem zu werden, so daß er morgens steif und verkrampft aufwacht. Andere Menschen, insbesondere dünne Individuen, denen die schützende Fettschicht ihrer dickeren Freunde abgeht, werden auf einer zu harten Matratze einen schmerzhaften Druck an den Armen, Hüften oder Schultern verspüren. Bequeme Schlafkleidung ist auch wichtig, denn ein zu enger Schlafanzug wird einem genauso sicher den Schlaf rauben wie laute Geräusche.

Es ist ganz erstaunlich, wie viele Schlafzimmer ein Lichtproblem haben. Auf das Schlafen bezogen bedeutet ein Lichtproblem in der Regel zuviel Licht. Wie wir gesehen haben, ist das Licht ein wichtiger Faktor beim Aufrechterhalten unseres täglichen Schlaf-Wach-Zyklus. Wenn Licht von der Straße her ins Zimmer fällt, sollte man also eine lichtundurchlässige Jalousie oder einen ausreichend schweren Vorhang anbringen. Ein weiteres einfaches, billiges und effektives Mittel ist eine Schlafmaske, die in fast jeder Drogerie oder Apotheke zu erhalten ist. Wenn man ein Nachtlicht benutzt, sollte es so gedämpft sein, daß man das Licht durch die geschlossenen Augenlider nicht verspürt. Wer nachts öfter auf die Toilette muß, wird ein Nachtlicht ziemlich nützlich finden, denn das Anknipsen eines hellen Lichts mitten in der Nacht kann die mit dem morgendlichen Aufwachen verbundenen Reaktionen des Nervensystems auslösen und dadurch das Wiedereinschlafen erschweren.

Geräusche im Schlafzimmer sind ein weiteres Problem der Schlafumgebung, das zu Schlafstörungen führen kann. Untersuchungen bei Menschen, die in der Nähe von Flughäfen wohnen, haben gezeigt, daß bestimmte Geräusche, etwa der Lärm eines vorüberfliegenden Düsenflugzeugs, den Schläfer zwar nicht unbedingt wecken, den Schlaf jedoch in eine leichtere Phase umschalten lassen, wodurch er insgesamt weniger erholsam wirkt. Straßenlärm kann eine ähnliche Wirkung haben. Es hilft ein wenig, die Fenster zu schließen, aber in der Regel ist es unmöglich, alle Geräusche zu eliminieren. Die Lösung des Problems besteht paradoxerweise darin, selbst ein Geräusch zu erzeugen. Was man braucht, ist ein sogenanntes «weißes Rauschen», wie es etwa Belüftungssysteme oder Klimaanlagen produzieren. Man kann auch ein Gerät kaufen, das weißes Rauschen erzeugt, und es neben dem Bett aufstellen, und es gibt auch Endlosbänder mit ähnlichen Geräuschen, die manchmal als «Wellenrauschen», «Windgeräusche» oder «Regengeräusche» angeboten werden.* Das Geräusch eines Ventilators hilft auch, und er hat den zusätzlichen Vorteil, daß er einen im Sommer kühl hält. Das weiße Rauschen wirkt hauptsächlich dadurch, daß andere, unbeeinflußbare Geräusche aus der Umgebung davon geschluckt werden. Da das weiße Rauschen

* Eine Nachfrage bei drei führenden Elektronikfachgeschäften in Berlin ergab, daß weder Tongeneratoren für weißes Rauschen noch Endloskassetten mit weißem Rauschen in Deutschland bekannt zu sein scheinen. – Der Übersetzer

selbst monoton und gleichmäßig ist, wird es die schlafende Person nicht wecken, wie es ein Radio oder ein Fernseher tun könnten. Es beschäftigt unsere Ohren, die sich mit diesem kontinuierlichen, nicht aufregenden, aber komplexen Geräusch auseinandersetzen müssen. Eine Reihe von Untersuchungen belegt die beruhigende Wirkung eines leisen weißen Rauschens, sogar bei Neugeborenen, die Schlafprobleme haben.

Ein weiterer Umgebungsfaktor, der den Schlaf beeinflussen kann, ist die Temperatur. Wie andere Warmblüter schlafen auch Menschen am besten, wenn sich die Umgebungstemperatur im Rahmen ihrer «thermoneutralen Zone» bewegt. Damit ist ein Temperaturbereich gemeint, innerhalb dessen die Luft weder so kühl ist, daß ein Tier seinen Stoffwechsel beschleunigen (oder zusätzliche Energie beim Zittern aufwenden) muß, um warm zu bleiben, noch so warm, daß ein Tier hecheln oder beim Schwitzen Körperflüssigkeit abgeben muß, um kühl zu bleiben. Die meisten Menschen bevorzugen eine Temperatur um fünfundzwanzig Grad Celsius. Es gibt jedoch große Unterschiede von Mensch zu Mensch, und individuelle Präferenzen können zwischen einundzwanzig Grad Celsius und dreißig Grad Celsius schwanken. (Meine Frau zum Beispiel scheint von einer Pinguinrasse abzustammen, und ihr ist es immer zu heiß, während ich offensichtlich einen Schuß Sahara-Wüstenkamel im Blut habe und immer friere.) Fällt die Temperatur unter die thermoneutrale Zone des Schläfers, führt das in der Regel zu häufigeren und längeren Wachperioden. Ist die Temperatur zu hoch, bewegen sich die Menschen im Schlaf viel mehr, was dazu führen kann, daß sie öfter wach werden und einen zerstückelten Schlaf haben. Interessant ist übrigens die Beobachtung, daß der REM-Schlaf oder Traumschlaf erheblich empfindlicher auf Temperaturunterschiede reagiert als der Tiefschlaf.

Man kann auch Temperaturunterschiede benutzen, um den Schlaf herbeizuführen. Beim Einschlafen fällt ja die Körpertemperatur langsam ab. Oft reicht es, eine analoge Situation herbeizuführen, um schläfrig zu werden. Der zunächst warme Körper muß also langsam abkühlen. Der einfachste Weg, dies zu erreichen, ist ein heißes Bad vor dem Zubettgehen. Wenn Sie das ausprobieren wollen, sollten Sie auf jeden Fall baden, nicht duschen, denn die stimulierende Wirkung der Dusche könnte im Gegenteil dazu führen, daß Sie sich wacher fühlen und schwerer einschlafen können. Nach dem Bad sollten Sie sich sanft abtrocknen (heftiges Abtrocknen stimuliert) und ins Bett gehen. Eine trockenere Alternative besteht darin, Ihre elektrische Decke etwa eine Viertel- bis halbe Stunde vor dem Zubettgehen auf die höchste Stufe einzustellen und beim Zubettgehen auf die gewünschte Schlaftemperatur herunterzuschalten. In beiden Fällen (Bad und Decke) beginnen Sie mit einem warmen Körper, der sich langsam abkühlt. Dieses Simulieren der mit dem Einschlafen verbundenen Abkühlung reicht in der Regel, um den Schlaf tatsächlich herbeizuführen.

Zu den Faktoren der Schlafumgebung, die zu Schlafstörungen führen können, zählt auch Ihre Wahl eines Schlafpartners. Es ist experimentell erwiesen, daß die Bewegungen unseres Bettpartners die Qualität unseres Schlafs beeinflussen. Wenn Sie also mit einem Insomniker schlafen, können Sie durch sein Hin-und-her-Wälzen selbst um den Schlaf gebracht werden. Auch ein schnarchender Partner kann Ihnen den Schlaf rauben.

Zwar werden die meisten von uns nur ungern ihre Gatten und Liebhaber nur deshalb aus dem Bett werfen, weil sie unruhig schlafen. Es gibt aber andere Wesen, die das Bett mit uns teilen und genauso störend sind, und deren Entfernung unter Umständen weniger Schwierigkeiten bereitet. Ich meine natürlich unsere Hunde und Katzen. In vielen Haushalten schlafen die Haustiere nicht nur mit im Schlafzimmer, sondern nehmen auch das Recht für sich in Anspruch, auf dem Bett zu schlafen. Da sich Tiere nachts bewegen, wie Menschen auch, kann ein unruhiges Tier den Schlaf des Besitzers empfindlich durcheinanderbringen. Die Schlafgewohnheiten mancher Tiere können die Qualität unseres Schlafs reduzieren. Es gibt zum Beispiel die Kuschel-Tiere, die sich neben einem in die Decke hineingraben und dann den Kopf oder die Pfote auf einen legen. Wenn dieser Druck unangenehm wird, dreht man sich um. Das Tier folgt einem und kuschelt sich wieder an. Wenn das in der Nacht ein paarmal so weitergeht, klammert man sich schließlich mühsam am Bettrand fest, während sich das Tier in der Mitte breitmacht und sich wohl fühlt. Als nächstes haben wir die Schnarch-Tiere. Hunde mit plattgedrückten Gesichtern wie Boxer oder Pekinesen neigen zum Schnarchen. Das kann ziemlich laut werden und den Schlaf stören. Dann gibt es das Spiel-Tier, das sein Lieblingsspielzeug auf das Kopfkissen fallen läßt und einen dann mit der Pfote bearbeitet, wenn man nicht darauf reagiert. Es gibt auch das Hunger-Tier, das immer um sieben Uhr Frühstück bekommt, aber plötzlich Hunger verspürt und sich fragt, ob man nicht doch dazu gebracht werden könnte, um vier Uhr früh in die Küche zu gehen und es zu füttern. Dann haben wir noch ... aber ich glaube, Sie merken schon, worauf ich hinauswill.

Für diese Haustier-Insomnie gibt es einige ziemlich einfache Lösungen. Die einfachste besteht darin, die Schlafzimmertür zu schließen und Rex und Felix draußen vor zu lassen. Als Alternative kann man dem Tier beibringen, neben dem Bett auf einer Decke, einem Kissen oder in seinem eigenen Bett zu schlafen. Einem Hund kann man eine Tragebox als Schlafplatz zuweisen und ihn dort auch einsperren, wenn er partout darauf bestehen will, auf dem Bett zu schlafen. Indem man das Tier nur abends füttert, reduziert man die Wahrscheinlichkeit, daß es einen in den frühen Morgenstunden wecken wird, weil es Appetit auf ein Häppchen hat. (Wenn all das nicht hilft, können Sie meine Frau bitten, Ihnen ihren «Hunde-Rausschmiß-Fußtritt» zu zeigen, dessen durchschlagende Wirkung meine Hunde gelehrt hat, im Interesse der eigenen Sicherheit lieber ihre Seite des Ehebetts großräumig zu umgehen.)

Und wenn ich Ihnen nun erzähle, daß manche Insomniker Probleme haben, weil sie *gelernt* haben, nicht einzuschlafen? Wenn man das Schlafen nicht nur als Zustand, sondern auch als Verhalten begreift, wird das klarer. Für den normalen Schläfer wirken der Anblick des mit Kunstlicht erleuchteten Schlafzimmers, das vertraute Gefühl des Schlafanzugs, all die mit dem Zubettgehen verbundenen Sinneseindrücke als Signale für das Gehirn, als Auslöser einer schlafbereiten Einstellung. Die meisten von uns haben ein festgelegtes Ritual, das wir vor dem Schlafengehen befolgen: Wir laufen im Haus umher, knipsen das Licht aus, lassen die Katze herein oder hinaus, sehen nach, ob alle Türen geschlossen sind, trinken vielleicht ein Glas Milch, putzen die Zähne oder bürsten die Haare, ziehen uns aus, stellen den Wecker und so weiter. Da dieses Ritual fast immer dem Einschlafen vorangeht, wird unser Gehirn konditioniert, bei der Einleitung dieser Handlungssequenz mit dem allmählichen Abschalten und der Vorbereitung des Schlafens zu beginnen. Auf diese Weise bringen wir uns im Grunde genommen das Einschlafen bei.

Ein Beispiel dafür, wie wir die Signale lernen, die uns einschlafen lassen, liefert eine Geschichte, die mir vom ungarisch-amerikanischen Mathematiker und Autor George Polya erzählt wurde. In der Geschichte geht es um einen anderen Mathematiker: David Hilbert, Professor an der Universität Göttingen, der auf dem Gebiet der algebraischen und analytischen Geometrie viele bahnbrechende Erkenntnisse gewann. Eines Abends, so Polya, sollte es bei Hilberts ein Fest geben. Als die ersten Gäste eintrafen, bemerkte Hilberts Frau, daß ihr Mann ein nicht ganz sauberes Hemd trug. Also schickte sie ihn nach oben, um ein frisches anzuziehen. Nach etwa zwanzig Minuten war er immer noch nicht zurückgekehrt. Die Gäste standen ein wenig ratlos herum und warteten auf den Gastgeber. Schließlich ging Frau Hilbert nach oben und fand ihren Mann im Schlafzimmer. Er lag friedlich in seinem Bett und schlief den Schlaf der Gerechten. «Verstehen Sie», sagte Polya, «es war ein natürlicher Ablauf. Er zog die Jacke aus, dann die Krawatte, das Hemd und so weiter, und dann ging er ins Bett und schlief ein.» Zwar reagieren die meisten von uns nicht derart automatisiert auf die Reize, die uns die Nachtruhe signalisieren, aber wir werden durch die Sequenz unserer eigenen Routine konditioniert, und diese Konditionierung hilft uns einzuschlafen.

Manche Menschen allerdings assoziieren den Anblick des Schlafzimmers mit anderen Aktivitäten. Und diese Aktivitäten können uns das Einschlafen erschweren. Viele Menschen lesen im Bett, sehen fern, essen, spielen Karten, telefonieren oder lösen Kreuzworträtsel. Kinder erfinden oft Spiele, die nur im Bett gespielt werden können: Sie benutzen es zum Beispiel als Trampolin oder bauen aus den Bettdecken ein Zelt. Manche Menschen verrichten im Bett geistige Arbeit: Sie planen die Ereignisse des nächsten Tags oder machen sich Sorgen wegen der Arbeit, die sie noch nicht erledigt haben, und manche haben sich angewöhnt, sich darüber Sorgen zu machen, daß sie nicht einschlafen können. Wenn man das Bett für alle diese nicht mit dem Schlaf assoziierten Tätigkeiten benutzt, wird man in gewisser Weise geistig verwirrt. Der Kopf weiß nicht, ob es jetzt Zeit zum Schlafen ist oder zum Fernsehen, Lesen oder was auch immer. Wenn Sie dann tatsächlich schlafen wollen, müssen Sie den ganzen Prozeß des langsamen Abschaltens aus dem Wachzustand durchlaufen, ohne Hilfe der Signalwirkung der Schlafzimmerumgebung.

Es gibt verschiedene Möglichkeiten festzustellen, ob Sie sich konditioniert haben, in Ihrem Schlafzimmer nicht einzuschlafen. Ein verräterisches Zeichen wäre die Tatsache, daß Sie zwar in Ihrem eigenen Bett unter Insomnie leiden, wenn Sie einschlafen wollen, jedoch ohne weiteres einschlafen können, wenn Sie es nicht wollen und wenn Sie nicht in Ihrem eigenen Bett sind. Das passiert am häufigsten, wenn Sie lesen, fernsehen oder in einem Bus oder Flugzeug sitzen. Eine weitere Möglichkeit, festzustellen, ob Sie sich konditioniert haben, in Ihrem eigenen Bett wach zu bleiben, besteht darin, Ihr Schlafverhalten an einem anderen Ort zu überprüfen. Wer konditioniert ist, im eigenen Zimmer nicht zu schlafen, findet es oft leichter, in einem frenden Schlafzimmer (zum Beispiel einem Hotelzimmer) einzuschlafen. Eine meiner Studentinnen, die sich über Einschlafschwierigkeiten zu Hause beklagt hatte, erzählte mir nach einem Campingausflug, bei dem sie in ihrem Schlafsack auf dem harten Boden schlafen mußte, daß sie seit Monaten nicht mehr so gut geschlafen habe.

Wenn Sie eine konditionierte oder gelernte Insomnie vermeiden wollen, sollten Sie Ihre Schlafzimmeraktivitäten am besten auf den Schlaf beschränken. Die einzige Ausnahme dieser Nur-Schlafen-Regel lautet: Sex. In westlichen Ländern ist der Sex eine Tätigkeit, die normalerweise vor dem Schlafen ausgeübt wird. In manchen Kulturen allerdings, so wird berichtet, ist der Sex eine Morgenaktivität, die gleich nach dem Erwachen stattfindet. In der Regel wird die sexuelle Aktivität bis zum Orgasmus fortgesetzt, und die meisten Menschen empfinden nach dem Orgasmus ein tiefes Gefühl der Entspannung und des Wohlbefindens. Diese Beobachtung hat dazu geführt, daß viele Menschen den Sex als gutes Schlafmittel ansehen. Die sexuelle Aktivität an sich führt jedoch zu einer gesteigerten Erregung, und die körperliche Anstrengung kann die gleiche Auswirkung wie jede andere heftige körperliche Betätigung unmittelbar vor dem Schlafen haben und das Einschlafen erschweren. Psychologische Streßfaktoren im Zuge einer negativ verlaufenden sexuellen Begegnung, Versagensängste etwa, Orgasmus- oder Erektionsschwierigkeiten können zu Spannungen und Frustrationen führen, die es eher schwieriger machen, in den Schlaf zu finden.

Verschiedene Untersuchungen haben sich mit der Frage befaßt, ob denn der Sex dem Schlaf förderlich oder eher hinderlich ist. Allgemein gesagt scheint die Antwort zu sein: weder noch. EEG-Aufnahmen belegen, daß die Einschlafzeit nach normaler sexueller Aktivität genau die gleiche ist wie in den Nächten, an denen es keinen Sex gibt. Auch die Schlafdauer und die Schlaftiefe bleiben unverändert. In einem Versuch mußten sogar zehn normal gesunde, heterosexuelle Männer zehn Tage lang auf Sex verzichten und dann vor dem Schlafengehen Geschlechtsverkehr haben; ihr Schlafverhalten in dieser Nacht wich in keinem wesentlichen Aspekt von ihrem Schlafverhalten in den anderen Nächten ab. Das bedeutet, daß Sie Ihr Bett ruhig nicht nur für das Schlafen, sondern auch für den Sex benutzen können, ohne Gefahr zu laufen, dadurch länger wach zu bleiben. Das bedeutet aber auch, daß der Versuch, einen zögerlichen Partner mit dem Argument zum Sex zu überreden, man werde danach besser schlafen, sich nicht auf wissenschaftliche Daten stützen kann.

Manche Menschen machen sich schlaflos, indem sie sich allzuviel Mühe geben, endlich einzuschlafen. Die meisten von uns sind in einer Kultur groß geworden, in der man uns sagt, daß wir alles erreichen können, wenn wir uns nur genug anstrengen: «Wenn du gewinnen willst, mußt du dich einhundertzehn Prozent anstrengen»; «Übung macht den Meister»; «Augen zu und durch». Leider ist der Schlaf ganz anders als die meisten anderen Aktivitäten im Leben. Sich auf den Schlaf konzentrieren, den Körper zur Ruhe zwingen – das funktioniert einfach nicht. Sich noch mehr anstrengen, sich auf die schiere Willenskraft verlassen – das mag bei unseren Wachaktivitäten der Weg zum Erfolg sein, aber wenn man einschlafen will, ist das der sicherste Weg zum Mißerfolg. Sich noch mehr Mühe geben heißt, seinen Erregungszustand steigern, seine ganze Energie mobilisieren, und genau das will man nicht. Der einfachste Weg einzuschlafen ist, sich zu entspannen. Man kann sich entspannen, indem man alle Gedanken an die Arbeit oder an streßbesetzte Themen aus seinem Kopf bannt. Meine Großmutter mütterlicherseits kannte diesen Trick. Als ich etwa fünf Jahre alt war, tobte noch der Zweite Weltkrieg, und mein Vater kämpfte als Soldat in Europa. Meine Mutter und ich lebten bei ihren Eltern. Eines Abends – meine Mutter, die als Verkäuferin in einem Warenhaus arbeitete, war noch nicht von der Arbeit nach Hause gekommen – hatte ich Schwierigkeiten mit dem Einschlafen. Es war mir wohl deutlich anzusehen, daß ich mich nicht recht wohl in meiner Haut fühlte. Meine Großmutter kam ins Zimmer und besah mich einen Augenblick lang.

«Warum bist du heute so unruhig?» fragte sie rhetorisch. «Na, wahrscheinlich treiben die Dibbuks ihren Spaß mit dir.»

«Was sind denn die Dibbuks?» fragte ich.

«Das sind Teufelchen, die Menschen gerne quälen und sie vom Schlaf abhalten. Aber ich sage dir, was du dagegen tun kannst. Wenn du mal nicht einschlafen kannst, steig aus dem Bett und dreh die Schuhe um. Da verstecken sich nämlich nachts die Dibbuks, weißt du. Wenn sie keinen Platz zum Verstecken haben, während sie dich necken, verschwinden sie und ärgern jemand anderen.»

Dieser kleine Trick hat die unbestimmte Spannung, die mich wach hielt, aufgelöst, und ich muß zugeben, daß ich ihn während der Grundschulzeit einige dutzendmal mit großem Erfolg anwendete.

Die meisten Erwachsenen machen sich allerdings nicht wegen Dibbuks Sorgen. Sie haben andere Ängste, Probleme und Sorgen, die alle leicht zu Spannung und Erregung führen können, wenn man sich darauf konzentriert. Der Trick für Erwachsene heißt, an schöne Dinge denken. Lassen Sie Ihre Gedanken wandern. Denken Sie also einmal nicht an die Arbeit (Sie wissen ja: Sie werden klüger sein und besser arbeiten, wenn Sie eine ordentliche Mütze voll Schlaf bekommen), und denken Sie bloß nicht an den Schlaf. Manchen Menschen helfen Entspannungs- und Atemübungen. Anderen hilft es, an Lieder oder Gedichte zu denken, sich an schöne Ereignisse aus der Vergangenheit zu erinnern oder sich schöne Ereignisse in der Zukunft auszumalen. Diese Einschlafgedanken sollten persönliche Gedanken sein. Sie gehen niemanden etwas an, und Sie brauchen niemandem zu sagen, woran Sie denken.

Heute bin ich zu alt, um den Trick mit dem umgedrehten Schuh anzuwenden. Meine persönliche Einschlafhilfe besteht darin, daß ich mich an Gedichte zu erinnern versuche – aus *Alice im Wunderland* zum Beispiel, oder von Carl Sandburg, ja sogar auch alte Kinderreime. Die Anfänge kenne ich meistens, aber ich komme selten so weit, daß ich feststellen könnte, ob ich das ganze Gedicht kenne oder nicht. Ich fange einfach an, durch eines dieser Gedichte zu wandern, und schon bin ich eingeschlafen. Da gibt es zum Beispiel dieses berühmte Kindergedicht von Eugene Field:

Wynken, Blynken und Nod zogen fort
Eines Nachts im Holzsegelschuh
Auf dem Silberlichtfluß zum heimlichen Ort
Auf den Tautropfenozean zu ...

Schlafen und Gesundheit

Daß es eine enge Beziehung zwischen dem Schlaf und der Gesundheit gibt, kann man bereits im Alltag feststellen. Wir haben alle von Fällen gehört wie dem des Studenten, der zwei Nächte hintereinander durcharbeitet, um sich auf ein Examen vorzubereiten, und am Abend des dritten Tages mit den Symptomen einer Erkältung darniederliegt. Oder von dem um einen lukrativen Auftrag ringenden Geschäftsmann, der wegen dieser Spannungen mehrere Nächte hintereinander schlecht schläft und am Tag der großen Verhandlung mit Halsschmerzen und einer Kehlkopfentzündung aufwacht. Dann gibt es den Patienten in der Chirurgie, der vier- oder fünfmal pro Nacht geweckt wird, um Medikamente zu erhalten, dessen Blutwerte jedoch immer noch eine leichte Infektion anzeigen. Er wird entlassen, und nachdem er zu Hause nur ein- oder zweimal richtig durchgeschlafen hat, ist er von der hartnäckigen Infektion «wie durch ein Wunder» geheilt. Was geht hier eigentlich vor?

Jeden Tag unseres Lebens verbringen wir im Krieg. Auf der einen Seite steht unser Körper, auf der anderen ein Heer potentiell ansteckender Mikroben. Den vielen Bakterien-, Viren- und Pilzarten, die uns umgeben, stellt der menschliche Körper einen warmen und sicheren Hafen dar, in dem es reichlich feste und flüssige Nahrung gibt. Um ihre Schlachten zu gewinnen, müssen diese Mikroben mehrere Verteidigungslinien durchbrechen. Die wichtigste ist unser Immunsystem. Unter den Truppen des Immunsystems sind die weißen Blutkörperchen oder *Leukozyten* die aktivsten und bekanntesten. Es gibt verschiedene Arten von Leukozyten: *Phagozyten* umzingeln bei einer Verletzung oder Infektion die Bakterien und andere mikroskopisch kleine Gewebeteile und absorbieren sie. *Lymphozyten* sind überall im Blutkreislauf zu finden, sammeln sich aber vor allem in der Milz, wo sie Mikroben aus dem Blut herausfiltern, und in den Lymphknoten, wo sie die gleiche Funktion für die Lymphe erfüllen, eine klare Flüssigkeit, die eine Art Drainagefunktion für das Körpergewebe erfüllt und schließlich in den Blutkreislauf zurückkehrt. Bei einer Infektion erhöht sich die Zahl der Lymphozyten in den Lymphknoten, die dadurch anschwellen, was manchmal in der Umgebung der Lymphknoten (zum Beispiel im Hals, in den Achselhöhlen oder in der Leistengegend) zu Schmerzen führen kann. Die Aktivität der Lymphozyten wird durch die Mitglieder einer Familie spezialisierter Moleküle koordiniert, von denen vor allem die *Interleukine* zu nennen sind. Zwar besteht die Hauptfunktion der Interleukine darin, die Lymphozyten zum Kampf gegen Infektionen aufzurufen; sie halten aber auch Verbindung zum zentralen Nervensystem und bewirken dadurch weitere Veränderungen, die es dem Körper ermöglichen, die Infektion besser zu bekämpfen.

Es ist allgemein bekannt, daß wir bei Krankheit oder einer Infektion sehr schläfrig werden. Es ist nichts Ungewöhnliches, wenn wir bei einer Krankheit doppelt so lange schlafen wie sonst. Die Arbeiten des Physiologen Dr. James Krueger und seiner Kollegen an der University of Tennessee in Memphis geben Hinweise darauf, warum es so ist. Krueger interessierte sich insbesondere für die Interleukine, die sich bei Aktivierung des Immunsystems vermehren. Er nahm Proben dieser Interleukine und injizierte sie an verschiedenen Stellen in die Gehirne seiner Versuchstiere. Es geschah zweierlei: Erstens stieg die Temperatur des Tiers bis zum regelrechten Fieber an. Das Fieber ist im Grunde genommen eine Abwehrreaktion gegen Infekte und erfüllt, solange es nicht zu hoch steigt, eine wichtige Funktion für die Gesundung. Bei einer leicht erhöhten Körpertemperatur laufen die meisten Vorgänge im Körper schneller ab. Das heißt, die Organe arbeiten schneller, Antikörper werden schneller hergestellt und so weiter. Neuere Untersuchungen zeigen, daß auch Antibiotika bei leicht erhöhter Körpertemperatur (sagen wir etwa achtunddreißig Grad Celsius) schneller aufgenommen und stärker wirken können. Außerdem können viele Mikroben keine höheren Temperaturen aushalten und können durch die zusätzliche Wärme geschwächt oder sogar getötet werden. Krankheiten verlaufen oft schneller, wenn es ein leichtes Fieber gibt. Das bedeutet, daß die Einnahme von Aspirin oder ähnlichen Mitteln zur Dämpfung eines leichten Fiebers in Wirklichkeit die Tätigkeit des Immunsystems beeinträchtigen und die Krankheitsdauer verlängern kann.

Die zweite Wirkung der Interleukinspritze ins Gehirn war eine Schläfrigkeit beim Versuchstier. Wenn genug Interleukin gespritzt wird, versinkt das Tier binnen Minuten in den Tiefschlaf. Die augenfälligste Wirkung des Schlafs ist die Verlangsamung des Stoffwechsels, wodurch Energie und andere Ressourcen eingespart werden. Diese Ressourcen stehen dann für den Kampf gegen die eingefallenen Mikroben zur Verfügung. Der Schlaf ist also, davon ist auszugehen, Teil der Verteidigungsstrategie des Körpers.

Die Aktivität des Immunsystems führt also dazu, daß wir mehr schlafen. Umgekehrt wird auch ein Schuh daraus: Wenn wir schlafen, wird auch das Immunsystem aktiver. Wenn wir schlafen, gibt es regelmäßige Wellen der Aktivität des Immunsystems, die wenigstens teilweise mit den Funktionen unseres Verdauungssystems koordiniert zu sein scheinen. Diese Koordinierung ist wahrscheinlich Teil einer routinemäßigen Überprüfungsfunktion, die sicherstellen soll, daß wir vor möglichen Angriffen der Mikroben geschützt sind, die mit unserer Nahrung in den Körper gelangen. Zwar ist der Dickdarm darauf eingerichtet, mit einer bestimmten Menge «Giftmüll» fertig zu werden, doch der Dünndarm muß relativ steril bleiben, und der Körper muß vor Giftstoffen geschützt werden, die sich vom Darmtrakt aus verbreiten könnten. Die während des Tiefschlafs beobachtete erhöhte Aktivität des Immunsystems erscheint so als vorsorgliche Abwehr des Körpers gegen die Mikroben, die das Säurebad des Magens überlebt haben. Gleichzeitig stehen diese Lymphozyten, Antikörper und Interleukine bereit, die infektiösen Auswirkungen anderer Bakterien, Viren oder sonstiger widerlicher mikroskopischer Bestien abzuwehren, die durch Hautverletzungen oder durch die Membrane unserer Atemwege in unseren Körper eingedrungen sein könnten. Die routinemäßige Zunahme der Aktivität des Immunsystems im Schlaf beschert uns also einen gesunden Darm und, wenn wir genug schlafen, auch einen gesunden Körper.

Um den Zusammenhang zwischen dem Immunsystem und dem Schlaf etwas besser zu verstehen, sollten wir uns an ein Rätsel erinnern, das ich in einem der früheren Kapitel beschrieben, aber nicht aufgelöst habe. Vielleicht erinnern Sie sich an die Versuchsserie, die Dr. Allen Rechtschaffen an Ratten durchführte. Nach einigen Wochen Schlafentzug begannen diese Ratten abzunehmen. Dann verloren sie die Fähigkeit, ihre Körpertemperatur zu regeln, und schließlich starben sie. Als die Forscher um Rechtschaffen nach Todesursachen suchten, konnten sie weder in den Organen, dem Blut oder dem Urin dieser Ratten irgendwelche Hinweise finden. Was hatte sie also umgebracht?

Eine mögliche Lösung dieses Rätsels lieferte Dr. Carol

Everson, die am National Institute of Mental Health in Bethesda (Maryland) in leitender Stellung tätig ist. Everson hatte bei Rechtschaffens Versuchen als Studentin mitgearbeitet; ihr war aufgefallen, daß die am Schlafentzug gestorbenen Ratten stark an Krebspatienten erinnerten, deren Körper durch die Chemotherapie oder durch die auszehrenden Wirkungen der Krankheit geschwächt sind. Im Endstadium der Krankheit leiden Krebspatienten oft an Sekundärinfektionen aller Art, weil ihr überfordertes Immunsystem zusammenbricht und potentielle Invasoren nicht mehr abwehren kann. Es ist also keineswegs unüblich, daß Krebskranke schließlich eher an einer Infektion sterben als direkt an dem Krebs. Diese Überlegung führte Everson zur Hypothese, daß die Ratten tatsächlich an irgendeiner Infektion zugrunde gegangen waren. Als Everson eine neue Testserie durchführte, fand sie, daß die Ratten an einer bakteriellen Verseuchung des Bluts gestorben waren. Das womöglich interessanteste Ergebnis dieser Versuche war die Feststellung, daß diese todbringenden Bakterien zu Stämmen gehörten, mit denen die Ratten tagtäglich zu tun haben. Diese häufig vorkommenden Mikroben verursachen in der Regel keine Krankheit, weil das Immunsystem ziemlich aggressiv gegen sie vorgeht und sie eliminiert, wenn sie den Körper angreifen. Durch den Schlafentzug brach aber, wie es scheint, das Immunsystem der Ratten völlig zusammen, und ihr Körper fiel infektiösen Mikroorganismen zum Opfer, die unter normalen Bedingungen keine Chance haben, an seiner Abwehr vorbeizukommen.

Inzwischen haben die Forscher viele Belege dafür gefunden, daß der Schlaf eine entscheidende Rolle bei der Abwehr von Krankheiten und dem Kampf gegen bereits angreifende Krankheitserreger zu spielen hat. Zu den überzeugendsten Belegen gehören die Ergebnisse von Krueger und seinem Mitarbeiter Dr. L. A. Toth bei ihren Versuchsreihen mit Kaninchen.

Bei einem Versuch wurden den Tieren infektiöse Bakterien (Staphylokokken) eingespritzt. Die Kaninchen, die als Reaktion auf die Erreger den größten Zuwachs an Tiefschlaf hatten, waren zugleich auch die Tiere, deren Überlebenschancen am größten waren. Ein zweiter Versuch mit anderen Erregern, darunter Kolibakterien, brachte ähnliche Ergebnisse: In der Regel liefen die Kaninchen, die am wenigsten Tiefschlaf hatten, am meisten Gefahr, an den Infektionen zu sterben.

Zahlreiche Beispiele dafür, wie ein Schlafdefizit den Körper schwächt, werden jetzt aus den Forschungslabors gemeldet. In einem Experiment wurde nachgewiesen, daß Ratten nach nur acht Stunden Schlafentzug bereits eine schwächere Antikörperreaktion gegen eindringende Fremdsubstanzen aufweisen. Noch drei Tage später ist die Abwehrreaktion immer noch schwächer als normal. Mäuse, denen der Schlaf entzogen wird, zeigen eine geschwächte Immunreaktion gegen eine virale Grippeninfektion der Lungen; ihre Fähigkeit, Interferon und andere wichtige infektionsbekämpfende Stoffe zu produzieren, wird durch den Schlafentzug ebenfalls reduziert. Neuere Untersuchungen bei Menschen haben gezeigt, daß ein Schlafverlust von nur wenigen Stunden bereits das normale Reaktionsmuster des Immunsystems durcheinanderbringen kann.

Dieser Zusammenhang zwischen dem Immunsystem und den Schlafgewohnheiten des Individuums liefert auch eine Erklärung für eine Reihe verschiedener Beobachtungen. Zum Beispiel werden Ärzte im Krankenhaus (die, wie wir noch sehen werden, oft unter extremem Schlafmangel leiden) auch von Erkältungen, Grippe und anderen Infekten geplagt. Menschen, die wegen der Pflege eines an Alzheimer oder einer ähnlichen gnadenlos fortschreitenden Krankheit leidenden Familienangehörigen viel Schlaf verlieren, entwickeln selbst oft Gesundheitsprobleme. Witwer und Witwen, deren Schlaf wegen der Depressionen und Spannungen nach dem Tod des

Partners gestört ist, werden oft krank und sterben innerhalb eines Jahres. Offensichtlich kann jede Situation, die uns den Schlaf raubt, damit auch unser Immunsystem schwächen, so daß wir uns leichter infizieren können. Direkte Blutmessungen bei Personen in den obengenannten Kategorien zeigen reduzierte Lymphozytenwerte und Hinweise auf eine vielseitige Schwächung des Immunsystems.

Die Koppelung zwischen Schlafentzug und Immunabwehr erklärt vielleicht auch einige andere medizinische Befunde. Manche Krebserkrankungen sind mit erheblichen Schmerzen und einem entsprechenden Schlafverlust verbunden. Man hat festgestellt, daß die Opfer solcher Krebsarten oft mit ähnlichen bakteriellen Infektionen zu kämpfen haben wie die Versuchsratten, denen der Schlaf entzogen wurde. Vielleicht handelt es sich auch hier darum, daß der Schlafmangel zu einer Schwächung des Immunsystems führt. Solche Ergebnisse legen auch die Vermutung nahe, daß die Angewohnheit mancher Krankenhäuser, Patienten mehrmals in der Nacht zu wecken, um ihre Temperatur zu messen und Blutproben zu entnehmen, tatsächlich mehr schadet als nutzt. Die dadurch bedingte Schlafstörung verlangsamt nämlich den Gesundungsprozeß.

Viele andere Studien haben sich mit dem Zusammenhang von Schlafmustern und Gesundheit in der allgemeinen Bevölkerung befaßt. Einen Hinweis auf das mit dem Schlafmangel verbundene Risiko enthält eine Untersuchung der American Cancer Society. Über eine Million Menschen meldeten sich freiwillig für diese Studie, bei der sie Fragebögen ausfüllen mußten und sechs Jahre lang von den Forschern kontrolliert wurden. Natürlich starben in dieser Zeit einige der Versuchspersonen. Die Todesrate gibt uns einigen Aufschluß über den Zusammenhang von Schlaf und Gesundheit. Auf den ersten Blick schienen die Daten zu besagen, daß Menschen, die sieben bis acht Stunden täglich schlafen, gesünder sind als Menschen, die mehr oder weniger schlafen. Seitdem haben verschiedene andere Forschergruppen die Daten neu ausgewertet. So wollten sie zum Beispiel feststellen, ob der Gesundheitszustand der Versuchspersonen bei Beginn der Untersuchung berücksichtigt wurde (Sie erinnern sich: ein kranker Mensch schläft mehr als ein gesunder Mensch). Auch bestimmte statistische Variablen wie das Alter der Versuchspersonen, die Anzahl der Versuchspersonen in jeder Kategorie, der Prozentsatz der Raucher und derjenigen, die Alkohol zu sich nahmen, und so weiter mußten bei der Auswertung berücksichtigt werden. Auch die derart korrigierte Auswertung ergab, was zu erwarten war, daß die Menschen, die nachts am wenigsten schliefen, zugleich auch die größte Gefahr liefen, früh zu sterben.

In Finnland wurde eine ähnliche Studie mit 10778 erwachsenen Teilnehmern durchgeführt. Die Versuchspersonen wurden über einen Zeitraum von sechs Jahren beobachtet. Dieser Untersuchung zufolge war die Sterblichkeitsrate für Männer, die schlecht schliefen, mehr als zweieinhalbmal so hoch wie für Männer, die einen guten Schlaf hatten. Für Frauen allerdings fand sich kein Zusammenhang zwischen der Sterblichkeitsrate und der Schlafdauer. Das war überraschend; allerdings waren die Fragen, die über die Schlafqualität Aufschluß geben sollten, nicht sehr aussagekräftig. Aus diesem Grund beschloß eine andere finnische Forschergruppe einige Jahre danach, eine präzisere Studie durchzuführen. Ihre Versuchsgruppe bestand aus 1600 Erwachsenen im Alter zwischen sechsunddreißig und fünfzig Jahren, die alle in der finnischen Stadt Tampere lebten. Die Forscher wendeten verschiedene, möglichst präzise Mittel an, um die Dauer und Qualität des Schlafs ihrer Versuchspersonen zu messen. Dann untersuchten sie die Gesundheit jedes einzelnen Teilnehmers. Die Resultate sind ausgesprochen bemerkenswert. Bei den Männern lag die Rate derjenigen, deren Gesundheitszustand eher schlecht war, bei den schlechten Schläfern sechseinhalbmal höher als bei den guten Schläfern. Auch bei den Frauen hatte dieser Studie zufolge der schlechte Schlaf eine Auswirkung: Frauen, deren Schlaf schlecht war, klagten dreieinhalbmal häufiger über Gesundheitsprobleme als Frauen mit einem guten Schlaf.

Auch in unserem Labor konnten wir ähnliche Phänomene beobachten. In einer Versuchsreihe untersuchten wir Universitätsstudenten, die meisten von ihnen zwischen achtzehn und fünfundzwanzig. Diese Menschen sind in der Regel ziemlich gesund. Zu den Daten, die wir gesammelt haben, gehörten Informationen über die Schlafmenge, die jede Versuchsperson pro Nacht bekam, und ihren Gesundheitszustand (zum Beispiel Arztbesuche im laufenden Jahr als ein Indikator des allgemeinen Gesundheitszustands). Zum Zeitpunkt der Auswertung hatten wir zweitausendeinhundertunddrei Teilnehmer untersucht. Wir teilten die Gruppe in Kurzschläfer, die im Durchschnitt weniger als sieben Stunden pro Nacht schliefen, und durchschnittliche Schläfer, die regelmäßig sieben oder mehr Stunden Schlaf pro Nacht bekamen. Wir wollten uns auch die Langschläfer ansehen, die regelmäßig wenigstens achteinhalb Stunden pro Nacht schliefen, aber in dieser Studentengruppe gab es einfach nicht genug davon, um signifikante Aussagen zu treffen. Bei den durchschnittlichen Schläfern stellten wir erwartungsgemäß eine ziemlich geringe Anzahl von Arztbesuchen in den vergangenen zwölf Monaten fest: im Schnitt war jeder Student 1,6mal beim Arzt gewesen. Bei den Kurzschläfern lag der Wert erheblich höher. Auch wenn wir alle Arztbesuche ausschlossen, bei denen es eben um Schlafstörungen oder Müdigkeitserscheinungen ging, kamen wir auf einen Schnitt von 3,7 Arztbesuchen pro Jahr für die Kurzschläfer, mehr als doppelt soviel also als bei den durchschnittlichen Schläfern.

In dieser Studie untersuchten wir außerdem einen weiteren Faktor, der uns hier interessieren könnte. Als grober Maßstab für das Funktionieren der Immunabwehr versuchten wir festzustellen, wie oft die Studenten einen Infekt gehabt hatten. Wir fragten dabei nach zwei Kategorien von Infekten. Zur ersten gehörten weitverbreitete Infekte, für die junge Menschen besonders anfällig sind, darunter Virusinfektionen (wie Erkältungen oder Grippe), Pilzerkrankungen (wie Fußpilz oder Hefen) sowie bakterielle Infekte (darunter auch Furunkel). Solche Erkrankungen werden oft ohne ärztliche Hilfe behandelt. Dann fragten wir aber auch, wie oft der Testperson im vergangenen Jahr aus irgendeinem Grund Antibiotika verordnet worden waren. Diese Fälle wären ein deutlicher Maßstab dafür, wie oft nach Ansicht des Arztes das Immunsystem des Studenten angegriffen worden war und die Unterstützung durch Medikamente benötigte. Aus diesen Daten errechneten wir einen Index, der die Anzahl der Infekte pro Student im vergangenen Jahr anzeigte, wobei wir davon ausgingen, daß eine größere Anzahl von Infekten auf ein schwächeres Immunsystem schließen läßt. Die Resultate ähnelten den Ergebnissen aus der Anzahl der Arztbesuche: Im Vergleich zur Untergruppe der durchschnittlichen Schläfer wies die Untergruppe der Kurzschläfer im Schnitt etwas mehr als zweimal so viele Infekte auf. Es sieht sehr danach aus, als funktionierten die Immunsysteme der Kurzschläfer einfach nicht so gut wie die der durchschnittlichen Schläfer.

Der britische Schriftsteller Aldous Huxley bemerkte einmal: «Daß wir nicht noch kranker und noch verrückter sind, als ohnehin der Fall ist, verdanken wir ausschließlich jener gesegneten und segensreichsten aller natürlichen Gaben, dem Schlaf.» Fast jeden Tag wird ein neues Forschungsergebnis bekannt, das die Richtigkeit dieser Feststellung unterstreicht.

Am Steuer eingenickt

Bis jetzt haben wir uns mit den Auswirkungen des Schlafdefizits in allgemeiner Weise beschäftigt. Sehen wir uns nun an, wie es wirkliche Menschen in wirklichen Situationen betrifft.

Es ist früher Nachmittag. Ich befinde mich auf dem Beifahrersitz eines riesigen Kenworth-Lasters. Für einen Menschen wie mich, der bereits am Steuer eines Minivans das Gefühl hat, eine richtig große Kiste zu fahren, sind die Ausmaße eines solchen Lkw schier überwältigend. Der große Mann neben mir heißt Joe. Er hat mich kurz mitfahren lassen, um mir zu zeigen, worum es beim Fahren und Lenken eines solchen Sattelschleppers geht. «Achtzehn Räder und achtzehn Gänge hat dieses Baby», erklärt er.

Ich hatte mir nie Gedanken darüber gemacht, was für eine harte Arbeit es ist, einen solchen Truck in der Stadt zu fahren. Allein beim Anfahren nach einer Ampel muß der Fahrer bis zu dreimal schalten, bevor sein Fahrzeug überhaupt den Kreuzungsbereich verlassen hat. Und dieses große Lenkrad mit einem Durchmesser von fünfundsiebzig Zentimeter oder mehr ist nicht bloß zum Angeben da. Es muß so groß sein, damit der Fahrer mit seinem körperlichen Einsatz den Wendekreis des Lkw maximal ausnutzen kann, wenn er etwa einen zwölf Meter langen Anhänger um Ecken bugsiert, die für Autos gebaut wurden, die weniger als halb so lang sind. Ich wollte mich mit Joe jedoch nicht über seine Fahrkünste unterhalten. Mir ging es um den Schlaf – oder vielmehr um die Schlaflosigkeit – als Faktor beim Fahren. Joe macht es sich auf seinem Fahrersitz bequem, gießt uns beiden aus seiner Thermoskanne eine Tasse Kaffee ein und legt los:

Bevor ich diesen Kurzstreckenjob bei der Baufirma bekam, war ich Fernfahrer – bin manchmal von einem Ende des Landes zum anderen gefahren. Das war richtige Knochenarbeit. Zwei, manchmal drei Wochen hintereinander auf Achse, eintausendfünfhundert Kilometer am Tag. Manchmal gibt es Zeitvorgaben der Auftraggeber, da muß die Ware richtig schnell am Ziel sein. Schaffst du es, gibt's eine Zulage, schaffst du es nicht, gibt's Abzüge. Eigentlich ist das gar nicht nötig, du treibst dich ohnehin ständig selbst an. Zumal wenn du selbständig bist, da ist es so – je mehr Ladungen, desto mehr Geld, also sagst du dir bald selber: schnell ankommen, abladen, neue Ladung holen und weg.

Die Regierung war ziemlich besorgt über die Tatsache, daß viele von uns Fernfahrern so ziemlich an der Grenze fahren – ich meine, was den Schlaf betrifft. Also wurde ein Haufen Bestimmungen erlassen, zum Beispiel, daß man ein Fahrtenbuch führen muß und daß man nur so und so lange fahren darf und sich dann ausruhen muß. Also, Ihnen persönlich mache ich keinen Vorwurf, wohlbemerkt, ich weiß ja, daß Sie es nicht waren, aber die haben sich irgendeinen Psychologen geholt, um die Sache auszuarbeiten. Wer das auch immer war, der Typ hat nichts vom Fahren verstanden und konnte nicht einmal ausrechnen, wie viele Stunden ein Tag hat. Auf seine Empfehlung hin wurde diese Verordnung erlassen, daß man nach zehn Stunden am Steuer acht Stunden Pause machen muß. Rechnen Sie das mal zusammen, das ergibt einen Achtzehn-Stunden-Tag. Was macht man mit den restlichen sechs Stunden? Man setzt sich wieder hinters Lenkrad. Das bedeutet also, du fährst in Wirklichkeit *sechzehn Stunden pro Tag. Was noch schlimmer ist, du schläfst auch nicht besonders gut. Die Sache mit dem Achtzehn-Stunden-Tag bedeutet, manchmal schläfst du morgens, manchmal nachmittags, und nur hin und wieder auch nachts. Ich habe wirklich versucht, mich an die Regeln zu halten. Hinten in der Fahrerkabine hatte ich ein Klappbett, und nach zehn Stunden auf der Straße bin ich da hineingekrochen. Aber, Teufel noch mal, du kannst noch so müde sein, um neun Uhr früh kannst du einfach nicht schlafen. Die meisten von uns tragen darum die Zeit an der Raststätte, wo wir tanken oder uns etwas Warmes zu essen holen, als Ruhezeiten in ihre Fahrtenbücher ein, und die meisten von uns meinen ja auch, das wären irgendwie auch Ruhezeiten, auch wenn wir nicht gerade geschlafen haben. Andere Typen haben einfach zwei oder drei verschiedene Fahrtenbücher gehabt und sind schlicht und einfach durchgefahren, egal was war.**

* Die Situation in der EU ist etwas kompliziert. Nach Auskunft des Bundesverbands des deutschen Güterfernverkehrs regelt seit 1985 eine Sozialverordnung der EU die Lenk- und Ruhezeiten im Güterfernverkehr. Nach dieser Verordnung muß ein Fahrer nach 4,5 Stunden am Lenkrad eine Dreiviertelstunde Pause machen, nach neun Stunden eine elfstündige Pause einlegen. Der so berechnete Tag hat zwanzigdreiviertel Stunden. Auch um den Schichteffekt dieser Regelung zu vermeiden, sind Ausnahmen möglich: Zweimal die Woche darf die Lenkzeit zehn Stunden betragen, dreimal die Woche darf die Ruhezeit auf neun Stunden verkürzt werden. Diese Zeiten müssen in der darauffolgenden Woche nachgeholt werden. Jede Standzeit (Essen, Wartezeiten) darf auf die Ruhezeit angerechnet werden, jedoch muß ein achtstündiger Schlafblock dabei sein, und die Fragmentierung der Ruhezeit wird mit ihrer Erhöhung auf zwölf Stunden kompensiert. Diese Regelungen gelten, zumindest was die Eckwerte betrifft, in ganz Europa, auch im ehemaligen Ostblock, jedoch werden sie dort mangels Kontrolle durch Polizei und Gewerbeaufsicht oft unterlaufen.
Bezüglich der Einhaltung dieser Verordnung in Deutschland ist die stehende Wendung: «Schwarze Schafe gibt's immer.» Am Telefon erzählt mir die Inhaberin einer Berliner Speditionsfirma: «Fragen Sie mal die Fahrer von XY und Z [zwei Konkurrenzfirmen]. Da haben sie immer zwei, drei Fahrten-

Wenn es um richtig lange Strecken geht, fängst du ziemlich frisch an, aber nach einer Woche oder so in diesem Rhythmus bist du einfach immer müde. Bei mir wurde es so schlimm, daß ich manchmal auf dem Pott eingeschlafen bin, wenn ich an einer Tankstelle aufs Klo ging. Aber dann, irgendwie, fühlst du dich morgens wieder okay, wenigstens für ein paar Stunden, auch wenn du nicht geschlafen hast.

Gegen Ende einer Fahrt wurde die Sache mit der Müdigkeit ziemlich schlimm. Richtig übel wurde es, wenn nichts los war – wenn du zum Beispiel durch Kansas fährst, wo es nichts gibt, überall nur flaches Farmland, Weizenfelder, Maisfelder. Nichts als die Straße und die Felder. Ich hatte CB-Funk im Truck, und manchmal half es, wenn ich mich mit den anderen Fahrern unterhielt. Außerdem hatte ich das Radio und den Kassettenrecorder. Aus der Bibliothek lieh ich mir diese «sprechenden Bücher» aus, also wo einer dir ein Buch auf Kassette vorliest, und manchmal half es auch, wenn ich diesen Geschichten zuhörte. Aber trotz alledem ist es bei mir ein paarmal haarscharf danebengegangen, und langsam bekam ich es mit der Angst zu tun.

Am unheimlichsten war es, als ich einmal einen Auftrag hatte, der mich von der Ostküste bis zur Westküste führte. Ich fuhr also Richtung Westen oder Südwesten und war kurz vor Salt Lake City. Wenn man aus der Richtung kommt, führt der Highway zunächst durch eine Salzwüste. Eine flache Ebene. Und Ebene ist das richtige Wort, sage ich Ihnen. Im Sommer sieht es dort aus wie ein riesiger, leerer, völlig ebener Parkplatz. Es war vielleicht drei Uhr oder vier Uhr früh, und ich war richtig müde, war seit Tagen schon müde gewesen. Nachts gibt's da draußen

bücher und Tachoblätter. Oder es heißt bei der Kontrolle, der Fahrer mußte im Schneesturm raus, und da ist ihm das Tachoblatt weggeweht worden. Aber es wird ohnehin zuwenig kontrolliert, und wenn ein Fahrer doch erwischt wird, muß er Bußgeld zahlen. Es müßten aber die Firmen zahlen, die ihre Fahrer antreiben.» – Der Übersetzer *keine Straßenbeleuchtung, du siehst nur das, was im Scheinwerferlicht auftaucht. Verkehr gab's auch kaum. In solchen Situationen bin ich meistens einfach an der weißen Mittellinie entlanggefahren. Da es keinen Gegenverkehr gab, war es egal, wo ich fuhr, und so hatte ich wenigstens etwas zum Angucken. Jedenfalls fahre ich da mitten auf der Straße, achte brav auf die Höchstgeschwindigkeit, und als nächstes merke ich, daß die Straße irgendwie holperig ist und laut, als ob ich über Kiessplitt fahre oder eine sonstige schlechte Wegstrecke. Ich sehe auf die Straße, und die weiße Linie ist weg. Ich denke mir: «Sie reparieren die Straße», also fahre ich ein paar Minuten weiter, aber es wird nicht besser, also will ich am Straßenrand anhalten, aber es gibt keinen Straßenrand. Jetzt ist es mir richtig unheimlich. Ich halte und knipse die Warnblinkanlage an, falls jemand doch noch kommt, und steige aus. Ich blicke mich um, und was sehe ich? Nichts. Keine Straße, keine Lichter, keine Straßenschilder, rein gar nichts. Es ist, als hätte ich mitten auf einer riesigen flachen Landepiste geparkt.*

Also, ich glaube nicht an Gespenster und so etwas, aber ich mußte doch an diese unheimlichen Fernsehserien denken, Sie wissen schon, wo sich ein Typ mitten in Nirgendwo wiederfindet, und es stellt sich heraus, er ist in der Hölle gelandet. So kam ich mir jedenfalls vor. Also sagte ich mir: «Ich lasse die Warnblinkanlage an und ruhe mich aus, bis es hell genug ist, um etwas zu sehen.» Ich klettere zurück ins Führerhaus, krieche in das Klappbett und schlafe ein. Als ich zu mir komme, klopft jemand mit der Faust gegen die Tür. Ich stecke den Kopf heraus, es ist helllichter Tag, und neben mir steht ein Bulle von der Verkehrspolizei. «Was zum Teufel machen Sie hier draußen?» fragt er. «Wo draußen?» frage ich. Ich komme mir dabei ziemlich dämlich vor. «Hören Sie, die nächste Straße ist über fünfzehn Kilometer entfernt», sagt er. «Sie sitzen hier mitten in der Salzwüste. Ein Verkehrsüberwachungsflugzeug hat Ihre Blinklichter gesehen.»

Ich kann mir die Geschichte nur so erklären, daß ich eingeschlafen, von der Straße abgekommen und einfach weitergefahren bin. Als ich daran dachte, was passiert wäre, wenn es da Verkehr gegeben hätte oder Häuser am Straßenrand oder so, wurde mir richtig angst und bange. Ich hätte jemanden töten können. Ich hätte selbst dabei draufgehen können. Ich meine, da saß ich, mitten in Nirgendwo, mehr als fünfzehn Kilometer von der Straße entfernt. Wenn mich die Polizisten nicht aus dem Flugzeug gesehen hätten, wäre ich vielleicht am nächsten Morgen wach geworden und in die falsche Richtung losgefahren. Ich wußte ja nicht, wo ich war. Die Straße konnte man von da aus nicht sehen, und in jeder Richtung sah alles völlig gleich aus. Ich mag gar nicht daran denken, was passiert wäre, wenn ich da draußen ohne Treibstoff liegengeblieben wäre. In der Wüste sind eine Menge Leute gestorben. Und selbst wenn mich irgend jemand als vermißt gemeldet hätte – wer sucht schon nach einem Sattelschlepper mitten in der Salzwüste?

Joes Fall ist keineswegs ungewöhnlich. Viele Fahrer berichten davon, daß sie am Steuer eingeschlafen und trotzdem, gelegentlich sogar mehrere Minuten lang, weitergefahren sind. Ein erschreckendes Beispiel liefert ein Experiment deutscher Forscher, die das Nachtfahren untersuchten.[20] Mit Hilfe speziell entwickelter mobiler Geräte konnten Sie nicht nur feststellen, wie oft der Fahrer mit den Augen blinzelte, sondern auch seine Gehirnwellen messen. Die Versuchsperson wurde mitten in der Nacht auf Fahrt geschickt. Diese Tour dauerte etwas weniger als vier Stunden, darunter zwei Stunden Autobahnfahrt. Die äußeren Bedingungen erinnern an Joes Erzählung. Die Fahrbahn war nicht erleuchtet, es gab wenig Verkehr, und der Blick aus dem Fahrzeug war monoton und regte die Aufmerksamkeit des Fahrers kaum an. Als die Forscher die auf Band festgehaltenen Daten später auswerteten, waren die Ergebnisse schier unglaublich: Während einer Zeitspanne von zwanzig Minuten, in der das Auto mit etwa einhundertfünfzehn Stundenkilometern die Autobahn entlangraste, hatte der Fahrer kein einziges Mal geblinzelt! Normalerweise blinzeln wir alle paar Sekunden, auch wenn wir uns dessen in der Regel nicht bewußt sind. Den Daten zufolge waren die Augen des Fahrers zwanzig Minuten lang entweder geschlossen oder starr geöffnet gewesen. Die einzige Situation, in der wir nicht ständig blinzeln, ist der Schlaf. Es ist möglich, mit halbgeöffneten Augen zu schlafen, wenn auch nur etwa jeder zweihundertste Mensch regelmäßig dazu imstande ist. Um nun herauszubekommen, was wirklich los gewesen war, untersuchten die Forscher die EEG-Aufzeichnungen des Fahrers. Tatsächlich hatte sein Gehirn den Aufzeichnungen zufolge während dieser zwanzig Minuten größtenteils geschlafen. Die Autobahn war an der Stelle zwar relativ gerade, aber es gab doch einige Kurven, die der Fahrer bewältigen mußte. Obwohl er also nachweislich geschlafen hatte, waren bestimmte Informationen durchgedrungen, fast als hätte ein eingebauter Autopilot genug Navigationshilfen geliefert, um zu verhindern, daß der Fahrer von der Straße abkam oder in ein anderes Auto hineinfuhr. Mit dieser deutschen Studie im Hinterkopf erscheint Joes Fünfzehn-Kilometer-Ausflug in die Salzwüste vielleicht weniger überraschend.

Viele Trucker können wie Joe Geschichten davon erzählen, wie sie haarscharf am Tod vorbeigeschrammt sind. Viele haben jedoch weniger Glück und bezahlen ihr Schlafdefizit schließlich mit dem eigenen Blut oder dem Blut anderer Menschen. Einen typischen Fall berichtete mir Walter, ein Fernfahrer von etwa Mitte bis Ende Fünfzig.

Ich glaube, viele der Probleme, die wir Fernfahrer heute haben, hängen mit der Art und Weise zusammen, wie der Handel heute funktioniert. Die meisten Firmen wollen keine großen Lagerbestände haben. Das Geld müssen sie ja vorschießen, und dann müssen sie die Ware versichern und so weiter. Also warten sie ab, bis es bei einem bestimmten Produkt knapp wird, und dann organisieren sie eine «gerade noch rechtzeitige» Lieferung. Kundschaft wollen sie natürlich nicht verlieren, also gehen sie zu einem Fuhrunternehmer und handeln einen sogenannten Garantiefristvertrag für die Lieferung aus. Ein solcher Vertrag besagt, daß die Ware bis zu einem bestimmten Tag (manchmal bis zu einer bestimmten Tageszeit) eintreffen muß, sonst wird der Fuhrunternehmer nicht bezahlt. Die Firma sagt dann uns Fahrern: «Wenn ihr nicht rechtzeitig da seid, heißt das, ihr bekommt für die Fuhre kein Geld.» Dadurch stehen die Fahrer mächtig unter Druck, rechtzeitig anzukommen.

Auch ohne solche Tricks wird es meistens eng. Es wird eng, aber man schafft es, wenn man sich einen Ruck gibt. Probleme gibt es aber, wenn der Hersteller beim Einladen trödelt oder wenn das Wetter schlecht wird, oder wenn es unterwegs einen Stau gibt wegen eines Unfalls oder aus sonst einem Grund, oder wenn man einen Motorschaden bekommt – solche Sachen eben. Bei einer langen Tour kann man die Zeit nur dadurch wieder hereinholen, daß man weniger schläft. Entweder man treibt es so, daß es gerade noch legal ist, oder man hat ein getürktes Fahrtenbuch, oder man lügt einfach, wie lang man gefahren ist. Eins kann ich Ihnen sagen: Nach so viel Arbeit hat man keine Lust, ohne Geld nach Hause zu gehen.

Da draußen haben die meisten von uns CB-Funk, und wir reden auch viel miteinander, wenn wir unterwegs sind. Das ist auch sehr nützlich, weil man auf diese Weise herausbekommen kann, wo es Staus gibt und wo sie die Blitzer versteckt haben und das alles. Und wenn man mit einem Motorschaden liegen-

bleibt, kann man Hilfe anfordern, und so fühlt man sich eben viel sicherer. Am wichtigsten ist aber die Gemeinschaft unter den Kollegen, glaube ich. Man spricht mit den anderen Fahrern, man lernt dies und das kennen, man hat ein bißchen Spaß und so weiter. Wenn man die Tour öfter gemacht hat, kennt man die Rufnamen der Stammfahrer auf der Strecke. [Walters CB-Rufname ist «Silberkatze».] *Man fühlt sich wie eine große Familie, und der eine paßt, so gut es geht, auf den anderen auf.*

Jedenfalls, eines Nachts bin ich mit einem Langstreckenauftrag unterwegs, es ist etwa drei Uhr früh, und ich suche jemanden, mit dem ich mich unterhalten kann. Also mache ich das Funkgerät klar und leg los mit dem üblichen Spruch, etwa: «Hallo, da draußen. Hier ist die Silberkatze. Ist jemand da draußen unterwegs heute nacht?» Die erste Antwort kam von dem «Truthahngeier». Den kenne ich, weil ich diese Strecke schon oft gefahren bin, der fährt Schlachtvieh. Dann kommt eine neue Stimme: «He, da draußen, hier ist der Blaue Biber mit einer Ladung Streichhölzer [das bedeutet fertiges Bauholz] *nach Süden, Richtung T.» Wir drei unterhalten uns ein bißchen, aber der Blaue Biber spricht ganz langsam, und es hört sich an, als hätte er Watte im Mund. Manchmal kriegt er auch ganze Brokken der Unterhaltung nicht mit, und ein paarmal sagt er Dinge, die er vor ein paar Minuten schon einmal gesagt hat. Das sind die Anzeichen, die einem sagen, dieser Typ ist dabei, am Steuer einzuschlafen. Man hört das oft unterwegs, besonders nachts. Und wenn man das hört, dann will man etwas unternehmen. Wie ich schon sagte, wir CB-Funker fühlen uns wie eine Familie, und man fühlt sich dementsprechend für den anderen Trucker da draußen verantwortlich.*

Der Truthahngeier hat es wohl noch vor mir bemerkt. Er kann ziemlich gut reden und sagt so etwas wie: «Also, Biber, alter Kumpel, klingt fast so, als hättest du einen ziemlich üblen Fall von Sandmann-Fieber. Wenn du nicht bald einen Parkplatz suchst und dich ein bißchen aufs Ohr legst, sehe ich dich schon auf der Überholspur einschlafen.» Der Biber meldet sich wieder und sagt: «Müde bin ich schon, aber schlafen tu ich nicht.» Trotzdem klingt er immer noch so, als würde er beim Sprechen auf einer Socke herumkauen. Also mische ich mich ein und frage ihn, wo er sich gerade befindet. Er nennt mir die nächste Ausfahrt, und es ist gar nicht so weit von mir entfernt. Also versuche ich, ihn von der Straße herunterzuholen, indem ich ihm etwas erzähle wie: «He, hör mal, Blauer Biber, du klingst ziemlich müde. Ich bin keine zwölf Kilometer hinter dir. Ein paar Kilometer weiter gibt es eine Raststätte, grünes Neonschild mit einem großen roten Stern drauf, da machen sie dir einen Kaffee, mit dem man die Toten wecken kann. Mach mal dort eine Pause. Ich kauf dir einen ganzen Pott von dem Zeug.» Ich dachte mir, wenn er einmal runter ist von dem Truck, vielleicht hört er mal auf die Stimme der Vernunft und macht ein kleines Nickerchen. Und wenn nicht, so würde ihn wenigstens der Kaffee vielleicht wach halten, bis es wieder hell wurde.

Das habe ich so oft gemacht, wissen Sie, oft hat man Glück, und die Burschen halten. Aber wenn sie richtig fertig sind, ist es so, als ob ihr Gehirn nicht mehr richtig funktioniert. So war es beim Biber. «Nein danke, Katze», sagt er. «Ich bin nur ein bißchen müde, weiter nichts. Ich habe hier eine Garantieladung, und die muß morgen früh um sieben da sein, sonst ist das Geld futsch. He, diese Straße ist so schnurgerade, ich könnte einen Stein aufs Pedal legen und schlafen, bis ich in T. bin. Glaub mir, zwei, drei Stunden halte ich noch durch, mehr brauche ich nicht. Die Strecke habe ich schon mal mit weniger Schlaf geschafft.» Ich kann mich genau an seine Worte erinnern. Es lief mir kalt den Rücken herunter, weil er so langsam und undeutlich sprach. Also, der alte Truthahngeier schaltet sich auch noch ein und versucht, ihm gut zuzureden. Ich meine, wir haben ihn praktisch auf Knien gebeten, von der Straße runterzufahren. Schließlich sagt der Biber: «Vielen Dank, Kumpels, aber ich bin okay. Ich muß mich aber jetzt ein bißchen auf die Straße konzentrieren, also melde ich mich ab. Und tschüs.»

Der Truthahn und ich haben noch versucht, ihn per CB-Funk anzurufen, aber er hat nicht geantwortet. Wir machten uns beide ziemliche Sorgen um ihn. Ich fuhr weiter, und als ich das kleine Restaurant erreichte, hielt ich, um zu sehen, ob er vielleicht inzwischen Vernunft angenommen und Pause gemacht hätte. Es saßen da vielleicht vier oder fünf Trucker herum, und während die Serviererin meine Thermoskanne mit Kaffee füllte, fragte ich, ob jemand den Blauen Biber gesehen hätte. Hatte aber keiner.

Dort unten ist es wirklich ziemlich flach, und die Straßen führen ewig geradeaus. Wenn man sich der Stadt nähert, macht die Straße aber ein paar Kurven, wegen der Ausläufer vom Gebirge, glaube ich. Als ich mich einer dieser Kurven näherte, sah ich schon von weitem das Blaulicht, dann die Polizeiautos und Krankenwagen. Ich hielt den Schlepper am Straßenrand, um zu sehen, was passiert war und ob ich helfen konnte. Als ich über die Straße ging, sah ich, was passiert war. Ein großer Sattelschlepper mit Bauholz hatte die Kurve verpaßt. Er war einfach geradeaus gefahren und war in eine der kleinen Kabinen eines Motels hineingefahren, das dort stand. Der Truck hatte die Kabine plattgewalzt, so daß sie wie ein Haufen Sperrholz aussah, hatte den davor stehenden Kombi zertrümmert und war dann auf die Seite gekippt. «Gibt es Verletzte?» fragte ich einen der Bullen. Er sah richtig fertig aus und sagte: «Da drin hat ein altes Ehepaar geschlafen. Die sind beide weg, sagt der Notarzt. Den Fahrer haben sie gerade abtransportiert. Ob er durchkommt, wissen sie noch nicht. Sie meinen, er hat sich vielleicht das Rückgrat zertrümmert, und er hat ziemlich viel Blut verloren. Wissen Sie, es gab keine Bremsspuren. Keinen Hinweis darauf, daß er bremsen oder ausweichen wollte. Er muß fest geschlafen haben und rollte hier mit knapp hundert Sachen einfach durch.»

Ich sah mir die Fahrerkabine an. Die Scheibe und das Armaturenbrett waren blutverschmiert. Auf der Fahrerseite war ein Cartoon an die Tür gemalt, ein blaues Tier mit großen Zähnen, und darüber war der Schriftzug BLAUER BIBER. *Mir war übel. Ich ging zu meiner Kiste zurück und versuchte, den Truthahngeier zu erreichen. Ich mußte dringend mit jemandem reden.*

Die Tragödie des Blauen Bibers ist keineswegs ein Einzelfall. Im Jahre 1988 führte der Bundesstaat Arizona eine großangelegte Untersuchung über Verkehrssicherheit durch. Nach Angaben der federführenden Behörde sind zweiundvierzig bis neunundvierzig Prozent der von Nutzfahrzeugen in diesem Staat verursachten Unfälle auf schläfrige Fahrer zurückzuführen. Der müde Fahrer ist unaufmerksam und kann, wie der Blaue Biber, einfach am Steuer einschlafen. Es ist klar, daß Menschen mit Schlafproblemen wahrscheinlich auch als Fahrer Probleme haben. Nach Angaben der Stanford Sleep Disorders Clinic berichten fünfundvierzig Prozent aller Patienten mit einer Schlafapnoe, dreißig Prozent aller Narkolepsie-Patienten und acht Prozent aller Patienten, die wegen einfacher Insomnie behandelt werden, von mindestens einem Verkehrsunfall, der ihrer Überzeugung nach damit zusammenhing, daß sie beim Fahren müde waren. Diese Zahlen sind möglicherweise jedoch viel zu niedrig. In einer Studie wird berichtet, daß dreiundneunzig Prozent aller Patienten mit Schlafapnoe an Verkehrsunfällen beteiligt waren, bei denen ihre Erschöpfung, Schläfrigkeit oder Unaufmerksamkeit eine wahrscheinliche Ursache oder Mitursache war.

Bei der Frage des Unfallrisikos beim Autofahren spielt auch unser täglicher Schlaf-Wach-Zyklus eine Rolle. Sie erinnern sich: In den frühen Morgenstunden, etwa zwischen ein Uhr und vier Uhr früh, haben wir einen Tiefpunkt und verspüren einen fast unwiderstehlichen Drang einzuschlafen. Es ist bemerkenswert, daß sowohl Joe als auch Walter von Zwischenfällen berichten, die sich in dieser Tiefphase ereigneten. Außerdem haben wir ein zweites Tief nach dem Mittag – etwa zwischen dreizehn Uhr und sechzehn Uhr. Selbst wenn wir normal ausgeruht sind und kein Schlafdefizit haben, läßt unsere Aufmerksamkeit zu diesen Zeiten nach, und wir fühlen uns erschöpft und schläfrig. Wie stark unser Schlafbedürfnis jeweils ist, wird davon abhängen, wie groß das Schlafdefizit ist, das wir mit uns herumschleppen. Der Schlafdrang wird auch stärker, wenn wir mit einer wenig stimulierenden Tätigkeit befaßt sind. Unter diesen Bedingungen schweifen unsere Gedanken ab, und es kommt unter Umständen zum sogenannten Mikroschlaf. Unter Mikroschlaf verstehen wir eine kurze Zeitspanne, die nur wenige Sekunden bis eine Minute betragen kann, in der unser Gehirn tatsächlich einschläft, ganz gleich, was wir gerade tun. Angesichts der Tatsache, daß viele Menschen aus den verschiedensten Gründen unter einem Schlafdefizit leiden, müßte es, zumal das Autofahren keine sehr stimulierende Tätigkeit ist, in den Stunden nach Mitternacht und nach dem Mittag eine Menge schläfrige Fahrer auf den Straßen geben. Hiervon ausgehend könnten wir voraussagen, daß es täglich zwei Spitzenzeiten für Verkehrsunfälle geben müßte, entsprechend den beiden Zeiten maximaler Müdigkeit.

Man muß bei der Auswertung jeder Art von Verkehrsunfallstatistik Vorsicht walten lassen, denn die Unfallhäufigkeit hängt von einer Vielzahl von Faktoren ab. Ein wichtiger Faktor ist die Verkehrsdichte. Je mehr Fahrzeuge sich als potentielle Unfallgegner auf den Straßen bewegen, desto größer ist auch die Wahrscheinlichkeit eines Unfalls. Dieser einfachen Überlegung zufolge müßten die Unfallspitzenwerte in den Spitzenzeiten des Berufsverkehrs, den sogenannten *Rush hours*, liegen, in den meisten westlichen Ländern also zwischen sieben und neun Uhr morgens und 16:30 und 18:30 Uhr abends. Um den Komplikationen aus dem Weg zu gehen, die durch Schwankungen in der Verkehrsdichte hervorgerufen werden, beschäftigen sich manche Untersuchungen mit einer bestimmten Unfallart, die als ziemlich guter Indikator eines ursächlichen Müdigkeitsfaktors gelten kann. Es handelt sich dabei um Unfälle, an denen nur ein Fahrzeug beteiligt ist, oder anders ausgedrückt: bei denen das einzige sich bewegende Fahrzeug das vom Unfallfahrer gesteuerte ist. In der Regel handelt es sich um Unfalltypen wie von der Straße abkommen oder gegen ein stehendes Auto oder einen Baum fahren. Solche Unfälle sind fast immer darauf zurückzuführen, daß der Fahrer nicht ausreichend auf die Straßenführung oder die Straßenbedingungen geachtet hat. In vielen Fällen ist diese Unaufmerksamkeit auf Schläfrigkeit zurückzuführen. Dazu gehören auch Fälle, in denen die Fahrer kurzfristig ihre Umgebung nicht wahrnehmen, weil sie einige Sekunden im Mikroschlaf verbracht haben. Schlafende Fahrer, ob sie sich nun ein längeres Nickerchen gönnen oder kurzfristig in den Mikroschlaf abgetaucht sind, werden in den wenigsten Fällen einem vor ihnen auf der Straße geparkten Auto ausweichen oder das Lenkrad herumreißen, weil sie von der Straße abgekommen sind und auf einen Leitungsmast zufahren.

Über sechstausend dieser Unfälle, an denen nur ein Fahrzeug beteiligt war, sind von Forschern untersucht worden, und die Ergebnisse bestätigen unsere Erwartungen: Es gibt für diese Unfallart täglich zwei Spitzenzeiten. Die höchsten Unfallzahlen finden wir in der Zeit zwischen ein Uhr nachts und vier Uhr früh, also in einem Zeitraum, wo wir einen Tiefpunkt unseres zirkadianen Systems erleben und unter dem stärksten Schlafdruck stehen. Dieser Spitzenwert wird erreicht, obwohl zu dieser Nachtzeit nur wenige Fahrzeuge auf den Straßen unterwegs sind. Außerdem gibt es eine zweite, etwas weniger ausgeprägte Spitzenzeit zwischen dreizehn Uhr und sechzehn Uhr, die mit dem nachmittäglichen Tiefpunkt unseres Wachzyklus zusammenfällt. Peretz Lavie vom Technion – Israel Institute of Technology in Haifa hat für sein Land die Zeiten aller Unfälle, bei denen Fahrermüdigkeit eine Rolle gespielt hat, über einen Zeitraum von sechs Jahren zusammengestellt.[21] In den Jahren 1984 bis 1989 häuften sich diese Unfälle in zwei Spitzenzeiten, wie aus dem Diagramm deutlich hervorgeht:

DIAGRAMM 1

Unfallzeitpunkt aller Verkehrsunfälle in Israel, bei denen Fahrermüdigkeit eine Rolle gespielt hat, Zeitraum 1984–1989 (6 Jahre). Die Spitzenzeiten der Unfallhäufigkeit entsprechen den beiden Tiefpunkten (Spitzenzeiten der Müdigkeit) im täglichen Schlaf-Wach-Zyklus.

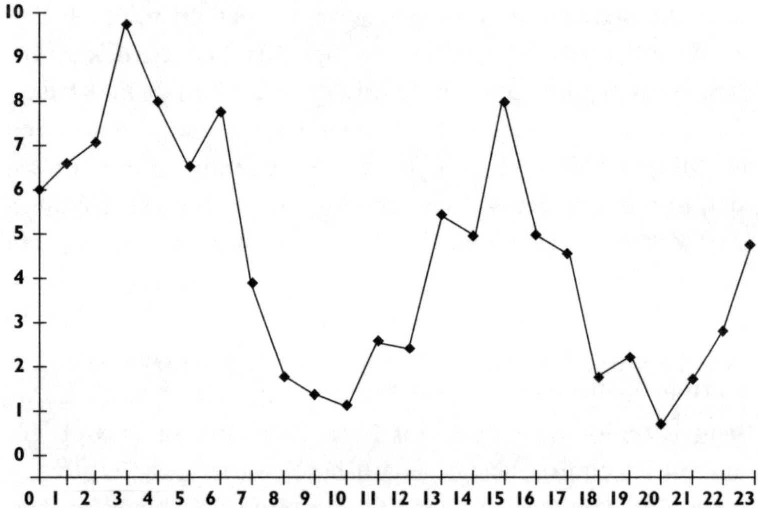

x-Achse: Uhrzeit
y-Achse: Prozentsatz der Unfälle

Wenn wir ohnehin unter einem Schlafdefizit leiden, stellen die täglichen Tiefpunkte unseres Schlaf-Wach-Zyklus Zeiten dar, in denen das Bedürfnis, wenigstens einen Augenblick oder zwei schlafen zu können, unwiderstehlich wird. Selbst bei der relativ geringen Geschwindigkeit von fünfzig Kilometern pro Stunde legt ein Auto während eines Mikroschlafs von zehn Sekunden einhundertvierunddreißig Meter zurück. Anders ausgedrückt reichen zehn Sekunden aus, um mehrere Fahrspuren zu überqueren und nach dem Verlassen der Straße eine Strecke zurückzulegen, die länger ist als ein Fußballfeld. Auf dem Land könnten Sie über eine Klippe oder in einen Fluß fahren oder gegen einen Baum prallen; in der Stadt könnten es geparkte Autos oder eine Mauer sein. Ein winziger Mikroschlaf kann auf diese Weise auch bei niedriger Geschwindigkeit unabsehbare Folgen haben.

Wie häufig wird am Steuer geschlafen? 1994 veröffentlichte der französische Forscher Damien Leger einen Bericht, der sich auf Daten aus den Vereinigten Staaten bezog. Aufgrund der Auswertung der Statistiken aller Verkehrsunfälle im Zeitraum eines Jahres kam Leger zu der Schlußfolgerung, daß Müdigkeitserscheinungen vorsichtig geschätzt für 41,6 Prozent aller aufgenommenen Verkehrsunfälle verantwortlich zu machen sind. Die absoluten Zahlen sind erschütternd: so gehen unter anderem 769 184 Schwerverletzte mit Langzeitbehinderungen und 17 689 Tote auf das Konto schläfriger Fahrer. Die wirtschaftlichen Kosten allein, berechnet aus den Kosten für die Krankenversorgung sowie dem ausgefallenen Einkommen, belaufen sich auf 37,9 Milliarden Dollar. Diese in den USA jährlich aufgebrachte Dollarsumme ist höher als die Staatsverschuldung so mancher kleinerer Nation auf dieser Erde.

Am Operationstisch eingeschlafen

Es gibt eine Gruppe von Menschen, die noch länger, angestrengter und hektischer arbeiten müssen als Fernfahrer. Und wie bei einem Fernfahrer kann jeder Irrtum, den einer dieser Menschen macht, zum Beispiel weil er unter einem Schlafdefizit leidet, einen anderen Menschen das Leben kosten.

Ich lag auf einer Krankenbahre in der Notaufnahme eines Krankenhauses. Vor einigen Minuten war mir ein schmerzstillendes Mittel gespritzt worden. Jetzt begann es zu wirken, und mir ging es etwas besser. Wahrscheinlich weil ich zwei der Krankenschwestern kannte, war ich weniger nervös, als ich es sonst in einer solchen Situation gewesen wäre. Die jüngere, die mir eine Infusion gelegt hatte, war sogar Studentin bei mir gewesen. (Sie sagte, mein Kurs habe ihr wunderbar gefallen, ich sei ein großartiger Lehrer, sie habe viel gelernt, kurz: all die netten Dinge, die einem Professor wie Musik in den Ohren klingen.) Die ältere Schwester kannte ich nicht von der Universität her. (Sie war die Ehefrau eines Mannes, den ich über meine Hunde kennengelernt hatte. Sie kam oft zu Hundeausstellungen, und wir hatten uns ein paarmal nett unterhalten.) Zwar war es mir ein wenig peinlich, daß mir diese beiden Frauen bei intimen Verrichtungen wie dem Ausziehen helfen mußten, aber das wurde mehr als wettgemacht durch das Gefühl, Menschen bei mir zu haben, denen tatsächlich an mir als Person gelegen war.

Ich sah mich um. Die ältere Krankenschwester näherte sich

mit einem Arzt. Der Arzt war jung, sah jedoch ein wenig mitgenommen aus. Er schlurfte teilnahmslos auf das Kopfende der Bahre zu und hob das Klemmbrett auf, an dem meine Unterlagen befestigt waren. Einen Augenblick lang starrte er das oberste Blatt Papier verständnislos an, dann zeigte er auf etwas, das dort geschrieben stand.

«Können Sie das lesen?» fragte er die Krankenschwester.

Die Krankenschwester sah ihn an und fragte: *«Lange Schicht?»*

«Ja.»

«Schlimm gewesen?»

«Gleich zu Ende.»

Sie blickte auf die Uhr und sagte: *«In einer Viertelstunde fängt Dr. M. an. Ich denke, dieser Patient hält so lange durch, und dann ist es ja auch gut, wenn der behandelnde Arzt gleich die Testergebnisse bekommt.»*

«Okay», seufzte er abwesend und schlurfte weiter.

Die Krankenschwester kam zurück und überprüfte den Tropf. *«Arzt im Praktikum?»* fragte ich.

«Ja», antwortete sie leise. *«Seit etwa vierundzwanzig Stunden ist er im Dienst. Er hat schon diesen Blick, den manche von uns ‹Schichtaugen› nennen. Wenn es so weit ist, können die Ärzte nicht einmal richtig lesen. Sie versuchen das zu kaschieren, indem sie uns bitten, ihnen die Daten vorzulesen oder ihnen zu sagen, was der Patient hat. Wenn sie gut sind, bitten sie uns außerdem, die von ihnen verordneten Medikamente und Dosierungen zu überprüfen und so weiter. Dr. M. wird gleich hier sein. Seine Schicht fängt gerade an, also brauchen Sie sich keine Sorgen zu machen.»*

Sie lächelte mich an und drückte mir kurz die Hand, aber ich machte mir doch Sorgen. Ich mußte daran denken, wie Notärzte, die unter einem massiven Schlafdefizit leiden, über Leben und Tod entscheiden können.

Im Bundesstaat New York war diese Frage vor einiger Zeit Gegenstand eines Gerichtsverfahrens mit weitreichenden Folgen. Im März 1984 war eine achtzehnjährige Frau namens Libby Zion mit einem Fieber von einundvierzig Grad Celsius in die Notaufnahme des New York Hospital eingeliefert worden. Es war zwei Uhr früh. Um sechs Uhr dreißig war sie tot. Vielleicht wäre man auch bei diesem Fall mit dem Hinweis zur Tagesordnung übergegangen, manche Patienten seien schon bei der Einlieferung unheilbar krank, oder: Manchmal laufe es eben dumm, zuweilen mit tödlichem Ausgang. Aber der Vater der verstorbenen Frau war Sidney Zion, ein bekannter Rechtsanwalt, der auch für die *New York Times* schrieb. Er fand heraus, daß seine Tochter von einem Arzt im Praktikum und einem Assistenzarzt behandelt worden war, die beide seit achtzehn Stunden im Dienst gewesen waren, als Libby Zion eingeliefert wurde. Mr. Zion machte seinen Einfluß geltend, um die New Yorker Staatsanwaltschaft zur Einleitung eines Verfahrens gegen die Ärzte zu bewegen. Am Ende wurden die Ärzte keiner kriminellen Handlung für schuldig befunden, aber das Gericht stellte fest, daß der Tod der Frau auf ärztliche Kunstfehler zurückzuführen war – so wurden ihr Medikamente verordnet, von denen bekannt war, daß sie in Verbindung miteinander negative, ja gesundheitsschädigende Nebenwirkungen haben. Das Gericht kam zum Ergebnis, die Irrtümer der Ärzte seien wenigstens teilweise darauf zurückzuführen, daß sie einfach nicht genug Schlaf bekommen hatten, um durchdachte und zutreffende Diagnosen und Therapieentscheidungen zu treffen. Libby Zion wurde um zwei Uhr nachts eingeliefert. Um vier Uhr dreißig trat eine Krise ein, aufgrund derer die Medikamente verordnet wurden, die sich schließlich als tödlich erwiesen. Das heißt, die Auswirkungen des bestehenden Schlafdefizits wurden bei diesen Ärzten noch verstärkt, weil sie mit diesen Ereignissen fertig werden mußten, als sie am Tiefpunkt ihres Schlaf-Wach-Zyklus angelangt waren.

Fast gleichzeitig mit dem Gerichtsentscheid veröffentlichte der Stadtratsvorsitzende von New York, Andrew Stein, einen Bericht, der ebenfalls die Zustände in den Krankenhäusern der Stadt aufs Korn nahm. Stein verdankte seinen politischen Einfluß seinem Auftreten als eine Art Verbraucherschutzinstanz in Sachen Gesundheitsversorgung. Er war auch in diesem Fall nicht völlig neutral und unparteiisch, denn Libby Zion hatte als Studentin einmal ein Praktikum in seinem Büro absolviert. Steins Bericht bezog sich auf eine interne Untersuchung der Gesundheitsbehörde, die zum Ergebnis gekommen war, der Fall Zion sei keineswegs einzigartig. Viele Todesfälle in Krankenhäusern der Stadt seien darauf zurückzuführen, daß übermüdete Ärzte Fehler bei der Diagnose und der Behandlung machten.

Um die damalige Situation zu verstehen, muß man wissen, daß es für Ärzte am Krankenhaus damals nicht unüblich war, einhundert Stunden in der Woche zu arbeiten, wenn sie in dieser Woche zwei Nachtschichten hatten. Eine solche Arbeitseinteilung ist heute zwar etwas seltener geworden, ist aber an manchen Krankenhäusern immer noch gang und gäbe. Sehen wir uns einmal an, wieviel Zeit bei einer solchen Arbeitsbelastung für andere notwendige Funktionen übrigbleibt, zum Beispiel fürs Schlafen: Nehmen wir an, der Arzt wohnt etwa eine halbe bis eine Stunde Fahrzeit vom Krankenhaus entfernt. Das heißt, jede Woche braucht er zwischen fünf und zehn Stunden, nur um zur Arbeit zu kommen. Nehmen wir weiter an, daß dieser Arzt nach den fünf Nächten, die er zu Hause schläft, jeweils insgesamt eine Stunde braucht, um sich morgens zu waschen und anzuziehen und Frühstück zu essen. Das sind weitere fünf Stunden. Nehmen wir außerdem an, daß er an seinen fünf Abenden zu Hause eine halbe Stunde braucht, um sich das Abendbrot zu machen, eine Stunde fürs Essen und eine halbe Stunde, um sich fürs Bett fertig zu machen. Das sind weitere zehn Stunden. Wenn wir ihm für die ganze Woche nicht mehr als zehn weitere Stunden gönnen, die aufzuteilen sind zwischen notwendigen Arbeiten (einkaufen, Wäsche waschen, die Wohnung sauber halten, Rechnungen und Reparaturen erledigen) und geselligen Kontakten mit Familie und Freunden, bleiben dreiunddreißig Stunden Schlaf pro Woche. Diese Zeit wird sich wahrscheinlich zusammensetzen aus einem zweistündigen Kurzschlaf nach jeder Nachtschicht und einem Rest von neunundzwanzig Stunden, der auf die Nächte aufgeteilt wird, die zu Hause verbracht werden. In einer solchen Woche kann der Arzt also mit einer Nachtruhe von höchstens fünf Stunden und achtundvierzig Minuten rechnen. Ein Mensch, der regelmäßig acht Stunden schläft, kommt im Verlauf einer Woche auf sechsundfünfzig Stunden Schlaf. Unser Krankenhausarzt baut sein Schlafdefizit auf, indem er dreiundzwanzig Stunden weniger pro Woche schläft (was auf eine durchschnittliche Schlafdauer von vier Stunden und zweiundvierzig Minuten pro Tag hinausläuft). Das ist, wie das New Yorker Gericht im Fall Libby Zion und die New Yorker Gesundheitsbehörde in ihrem Bericht klar erkannten, ein unhaltbarer Zustand.

Solche Informationen über das Schlafdefizit und die Arbeitsbelastung ihrer Ärzte hat die New Yorker Bevölkerung derart aufgebracht, daß ein Sonderausschuß einberufen wurde, um neue Regelungen zu erarbeiten, die sicherstellen sollten, daß die Ärzte genug Ruhezeiten erhielten. Diese wurden dann auch im Juli 1989 eingeführt. Wie sehen diese neuen Regelungen aus? In den meisten medizinischen Einrichtungen wurden die Schichten verkürzt, so daß nur sechzehn Stunden hintereinander gearbeitet werden darf, wobei es mindestens einen freien Tag (vierundzwanzig Stunden) pro

Woche geben muß. Das bedeutet allerdings, daß ein Krankenhausarzt immer noch sechs Sechzehn-Stunden-Tage (also insgesamt sechsundneunzig Stunden) pro Woche arbeiten darf, ohne die gesetzlichen Bestimmungen zu verletzen. Im Notdienst ist die Arbeit auf zwölf Stunden in Folge beschränkt, auf die mindestens acht Stunden Pause folgen müssen. Man muß kein mathematisches Genie sein, um zu bemerken, daß zwölf Stunden Dienst plus acht Stunden Ruhezeit zwanzig Stunden ergeben. Wenn also der Arzt im Notdienst gleich nach der achtstündigen Ruhepause wieder Schicht hat, so heißt das: von vierundzwanzig Stunden werden sechzehn Stunden gearbeitet, genauso wie bei den anderen Beschäftigten am Krankenhaus, nur nicht kontinuierlich.

Wären die Regelungen hier stehengeblieben, hätte das Krankenhauspersonal offensichtlich nichts gewonnen. Da den Ausschußmitgliedern aber klar war, daß es mit ein paar zusätzlichen Stunden Pause nicht getan war, wurde die Wochenarbeitszeit auf achtzig Stunden beschränkt. Das verspricht einen potentiellen Gewinn von zwanzig Wochenstunden und würde es den Ärzten erlauben, im Schnitt zwei Stunden und fünf Minuten pro Tag länger zu schlafen. Leider heißt es aber in den Regelungen, die Ärzte sollten «in einem Zeitraum von vier Wochen im Schnitt achtzig Stunden pro Woche» arbeiten. Der Schlüsselbegriff hier heißt *im Schnitt.* Wenn ein Arzt sechs Tage lang sechzehn Stunden am Tag arbeitet, dann einen Tag frei hat, die nächsten sechs Tage mit zehneinhalb Stunden arbeitet, dann wieder einen Tag frei hat, darauf wieder sechzehn Stunden pro Tag arbeitet und so weiter – also abwechselnd eine Sechsundneunzig-sStunden-Woche und eine Dreiundsechzig-Stunden-Woche arbeitet –, kommt er *im Schnitt* auf neunundsiebzigeinhalb Stunden im Zeitraum von vier Wochen und bleibt damit eindeutig innerhalb der gesetzlichen Bestimmungen. Trotzdem kann es Ihnen passieren, daß gerade Sie einen Arzt bekommen, der eine Sechsundneunzig-Stunden-Woche arbeitet, nur fünf Stunden pro Nacht schläft und im Nebel eines akkumulierten Schlafdefizits eine Entscheidung zu treffen versucht, bei der es um Ihr Leben oder Ihren Tod geht. Sie erinnern sich: Die Auswirkungen des Schlafdefizits summieren sich im Lauf der Tage. Am Anfang des sechsten Arbeitstages trägt ein Krankenhausarzt, der sich täglich drei Stunden Schlaf verweigert (und genau das passiert in der Sechsundneunzig-Stunden-Woche, bei der das Personal im Schnitt fünf Stunden schläft), in Wirklichkeit ein Schlafdefizit von fünfzehn Stunden mit sich herum. Das entspricht zwei völlig schlaflosen Nächten!

«Aber kein Krankenhaus wird seinen Ärzten solche Arbeitszeiten aufzwingen», wenden Sie ein. «Dadurch würden doch nur die psychische Gesundheit des Personals und die physische Gesundheit der Patienten Schaden nehmen.» Aber vergessen Sie nicht, daß viele Krankenhausärzte vor Einführung der neuen Bestimmungen entsetzlich lange arbeiten mußten. Und andernorts müssen sie es immer noch. Der Verwaltungsleiter eines Krankenhauses in New York kommentierte die Situation wie folgt:

Viele Leute glauben, daß Ärzte im Praktikum und Ärzte in der Fachausbildung bei uns sind, um sich zu qualifizieren. Für mich als Verwaltungsleiter ist das ohne Belang. Diese Menschen muß ich als Ressourcen betrachten – als menschliche Ressourcen, die wir einsetzen, um bestimmte Leistungen zu vernünftigen Preisen erbringen zu können. Um ehrlich zu sein, bei mir laufen sie einfach als billige Arbeitskräfte. Zumal sie keine effektive Gewerkschaft haben, ist es für uns unter betriebswirtschaftlichen Gesichtspunkten sinnvoll, sie so lange wie möglich arbeiten zu lassen.

Die neuen Regelungen hier im Bundesstaat New York sind ein Desaster. Auf den ganzen Staat bezogen werden wir nach mir bekanntgewordenen Schätzungen fünftausenddreihundertachtundfünfzig Vollzeitkräfte einstellen müssen, um den Ausfall durch die Achtzig-Stunden-Kappungsgrenze der Arbeitswoche auszugleichen. Haben Sie eine Vorstellung davon, was das kosten wird? Es sind über dreihundertachtundfünfzig Millionen Dollar pro Jahr! Und wer wird das zahlen? Ihre Krankenversicherung wird für diese Kosten aufkommen müssen – und das heißt am Ende: Sie. Und wofür? Es gibt überhaupt keine Beweise dafür, daß Krankenhausärzte zu müde werden, um ihre Arbeit auszuführen. Der Fall Zion war eine Ausnahme, und alle haben überreagiert. Wahrscheinlich waren die beiden Krankenhausärzte inkompetent und hätten genau die gleichen Fehler gemacht, wenn sie ordentlich geschlafen hätten.

Handelt es sich beim Fall Libby Zion um eine Ausnahme? Ja, in dem Sinne, daß darüber so viel berichtet wurde und daß es eine öffentliche Untersuchung gab. Es gibt zahlreiche vergleichbare Fälle, die selten für bundesweite Schlagzeilen sorgen. So berichtete im April 1995 die *Denver Post* von einem Fall, bei dem ein Anästhesist wegen Totschlags angeklagt war. Nach Ansicht der Staatsanwältin Diane Balkin verursachte Dr. Joseph Verbrugge Jr. den Tod eines achtjährigen Kindes, weil er bei einer Routineoperation am Ohr eingeschlafen war. Der Fall wurde einem ärztlichen Gutachtergremium vorgelegt, das zum Ergebnis kam, der schlafende Anästhesist habe die Herz- und Atemtätigkeit des Patienten nicht kontrolliert und sei erst auf den sich verschlechternden Zustand des Kindes aufmerksam geworden, als es zu spät war. Nach Zeugenaussagen war der Doktor bei der Operation immer wieder kurz eingenickt. Sein Kopf sei hin und her geschwankt, und dann sei er in sich zusammengesackt und habe anscheinend nichts um sich herum wahrgenommen. Ein Augenzeuge meinte, Verbrugge habe bei dieser Operation etwa zwanzig Minuten durchgehend geschlafen.

Einer der überraschenden Aspekte des Verfahrens gegen Verbrugge war die Erkenntnis, daß er offenbar nicht zum erstenmal während einer Operation geschlafen hatte. Die Staatsanwältin behauptete sogar, Verbrugge sei in den vorangegangenen zweieinhalb Jahren bei mindestens sechs weiteren Operationen eingeschlafen. Diese Zwischenfälle führten aber zu keinem Verfahren gegen den Anästhesisten, vermutlich, weil kein Patient wegen seiner Nickerchen gestorben war. Die anderen Fälle wurden einem Ärztegremium im Krankenhaus vorgelegt, das sich mit Fällen möglichen Fehlverhaltens von Kollegen befaßt, seine Beratungen und Beschlüsse aber nie veröffentlicht. Es hat den Anschein, als würden solche Fälle nur selten ins Licht der breiten Öffentlichkeit gezerrt. Vom Fall Verbrugge hörte ich nur, weil mir jemand einen Brief darüber schrieb. Soweit ich weiß, wurde der Fall weder von den großen Nachrichtenagenturen noch von den wichtigen Fernsehsendern aufgegriffen. Inzwischen sammle ich ähnliche Berichte über Todesfälle, die auf übermüdete oder schläfrige Ärzte zurückzuführen sind. Keiner dieser Fälle hat auch nur annähernd soviel Aufmerksamkeit erregt wie der Fall Zion. In diesem Zusammenhang erklärte mir ein Krankenhausverwalter:

Wir sehen es nicht gern, wenn die Öffentlichkeit von solchen Fällen erfährt. Sie untergraben ja das Vertrauen der Menschen in ihre Ärzte. Aus diesem Grund haben wir alle Mitarbeiter unseres Hauses angewiesen, auf keinen Fall mit Reportern zu reden und alle Fragen an die Presse- und Öffentlichkeitsabteilung weiterzuleiten. Unser Pressereferent hat nämlich die Gabe, solche Berichte schrecklich kompliziert und technisch und eigentlich nicht berichtenswert erscheinen zu lassen.

Und doch gibt es eine Informationsquelle, die noch nicht ganz abgewürgt worden ist, nämlich die Ärzte selbst, vor allem die jüngeren Ärzte, die als Ärzte im Praktikum oder in der Fachausbildung tätig sind. Viele von ihnen sind immer noch bereit, über ihre Erfahrungen zu reden (wenn man ihnen die Anonymität zusichert). Ich durfte mich mit einer Gruppe solcher Ärzte unterhalten, die gerade von der Schicht kam. Vier von ihnen waren bereit, eine Weile dazubleiben und mit mir zu reden, zumal ich eine große Kanne guten Kaffees und eine Auswahl an Brötchen, Käse und Plunderstücken mitgebracht hatte. Wir saßen um einen Tisch in einem der Dienstzimmer und sprachen über ihre Situation. Einer von ihnen, ein blonder Arzt mit einem eckigen Gesicht, hatte einen schlimmen Fall von Schichtaugen. Manchmal brach er beim Reden mitten im Satz ab, weil er offensichtlich vergessen hatte, worüber wir gesprochen hatten, so daß ich ihm die Frage erneut stellen mußte. Von den Mitgliedern der Gruppe hatte er am wenigsten geschlafen, da er gerade sechsunddreißig Stunden hintereinander gearbeitet hatte. (Der Verwaltungsleiter eines Krankenhauses würde meine Berechnung seiner Arbeitszeit womöglich in Frage stellen, denn es handelte sich um zwölf Stunden regulären Dienst, zwölf Stunden nachts auf Bereitschaft und dann wieder zwölf Stunden Dienst.) Er erzählte mir zunächst von dem Bereitschaftsdienst:

Es heißt, die Bereitschaft sei kein kontinuierlicher Dienst, und wir sollten uns so oft wie möglich hinlegen. Es gibt dort hinten [hier deutete er mit dem Kopf auf den hinteren Teil des Raums, der mit einem Vorhang abgeteilt war] *zwei Liegen, aber normalerweise legen wir uns einfach ins nächste beste leere Zimmer. Ich werde doch nicht den ganzen Weg hier heraufkommen, bloß um wieder in die Erste Hilfe gerufen zu werden und mich den ganzen Weg hinunter ins Erdgeschoß zu schleppen. Das sind jeweils fünf Minuten oder mehr, und in der Zeit könnte ich einfach im OP schlafen. Manchmal kann ich auf diese Weise vier bis fünf Nickerchen von jeweils zehn bis fünfzehn Minuten machen. An manchen Nächten kann ich sogar, wenn ich Glück habe, eine halbe Stunde kriegen. Solche Nickerchen kann man nicht eigentlich als Schlaf bezeichnen, aber sie helfen.*

In gewisser Hinsicht hat der Arzt recht, wenn er von seinen kurzen Nickerchen sagt, sie könnte man «nicht eigentlich als Schlaf bezeichnen». Eine Reihe von Untersuchungen hat sich inzwischen mit dem sogenannten «Schlaf auf Abruf» befaßt, also mit der Qualität der Erholung bei Menschen, die versuchen müssen, so viel Schlaf wie möglich in kleinen Mengen zu erhaschen. In manchen Untersuchungen wurden Menschen im Bereitschaftsdienst (Krankenschwestern und Ärzte im Krankenhaus, Feuerwehrleute und die Besatzungen von Krankenwagen) mit speziell entwickelten Monitoren ausgestattet, die es den Forschern erlaubten, ihre Schlafstadien zu messen. Die Ergebnisse sprachen nicht für die Effektivität eines solchen Schlafs. Die Schlafmuster der Versuchspersonen waren nicht normal. Der Tiefschlaf, den viele Wissenschaftler für den erholsamsten Bestandteil des Schlafs halten, war bei diesen Bereitschaftsschläfchen sehr viel kürzer als sonst und manchmal gar nicht vorhanden. Hinzu kam, daß der Körper nie völlig entspannt war. Der Puls der Schläfer auf Abruf war höher, fast als wären sie in einem gewissen Sinn immer noch aktiv, als hielten sie sich eben auf Abruf bereit für einen Notfall oder medizinischen Einsatz, der ja doch kommen mußte. Insgesamt war ihr Schlaf nur leicht, immer wieder unterbrochen, als ob sie immer wieder ihre Umgebung überprüften und sich nicht so weit gehen lassen konnten, um normal zu schlafen. Sollten Sie jemals versucht haben sich auszuruhen, während Sie gleichzeitig auf einen wichtigen Anruf gewartet haben, oder darauf, daß jemand nach Hause kommt, dann kennen Sie vielleicht diese Art Schlaf. Sie erinnern sich vielleicht daran, wie flach Ihr Schlaf war, wie oft er unterbrochen wurde. Auch Sie haben damals auf Abruf geschlafen.

Der blonde Arzt sprach immer noch mit seiner unsicheren, völlig erschöpften Stimme. *«Man wird manchmal so verdammt depressiv, besonders wenn es in der Notaufnahme heiß her geht, zum Beispiel mittwochs, am ‹Sozialzahltag›.»* [Im Bereich dieses Krankenhauses bekommen die Sozialhilfeempfänger mittwochs ihre Schecks. Manche gehen gleich zur Bank, kassieren ihr Geld und ziehen anschließend durch die Kneipen, mit dem Ergebnis, daß bald viele Menschen eingeliefert werden, die in alkoholbedingten Raufereien oder Schlägereien auf der Straße verletzt worden sind. Oft werden auch Sozialhilfeempfänger mittwochs überfallen, denn die Diebe wissen, wann die Schecks kommen. Viele dieser Überfallopfer landen mittwochs in der Notaufnahme.] *Gestern Nacht waren wir einfach überschwemmt. Kaum war ich mit einem Gomer fertig, schon brachten die Schwestern einen neuen.»*

«Entschuldigen Sie, was ist ein ‹Gomer›?» fragte ich.

Ein schlanker Arzt chinesischer Abstammung antwortete mir:

Gomer nennen wir manchmal die Patienten. Das Wort kommt von «Get out of my emergency room» [etwa: «Raus aus meiner Notaufnahme»]. *Wenn man Bereitschaftsdienst hat, will man irgendwann einfach keine weiteren Patienten sehen. Sie stehlen einem die Zeit. Sie hindern einen am Schlafen. Sie verursachen lauter Papierkram. Ihnen kann man es sowieso nie recht machen. Sie beschweren sich immer, daß die Behandlung zu langsam ist, daß wir nicht genug für sie tun, daß wir uns mit ande-*

ren Sachen beschäftigen. Sie begreifen nicht, daß wir vielleicht seit sechzehn oder sogar sechsunddreißig Stunden arbeiten und nicht geschlafen haben. In der Situation ist es so, wenigstens bei mir, daß einem alles vor den Augen verschwimmt und man Schwierigkeiten hat, irgend etwas zu fixieren. Also arbeite ich langsamer und versuche alles doppelt zu prüfen. Ich will sichergehen, daß ich nichts übersehen habe. Aber dem Gomer kann ich meine Probleme nicht erzählen, sonst glaubt er, ich mache meine Arbeit nicht richtig, und am Ende haben wir Rechtsanwälte und Schadenersatzforderungen am Hals. Außerhalb der Ersten Hilfe gibt es andere Namen für die Patienten, die auch nicht gerade schmeichelnd sind, zum Beispiel «Krücken» oder «Puten». Wenn man völlig erledigt ist, denkt man nicht an die Patienten als Menschen. Es sind Objekte, die so schnell wie möglich wieder verschwinden sollen. Sie als «Gomer» zu bezeichnen macht es uns wahrscheinlich leichter, sie als Objekte zu sehen.

Die Depression und der Zynismus in seiner Stimme wurden noch ausgeprägter, als er fortfuhr:

Man darf sich erst hinsetzen, wenn man alle Patienten gesehen hat. Bei jedem neuen Fall hofft man, es werde sich um etwas Einfaches handeln – eine Verbrennung zum Beispiel, wissen Sie, die man der Schwester zum Säubern und Verbinden überlassen kann. Eine Schnittwunde, nicht zu tief, bei der nur ein paar Nähte zu setzen sind. Nur nichts Kompliziertes. Knochengeschichten sind auch okay, weil man dann eine Ausrede hat, sie eine Weile wegzuschicken, zum Röntgen. Manchmal, wenn man einen hat, bei dem es lange dauern wird – wenn einer mit einer Überdosis Drogen eingeliefert wird und stabilisiert werden muß, oder wenn es etwas Internistisches ist –, und es ist drei Uhr früh, dann fängt man an, sich den Tod des Patienten zu wünschen, damit das Bett wieder frei wird.

«Stimmt nicht!» protestierte die einzige Frau in der Gruppe: *«Zuviel Papierkram!»* Darauf lachte sie müde, und die anderen fielen in ihr Lachen ein.

Der blonde Arzt sagte:

Du willst sie nur raus haben aus deiner Station. Du willst nicht mit ihnen reden. Wir werden nicht dafür bezahlt, die Patienten kennenzulernen oder ihnen zuzuhören mit dieser ärztlichen Sympathie, die wir angeblich entwickeln sollen. Im Gegenteil, behandelst du sie wie Menschen, wirst du effektiv dafür bestraft. Erstens mußt du dann länger bei ihnen bleiben, und das bedeutet mehr Zeit bei der Arbeit. Wenn die Patienten dich kennen, meinen sie gleich, sie könnten dich anhalten und mit dir reden, wenn du dich gerade davonmachen willst, um dich kurz aufs Ohr zu legen, oder nach der Schicht aus dem Krankenhaus raus willst. Vielleicht werde ich mich für die individuellen Patienten zu interessieren beginnen, wenn ich meine eigene Praxis aufmache, aber nicht jetzt. Jetzt ist mir der Schlaf wichtiger. Manchmal bist du so weit, daß du nicht einmal so lange bei ihnen bleiben willst, wie es nötig ist, um ihre Beschwerden richtig zu diagnostizieren. Zum Beispiel will die Krankenschwester, daß du dir irgendeinen Patienten ansiehst, bei dem sie eine Veränderung bemerkt hat, aber du willst dir einfach nicht die Zeit dafür nehmen, also gibst du ihr ein paar Anweisungen per Telefon in der Hoffnung, daß alles wenigstens vorübergehend ruhig bleibt.

Du entwickelst Überlebenstechniken. Wie zum Beispiel bei dem Papierkram. Du lernst, wie man es so schnell wie möglich erledigt. Du faßt dich kurz. Manchmal zu kurz. Einmal bekam ich einen Anruf von dem Arzt, der mich abgelöst hatte. Er konnte sich nicht vorstellen, was ich bei einem Patienten gemacht hatte. Ich bat ihn, mir vorzulesen, was ich eingetragen hatte. Das tat er dann auch, und die Information reichte nicht einmal aus, um mir selbst klarzumachen, um welchen Patienten es sich handelte. Zum Glück hatte ich eine gute Schwester bei mir gehabt, und sie konnte sich wenigstens so weit an den Fall erinnern, daß die Behandlung fortgesetzt werden konnte. In einem anderen Fall machte ich die Papiere fertig, und ich war so müde, daß ich bei den Symptomen einfach KY Schmerz schrieb, und weiter unten bei dem Behandlungsergebnis: KP normal. Ich habe keine Ahnung, was ich mit diesen beiden Eintragungen gemeint habe. Später sagte mir die Schwester, ich hätte den Fall als einfachen Nierenstein diagnostiziert, der noch in der Notaufnahme abgegangen sei. Sie hat eine kleine Notiz an die Patientenakte geheftet, damit ich bei Gelegenheit etwas Sinnvolleres eintrage. Die ist schon in Ordnung, die Schwester.

Der chinesische Arzt meldete sich wieder zu Wort:

Wieviel Schlaf man bekommt, hängt davon ab, in welchem Bereich man eingesetzt wird. Bei der Chirurgie zum Beispiel habe ich herausgefunden, daß man sogar im Operationsraum ein paar Minuten Schlaf erhaschen kann. Nach einer Weile bekommt man sogar eine gewisse Übung darin. Es gibt immer wieder Zeiten, in denen nicht viel los ist. Zum Beispiel, wenn der Patient für bestimmte Operationen abgekühlt oder nach einer Herzoperation wieder aufgewärmt wird. Zu diesen Zeiten arbeitet das Kühlbad oder die Bypass-Apparatur, und man steht fünfzehn oder zwanzig Minuten einfach dabei und wartet. Warum sollte man sich da nicht ein paar Minuten Schlaf gönnen? Es gibt immer auch andere Menschen im Raum, und einer der anderen Ärzte oder eine Schwester wird einen schon rechtzeitig wecken.

Einmal allerdings ist mir das teuer zu stehen gekommen. Ich sollte bei einem komplizierten Eingriff an der Leber assistieren. Der Eingriff war schon kompliziert, aber hauptsächlich deshalb, weil man an verschiedenen Stellen des Organs immer wieder das gleiche machen und vor allem aufpassen mußte, daß man nichts ausgelassen hatte. Nachdem ich zwei- oder dreimal zugesehen hatte, wie so etwas gemacht wird, sah es ziemlich routinemäßig aus. Wenn man zuwenig Schlaf bekommen hat, sind es gerade die routinemäßigen Sachen, die einem zu schaffen machen. Hätte es eine Krise gegeben, mein Adrenalinspiegel hätte mich wahrscheinlich wach gehalten, so aber war es einfach langweilig. Jedenfalls muß ich dort am Operationstisch auf den Füßen eingeschlafen sein. Denn ich weiß nur noch, wie mich die Schwester anstupst und mir R. [der Chirurg, der die Operation durchführte] *sagt, ich soll nähen. Also setze ich die Nähte und mache alles ordentlich und gehe raus, um mich zu waschen. R. ist gerade dabei, irgendwelche Formulare auszufüllen, und er dreht sich zu mir um und sagt: «Wissen Sie, ich bin ein wenig enttäuscht. Ich dachte, Sie würden wenigstens einmal so viel Mut und Einsicht aufbringen, mein Angebot anzunehmen.» Damit dreht er mir den Rücken zu und geht. Ich wußte nicht einmal, wovon er redete, und ich fragte C.* [den Anästhesisten], *was das sollte. Er sagt: «Dr. R. hat Ihnen wiederholt gesagt, wenn Sie inzwischen mitbekommen hätten, worum es geht, und wenn sie meinten, Ihre Hände wären flink genug, sollten Sie ihm Bescheid sagen, und er würde Sie auch mal machen lassen. Das hat er bestimmt zwei- oder dreimal gesagt, aber Sie haben einfach gar nicht geantwortet. Das kennen wir schon von manchen Ärzten im Praktikum bei ihrem ersten wichtigen OP-Einsatz. Sie stehen einfach da und starren stumm vor Schreck vor sich hin. Aber Ihr Verhalten hat uns alle überrascht. Wir dachten, das hätten Sie längst hinter sich.» Ich habe dazu gar nichts gesagt, denn ich hatte die ganze Zeit am Operationstisch angelehnt geschlafen. Ich habe überhaupt nicht gehört, wie mir R. das Angebot machte. Wenn ich jetzt mit R. oder C. zusammen arbeite, strenge ich mich besonders an, kompetent zu erscheinen, aber ich fühle mich in ihrer Gegenwart immer noch ziemlich unwohl und dumm.*

Die junge Ärztin hatte sich die ganze Zeit mit einer Handbewegung, die mich an das Streicheln eines Hundes erinnerte, die Haare glatt gestrichen. Jetzt beteiligte sie sich wieder am Gespräch:

Ich weiß nicht, wie wir unter solchen Bedingungen lernen sollen. Wir wissen zwar, daß wir eigentlich Fachzeitschriften lesen und Texte studieren sollen und so weiter, aber ich bin immer so müde, daß ich sofort einschlafe, wenn ich mich hinsetze, um einen Text zu lesen. Es gibt Sitzungen, bei denen wir Fälle und Behandlungsmethoden diskutieren, und dann gibt es «große Runden», das sind Vortragsveranstaltungen, zu denen irgendwelche Superstars eingeladen werden. Wir sind uns alle einig, daß wir diese Veranstaltungen unbedingt besuchen wollen, aber wenn es dann soweit ist und man die Wahl hat zwischen einer Stunde Sitzung und einer Stunde Schlaf, wählt man doch das Nickerchen. Und wenn man doch hingeht, ist man gar nicht richtig in der Lage, neue Informationen aufzunehmen. Der Raum, den wir für die meisten Sitzungen benutzen, hat diese richtig schönen, weichen Sessel, und das halte ich für einen Fehler, jedenfalls wenn wir dort wirklich etwas lernen sollen. Die ganzen Ärzte im Praktikum und in der Fachausbildung sitzen in den letzten drei oder vier Reihen. Wir nennen das den Schlafsaal. Sobald das Licht ausgeht, damit der Vortragende seine Dias zeigen kann, schlafen wir da hinten alle ein.

Sie stieß den blonden Arzt kameradschaftlich in die Rippen und sagte: «Sobald das Licht ausgeht, sagt er mir: ‹Weck mich, falls ich schnarche.›»

Ich wandte mich an den vierten in der Runde, einen dunkelhaarigen jungen Arzt mit einem schmalen Gesicht und einer Brille mit Drahtgestell. Vor ihm war eine Tasse Kaffee, und in seinem Schoß lag ein angebissenes Plunderstück. Sein Kopf ruhte auf der Brust, und sein regelmäßiger Atem zeigte deutlich an, daß er nun dabei war, das Schlafdefizit abzuzahlen, das er bei der Arbeit mit sich herumgeschleppt hatte. Der chinesische Arzt stand unsicher auf und sagte: «Machen Sie sich keine Sorgen um ihn. Ich bringe ihn nach Hause. Aber wir sollten jetzt alle ins Bett gehen.»

Was mir vielleicht am meisten bei diesen Ärzten auffiel, war ihr beißender Zynismus und der allgemeine Eindruck tiefer Depression. Viele Menschen, die im Gesundheitssektor arbeiten, haben mir gesagt, daß sich die meisten frischgebackenen Ärzte nach Jahren an der Hochschule geradezu enthusiastisch auf die selbständigere Arbeit mit Patienten als «richtiger» Arzt am Krankenhaus freuen. Am Ende des ersten Jahres hat sich diese Einstellung in der Regel grundsätzlich gewandelt. Verschwunden ist der ursprüngliche Enthusiasmus, verschwunden ist das Gefühl, einen wichtigen Beitrag zur Heilung der Kranken zu leisten. An ihre Stelle treten Bitterkeit, Pessimismus, Sarkasmus und sogar ein gewisses Maß an Feindseligkeit gegenüber den Patienten. Schlimmer noch ist die Tatsache, daß so viele von Ihnen gegenüber der Qualität ihrer medizinischen Arbeit gleichgültig zu sein scheinen. Dieser Stimmungsumschwung entspricht genau den Veränderungen, die wir an Menschen beobachten, die unter Schlafentzug leiden, und diese Ärzte leiden ganz sicher darunter. Ein früherer Vorsitzender der kanadischen Vereinigung der Krankenhausärzte drückte es folgendermaßen aus: «Der schlimmste Aspekt der Ausbildung am Krankenhaus ist die fast gefühllos zu nennende Mißachtung des Schlafbedürfnisses der Ärzte seitens der Ober- und Chefärzte und zu einem geringeren Grad auch seitens der Pflegekräfte.»

Eine Reihe von Untersuchungen hat sich mit der Frage befaßt, wie sich der Schlafmangel auf die Einstellung eines Arztes zu seiner Arbeit auswirkt. Nach einer langen Schicht oder einem nächtlichen Bereitschaftsdienst erwarten wir natürlich, daß sich ein Arzt erschöpft und müde fühlt, und das ist auch der Fall. Viele Studien zeigen aber auch, daß Ärzte zu diesen Zeiten in erhöhtem Maß gereizt, jähzornig, unruhig und angespannt reagieren. Viele Ärzte berichten auch, daß sie sich bei ihren täglichen Arbeitsverrichtungen als matt und kraftlos, unsicher und zögernd erleben.

In einer Studie von C. V. Ford und D. K. Wentz wurden siebenundzwanzig Ärzte im Praktikum während ihres ersten Jahres am Krankenhaus begleitet.[22] Zu verschiedenen Zeiten im Verlauf dieses Jahres wurden Tests und Interviews durchgeführt. Dabei stellte sich heraus, daß sechsundfünfzig Prozent dieser jungen Ärzte in diesem Zeitraum mindestens einmal unter Depressionen litten, die als klinisch signifikant eingestuft wurden. Im Verlauf des Jahres gab es immer mehr Beispiele von Wut, Erschöpfung, Depression und Denkstörungen. Als zuverlässigster Prognosefaktor einer bevorstehenden Depression oder einer allgemein schlechten psychischen Verfassung erwies sich die Frage, wieviel Schlaf sie in den vorangegangenen Tagen bekommen hatten. Je weniger Schlaf sie gehabt hatten, desto schlechter war ihre Laune und desto wahrscheinlicher auch das Auftreten beunruhigender psychischer Symptome.

Es ist schon schlimm genug, daß sich das Schlafdefizit derart auf die Stimmung der Ärzte auswirkt, aber dabei bleibt es nicht, und ich persönlich möchte ungern in die Hände eines Arztes geraten, dem es am Ende seiner Schicht so zumute ist wie diesem jungen Arzt:

Nach achtzehn Stunden Dienst hintereinander, wie heute nacht, ist mir alles scheißegal. Ich erwische mich dabei, wie mir die Patienten auf die Nerven gehen, wenn sie über Schmerzen oder andere Beschwerden klagen. Teufel noch mal, ich habe auch Be-

schwerden, und sie können verdammt noch mal etwas aushalten, wie ich. Wenn es mir so geht wie heute, dann ist es am besten, mir nicht in die Quere zu kommen, mich einfach machen zu lassen. Ich habe keine Lust, mir das Geblöke einer Schwester anzuhören: «Doktor, könnten Sie bitte diese Dosis noch mal überprüfen? Mir kommt das ein bißchen merkwürdig vor.» Ist mir scheißegal, ob sie das merkwürdig findet. Wer ist hier der Arzt, verdammt noch mal? Welches Recht hat sie, mein Urteil anzuzweifeln? Ich dulde es einfach nicht, daß die Schwester herumwinselt: «Doktor, wollen Sie den Verband überprüfen, bevor ich den Patienten entlasse?» Herrgott noch mal, wenn sie nicht mal einen Verband richtig anlegen kann, weshalb nennt sie sich dann Krankenschwester? Sie müßte doch wissen, daß ich keine Zeit habe für so eine Scheiße!»

In diesem Fall hat das Schlafdefizit nicht nur eine allgemeine Wut hervorgebracht, sondern sogar Ressentiments gegen jene Handlungen, durch die eventuell gemachte Fehler korrigiert werden könnten, zum Beispiel Verordnungen überprüfen oder auf die Sorgen einer engagierten Krankenschwester eingehen. Ein solcher Arzt mag noch imstande sein, logisch zu denken oder Probleme zu lösen, und doch könnte er Unheil anrichten, weil ihm wichtige Details der Behandlung einfach nicht mehr wichtig genug sind.

Leider wird durch einen langen Schichtdienst nicht nur die Stimmung des Arztes negativ beeinflußt. Wie verschiedene Untersuchungen gezeigt haben, wird die Fähigkeit sowohl zum allgemein logischen Denken als auch zur Erledigung spezifischer ärztlicher Aufgaben durch den Schlafmangel beeinträchtigt. Sehen wir uns einige dieser Untersuchungen an, zum Beispiel eine neuere Studie aus Tübingen, wo eine Forschungsgruppe unter der Leitung von Dr. Thomas Lingenfelser die Leistungen von vierzig jungen Krankenhausärzten nach einer freien Nacht (mit einer in etwa normalen Schlafdauer) und nach vierundzwanzig Stunden im Krankenhaus (wegen eines Bereitschaftsdienstes) miteinander verglich.[23] Die Ärzte wurden einer breiten Testpalette unterzogen, die über verschiedene geistige Leistungen Aufschluß geben sollte. Einige dieser Tests waren allgemeiner Art, andere basierten auf den speziellen Anforderungen des Krankenhausalltags. Die Standardtests maßen Faktoren wie die Denkgeschwindigkeit und Konzentrationsfähigkeit, die Reaktionsgeschwindigkeit auf bestimmte Signale und die Fähigkeit, trotz Ablenkungsfaktoren weiterhin konzentriert zu arbeiten. Bei diesen drei Tests erzielten die Ärzte nach vierundzwanzig Stunden im Dienst im Schnitt um fünf Prozent schlechtere Ergebnisse als sonst. Das heißt, allgemein gesprochen, daß sich die geistigen Fähigkeiten dieser Ärzte wegen ihres aktuellen Schlafmangels erheblich verschlechtert hatten.

Als Lingenfelser und seine Mitarbeiter die Leistungen der Ärzte bei den krankenhausrelevanten Aufgaben verglichen, fielen die Auswirkungen des Schlafmangels noch stärker ins Gewicht. Eine der Testaufgaben überprüfte eine Gedächtnisleistung von der Art, wie sie von Ärzten bei der Diagnose und anschließenden Behandlung eines Patienten häufig gefordert wird. Wenn er einen Patienten untersucht, erstellt der Arzt in der Regel eine Art geistige Checkliste der Dinge, die er tun muß. Stellt er zum Beispiel einen Bluterguß am Kopf fest, könnte er sofort daran denken, die Pupillenreflexe und drei oder vier weitere elementare Reflexe zu überprüfen. Er müßte sich vergewissern, daß der Patient klar denken kann, und vielleicht bräuchte er auch eine Röntgenaufnahme, um die Möglichkeit eines Schädelbruchs ausschließen zu können. Danach käme vielleicht ein Elektroenzephalogramm, um die Gehirnfunktion zu überprüfen, falls innere Verletzungen im Kopfbereich vermutet werden. Oder, um ein anderes Beispiel zu nehmen: Schlimme Blutergüsse auf der Brust machen natürlich zunächst eine Überprüfung der Atmung mit dem Stethoskop erforderlich, dann einige einfache Röntgenaufnahmen, dann ... Sie sehen, daß die Liste der zu erledigenden Maßnahmen schnell wächst und daß alle diese Punkte im Kurzzeitgedächtnis gespeichert werden müssen. Würde der Arzt die Anordnung einer dieser Maßnahmen vergessen, könnte ein wichtige klinische Information verlorengehen. Als die Ärzte mit einer Simulation dieser Aufgabe aus der alltäglichen klinischen Praxis getestet wurden, fielen die Ergebnisse nach dem Vierundzwanzig-Stunden-Dienst um acht Prozent schlechter aus als bei den ausgeschlafenen Ärzten. Konkret heißt das: Im Fall einer denkbaren Checkliste von zwölf Maßnahmen pro Patient kann der Patient bei einem müden Arzt davon ausgehen, daß ein Punkt vergessen wird.

Es ist aufschlußreich, dieses Resultat mit den Ergebnissen einer in Edinburgh durchgeführten Studie zu vergleichen.[24] Ian Deary und Rosemary Tait konnten zeigen, daß die Fähigkeit eines Arztes, eine bestimmte Kette von Fakten im Kopf zu behalten (zum Beispiel die Ergebnisse der an einem Patienten durchgeführten Tests), nach einem nächtlichen Bereitschaftsdienst um etwa achtzehn Prozent abnimmt. Das heißt, jede fünfte Tatsache, die dem Arzt sonst – das heißt bei ausreichendem Schlaf – zur Verfügung gestanden hätte, geht unter den Bedingungen des durch den Bereitschaftsdienst verursachten Schlafmangels verloren. Für den Patienten, dessen Fall kompliziert ist und eine Reihe diagnostischer Prozeduren erforderlich macht, die vom Arzt ausgewertet werden müssen, ist diese Erkenntnis nicht gerade beruhigend.

Als zweite wichtige und klinisch relevante Aufgabenstellung untersuchten die Tübinger Forscher die Fähigkeit ihrer Versuchspersonen, Elektrokardiogramme auszuwerten. Elektrokardiogramme sind Aufzeichnungen der Herztätigkeit. Ein

Videoband wurde hergestellt, auf dem typische Elektrokardiogramme, sowohl normale wie unnormale, zu sehen waren. Das Untersuchen von Elektrokardiogrammen auf Hinweise abnormer Herztätigkeit gehört zu den Routineaufgaben im Krankenhaus; schließlich sind Herzbeschwerden in vielen Fällen Grund für die Einlieferung, und außerdem treten sie oft als Komplikation im Zusammenhang mit anderen Krankheiten oder Verletzungen auf. Wie es sich herausstellt, hängt die Fähigkeit eines Arztes, Anomalien in einem Elektrokardiogramm festzustellen, unmittelbar davon ab, wieviel Schlaf er bekommen hat. Ausgeruhte Ärzte hatten dieser Studie zufolge eine um vierzehn Prozent erhöhte Trefferquote bei der Entdeckung abweichender Herzrhythmen als nach einem nächtlichen Bereitschaftsdienst. Das bedeutet: Jedes siebente Herzproblem, das von einem ausgeschlafenen Arzt korrekt diagnostiziert worden wäre, wird von einem Arzt mit Schlafdefizit übersehen.

Eine der interessantesten Untersuchungen über die Auswirkungen des Schlafdefizits auf die ärztliche Leistungsfähigkeit wurde am Temple University Health Sciences Center in Philadelphia durchgeführt. Dr. Leonard Goldman und seine Mitarbeiter maßen kontinuierlich die Pulsfrequenz von Chirurgen während der Durchführung echter Operationen.[25] Mit Hilfe eines internen Videosystems wurden dreiunddreißig dieser Operationen mit jeweils zwei Kameras aufgenommen und die Bänder sowohl nach der Kompetenz der dokumentierten chirurgischen Leistung als auch nach der Veränderung der Herzfrequenz des ausführenden Arztes bewertet. Da die Pulserhöhung ein deutlicher Streßindikator ist, zeigt die Messung der Herzfrequenz an, wie stark die Durchführung einer Operation den Arzt jeweils belastet. Zur Gruppe der untersuchten Ärzte gehörten einige, die in der vorigen Nacht Bereitschaftsdienst gehabt und weniger als zwei Stunden geschlafen hatten. Unter diesen Ärzten wurde in achtzig Prozent der Fälle ein deutlich erhöhter Puls festgestellt, was auf ungewöhnlich starken Streß hinweist. Wie jeder klinische Psychologe weiß, macht der Streß die Menschen ineffizient, ungeschickt und unkoordiniert. Als die Videoaufnahmen der Operationen ausgewertet wurden, stellten die Forscher fest, daß die Leistung der unter dem größten Schlafdefizit leidenden Ärzte im Vergleich zur Leistung der unter normalen Bedingungen (also: ohne Schlafdefizit) arbeitenden Ärzte schlicht und einfach inadäquat war. Die genaue Beschreibung dieser mangelhaften Leistung ist geradezu angsterregend. Die unter Schlafdefizit operierenden Ärzte waren sehr unentschieden und vergeudeten insgesamt dreißig Prozent der Operationszeit mit schlecht durchdachten chirurgischen Prozeduren. Mit anderen Worten: Fast ein Drittel der Zeit, die der Patient auf dem Operationstisch zubrachte, wurde mit ineffizienten oder überflüssigen Maßnahmen oder Bewegungen von nicht ausgeschlafenen Ärzten vertrödelt, die insgesamt, wie die Videodokumentation bewies, inkompetent und inadäquat operierten!

Wenn es stimmt, wie diese Daten wohl belegen, daß Ärzte mit einem Schlafdefizit schlecht arbeiten und sogar ein Risiko für ihre Patienten darstellen können – warum müssen dann die Ärzte am Krankenhaus immer noch so lange arbeiten? Wie der oben zitierte Verwaltungsleiter andeutete, spielen wirtschaftliche Gesichtspunkte wahrscheinlich eine Hauptrolle, da Ärzte in der Ausbildung einfach als billige und leicht auszubeutende Arbeitskräfte betrachtet werden. Man müßte aber meinen, daß die Gesundheit der Patienten das oberste Gebot der Krankenhausleitungen wäre – zumal die Menschen bestimmt bereit wären, für eine bessere Gesundheitsversorgung notfalls etwas mehr zu zahlen. Warum kommt es immer noch vor, daß viele Ärzte am Krankenhaus mit nur vier bis fünf Stunden Schlaf pro Nacht auskommen müssen?

Diese Frage stellte ich dem Dekan einer Klinik, der mir bereitwillig Antwort gab – unter der Bedingung allerdings, daß ich ihm und seiner Institution absolute Anonymität garantierte. Aus diesem Grund ist im folgenden Interview einiges Material gestrichen oder geändert worden. Mein Frage lautete im Wortlaut wie folgt: «Weshalb wird den auszubildenden Ärzten von dem mit der Ausbildung betrauten Personal ein solch brutaler Schlafentzug zugemutet, insbesondere im Licht neuerer Erkenntnisse über den Zusammenhang von Schlafdefizit und Leistungsfähigkeit?»

Ihre Frage erinnert mich an den Ausspruch einer meiner Lieblingsgestalten in der Medizin, Chevalier Jackson. Er war HNO-Spezialist, Absolvent der Jefferson Medical School in Philadelphia. Auf ihn geht eine ganze Reihe wichtiger Durchbrüche bei der Bronchoskopie und der Ösophagoskopie zurück. Das Zitat, das ich meine, stammt aus seiner Autobiographie, glaube ich, die um 1928 herum erschien. Dort schrieb Jackson: «Bei der Ausbildung des zukünftigen Mediziners geht es zunächst darum, ihn wach zu halten.»

Das Problem besteht darin, daß Sie diesen Prozeß als einfache Ausbildung oder Qualifizierung beziehungsweise schlicht als medizinischen Dienst betrachten. So sehen es die Ärzte aber nicht. In der Öffentlichkeit werden sie vielleicht sagen, die zukünftigen Ärzte müßten soviel arbeiten, damit sie im Verlauf ihrer Ausbildung so viele verschiedene Krankheitsbilder und Verletzungsarten wie möglich zu Gesicht bekommen. Und das heiße eben, so viele Patienten wie möglich behandeln. Das Argument lautet: Niemand wolle von einem Arzt behandelt werden, dessen Kenntnis der Krankheit, die er heilen soll, lediglich aus einem Buch oder einer Vorlesung stammt. Und nur durch lange Dienststunden könne man diese Informationen in die jungen Ärzte hineinstopfen. Darüber hinaus aber sind sie der Ansicht, der Arzt müsse eben abgehärtet werden, müsse lernen, in Streßsituationen Entscheidungen zu treffen. In diesem Fall sei der Streß vielleicht Ergebnis davon, daß der Arzt zuwenig Schlaf bekommt, aber die Erfahrung und die Abhärtung blieben ja bestehen und würden ihm zugute kommen, wenn er mit dem Streß fertig werden müsse, der etwa durch den bevorstehenden Kollaps eines Patienten auf dem Operationstisch verursacht wird.

Ich nenne diese Argumentation die «Theorie der Zusatzqualifikation». Sie geht davon aus, daß die mit langen Diensten und großer Arbeitsbelastung verbundenen Schwierigkeiten integraler und unantastbarer Bestandteil der medizinischen Ausbildung seien. Das trage alles zur charakterlichen Entwicklung eines jungen Arztes bei. Es gibt viele Praktiker, die mit dieser Theorie nicht nur übereinstimmen, sondern sogar der Ansicht sind, wir dürften die Bedingungen nicht verbessern, sondern sollten sie im Gegenteil eher absichtlich verschlechtern. Chefärzte haben mir gesagt, der Schlafmangel habe seine Vorteile. Und ein wesentlicher Vorteil sei eben die Abhärtung des jungen Arztes und die Konditionierung im Hinblick auf die spätere Praxis.

Viele Ärzte sehen die Zeit im Krankenhaus irgendwie als Teil einer epischen Reise, auf die sich der junge Medizinstudent nun einmal begeben müsse. So etwas wie eine Wiederholung der Epen von Orpheus, Dante oder Herkules. Nach dieser Sicht der Dinge muß der Wanderer, der ein Held werden soll, viele Herausforderungen bestehen und Aufgaben bewältigen (zum Beispiel das Medizinstudium absolvieren), bis ihm schließlich die letzte – und größte – Herausforderung begegnet. Jetzt muß er in die Hölle hinabsteigen, und in dieser Unterwelt werden ihm die eigenen Grenzen bewußt werden, wird er Schmerzen erleiden, gegen Widrigkeiten obsiegen müssen. Am Ende taucht der Wanderer aus der Unterwelt auf. Er ist wie verwandelt. Er hat eine höhere Ebene erreicht. Er ist erleuchtet und gehört mit Recht zu den Erlauchten. Jetzt darf er sich zurückziehen, in Ruhe dem

Staat und der Bevölkerung dienen, und nie wieder wird ihm eine solche Mission abverlangt werden. Nun, für den jungen Arzt besteht diese epische Höllenfahrt im praktischen Jahr und den Jahren als Assistenzarzt oder in der Fachausbildung.

Glauben Sie nicht, daß ich Ihnen jetzt ein Märchen aufgetischt habe. Es handelt sich tatsächlich um eine Metapher für die Art, wie viele von uns denken, und sie ist ziemlich erklärungsmächtig. Bei jedem Buch, in dem es um Ritter und Hexen geht, werden Sie Aspekte dieser Geschichte finden, und übrigens auch in jedem dieser Computerspiele, die mein Sohn mit solcher Leidenschaft spielt. Es ist auch gar nicht so abwegig, ein Krankenhaus als Metapher für die Unterwelt zu nehmen. Das Bild hat zum Beispiel Samuel Shem in seinem Roman House of God *verwendet. Dort ist die Hölle, die durchlitten werden muß, in der Tat ein Großstadtkrankenhaus. In manchen Fällen kann die Ausbildung am Krankenhaus eine Höllenfahrt sein, die qualitativ gar nicht so verschieden ist von den Erlebnissen, die in den Epen geschildert werden. Der Wanderer sitzt in der Falle, denn er hat die Herausforderung angenommen. Er kann sich weder geistig noch körperlich zurückziehen. Hier muß er den Monstern Krankheit und Verletzung eine Art Schlacht liefern. Hier begegnet er dem großen Dämon Tod. Am Ende jedoch taucht er wieder auf, blutbeschmiert zwar, doch als Überwinder, als Sieger. Er hat den Widrigkeiten standgehalten, ist ihnen nicht ausgewichen, er hat obsiegt.*

Das drücke ich zwar in epischer Form aus, in Wirklichkeit jedoch sind manche Praktiken einfach Beispiele für das Überleben des historisch Überlebten. Vor dem Ersten Weltkrieg bestand die praktische Ausbildung eines Arztes in einer richtigen Lehre. Die medizinische Hierarchie war ziemlich exklusiv und wählte sorgfältig aus, und es gab sozusagen keinen Weg zum Heilberuf als durch diese Lehre. Viele praktizierende Mediziner sind tatsächlich der Ansicht, daß die Ausbildung damals schwieriger war. Wer bei einem der damaligen Ärzte wie zum Beispiel William Os-

ler lernte, diente sozusagen einem Riesen. Um so zu werden wie sie, müssen wir eine ähnliche Ausbildung durchleiden, und so werden auch wir «hart wie Kruppstahl». Mit anderen Worten, der Berufsstand schreibt einen harten Ausbildungsgang mit langen Arbeitsstunden vor, der als effektives Schild vor dem geschützten Bereich der privaten Praxis dient. Auf diese Weise wird die Zahl der Ärzte beschränkt, die tatsächlich den Ausbildungsgang bis zum bitteren Ende durchstehen und als voll qualifizierte Ärzte herauskommen. Wenn man die langen Stunden, die Arbeitsbelastung, den Schlafentzug überlebt hat, dann hat man bewiesen, daß man ein Held mit übermenschlichen Eigenschaften ist. Und als Superheld darf man sich zu den anderen Übermenschen gesellen, die sich als Lohn für die überstandene Herausforderung mit dem Ehrentitel «Doktor» schmücken dürfen.

Es kann natürlich sein, daß ich die Sache etwas verklärt sehe. Manche Kollegen zum Beispiel sehen das anders. Sie leugnen schlicht und einfach, daß es überhaupt ein Problem gibt. Es mag sein, daß sie etwas verdrängen. Ein ähnliches Phänomen haben wir bei Frauen, die nach der Geburt behaupten, sie hätten keine großen Schmerzen gehabt, auch wenn alle Anwesenden sich lebhaft an ihre Schmerzensschreie erinnern können. Andere Kollegen sehen die Zeit im Krankenhaus einfach als medizinisches Äquivalent der Grundausbildung beim Wehrdienst oder der Initiationsriten bei einer Studentenverbindung. Wenn man zur Verbindung gehören will, muß man die Initiation über sich ergehen lassen. Manche Ärzte sagen: «Ich habe es durchgemacht, warum sollen sie es nicht auch durchmachen müssen?» Ich habe sogar von einem Zwischenfall gehört, bei dem der Chirurg einen Arzt in der Ausbildung im Operationssaal angebrüllt hat: «Was glauben Sie, was für ein Arzt Sie werden, wenn Sie nicht operieren können, bloß weil Sie ein bißchen müde sind? Erzählen Sie mir doch keine Scheiße nach dem Motto, Sie wären so müde, daß Ihre Hände zittern. Ein echter Chirurg durchschneidet diese Mü-

digkeit genauso leicht, wie er alles andere durchschneidet.» Das war vielleicht ein wenig hart, jedenfalls hätte man das erheblich diplomatischer sagen können, aber im Grunde genommen hatte der Chirurg recht. Wenn wir uns nicht darauf verlassen können, daß jemand auch nach einer Nachtschicht, auch wenn er ein wenig müde ist, eine gute Leistung bringt, nun, so hätte diese Person vielleicht doch nicht Arzt werden sollen.

Ich glaube nicht, daß man den Schlafverlust einfach als zufälliges Nebenprodukt der Ausbeutung der jungen Ärzte durch die Krankenhausleitung ansehen sollte. Ich sehe ihn als eine Art Feuerprobe an. Meiner Meinung nach haben die Patienten am Ende einen wirklichen Vorteil davon, daß die Ärzte auf diese Weise abgehärtet und auf die Probe gestellt werden.

«Die Patienten, die überleben, schon», sagte ich mir. «Aber was ist mit den anderen?» Mir kam eine Zeile des griechischen Arztes Galenus ins Gedächtnis, der im zweiten Jahrhundert lebte: «Der Arzt, der seine eigene Gesundheit mißachtet, wird kaum auf die Gesundheit seiner Patienten achten.» Wie ist es also um ein System bestellt, das Ärzte zwingt, ihre eigene Gesundheit zu untergraben, indem es ihnen den Schlaf raubt, den sie brauchen, um körperlich und geistig wieder voll funktionsfähig zu sein? Was gelten einem solchen System seine Patienten? Vergessen wir nicht, es ist das System, das uns alle umbenannt hat. In seinen Augen sind wir nur «Gomer».*

* Die Situation in Deutschland ist aufgrund der unterschiedlichen Struktur des Gesundheitswesens mit der hier geschilderten Situation in den USA nur bedingt vergleichbar. Außerdem variiert sie von Krankenhaus zu Krankenhaus. Einen gewissen Einblick in die mögliche Belastung von angestellten Ärzten gibt aber der geltende Bundesangestelltentarifvertrag, in dem es heißt: «Wird der Arzt an einem Kalendertag, an dem er eine Arbeitszeit von mindestens siebeneinhalb Stunden abgeleistet hat, zu einem Bereitschaftsdienst der Stufe C oder D [d. h. mit einem tatsächlichen Arbeitsaufwand von

mehr als fünfundzwanzig Prozent der Bereitschaftszeit] herangezogen, der mindestens zwölf Stunden dauert, soll ihm nach diesem Bereitschaftsdienst eine Ruhezeit von mindestens acht Stunden gewährt werden.» Das bedeutet aber, daß Arbeitstage (einschließlich Bereitschaftsdienst) von zwanzig Stunden laut Vertrag erlaubt sind; und die Ruhezeitregelung gilt nicht, «wenn bei Gewährung der Ruhezeit die Versorgung der Patienten nicht sichergestellt wäre». Im BAT sind auch Ruhezeiten vorgesehen «nach einer mindestens vierundzwanzigstündigen ununterbrochenen Inanspruchnahme durch Arbeit und Bereitschaftsdienst zwischen sechs Uhr an einem Sonntag oder einem Wochenfeiertag und neun Uhr am folgenden Tag» bzw. «wenn sich der Arzt nach seinem Bereitschaftsdienst übermüdet fühlt». Die im Zusammenhang mit der Arbeit von Lkw-Fahrern zitierte EU-Verordnung über Arbeits- und Ruhezeiten, die jedem Arbeitnehmer nach Beendigung der täglichen Arbeitszeit eine ununterbrochene Ruhezeit von mindestens elf Stunden zusichert, gilt inzwischen auch für angestellte Ärzte, enthält jedoch einen Passus, der eine Unterbrechung der Ruhezeit durch Bereitschaftsdienst und Rufbereitschaft erlaubt. Eine 1993 unter Federführung von Prof. Dr. Horst Skarabis vom Institut für Soziologie der FU Berlin durchgeführte repräsentative Umfrage unter angestellten Ärzten in Berlin ergab folgende Zahlen: 85,2 Prozent der Ärzte am Krankenhaus leisten Bereitschaftsdienste. Laut Tarifvertrag darf zwar die tatsächliche Arbeit im Bereitschaftsdienst 49 Prozent der Anwesenheit nicht überschreiten (andernfalls ist eine Entlastung herbeizuführen). Die Wirklichkeit sieht so aus, daß bei 87,2 Prozent aller Bereitschaftsdienste dieser Wert überschritten wird. Neben dem eigentlichen Bereitschaftsdienst wird von 31,5 Prozent der Krankenhausärzte Rufbereitschaft geleistet, und zwar im Schnitt 26,8 Stunden je Woche. Außerhalb des Bereitschaftsdienstes und der Rufbereitschaft leisteten 95,5 Prozent der siebentausendfünfhundert Klinikärzte insgesamt monatlich 162000 Überstunden. Das sind im Schnitt 22,6 Stunden pro Arzt und Monat. Obwohl laut Tarifvertrag geleistete Überstunden durch Freizeit abgegolten werden sollen, wurden nur 18,6 dieser Überstunden durch Freizeit kompensiert. Allein in Berlin werden 3899 Vollzeitstellen (mit jeweils 165 Monatsstunden oder 41,25 Wochenstunden gerechnet) durch die Mehrarbeit der angestellten Ärzte eingespart, obwohl 63 Prozent der befragten Ärzte angaben, in der Erledigung alltäglicher Obliegenheiten wie Einkaufen, Behördengängen, Friseurbesuche usw. durch ihre Arbeitssituation besonders eingeschränkt zu sein und sogar 78 Prozent zugaben, das Alltagsleben nur mit Hilfe eines Partners oder von Freunden bewältigen zu können. (Fragen zur Auswirkung auf die Arbeitsfähigkeit scheinen nicht gestellt worden zu sein. Nach Auskunft des Marburger Bunds ist in Deutschland noch kein Arzt wegen eines auf Übermüdung zurückzuführenden Kunstfehlers gerichtlich belangt worden.) – Der Übersetzer

(Quellen: Bundesangestelltentarif, hg. vom Marburger Bund; Arbeitszeitgesetz – ArbZG; Horst Skarabis, Sabine Rost, Jörg Burkowitz: Tarifrecht und Arbeitszeitwirklichkeit. Ergebnisse einer Umfrage der Ärztekammer, in *Berliner Ärzte* 7/93, S. 11–15)

Nachtschicht

Nach meiner Uhr ist es jetzt kurz nach halb vier Uhr morgens. Ich befinde mich in der Montagehalle einer Fabrik. Links und rechts bewegen sich auf langen Fließbändern gestanzte und gepreßte Metallteile an mir vorbei, die dazu bestimmt sind, Teile eines Automobils oder eines Trucks zu werden. An verschiedenen Stationen dieser Fließbänder sind Arbeiter mit irgendwelchen Verrichtungen beschäftigt. Der Mann, den ich besuche, wird gerade zur «Mittagspause» abgelöst. Seine Schicht geht von Mitternacht bis acht Uhr früh. Er begrüßt mich, und wir laufen gemächlich durch die Werkhalle zur sogenannten «Sozialfläche». Dabei kommen wir an einem Mann vorbei, der auf einem hohen Stuhl sitzt. Vor sich hat er so etwas wie eine große Lupe, die von einer Neonröhre umgeben ist, mit der die zu untersuchenden Gegenstände beleuchtet werden können. Daneben steht auf einem Plastikschild: QUALITÄTSKONTROLLE. Der Mann sieht aber nicht durch seine Lupe; seinen Kopf hat er gegen eine Metallstütze gelehnt, seine Augen sind geschlossen, und er atmet tief und regelmäßig. Inzwischen fließen Dutzende gestanzte Metallteile in einem endlosen Strom an ihm vorbei. Vielleicht sind sie für die Sicherheit eines Autos wichtig; vielleicht werden sie in ein Fahrzeug eingebaut, das Sie oder ich eines Tages kaufen werden.

Es kann gut sein, daß mit der Erfindung der arbeitsteiligen Fertigungsstraße und des Fließbandsystems der zweitgrößte Schlafdieb aller Zeiten (nach Edisons Glühbirne) auf die Welt gekommen ist. Dieser Schlafdieb nennt sich «Schichtarbeit». Die ganze Sache nahm ihren Anfang mit Eli Whitney, der uns allen wahrscheinlich als Erfinder einer Maschine zur Entkörnung von Baumwolle («Cotton Gin») bekannt ist. Whitney hat jedoch eine weitere Erfindung gemacht, die er nicht patentieren konnte, die aber erheblich größere Auswirkungen auf unser Leben gehabt hat: das Konzept von Werkzeugmaschinen, die austauschbare Einzelteile herstellen. Diese Idee hatte Whitney instand gesetzt, einen Auftrag der Regierung zur Lieferung von zehntausend Musketen anzunehmen. Vor dieser Erfindung wurden Feuerwaffen von hochqualifizierten Handwerkern einzeln angefertigt; jede Waffe war ein einmaliges Exemplar, und jedes Ersatzteil mußte wieder individuell für diese Waffe gefertigt werden. Whitney hingegen entwarf Werkzeugmaschinen zur Herstellung von Einzelteilen nach einem einheitlichen und genau festgelegten Entwurf. Angelernte Arbeiter konnten die Maschinen bedienen, und die verschiedenen Einzelteile konnten zu einem Gewehr zusammengesetzt werden. Da jedes Teil eines bestimmten Modells auch in einem anderen Gewehr des gleichen Typs verwendet werden konnte, war es leicht, die Waffen zu reparieren, und da die Teile schnell und in großer Anzahl hergestellt und leicht zusammengesetzt werden konnten, war es möglich, in kurzer Zeit und mit verhältnismäßig wenig Geld eine Menge Gewehre herzustellen. 1801 führte Whitney dem neu gewählten Präsidenten Thomas Jefferson und Mitgliedern der Regierung in Washington D.C. die Ergebnisse seines neuen Systems vor. Er ließ sie aus diversen Haufen nach Belieben Teile aussuchen, die er vor ihren Augen schnell zu funktionierenden Musketen zusammenbaute. Jefferson und seine Regierungsbeamten ahnten natürlich nicht, daß sie der Geburtsstunde des amerikanischen Systems der Massenproduktion beigewohnt hatten.

Dann kamen die Fertigungsstraße und das Fließband. Es ist ganz amüsant, sich vor Augen zu halten, daß diese Methode zur Zusammensetzung einzelner Teile zu einem Ganzen zunächst als Hilfsmittel beim Zerlegen eines Ganzen in Einzelteile eingesetzt wurde. In einer Fleischfabrik in Cincinnati (Ohio) wurden von der Decke hängende Förderkarren benutzt, um die Tierkadaver zu den Arbeitern zu bringen, die dem Schwein oder Rind jeweils ein Glied oder ein Organ zur Weiterverarbeitung entnahmen. Die Karren waren durch Ketten miteinander verbunden und zogen im gleichmäßigen Tempo an den Arbeitern vorbei, die an einer Stelle stehen blieben und sich auf eine Aufgabe konzentrieren konnten, wodurch unnötige Bewegungen auf ein Minimum reduziert werden konnten. Dadurch wurde allerdings auch das Tempo der Arbeit durch die Maschine diktiert. Das Ergebnis war ein dramatischer Anstieg der Produktivität.

1914 gelang es Henry Ford, das Prinzip der Werkzeugmaschinen und der austauschbaren Einzelteile mit dem Prinzip der Fertigungsstraße und des Fließbands zu kombinieren. Davor waren die Einzelteile an eine Montagestelle gebracht und dort zusammengebaut worden, was pro Automobil etwa zwölfeinhalb Stunden dauerte. Das Fließband mit Kettenantrieb und festgelegten Arbeitsstationen, an denen die jeweils benötigten Einzelteile gelagert wurden, reduzierte die Montagezeit für ein Automobil auf ganze dreiundneunzig Minuten. Das positive Ergebnis dieser Entwicklung für die arbeitenden Menschen bestand in einer drastischen Preissenkung für Automobile, die jetzt auch für die durchschnittliche Familie erschwinglich wurden. Das negative Ergebnis: Mit der Einführung des Fließbandsystems wurde auch die Schichtarbeit, die es der Fabrik ermöglicht, die Maschinen vierundzwanzig Stunden am Tag mit wechselnden Belegschaften laufen zu lassen, weltweit zum festen Bestandteil der Arbeit.

Für die meisten Produzenten sind die mit der Anschaffung von Werkzeugmaschinen und der Automatisierung ihrer Betriebe verbundenen Kapitalauslagen so umfangreich, daß sie es sich einfach nicht leisten können, die Maschinen nur vierzig Stunden pro Woche (also nur ein knappes Viertel der einhundertachtundsechzig Stunden einer vollen Woche) laufen zu lassen. Durch die Einrichtung eines Vierundzwanzig-Stunden-Betriebs können die Hersteller die Produktivität ihrer Fabriken um das Vierfache steigern. Manchmal macht es die Fließbandproduktion geradezu unmöglich, den Prozeß ohne Verluste anzuhalten. Beispielsweise könnten einige Stationen gerade einen Verarbeitungsgang abgeschlossen haben, der einen weiteren Verarbeitungsgang innerhalb weniger Minuten erforderlich macht; das Band jetzt anzuhalten könnte den Verlust vieler Produkteinheiten bedeuten. Hinzu kommt, daß es inzwischen ohne weiteres möglich ist, die Nacht hindurchzuarbeiten, seit Thomas Edisons Glühbirne auch vom Arbeitsplatz die Dunkelheit auf immer verbannt hat.

Menschen, die in Fabriken Schichtarbeit leisten, brauchen auch Verbrauchsgüter und Dienstleistungen. Viele Geschäfte tragen dieser Tatsache Rechnung, indem sie ihre Öffnungszeiten ändern, und inzwischen sind viele dieser Geschäfte zwanzig bis vierundzwanzig Stunden täglich geöffnet. Es handelt sich beileibe nicht nur um Lebensmittelgeschäfte, sondern auch um eine Reihe von Dienstleistungen. Neulich las ich in der Werbebroschüre für einen Wohnkomplex: «Unser Einkaufszentrum ist immer für Sie geöffnet und bietet viele Dienstleistungen rund um die Uhr. Besuchen Sie den Friseur, lassen Sie Ihre Kleidung reinigen, Ihren Fernseher oder andere Haushaltsgeräte reparieren, schauen Sie kurz bei Ihrem Börsenmakler rein und holen Sie sich einfach frische Backwaren – auch um drei Uhr früh.» Das bedeutet, daß in diesem Einkaufszentrum Friseure und Fernsehmechaniker und viele andere Menschen auch so etwas wie eine Mitternacht-bis-acht-Uhr-Schicht arbeiten, obwohl es dort kein Fließband gibt.

Wenn wir als Schichtarbeiter alle Menschen bezeichnen, deren Arbeitszeit außerhalb des Normalarbeitstags von sieben Uhr früh bis sieben Uhr abends liegt, so leisten in den Vereinigten Staaten sechsundzwanzig Millionen Menschen Schichtarbeit. Diese Menschen haben entweder permanente Nachtschichten oder rotierende Schichten. Eine Wechselschicht kann entweder drei (Früh-, Abend- und Nachtschicht) oder zwei Schichten umfassen (in der Regel Früh- und Abendschicht bei Unternehmen, die nicht im Vierundzwanzig-Stunden-Betrieb arbeiten). In den Vereinigten Staaten arbeiten über siebenundzwanzig Prozent aller männlichen und sechzehn Prozent aller weiblichen Arbeitskräfte im Wechselschichtbetrieb.

Das Problem bei der Schichtarbeit besteht darin, daß die Menschen mit einer inneren biologischen Uhr ausgestattet sind, die sowohl den Körper als auch den Geist darauf vorbereitet, tags aktiv und nachts inaktiv zu sein. Unsere Gesellschaft und unsere kulturellen Einrichtungenn sind auch auf diesem Prinzip aufgebaut. Das «natürliche» Muster menschlichen Verhaltens ist also: tagsüber arbeiten, abends sich entspannen, nachts schlafen. Weil dies so ist, stellt die Schichtarbeit ein Mittel dar, das hervorragend geeignet ist, das normale Schlaf-Wach-Muster des individuellen Lebens durcheinander zu bringen. Zum Teil wird dies durch die Störung der zirkadianen Rhythmen bewerkstelligt; denn Menschen, die zu ungewohnter Stunde zur Arbeit gehen, müssen gegen ihre eigene innere Uhr ankämpfen. Schichtarbeiter geraten aber auch gegenüber dem Rest der Welt aus dem Tritt und haben kaum Möglichkeiten zu sozialen Kontakten. Dieser Vorgang ist derart einschneidend und der mit Wechselschichten und Nachtschichten verbundene Streß so hoch, daß schätzungsweise zwanzig Prozent aller Schichtarbeiter diese Tätigkeit nicht lange aushalten und lieber kündigen.

Schichtarbeiter leiden in der Regel unter Schlafmangel und können mit der Zeit ein erhebliches Schlafdefizit akkumulieren. Das gilt für Nacht- und Wechselschichten. Im Vergleich zu Menschen, die tagsüber arbeiten, schlafen Schichtarbeiter im Schnitt eine Stunde weniger pro Nacht, wenn sie Abendschicht haben, und zwei Stunden weniger, wenn sie Nachtschicht haben. Der Schlaf von Schichtarbeitern ist auch von schlechter Qualität. Den größten Teil des Schlafs verbringen sie in den leichteren Schlafstadien und nur einen winzigen Bruchteil der normalen Zeit im erholsameren Tiefschlaf.

Für diese reduzierte Schlafdauer und Schlafqualität beim Schichtarbeiter gibt es mehrere Gründe. Zum einen ist es am Tag einfach lauter. Der Straßenverkehr nimmt zu, und der Straßenlärm kann sehr störend sein. Wenn es Kinder im Haus oder auch nebenan gibt, so kann man davon ausgehen, daß sie tagsüber am lautesten spielen werden. Wenn der Nachtarbeiter keine «Verdunkelungsmaßnahmen» getroffen hat, wird das Licht ins Schlafzimmer strömen und seinen Schlaf beeinträchtigen, falls er keine Schlafmaske trägt. Denn das Licht unterdrückt die Melatoninproduktion. (Sie erinnern sich vielleicht: Das Hormon Melatonin wird durch die Zirbeldrüse abgesondert, aber nur bei Dunkelheit.) Die direkte Auswirkung eines erhöhten Melatoninspiegels im Blut ist ein Gefühl der Schläfrigkeit, vielleicht weil das Melatonin seinerseits die Bildung von Serotonin und anderen mit dem Schlaf verbundenen Stoffen fördert. Ein von der Morgen- oder Abendsonne durchflutetes Schlafzimmer bringt also den normalen Zyklus unserer Körperchemie durcheinander und macht es uns schwerer, einzuschlafen und durchzuschlafen.

Schichtarbeiter leiden auch deshalb an Schlafmangel, weil

ihre innere Uhr mit ihrem tatsächlichen Tagesablauf nicht übereinstimmt. Die Anfälle von Müdigkeit, die am späten Abend ihren Höhepunkt erreichen, sollen uns auf den Schlaf vorbereiten. Unsere biologische Uhr fährt unsere geistigen und körperlichen Funktionen herunter, und in diesem entspannten Zustand können wir leichter einschlafen. Nehmen wir an, Sie kommen um neun Uhr von der Nachtschicht nach Hause und wollen schlafen. Ihr Körper ist völlig durcheinander. Ihre Körpertemperatur steigt gerade und zeigt damit Ihrem Gehirn und den anderen Organen eine Aktivitätsperiode an, aber Sie legen sich ins Bett und wollen einschlafen.

Torbjorn Åkerstedt und seine Mitarbeiter vom Nationalen Institut für Psychosoziale Gesundheitsfaktoren am Karolinsk Institut in Stockholm haben untersucht, wie sich der Zeitpunkt des Einschlafens auf den Schlaf auswirkt.[26] In einer Versuchsreihe mußten die freiwilligen Versuchspersonen eine ganze Nacht ohne Schlaf auskommen. Danach durften sie so lange schlafen, wie sie wollten. Diejenigen Versuchspersonen, die um dreiundzwanzig Uhr ins Bett gehen durften, als ihre biologische Uhr dabei war, die Körperfunktionen herunterzufahren, schliefen sofort ein. Sie schliefen mehr als eine Stunde länger als sonst und bekamen eine Menge Tiefschlaf. Beim Aufwachen fühlten sich die meisten ausgeruht und erholt. Bei anderen Versuchspersonen jedoch, die erst um sieben Uhr früh schlafen gehen durften, als ihre biologische Uhr einen Anstieg der Aktivität vorbereitete, waren die Ergebnisse ganz anders: Obwohl ihnen eine ganze Nacht Schlaf fehlte, schliefen sie sogar eine Stunde weniger als sonst üblich. Ihr Schlaf war nicht so tief wie der Schlaf der Versuchspersonen, die abends ins Bett gegangen waren, und im Schnitt hatten sie nur halb so lange geschlafen. Beim Aufwachen fühlten sich die Mitglieder dieser Gruppe immer noch erschöpft und schläfrig. Ihr wenig wirksamer Schlaf war Ergebnis der Tatsache, daß sie zu schlafen versucht hatten, obwohl ihre innere Uhr ihnen sagte, daß sie, unabhängig von ihrem aktuellen Schlafbedürfnis, eigentlich wach sein sollten.

Wenn man lange genug auf einer bestimmten Schicht bleibt, wird sich die innere Uhr früher oder später darauf einstellen. Leider ist es so, daß viele Nachtschichtarbeiter ihrem Körper nie die Möglichkeit geben, diese Umstellung vorzunehmen. Wenn man eine Nachtschicht arbeitet, dann hat man wahrscheinlich nur an den Wochenenden (oder an den anderen freien Tagen) Zeit für gemeinsame Unternehmungen mit der Familie oder Kontakte zu Freunden. Wenn man mit den Kindern in den Zoo will, zum Beispiel, so muß man das tagsüber tun, wenn die Kinder wach sind und der Zoo geöffnet ist. Wenn man seine Freunde und Nachbarn zum Grillen einladen will, dann muß man das am Nachmittag oder frühen Abend machen, wie andere Menschen auch. Gerade weil man sonst immer wach ist, wenn die anderen Familienmitglieder schlafen, und bei der Arbeit, wenn sie sich abends zu Hause entspannen, wird man sich sonntags besondere Mühe machen, mit ihnen aufzustehen, um gemeinsam zu frühstücken oder zur Kirche zu gehen. Das Ergebnis dieser nur zu verständlichen Versuche, ein normales Familienleben zu führen, ist die effektive Vereitelung aller Anstrengungen des Körpers, seine biologische Uhr auf einen Zyklus umzustellen, bei dem man nachts wach ist und tagsüber schläft. Wenn es wieder Montag ist und die Nachtschicht wieder beginnt, wird man feststellen, daß die biologische Uhr immer noch nicht mit der Arbeitszeit übereinstimmt, und auf diese Weise kann sich eine chronische Schlafstörung entwickeln. Im Lauf der Wochen kann man so ein stets wachsendes Schlafdefizit aufbauen, mit dem Ergebnis, daß man sich ständig übermüdet und überarbeitet fühlt, gereizt und depressiv wirkt und schlicht und einfach unzufrieden und unglücklich wird.

Die meisten Menschen haben keine Vorstellung davon, wie müde Schichtarbeiter tatsächlich sind. Åkerstedt zum Beispiel wertete Interviews mit Polizisten, Stahlarbeitern, Eisenbahnern und anderen Schichtarbeitern aus und kam zu erschreckenden Ergebnissen. Etwa fünfundsiebzig Prozent aller Schichtarbeiter erleben *bei jeder Nachtschicht* Perioden ausgesprochener Schläfrigkeit. Darüber hinaus erleben mindestens zwanzig Prozent aller Nachtschichtarbeiter diesen Daten zufolge wenigstens einmal pro Schicht einen Müdigkeitsanfall, der so stark ist, daß sie tatsächlich bei der Arbeit einschlafen. Ein Polizeibeamter beschrieb seine Situation wie folgt:

Wenn wir in die Nachtschicht rotiert werden, wird's manchmal ziemlich haarig. Es dauert eine Weile, bis man sich an den Nachtdienst gewöhnt hat, und ich fühle mich eigentlich nie wohl dabei. Meine Frau sagt, daß ich zu Hause nur herummeckere, wenn ich auf Nachtschicht bin, aber ich bekomme tagsüber einfach nicht genug Schlaf. Gegen drei Uhr früh ist es meistens so, daß wir, mein Partner und ich, den Streifenwagen in irgendeiner dunklen Straße parken, und dann pofen wir. Es ist nicht so, daß wir uns das direkt vornehmen. Aber wenn nichts los ist, fängt man an zu gähnen, und der Kaffee wirkt auch nicht mehr. Wenn ich dann fahre, und ich sehe, wie mein Partner den Kopf hängen läßt, dann denke ich, es ist Zeit, irgendwo anzuhalten und ein bißchen zu pennen. Das Funkgerät bleibt natürlich eingeschaltet. Mittlerweile werden wir ziemlich schnell wach, wenn man etwas von uns will. Auf diese Weise holen wir zwanzig Minuten oder eine halbe Stunde Schlaf heraus, manchmal sogar, wenn gar nichts los ist, eine ganze Stunde.

Einmal ist allerdings was passiert. Wir waren gerade auf Nachtschicht gekommen – und in den ersten Tagen nach dem Wechsel schlafe ich nie besonders gut. Wir waren beide ziemlich erledigt und hielten auf einem Parkplatz, um uns ein paar Minuten auszuruhen und etwas Kaffee zu trinken. Es war gegen zwei Uhr früh. Und ich nehme an, daß wir beide da einfach eingeschlafen sind. Als ich wieder zu mir komme, ist im Polizeifunk die Hölle los. Irgend jemand brüllt: «Beamter verletzt!» Und: «Wo seid ihr denn, zum Teufel? Ich brauche Unterstützung, und zwar sofort, verdammt noch mal!» Also, der P. [sein Partner] *ruft die Zentrale und fragt, wo sich das alles abspielt. Und der Diensthabende in der Funkzentrale sagt ihm, daß sie seit fünf Minuten alle Einheiten rufen, die sich in der Nähe befinden, und daß wir die ganze Zeit keine zwei Straßen weiter dagesessen haben. Na, wir haben den Hintern aber schnell hochgekriegt und sind da rüber. Es war schlimm. Ein paar Rocker hatten versucht, einen Hafenarbeiter aufzumischen, und der ganze Hafen war zusammengekommen, um ihn zu unterstützen. Ein Lkw brannte. Einer von unseren Leuten lag neben seinem Auto, neben ihm kniete sein Partner, hatte die Pistole raus und brüllte immer noch ins Funkgerät. Dem einen Kollegen hatten sie mit einer Latte oder einem Baseballschläger ordentlich eins übergezogen. Knochenbrüche, Gehirnerschütterung – was man sich so vorstellen kann. Zum Glück hatte niemand von den anderen eine Kanone, sonst hätte weiß ich was alles passieren können. Wir sind als erste eingetroffen – Scheiße, wir waren höchstens dreißig Sekunden entfernt! Die anderen trudelten ein paar Minuten später ein. Wir hätten aber dasein können, bevor unser Mann verletzt wurde. Wir haben eben gepennt. Wenn wir jetzt auf Nachtschicht sind, und es sieht nach Ärger aus, und ich fordere Unterstützung an, ist mir immer ein bißchen mulmig zumute. Ich frage mich, ob irgend jemand da draußen uns überhaupt hören wird. Ich habe immer Angst, sie pofen alle in ihren Streifenwagen, wie wir damals.*

Die verheerenden Auswirkungen der Schichtarbeit auf die Schlafzyklen der betroffenen Arbeitnehmer werden durch einen weiteren Faktor entschieden verstärkt, nämlich die Tradition. Ohne ersichtlichen logischen Grund wurde bei der Einführung der Wechselschichten festgelegt, daß der Schichtwechsel entgegen dem Uhrzeigersinn erfolgen solle. Das heißt, nach einem Schichtwechsel fängt die nächste Schicht acht Stunden früher an. Man rotiert also beispielsweise von der Tagschicht (sagen wir acht bis sechzehn Uhr) zur Nachtschicht (Mitternacht bis acht Uhr) zur Abendschicht (sechzehn bis vierundzwanzig Uhr) und dann zurück zur Tagschicht. Das ist jedoch, wie sich herausstellt, genau falsch herum. Unsere innere Uhr hat, wie Sie sich vielleicht erinnern, eine voreingestellte Tageslänge von fünfundzwanzig Stunden, die jeden Morgen durch das Tageslicht nachgestellt werden muß. Das bedeutet aber, daß es viel leichter fällt, den Tag zu verlängern, indem man später ins Bett geht, als durch frühes Zubettgehen Schlaf zu gewinnen. Das Nachstellen der inneren Uhr dauert nur etwa halb so lange, wenn die Schichten statt – wie traditionell üblich – entgegen dem Uhrzeigersinn (Nachtschicht – Abendschicht – Frühschicht) im Uhrzeigersinn rotiert werden (also z.B. Frühschicht – Abendschicht – Nachtschicht).

Die Tradition ist auch dafür verantwortlich zu machen, daß die Schicht jede Woche oder jede zweite Woche rotiert. Diese Tradition ist deshalb falsch, weil sie nicht mit dem menschlichen Körper in Einklang zu bringen ist. Wenn es nach fünf oder sechs Arbeitstagen und zwei freien Tagen heißt, sich auf eine neue Schicht einzustellen, so kann die innere Uhr nie mit dem Wechsel der Arbeitszeit mithalten. Bei der traditionellen Rotation entgegen dem Uhrzeigersinn braucht die innere Uhr des Menschen etwa sechzehn Tage, um sich umzustellen. Bei einem wöchentlichen oder zweiwöchentlichen Rotationsturnus gerät die innere Uhr ständig gegenüber dem Lebensrhythmus des Alltags aus dem Takt. Dies wurde von Michael Palay und Donald Tepas von der University of Connecticut in einer Untersuchung an Feuerwehrleuten nachgewiesen.[27] Auch noch am letzten Tag ihrer zweiwöchigen Abendschicht bezeichneten sich die Feuerwehrleute als «nicht ganz da», «benebelt» und «trübsinnig». Bei ihren Schlafgewohnheiten sah es einfach schlimm aus. Im Verlauf der drei Schichten bekamen diese Männer im Schnitt sechs Stunden und zwanzig Minuten Schlaf pro Nacht, und bei der Nachtschicht waren es nur noch fünf Stunden. Die Nachtschicht war die schwierigste. Von der ersten Nacht an verschlechterte sich die Stimmung der Feuerwehrleute, und sie blieb auch während der ganzen zweiwöchigen Periode schlecht.

Die Bedeutung der Rotationsrichtung und der Verweildauer bei den jeweiligen Schichtzeiten konnte durch Dr. Charles Czeisler vom Brigham and Women's Hospital an der Harvard University Medical School auf dramatische Weise demonstriert werden. 1986 wurde Dr. Czeisler von der Polizeigewerkschaft U.S. Fraternal Order of Police gebeten, einen neuen Dienstplan für die Polizei in Philadelphia zu entwerfen. In einer Umfrage gaben fünfundvierzig Prozent der Polizisten in Philadelphia an, unter Schlafproblemen zu leiden. Das Schichtsystem war bis dahin traditionell organisiert und rotierte alle acht Tage entgegen dem Uhrzeigersinn. Wie zu erwarten war, gab es bei der Nachtschicht die meisten Probleme, und die Unterlagen der Polizei in Philadelphia zeigten, daß Polizisten auf Nachtschicht viermal häufiger Unfälle hatten als Polizisten, die tagsüber ihren Dienst versahen. Der neue Dienstplan basierte auf der Rotation im Uhrzeigersinn und einer längeren Verweildauer in jeder Schicht (achtzehn Tage). Das Ergebnis dieser einfachen Veränderungen war so positiv, daß man es kaum glauben mag: Die Fälle, in denen Beamte bei der Arbeit schliefen, gingen um fünfundzwanzig bis dreißig Prozent zurück, die Unfälle insgesamt sogar um vierzig Prozent. Bei einer nach Einführung der neuen Schichtregelung durchgeführten Umfrage gaben viele Beamte an, besser zu schlafen (und weit weniger Polizisten berichteten von Alkohol- oder Tablettenkonsum als Einschlafhilfe). Darüber hinaus war von besseren Familienbeziehungen und einer gestiegenen allgemeinen Zufriedenheit die Rede.

Schichtarbeiter sind als Gruppe chronisch unzufrieden und stets gereizt, immer klagen sie über Müdigkeit. Aus diesem Grund sind viele verschiedene Methoden der Schichteinteilung ausprobiert worden. Manche scheinen geradezu gegen den gesunden Menschenverstand zu verstoßen. Eine in Europa übliche Regelung zum Beispiel erscheint auf den ersten Blick als vorsätzlicher und brutaler Angriff auf die biologische Uhr des Durchschnittsmenschen. Es handelt sich um die schnelle Schichtrotation. Der Arbeiter beginnt etwa mit zwei Tagen Frühschicht, dann rotiert er in die Abendschicht, nach zwei Tagen weiter in die Nachtschicht, nach diesen zwei Tagen hat er drei Tage frei; dann wiederholt sich der Zyklus. Die Idee hinter dieser Art der Schichteinteilung lautet wie folgt: Wegen der schnellen Rotation haben die Arbeiter keine Zeit, ihre zirkadianen Uhren umzustellen, und auf diese Weise kann ein Teil der mit einer neuen Schicht einhergehenden Müdigkeit und Schlafstörungen vermieden werden. Über die Frage, ob dieses System funktioniert oder nicht, gibt es jedoch erhebliche Meinungsverschiedenheiten.

Ein Beleg dafür, daß schnelle Schichtrotation zu Problemen führen kann, liefert eine Untersuchung von Dr. Patricia J. Sparks von der Abteilung für Gesundheitsvorsorge und präventive Medizin am Providence Medical Center in Seattle.[28] Sie untersuchte die Arbeit der Kapitäne, Ersten Offiziere und Lotsen, die auf den Fähren in ihrem Heimatstaat Washington eingesetzt werden. Die meisten Fähren arbeiten im traditionellen Schichtbetrieb. Auf einer Route jedoch gibt es eine schnelle Rotation, die der in vielen europäischen Ländern üblichen Arbeitsorganisation ähnelt. Auf dieser Route, fand Dr. Sparks heraus, sind doppelt so viele Offiziere mit ihrer Arbeit unzufrieden als auf den anderen Routen. Schlechter Schlaf wurde ebenfalls doppelt so häufig gemeldet; sechsunddreißig Prozent der im schnell rotierenden Schichtdienst eingesetzten Offiziere waren sogar wegen Schlafstörungen in ärztlicher Behandlung, im Vergleich zu nur sieben Prozent der im normalen Schichtdienst eingesetzten. Noch wichtiger sind die unterschiedlichen Ergebnisse im Hinblick auf die Sicherheit im Fährbetrieb. Schier unglaubliche vierundsechzig Prozent der Mannschaft im schnell rotierenden Schichtdienst gaben zu, Situationen im Dienst falsch eingeschätzt und Fehler gemacht zu haben, und zwar solche Fehler, die ihrer Einschätzung nach wenigstens teilweise auf Übermüdung zurückzuführen waren. Dieser Prozentsatz ist fast viermal so hoch wie der Prozentsatz entsprechender Fehler bei den im normalen Schichtdienst eingesetzten Offizieren. Die im schnell wechselnden Schichtdienst arbeitenden Kapitäne, Ersten Offiziere und Lotsen wußten doppelt so häufig wie ihre Kollegen von Beinahe-Zusammenstößen zu berichten, bei denen sie nur um ein Haar einem schlimmen Unfall entgangen waren. Es war offensichtlich, daß die schnelle Schichtrotation bei diesen Menschen zu einer erheblichen Störung ihres zirkadianen Schlaf-Wach-Zyklus geführt hatte, die sich ihrerseits in Fehleinschätzungen, Irrtümern und erhöhter Unfallgefahr bemerkbar machte. Schließlich berichteten *einhundert Prozent* dieser Mannschaften von durchgehender Müdigkeit und Erschöpfung bei mindestens zwei oder drei Schichten in jeder Woche.

Bisher haben wir nur von der üblichen Acht-Stunden-Schicht gesprochen. In manchen Betrieben der Chemie- und Kunststoffbranche sind jedoch auch Zwölf-Stunden-Schichten weit verbreitet. Auch die Pflegekräfte in vielen Krankenhäusern und anderen Einrichtungen der Gesundheitsfürsorge arbeiten seit einiger Zeit im Zwölf-Stunden-Schichtbetrieb. Dieses System scheint vor allem wegen der langen Freizeiten attraktiv zu sein. Bei einer typischen Zwölf-Stunden-Schicht wird im Wechsel jeweils vier Tage die erste Woche und zwei Tage in der nächsten Woche gearbeitet. Schätzungen zufolge arbeiten in den Vereinigten Staaten inzwischen fast 140 000 Arbeitskräfte in Zwölf-Stunden-Schichten, und von den im Schichtbetrieb arbeitenden Pflegekräften haben sich zwanzig bis fünfundzwanzig Prozent für die Zwölf-Stunden-Schicht entschieden.

Es gibt allerdings auch bei der Zwölf-Stunden-Schicht Probleme, wie Roger Rosa und Michael Ciolligan vom U.S. National Institute for Occupational Safety and Health in Cincinnati in einer Reihe von Versuchen nachweisen konnten. Sie verglichen die Leistungen von Arbeitern in einem Kontrollraum. Eine Gruppe hatte eine Viertagewoche und eine Zwölf-Stunden-Schicht, die andere Gruppe arbeitete im Wechselschichtbetrieb mit einer Rotation alle fünf bis sieben Tage und einer Schichtlänge von acht Stunden. Es gab auffällige Unterschiede. Im Verlauf ihrer Viertagewoche akkumulierten die Arbeiter mit einem Arbeitstag von zwölf Stunden ein erhebliches Schlafdefizit, wahrscheinlich als Ergebnis ihrer Aktivitäten außerhalb des Arbeitsplatzes. Man muß sich vor Augen führen, daß die Fahrt von und zur Arbeit, Mahlzeiten, persönliche Pflege und Hygiene und die Teilnahme an Familienaktivitäten in vier Stunden zusammengedrängt werden müssen, wenn Arbeiter im Zwölf-Stunden-Schichtbetrieb ihre vollen acht Stunden Schlaf bekommen sollen. Tatsächlich aber verringerte sich die Schlafdauer für die Arbeiter dieser Schicht zwischen dem ersten und dem vierten Tag um etwa fünfundvierzig Minuten. Müdigkeit und nachlassende Aufmerksamkeit traten in jeder Zwölf-Stunden-Schicht häufig in Erscheinung, mit zunehmender Tendenz im Verlauf der Arbeitswoche.

Verschiedene Untersuchungen haben gezeigt, daß bei einer Zwölf-Stunden-Schicht die Arbeitsleistung abnimmt und die Anzahl von Fehlern tendenziell zunimmt. In einer Untersuchung wurde eine Verdoppelung der Fehlerzahl im Verlauf der Viertagewoche festgestellt. Die größten Leistungsschwankungen findet man jedoch innerhalb der Zwölf-Stunden-Schicht selbst. Untersuchungen belegen, daß Arbeiter nach zehn Stunden kontinuierlicher Arbeit langsamer reagieren und bestimmte Informationen nicht aufnehmen, die sie zu einem früheren Zeitpunkt der Schicht ohne Schwierigkeiten verarbeiten konnten. Sie neigen auch zu einer Vielzahl kleiner Fehlentscheidungen.

Solche Fehlentscheidungen nach einer langen Nachtschicht könnten die Ursache einer Panne am Kennedy Space Center gewesen sein. Bei einer Mission hatten die Techniker im Kontrollraum Zwölf-Stunden-Schichten eingelegt. In der elften Stunde der dritten Nachtschicht leuchtete auf den Bildschirmen eine Warnmeldung auf, die einen Ventilfehler im Treibstoffsystem der Raumfähre anzeigte. Offensichtlich wurde diese Information von einem der Techniker fehlinterpretiert. Statt einfach das nächste Ventil zu schließen, drückte der Kontrollraumtechniker auf einen Knopf, der mehrere Abzugs- und Ablaufventile öffnete – mit dem Ergebnis, daß an die zehntausend Kilo flüssiger Sauerstoff aus den Tanks des Raumschiffs entwichen. Dies war knapp fünf Minuten vor dem geplanten Start der Raumfähre. Zum Glück sind viele Sicherheitskontrollen im System eingebaut. Sofort zeigten die Monitore im Kontrollraum Warnsignale an. Die Techniker waren jedoch offensichtlich derart benebelt, vermutlich infolge ihres Schlafdefizits, daß sie nicht begriffen, was vor sich ging, und nicht sofort reagierten. Erst einunddreißig Sekunden vor dem Start wurde der Countdown abgebrochen. In der daraufhin eingeleiteten Untersuchung erklärte ein Mitarbeiter: «Sie hatten so viel Treibstoff verloren, daß sie es wahrscheinlich gar nicht erst in die Umlaufbahn geschafft hätten. Ich mag gar nicht daran denken, was passiert wäre, wenn ihnen der Treibstoff noch beim Aufstieg ohne Warnung ausgegangen wäre.» Die Untersuchungskommission bezeichnete die Übermüdung der Kontrollraumtechniker als wichtigste Ursache der Panne.

Nicht einmal ein Monat war seit diesem Zwischenfall vergangen, als die Raumfähre *Challenger* im Januar 1986 beim Start explodierte und die ganze Besatzung in den Tod riß. Offensichtlich hatte die Leitung des Kennedy-Raumfahrtzentrums immer noch nicht begriffen, wie gefährlich lange Schichten und hohe Schlafdefizite sind. Sind einmal lange Schichtzeiten die Regel, wird das System häufig mißbraucht. Wenn es wieder einmal viel zu erledigen gibt, der Termindruck steigt oder unvorhergesehene Ereignisse die Arbeit aufhalten, liegt es nahe, die vorgesehenen Freizeiten zu ignorieren und die Mitarbeiter Tag für Tag ihre Schicht machen zu lassen – so lange eben, bis die anstehende Aufgabe erledigt ist. Dem Bericht der zur Untersuchung des *Challenger*-Unglücks eingesetzten Kommission des Präsidenten zufolge war dies eine der Hauptursachen des Unfalls.

Das Kennedy-Raumfahrtzentrum war von der US-Raumfahrtbehörde NASA unter Druck gesetzt worden, die ihrerseits beweisen wollte, wie wertvoll, wirtschaftlich, verläßlich und belastbar ihr Raumfährenprogramm war. Um das zu demonstrieren, wollte die NASA die Häufigkeit der Shuttle-

Flüge erhöhen. Nach ihren Plänen sollte es jeden Monat mindestens einen Raumfährenstart geben. Um diese Ziele zu erreichen, wurde dem fünftausend Mitarbeiter umfassenden Bodenpersonal sowie den verantwortlichen Ingenieuren, Wissenschaftlern und Technikern im Kontrollzentrum eine hohe Arbeitsbelastung zugemutet. So betrug die durchschnittliche Schichtlänge in den zwei Monaten vor dem *Challenger*-Start zehn bis zwölf Stunden, wobei die Mitarbeiter zehn bis achtzehn Tage hintereinander – ohne freie Tage – eingesetzt wurden. Die Untersuchungskommission fand sogar einen Mitarbeiter, der fünfzig Tage hintereinander ohne einen einzigen freien Tag gearbeitet hatte! Wie wohl zu erwarten war, mußten die qualifiziertesten Mitarbeiter, auf deren Urteil es am meisten ankam, oft auch am längsten arbeiten. Der Leiter einer Mechanikertruppe hatte sechsundzwanzig Tage hintereinander gearbeitet. An zwei Tagen hatte er acht Stunden gearbeitet, an den anderen aber jeweils zwölf bis sechzehn Stunden. Im Bericht der Kommission heißt es, dieses sei zwar «ein extremes Beispiel, aber keineswegs untypisch». Es diene vielmehr zur Illustration einer «häufig auftretenden Kombination, bei der die Mitarbeiter wochenlang einen Arbeitstag an den anderen reihen und dabei oft an mehreren Tagen in Folge elf bis zwölf Stunden im Einsatz sind.» Solche Einsätze zermürben die Mitarbeiter und führen zu Erschöpfung, Leistungsabfall und Unzufriedenheit. Ein ehemaliger leitender NASA-Beamte, James Begg, stellte etwas später die Überlegung an, der ständige Arbeitsdruck könnte ein Grund dafür sein, daß viele der erfahrensten und qualifiziertesten NASA-Mitarbeiter auf die mit dem Raumfahrtprogramm verbundene aufregende und glanzvolle Aura verzichten und den Dienst quittieren.

Möglicherweise kamen die schließlich tödlichen Fehlentscheidungen während einer Sitzung – genauer gesagt, einer

Telefonkonferenz – am Vorabend des Starts zustande. An dieser Sitzung waren dreizehn Spitzenkräfte beteiligt, unter ihnen auch Vertreter der Firma, die Feststoffraketen für die Raumfähren lieferte. Spätere Untersuchungen haben gezeigt, daß der Unfall durch das Versagen einer ringförmigen Gummidichtung bei einer dieser Booster-Raketen verursacht wurde. Nach Meinung vieler Wissenschaftler und Ingenieure reichten die bei dieser Sitzung vorgelegten Informationen aus, um den Unfall vorherzusehen. Wie es scheint, wurden diese Informationen aber damals übersehen. Die Untersuchungskommission führte diese Nichtbeachtung entscheidender Details auf die Tatsache zurück, daß viele verantwortliche Mitarbeiter unter einem erheblichen Schlafdefizit litten. Als die Konferenzschaltung um neunzehn Uhr eingerichtet wurde, waren die meisten der beteiligten Entscheidungsträger seit zwölf Stunden (und viele von ihnen erheblich länger) im Einsatz. Zwei hatten einen Arbeitstag von neunzehn Stunden hinter sich und hatten davor nur zwei bis drei Stunden geschlafen. Die durchschnittliche Schlafdauer bei den anderen an der Konferenz beteiligten leitenden Mitarbeitern betrug etwa sechs Stunden.

Die Sitzung verlief nicht gut. Am Morgen war der Start bereits einmal verschoben worden. Es gab eine hitzige Diskussion über die Frage, ob man überhaupt am Start festhalten sollte oder nicht. Bei ihrer nachträglichen Analyse der Situation kam die Untersuchungskommission zum Ergebnis, die lange Arbeitszeit und der Schlafmangel hätten zum *«Mangel an effektiver Kommunikation und zum inadäquaten Informationsaustausch während der Telefonkonferenz»* beigetragen. Der Schlafforscher William Dement erklärte unumwunden: *«Nach meiner persönlichen Einschätzung waren diese unter einem schweren Schlafdefizit leidenden Leitungskräfte überhaupt nicht in der Lage, die Bedeutung der Informationen über die*

Dichtungsringe, die sie vom Hersteller Morton Thiokol erhielten, im vollen Umfang zu erfassen.»[29] Das Ergebnis des akkumulierten Schlafdefizits vieler Menschen war die tragische und tödliche Entscheidung zum Start der Raumfähre. Ganz abgesehen von dem traurigen Verlust an Menschenleben werden die Verluste aus aufgeschobenen oder verlorenen Aufträgen, Investitionen in die Astronautenausbildung, erhöhten Versicherungsprämien und dem Verlust des Raumschiffs selbst auf mehrere Milliarden Dollar geschätzt.

Viele tödliche Unfälle können auf lange Schichtarbeit zurückgeführt werden. Ein Beispiel kommt aus Firosabad in Indien. Im September 1995 raste ein Schnellzug mit einhundert Stundenkilometern in einen stehenden Personenzug. Bei diesem schlimmsten Eisenbahnunglück in der Geschichte Indiens starben dreihundertachtundvierzig Menschen. Wie es sich herausstellte, hatte ein Weichensteller dem Schnellzug grünes Licht gegeben. Der Mann hatte eine Nachtschicht von zwölf Stunden. Laut Dienstplan hatte er sieben Nächte hintereinander Schicht und eine Nacht frei. Der Unfall ereignete sich etwa um zwei Uhr fünfundvierzig, also im Zeitraum des absoluten Tiefpunkts im zirkadianen Schlaf-Wach-Zyklus. Ob der Weichensteller tatsächlich im Dienst geschlafen hat, werden wir vielleicht nie erfahren, denn er konnte im Durcheinander nach dem Unglück fliehen und nahm seine Familie mit.

Auch außerhalb der Arbeit führt das durch die Schichtarbeit bedingte Schlafdefizit zu Problemen, zum Beispiel auch zu Unfällen. Das wurde sehr deutlich durch eine Untersuchung an sechshundertfünfunddreißig Krankenschwestern in Massachussetts nachgewiesen, die von einer Gruppe unter der Leitung von Dr. Diane R. Gold vom Brigham and Women's Hospital der Harvard Medical School durchgeführt wurde.[30] Die Forscher verglichen die Leistungen der Krankenschwestern im Wechselschicht- oder Nachtschichtdienst mit den Leistungen der Krankenschwestern, die einen normalen Arbeitstag hatten. Die im Wechselschichtdienst eingesetzten Krankenschwestern klagten dreimal häufiger als die tagsüber arbeitetenden Kräfte über schlechten Schlaf, was unsere bisherigen Erkenntnisse über die Auswirkungen der Schichtarbeit auf die Schlafqualität bestätigt; außerdem machten sie viel häufiger Fehler bei der Arbeit. So lag bei ihnen zum Beispiel die Wahrscheinlichtkeit eines Versehens bei der Verabreichung von Medikamenten um dreiundachtzig Prozent höher als bei Krankenschwestern im regulären Dienst. Darüber hinaus aber waren sie außerhalb des Krankenhauses viel stärker unfallgefährdet. So gaben sie viermal öfter als ihre Kolleginnen an, bei der Fahrt zur Arbeit oder von der Arbeit immer wieder am Steuer einzunicken. Berichte über Fast-Unfälle beim Autofahren waren in der Wechselschichtgruppe einhundertdreiundsechzig Prozent häufiger als bei den tagsüber arbeitenden Krankenschwestern.

Wie wir gesehen haben, kann das im Zuge langer oder rotierender Schichtarbeit akkumulierte Schlafdefizit zu reduzierter Urteilsfähigkeit, Aufmerksamkeit und Konzentrationsfähigkeit sowie zu einer erhöhten Anfälligkeit für Unfälle führen. Ein weiteres durch Schlafdefizit bedingtes Problem ist die sogenannte «Nachtschichtparalyse». Anschaulich schilderte mir ein Fluglotse einen Zwischenfall, bei dem dieses Phänomen eine Rolle spielte:

Ich arbeitete damals seit etwa einem Jahr [an einem Flughafen mit hohem Flugaufkommen]. *Die Flugdichte war ständig gestiegen, und zu Spitzenzeiten konnte es vorkommen, daß wir achtzig Flüge pro Stunde zu erledigen hatten. Wir hatten wirklich zuwenig Personal für die Arbeit. Laut Empfehlung der Luftfahrtbehörde sollten es wohl zweihundert Lotsen sein, tatsäch-*

lich aber arbeiteten wir mit einer Mannschaft von etwa einhundertvierzig. Noch schlimmer war es da oben im Kontrollturm. Es sollten dort an die vierzig Leute Dienst tun, tatsächlich waren es etwa fünfundzwanzig. Wir haben alle lange Schichten und Überstunden geschoben. Das führte aber dazu, daß es manchmal bei der Rotation der Schicht keine freie Zeit zwischen der alten und der neuen Schicht gab. So war es bei mir gewesen, als es passierte. Es war eine normale «M-N-Schicht» – so nennen wir es, wenn man die Morgenschicht arbeitet und dann am gleichen Tag die Nachtschicht. An einem solchen Tag bekommt man nicht viel Schlaf, das kann ich Ihnen sagen. Bei mir können es höchstens vier oder fünf Stunden gewesen sein, und ich war ziemlich fertig – richtig müde. Es war um etwa vier oder fünf Uhr früh – keine Verkehrsspitzenzeit, aber immer etwas los. Ich hatte vor allem mit einem Flugzeug Kontakt gehalten und den Landeanflug eingeleitet. Jetzt war es Zeit, das Flugzeug für die Landung selbst dem Tower zu übergeben. Ich mußte auch einem kleinen Privatflugzeug sagen, daß er der Einflugschneise zu nahe gekommen war. Ich wollte den Arm ausstrecken, um das Funkgerät auf die Frequenz des kleinen Flugzeugs umzustellen, doch ich konnte ihn nicht bewegen. Ich versuchte den anderen Arm. Er ließ sich auch nicht bewegen. Ich wollte aufstehen. Es ging nicht. Meine Arme und Beine waren wie taub – nicht kalt, mehr steif und schwer, als wären sie aus Stein. Ich konnte alles um mich herum hören und sehen; ich sah meine Finger auf der Konsole, und als ich wieder versuchte, den Arm zu bewegen, sah ich, wie sich meine Finger ein wenig bewegten. Das bewahrte mich davor, völlig durchzudrehen, denn ich meinte daran zu erkennen, daß die Nervenbahnen nicht völlig hinüber waren. Wie ich da saß und versuchte, mich zu bewegen, sah ich wieder auf meinen Bildschirm, und es sah so aus, als ob sich das kleine Flugzeug auf Kollisionskurs mit der schweren Passagiermaschine befand. Ich schrie los. Erst da merkte ich, daß ich noch sprechen konnte. Ich brüllte, mein Gruppenleiter sollte die beiden übernehmen, ich hätte ein Problem mit meinem Gerät. Er übernahm sie dann und brachte sie auch auseinander. Aber sie waren einander so nahe gekommen, daß der Fall offiziell als Beinahe-Zusammenstoß registriert wurde. Einige Minuten später kam der Gruppenleiter vorbei, um sich zu erkundigen, was denn los gewesen sei. Da konnte ich mich wieder bewegen. Es hatte nur ein paar Minuten gedauert, höchstens drei. Was sollte ich ihm sagen? Die Wahrheit wollte ich ihm nicht erzählen, es hätte mich den Job kosten können. Also log ich und sagte ihm, der Schirm sei einige Sekunden lang instabil gewesen, und deshalb hätte ich die Flugbahnen nicht genau verfolgen können. Jetzt sei der Monitor wieder in Ordnung, sagte ich, aber er ließ das Gerät trotzdem überprüfen. Natürlich fand man nichts, also ging man davon aus, daß es sich um eine vorübergehende technische Panne gehandelt habe.

Wie der Ausdruck *Nachtschichtparalyse* schon sagt, taucht dieses Problem anscheinend am häufigsten bei Fluglotsen im Nachtdienst auf. Anonyme Berichte über dieses Problem wurden von Simon Folkard und Ruth Condon von der University of Sussex gesammelt. Sie konnten Berichte von vierhundertfünfunddreißig Fluglotsen in siebzehn Ländern auswerten und stellten fest, daß dieses Problem keineswegs auf die Nachtschicht beschränkt ist. In etwa einem Viertel der Fälle tauchte es in anderen Schichten auf. Wie die beiden Forscher berichten, dauern diese Anfälle nach Angaben der Fluglotsen in der Regel weniger als zwei Minuten. Nach ihren Unterlagen beträgt die Dauer der Paralyse in elf Prozent der Fälle allerdings über fünf Minuten. Die Wahrscheinlichkeit eines Anfalls scheint sich zu erhöhen, wenn der Fluglotse am gleichen Tag die Morgen- und Abendschicht arbeitet, wie in unserem Beispiel. Sie treten aber häufig auch dann auf, wenn der Lotse mehrere Nachtschichten hintereinander arbeitet, und am häufigsten wohl bei den Menschen, die am meisten unter Schlafmangel leiden.

Das Problem ist aber nicht auf Fluglotsen beschränkt. Ich habe mit Krankenschwestern im Zwölf-Stunden-Schichtbetrieb gesprochen, und sie haben mir von ähnlichen Erfahrungen berichtet. Eine Schwester berichtete, wie sie sich einmal um einen intravenösen Tropf kümmern sollte und plötzlich entdeckte, daß sie völlig steif neben ihrem Rollwagen stand und sich einige Minuten nicht bewegen konnte. Eine andere saß im Stationszimmer, als das Telefon klingelte. Sie war wie gelähmt und konnte die Arme nicht ausstrecken, um den Hörer abzunehmen. Wie der oben zitierte Fluglotse meldete keine der beiden Krankenschwestern den Vorfall ihren Vorgesetzten, aus Angst, die Arbeit zu verlieren.

Es wird vermutet, daß die Schichtarbeit die Gesundheit der Arbeiter nachhaltig untergräbt. Einigen Untersuchungen zufolge treten Herzkrankheiten und verschiedene streßbezogene psychische und neurologische Erkrankungen bei Schichtarbeitern überdurchschnittlich häufig auf. Diese Forschungsergebnisse sind jedoch nicht eindeutig. Es ist schwer, Schichtarbeiter mit anderen Arbeitern zu vergleichen, weil Schichtarbeiter sich mehr oder weniger selbst selektieren. Sie können ja, wenn sie wollen, mit der Schichtarbeit aufhören. Es gibt viele Belege dafür, daß Menschen oft die Schichtarbeit aufgeben, wenn sie es mit physischen oder psychischen Problemen zu tun bekommen. Das führt oft dazu, daß sie sich erheblich besser fühlen, und darum versuchen sie oft, einen Arbeitsplatz zu finden, der keine Schichtarbeit von ihnen verlangt. Das ist zwar gut für die betroffenen Individuen, für die Forscher jedoch nicht so gut, denn es bedeutet, daß die Individuen, nach denen sie Ausschau halten, die am meisten unter den Problemen der Arbeit leiden, ständig aus der zu untersuchenden Population herausfallen.

Es gibt jedoch bestimmte Erkrankungen, die regelmäßig bei Schichtarbeitern festgestellt werden, nämlich Erkrankungen des Magen-Darm-Trakts. Dazu gehören Verdauungsschwierigkeiten, Sodbrennen, Blähungen, Verstopfung, Bauchschmerzen und extremes Völlegefühl nach dem Essen. Hinzu kommen Entzündungen der Magenschleimhaut wie bei einer Gastritis. Magengeschwüre (worunter Verletzungen der Schleimhaut im Bereich der unteren Speiseröhre, des Magens, des Zwölffingerdarms und, seltener, des Dünndarms verstanden werden sollen) treten ebenfalls bei Schichtarbeitern häufiger auf. Die Größenordnung dieses Problems ist wirklich bemerkenswert: Manchen Untersuchungen zufolge sind Schichtarbeiter sechsmal anfälliger für Magen-Darm-Krankheiten als Arbeiter mit einem normalen Arbeitstag.

Man weiß zum Beispiel, daß die Schichtarbeit merkliche Veränderungen im chemischen Zyklus des Hormons *Gastrin* hervorruft, dessen Funktion jedenfalls zum Teil darin besteht, die Absonderung von Magensäften (vor allem Salzsäure) durch die Magenwand auszulösen. Gastrin erhöht auch die Häufigkeit der Magenkontraktionen und steuert damit die Aktivität, durch die das Essen im Magen umgewälzt wird. Die Zunahme von Magensäure und Magenkontraktionen mag zur Erklärung der Tatsache beitragen, daß Magengeschwüre fünfzig Prozent häufiger bei Schichtarbeitern gefunden werden als bei Arbeitern mit einem normalen Arbeitstag.

Es ist noch nicht klar, welche Faktoren im einzelnen dazu führen, daß Schichtarbeiter mehr Magen-Darm-Probleme haben als andere Arbeiter. Mehrere wahrscheinliche Erklärungen bieten sich jedoch an. Schichtarbeiter essen in der Regel unregelmäßiger und in Abhängigkeit von ihren Schichtzeiten. Oft werden diese Essenszeiten nicht mit den zirkadianen Rhythmen übereinstimmen, die im Magen-Darm-Trakt für die Absonderung bestimmter Enzyme zu bestimmten Zeiten im Vierundzwanzig-Stunden-Zyklus sorgen. Was auch immer die Gründe sein mögen: Einigen Untersuchungen zufolge leidet jeder zweite Arbeiter im Wechselschichtbetrieb unter Magen-Darm-Beschwerden.

In einer großangelegten Untersuchung wurden Schichtarbeiter des petrochemischen Konzerns Exxon untersucht. Diese Studie bestätigte nicht nur das Vorhandensein von Magen-Darm-Problemen bei den Arbeitern, sondern machte auf ein weiteres Problemfeld aufmerksam: Hatte der Arbeiter bereits ein systemisches Leiden wie Epilepsie, insulinabhängigen Diabetes oder eine neuropsychische Erkrankung, so wurde die Krankheit durch die Schichtarbeit verschlimmert, und die Symptome, unter denen der Arbeiter litt, verschärften sich.

Gibt es für diese Probleme der Schichtarbeit eine Lösung? Hierüber wird gestritten und auch geforscht. Einige Forscher haben sich gefragt, ob ein Kurzschlaf helfen kann, die Schichtarbeit erträglicher zu machen. In manchen Versuchen wurden Kurzschlafperioden unmittelbar vor die Schicht geschaltet, um für die Arbeit sozusagen Schlaf zu tanken; in anderen Fällen wurden Schläfchen als Teil des Schichtablaufs eingeplant, etwa in der Mitte der Arbeitszeit. Beiden Methoden wird ein bescheidener Erfolg nicht abgesprochen, sie sind jedoch äußerst schwer in der Praxis zu verwirklichen. Die Arbeitgeber neigen dazu, diese Schlafzeiten einfach als bezahlte Freizeit zu betrachten. Vielen Managern erscheint das als ungerechtfertigte Geldausgabe, zumal in einer Zeit, wo sie unter Druck stehen, die Kosten zu senken. Die Schichtarbeit, so wenden sie ein, sei ohnehin teuer genug, da für Wechsel- und Nachtschichten erhebliche Zuschläge bezahlt würden.

Aber die Idee prophylaktischer Nickerchen vor der Schicht, um späterer Müdigkeit vorzubeugen, ist auch bei den Arbeitnehmern nicht gut angekommen. Solche Kurzschlafperioden, so das Argument der Arbeiter und ihrer Gewerkschaften, verkürzen die freie Zeit, die sonst für Erholung, Familienaktivitäten oder Reparaturen in der Wohnung, persönliche Pflege und so weiter zur Verfügung steht. Da mit diesem Kurzschlaf bezweckt werde, dem Arbeitgeber die Arbeitskraft der Beschäftigten zu erhalten, sollte die Zeit auch als Arbeitszeit gerechnet werden. Sie wollen entweder, daß die Schichten gekürzt werden, um Zeit für den Kurzschlaf zu gewinnen, oder sie für die Zeit bezahlt werden, die sie zusätzlich beim Kurzschlaf verbringen. In mehreren Untersuchungen wurde gezeigt, daß die meisten Arbeiter nach Ablauf der Versuche die Kurzschlafperioden nicht auf eigene Faust fortsetzen, auch wenn sie der Meinung sind, diese Nickerchen würden dazu beitragen, daß sie sich tagsüber besser und vor allem nicht so müde wie sonst fühlen. Innerhalb weniger Wochen werden solche freiwilligen, unbezahlten, zusätzlichen Kurzschlafprogramme von den meisten Arbeitern aufgegeben, da sie diese Zeit lieber für Aktivitäten im Haushalt oder persönliche Vorhaben verwenden.

Die für die Arbeiter vorteilhafteste Lösung scheint darin zu bestehen, permanente, nicht rotierende Schichtzeiten einzuführen. Dies wurde durch eine Untersuchung belegt, die von Dr. Barbara Phillips vom Chandler Medical Center an der University of Kentucky geleitet wurde. Auf der Grundlage einer Abstimmung unter den betroffenen Polizeibeamten führte die Polizei von Lexington (Kentucky) ein permanentes Schichtsystem ein. Zwar wurden die Schichtzeiten nicht geändert, aber die Beamten konnten sich nun ihre Schichten aussuchen, und ihr Dienstplan blieb von diesem Zeitpunkt an stabil. Die meisten Polizisten (achtundachtzig Prozent) bekamen auch die Schichten, die sie als erste Wahl angegeben hatten. Das Resultat war eine dramatische Verbesserung der Leistung und des Selbstwertgefühls der Polizisten. Allgemein wurde festgestellt, daß sich die Qualität und die Wirksamkeit des Schlafs verbessert hätten; die Schlaf- und Wachzeiten seien regelmäßiger und vorhersehbar geworden; man werde weniger oft aus dem Schlaf gerissen und liege nicht so oft schlaflos im Bett. Es gab überdies bedeutsame Veränderungen im psychischen Wohlbefinden der Polizeibeamten. Dieser Faktor wurde anhand einer Skala gemessen, die zehn Kategorien psychischer Probleme erfaßte, darunter Depression, Angst, Feindseligkeit, Furchtsamkeit sowie einige körperliche Symptome. Nach Einführung der permanenten Schichten wurden nicht nur weniger solcher psychischen Probleme von den Polizisten gemeldet; auch der Schweregrad der einzelnen Probleme wurde insgesamt als niedriger eingeschätzt. Der vielleicht eindrucksvollste einzelne Indikator der Vorteile dieser festen Schichten ist die Tatsache, daß der Krankenstand im Verlauf der Untersuchung um siebenunddreißig Prozent zurückging.

Leider sind feste Schichten in vielen Industriezweigen nicht praktikabel. Es gibt auch oft soziale und familiäre Pflichten, die der permanent an eine Abend- oder Nachtschicht gebundene Arbeiter nicht erfüllen kann. Aus diesen und anderen Gründen werden Schichten nach wie vor rotieren, und Schichtarbeiter werden auch weiterhin ein Schlafdefizit von gefährlichen Ausmaßen akkumulieren.

Über den Wolken

In vielen Zweigen der Volkswirtschaft wird ein Schlafdefizit akkumuliert; bezahlt wird dieses Defizit nur zu oft mit Unfällen, häufig mit dem Tod. Dies gilt vor allem im Transportgewerbe – das Beispiel der durch lange Fahrten übermüdeten Trucker haben wir bereits kennengelernt. Fluglinien, Bahngesellschaften und Reedereien hinken jedoch in dieser Beziehung nicht weit hinterher. In diesen Geschäftszweigen sind es die langen Arbeitsstunden in Verbindung mit ständigen Wechselschichten, die zu einem Sicherheitsrisiko geworden sind. Fährt ein Lkw gegen einen Baum, gehen eine Maschine und ein menschliches Leben verloren. Fährt der Truck gegen ein anderes Fahrzeug, werden vielleicht mehrere Menschen sterben. Schläft aber der Pilot einer Boeing 747 ein, kann das vierhundertfünfzig Passagiere und viele Menschen am Boden das Leben kosten. Auch bei einem Eisenbahnunfall oder dem Untergang eines Passagier- oder Fährschiffs können Hunderte den Tod finden. Die Größenordnung der durch Schlafmangel verursachten Schäden ist also bei der Luft- und Seefahrt und bei der Bahn eine ganz andere als beim Güter- oder Personenverkehr auf der Straße.

In den Vereinigten Staaten werden Unfälle im gewerblichen Transportwesen in der Regel von der Sicherheitsbehörde National Transportation Safety Board (NTSB) untersucht. Mit einem der bei solchen Untersuchungen eingesetzten Beamten des NTSB konnte ich sprechen. Er sagte:

Ich weiß, daß Sie sich für die Auswirkungen des Schlafmangels auf die Sicherheit der Transportmittel interessieren, aber es ist wirklich nicht leicht, Ihnen hierüber eine klare Auskunft zu geben. Bei etwa sechzig Prozent aller Unfälle im gewerblichen Transportwesen ist menschliches Versagen die Hauptursache, und bei weiteren fünfundzwanzig Prozent aller Unfälle ist menschliches Versagen Mitursache. Unser Problem liegt darin, das Wesen und die Ursache dieses Versagens festzustellen. Sehen Sie, wenn es in einem wichtigen Flugzeugteil Materialermüdung gegeben hat, können unsere Teams das Teil aufspüren und feststellen, ob die Materialermüdung zum Absturz geführt hat. Aber wenn wir es mit menschlicher Ermüdung zu tun haben, wenn jemand einfach versagt hat, ein Instrument falsch abgelesen, ein Warnsignal im Cockpit zu spät gemerkt hat – wie sollen wir das herausfinden? Es gibt kein handfestes, physisches Beweismittel, nur Indizien.

Die meisten Belege über die Auswirkungen des Schlafmangels auf die Piloten stammen aus den Beinahe-Zusammenstößen, wo es ja Überlebende gibt. Wenn es Zeugen gibt, kann einer sagen: «Der Pilot hat geschlafen», oder: «Der Erste Offizier hatte die Augen geschlossen und schnarchte.» Ohne Zeugen haben wir fast nichts in der Hand. Auch wenn es Überlebende gibt, hören wir oft nicht die ganze Wahrheit, weil die Leute, die tatsächlich geschlafen haben, das wohl kaum zugeben werden. Die Mannschaft wird solche Details weglassen, um die Karriere ihres Kollegen nicht zu gefährden, oder weil es tatsächlich schwierig ist, festzustellen, ob jemand schläft. Ich meine, es gibt eine Art ungeschriebene Übereinkunft, das Publikum nicht mit Horrorgeschichten über schlafende Piloten zu verschrecken, solange es keine handfesten materiellen oder elektronischen Beweise dafür gibt. Ich bin mir nicht einmal sicher, worin solche handfesten materiellen oder elektronischen Beweise bestehen könnten.

Mag auch die NTSB zögern, einen Absturz umstandslos der Übermüdung des Piloten zuzuschreiben – es gibt Fälle, bei denen diese Schlußfolgerung sich einem als einzig vernünftige Erklärung geradezu aufdrängt. Vor allem dann, wenn man die Arbeitsbelastung der Piloten und ihre ständig wechselnden und unregelmäßigen Schichteinsätze bedenkt, die sich, wie wir wissen, verheerend auf die zirkadianen Rhythmen und die natürlichen Schlafmuster eines Menschen auswirken. Nehmen wir den Fall des Flugs 212 der Eastern Airlines von Charleston nach Charlotte in North Carolina am 11. September 1974. Beim Absturz dieses Flugzeugs verloren der Flugkapitän James Reeves und seine dreiköpfige Crew sowie alle achtundsechzig Passagiere das Leben. Die offizielle Untersuchung nannte als Unglücksursache einen «Pilotenirrtum». Wie der Bericht hervorhebt, hätten weder der Kapitän noch seine Crew die Flughöhe beachtet. Der Bericht sagt uns aber nicht, weshalb diese Daten nicht beachtet wurden, und wie der Mitarbeiter der NTSB sagte, kann man nur auf der Grundlage von Indizien schließen, daß Übermüdung aufgrund von Schlafmangel eine Ursache gewesen sein könnte. In diesem Fall gibt es jedoch genügend Hinweise, um einen sehr starken Verdacht zu begründen. Erstens gibt es die Beschreibung der primären Unfallursache, nämlich die Nichtbeachtung wichtiger Details. Nachlassende Aufmerksamkeit gehört ja zu den ersten Symptomen eines Schlafdefizits. Warum sollte aber Kapitän Reeves unter Schlafentzug gelitten haben? Nun, betrachten wir einmal seinen Dienstplan in der Woche vor dem Absturz: Die Arbeitswoche begann damit, daß er um vier Uhr fünfzehn aufstand und an diesem Tag fünf Flüge machte. Am nächsten Tag begann die Arbeit am späten Nachmittag, um sechzehn Uhr fünfzehn. Reeves machte drei Flüge. Am Tag darauf war er ab fünfzehn Uhr dreißig im Einsatz und flog viermal. Dann hatte Kapitän Reeves einen freien Tag, bevor er am fünften Tag wieder mit der Frühschicht begann. Er stand um sechs Uhr fünfundvierzig auf und erledigte vier Flüge. Nach einem weiteren freien Tag stand er am sechsten Tag um sieben Uhr auf, und am Tag des Absturzes um drei Uhr dreißig. Die langen Flugstunden, die unregelmäßigen Arbeitszeiten, der Wechsel von der Frühschicht zur Abendschicht – das alles wirkt wie der bewußte Versuch, die zirkadianen Rhythmen eines Menschen durcheinanderzubringen und dafür zu sorgen, daß er auf keinen Fall genug kontinuierlichen und erholsamen Schlaf erhält. Reeves hatte sich diesen Dienstplan freiwillig ausgesucht, weil er alle seine Flugstunden in der ersten Monatshälfte absolvieren und sich die zweite Hälfte freinehmen wollte. Die Auswirkungen waren aber offensichtlich verheerend. Nur eine halbe Stunde vor dem tödlichen Absturz meldete sich Reeves bei einem Fluglotsen. Die Unterhaltung wurde auf Band aufgenommen und bei der Anhörung zum Absturz als Beweismittel vorgelegt. Auf dem Band hört man die Stimme von Kapitän Reeves. Er klingt müde und deprimiert, und er sagt: «Ausruhen. Das ist es, was ich brauche, ich muß mich ausruhen. Bloß kein verdammtes Fliegen mehr.» Ich bin kein Beamter der NTSB, aber für mich ergeben die Indizien ein klares Bild: Der wegen Schichtarbeit und der damit verbundenen Störung seiner inneren Uhr übermüdete Pilot döst oder wird vom Mikroschlaf überwältigt, während sein Flugzeug immer mehr an Höhe verliert und seiner Vernichtung entgegenrast.

Einmal ist es mir doch gelungen, einen Berufspiloten aufzutreiben, der bereit war, mit mir über seine eigenen Erlebnisse zu reden. Er war etwa Mitte Fünfzig und näherte sich dem Ende seiner aktiven Laufbahn als Flugkapitän. Wir trafen uns im Wartesaal eines Flughafens, und unser Gespräch dauerte mehrere Stunden.

Fliegen ist einfach Schichtarbeit über den Wolken, und manchmal ziemlich brutale Schichtarbeit. Ich fliege oft die Strecke von X nach Y. Sobald ich genug Flugstunden beisammen hatte, habe ich mich für diese Strecke beworben. Man fliegt sehr lange, aber deshalb bekommt man auch viele Tage hintereinander frei. Oft muß man allerdings zwölf bis vierzehn oder sogar fünfzehn Stunden durcharbeiten. Es gab so eine Studie der NASA, die herausfand, daß bei Piloten ein Drittel aller Arbeitstage über zwölf Stunden lang sind. Das glaube ich auch. Wenn wir einen schweren Flug haben, kann es sogar sein, daß wir beim Landen vierundzwanzig Stunden hintereinander wach gewesen sind. Wenn man so lange ohne Schlaf auskommen muß, kann es schon mal vorkommen, daß man den Fluglotsen alle möglichen Fehlinformationen gibt. Vor ein paar Monaten war mein Erster Offizier so schläfrig, daß er sich sogar bei der Flugüberwachung mit einem falschen Zielflughafen meldete.

Ein freier Tag zu Hause hilft eigentlich gar nicht. Man kommt zu den unmöglichsten Zeiten zu Hause an, nicht unbedingt nachts. Man ist müde, kann aber nicht einschlafen. Was noch schlimmer ist: Nach einer langen Schicht guckt man dumm aus der Wäsche und stellt sich dumm an. Zum Beispiel kam ich einmal nach einer ganzen Reihe langer Flüge nach Hause und fühlte mich elend und erschöpft. Eine der Stewardessen hatte mich genervt wegen meiner Eßgewohnheiten, und sie meinte, ich würde mich viel besser fühlen, wenn ich mehr gesundes Zeug essen würde. Ich wußte, daß meine Frau in einem der Küchenschränke irgendwelche gesunden Müslisachen hatte, also holte ich eine Packung heraus. Ich erinnere mich noch, daß ich auf die Packung sah und daß mir die vielen Vitamine auffielen. Ich machte mir eine Schüssel davon zurecht, goß Milch darauf und fing an zu essen. Besonders beeindruckt war ich nicht, weder vom Geschmack noch von der Konsistenz. Als meine Frau in die Küche kam, fragte ich: «Wie könnt ihr das Zeug hier essen, du und die Kinder?» Sie sah mich merkwürdig an und sagte: «Wir essen das nicht. Du ißt gerade eine Schüssel Hamsterfutter.» Also, ich weiß noch, wie ich mir die Packung ansah. Aber ich muß so groggy gewesen sein, daß mir die Worte HAMSTER-MAHLZEIT gar nicht auffielen, obwohl sie in großen roten Buchstaben auf der Packung standen.

Manchmal schläft die Crew bei einem Flug einfach ein. Das ist zwar gegen die Vorschriften, aber bei Langstreckenflügen gibt es immer zwei, manchmal drei Piloten an Bord, also geht man davon aus, daß irgend jemand schon aufpassen wird. Immer funktioniert das allerdings nicht. Einmal schlief ich auf der Strecke von B. nach F. ein. Als ich vielleicht fünfzehn Minuten später wach wurde und mich umblickte, war die ganze Crew im Cockpit eingeschlafen. Das flog nur deshalb nicht auf, weil wir zufällig zwischen zwei Meldepunkten waren [wo sich die Piloten bei der Flugraumüberwachung mit Flughöhe, Kurs, Geschwindigkeit usw. melden müssen].

Meiner Meinung nach sind nicht nur die Dienstpläne, sondern auch die Flugzeuge selbst ein Problem. Man hat zum Beispiel einen Nonstop-Flug von achtzehn Stunden oder länger, und in dieser Zeit gibt es in der Regel einfach gar nichts zu tun. Das Cockpit ist inzwischen voll automatisiert. Ursprünglich meinte man wohl, die Computerisierung aller Abläufe würde den Piloten eine Arbeitserleichterung und den Passagieren mehr Sicherheit bringen. Ein weiterer Grund für die Automatisierung ist die betriebswirtschaftliche Überlegung, daß man dann mit einer kleineren Crew auskommt. Der Bordcomputer ist bestimmt besser, wenn es darum geht, bestimmte routinemäßige Korrekturen vorzunehmen. Er paßt immer auf und braucht keinen Schlaf. Solche Computer sind aber nicht vollkommen. Sie fallen manchmal aus, und dann wird's erst richtig schlimm. Und wenn es irgendeinen Notfall gibt, dann braucht man eben den menschlichen Piloten, der eine kreative Lösung findet und alle sicher zur Erde zurückbringt. Das Problem besteht aber darin, daß es nicht genug Notfälle gibt, um uns wach zu halten. Wir sitzen da im Cockpit, der Autopilot ist eingeschaltet, und wir haben nichts zu tun, außer hin und wieder den Bordcomputer und die Instrumente zu überprüfen, uns bei der Luftraumüberwachung zu melden und auf das Wetter zu achten. Nachts ist es so, als wäre die ganze Sache extra dazu eingerichtet worden, uns einzuschläfern. Gedämpftes Licht, das eintönige Geräusch der Motoren. Der Kaffee schlägt nicht an. So etwa um zwei Uhr früh sitzt man da und klatscht sich ins Gesicht, um wach zu bleiben, weil die anderen Besatzungsmitglieder nur noch gähnen und so aussehen, als würden sie jeden Augenblick einschlafen.

Manchmal versuche ich wach zu bleiben, indem ich die Maschine tatsächlich fliege. Ich schalte den Autopilot aus und fliege ein bißchen selbst, nur um wieder das Gefühl zu haben, daß ich Pilot bin. Manche Kollegen glauben, daß wir im automatisierten Cockpit unsere Fähigkeiten als Flieger verlieren, eben weil wir so selten sozusagen eigenhändig die Maschinen fliegen. Das kann ich nicht beurteilen. Aber eines weiß ich: Das Fliegen auf Autopilot ist so langweilig, daß viele von uns dabei einschlafen. Wenn es nichts zu tun gibt und man wenig Schlaf bekommen hat – da spürt man erst, wie müde man ist. Ich meine, manchmal bin ich so weit, daß ich zwar weiß, ich kämpfe gegen den Schlaf an, aber ich weiß auch, daß ich den Kampf verliere.

Ich gebe Ihnen mal ein Beispiel für einen Zwischenfall, der meiner Meinung darauf zurückzuführen ist, daß die Kollegen bei einem langen Flug vom Autopiloten eingelullt wurden. Ich war's diesmal aber nicht. Es war vor ein paar Jahren, und diese [Boeing] *707 sollte LAX* [Los Angeles] *anfliegen. Also, die Maschine kommt an, Flughöhe etwa zehntausend Meter, aber statt den Kontrollturm zu kontaktieren und ein Landemanöver einzuleiten, fliegt sie schnurstracks weiter Richtung Pazifischer Ozean. Wie es sich später herausstellte, flog die Maschine auf*

Autopilot. Wie es sich ebenfalls herausstellte, waren drei Piloten an Bord, und alle drei haben tief und fest geschlafen. Also, das Flugzeug flog immer weiter hinaus auf den Ozean. Sie hätten ins Meer stürzen können, aber sie hatten Glück. Als sie nicht ganz zweihundert Kilometer geflogen waren, hat sich irgendein besonders wacher Fluglotse zusammengereimt, was da passiert sein mußte, und sich einen Weg ausgedacht, wie er die Typen wachkriegt, indem er im Cockpit Alarm auslöste. Mann, das muß ein verdammt rauhes Erwachen gewesen sein!

Ein weiteres Problem, mit dem Piloten zu kämpfen haben, ist der *Jetlag* – die Zeitumstellung. Dieses Problem ist erst aufgetaucht, seit wir Transportmittel haben, die so schnell sind, daß man an einem einzigen Tag mehrere Zeitzonen überqueren kann. Als Ergebnis einer solchen Reise läuft unsere innere Uhr völlig asynchron zur äußeren Zeit. Wenn wir mehrere Zeitzonen überqueren, verlangen wir im Grunde von unserem Körper, sich auf eine neue Zeit einzustellen, und zwar *jetzt sofort!* Alle Faktoren, die dazu beitragen, unsere zirkadianen Rhythmen zu synchronisieren, sind jetzt falsch: Der Lichtpegel stimmt nicht, und wir sollen essen oder schlafen, obwohl unser Körper auf diese Aktivitäten zu diesem Zeitpunkt gar nicht eingestellt ist. Das Ergebnis ist ein ganzes Sammelsurium von Symptomen, darunter Kopfschmerzen, Erschöpfung, Lethargie, Gereiztheit, Depression, Konzentrationsschwierigkeiten, Entscheidungsunlust sowie eine Verlangsamung der körperlichen und geistigen Reaktionsfähigkeit (in manchen Fällen auch Appetitmangel, Ohrenschmerzen und Durchfall). Obendrein fällt es uns schwer, einzuschlafen, und der Schlaf, den wir bekommen, ist häufig unterbrochen und nicht sehr erholsam. Die Heftigkeit dieser Symptome hängt im Grunde davon ab, wie viele Zeitzonen man überquert hat. Acht Zeitzonen überqueren entspricht etwa dem Wechsel in eine acht Stunden früher oder später beginnende Schicht – ohne dazwischen liegende Freizeit.

In einer von der NASA im Ames Research Center in Kalifornien durchgeführten Versuchsreihe wurden die Auswirkungen der Zeitumstellung auf Flugzeugbesatzungen untersucht. Diese Auswirkungen sind, allgemein gesprochen, ziemlich einschneidend und führen zu massivem Schlafverlust. Bei Piloten auf Langstreckenflügen (länger als acht Stunden) wird durch das Überqueren vieler Zeitzonen der normale Schlaf-Wach-Zyklus völlig durcheinandergebracht. In einigen Versuchen ließ man die Piloten Schlaftagebücher führen und fand, daß sie oft weniger als sechs Stunden pro Nacht schliefen. Die Piloten sollten alle Schlafepisoden festhalten, und ihnen wurde völlige Anonymität zugesichert. Ein Großteil der befragten Piloten gab zu, im Dienst zu schlafen, was nach den in den USA geltenden Bestimmungen streng verboten ist. Im Schnitt dauerten solche Kurzschlafperioden etwa sechsundvierzig Minuten, aber die Skala umfaßte sowohl Nickerchen von nur zehn Minuten als auch längere Episoden bis zu zwei Stunden und zehn Minuten. Den eine Anzahl dieser Flüge begleitenden Forschern fiel auf, daß viele Besatzungsmitglieder solche Schlafzeiten nicht in ihrem Schlaftagebuch notierten.

Ein Problem bei der Zeitumstellung besteht darin, daß *sämtliche* Körperrhythmen asynchron werden. Sie erinnern sich: Unsere zirkadianen Rhythmen basieren auf einer Reihe verschiedener körperlicher Tageszyklen. Bei einer Zeitverschiebung müssen sich alle diese Zyklen auf die neue Ortszeit einstellen, und sie tun das alle verschieden schnell. Der Herzfrequenzzyklus stellt sich mit einer durchschnittlichen Geschwindigkeit von etwa sechzig Minuten pro Tag um. Bei der Körpertemperatur sind es etwa vierzig Minuten pro Tag, beim Urinrhythmus etwa neunzig Minuten, beim Steroidenzyklus unter Umständen nur dreißig Minuten pro Tag. Anders ausgedrückt: Überquert man drei Zeitzonen, braucht der Herzzyklus drei Tage zur Umstellung auf die neue Ortszeit, die Körpertemperatur vier Tage, der Urinzyklus zwei Tage und der Steroidenzyklus sogar sechs Tage. Für Flugzeugbesatzungen kann sich die ständige Zeitumstellung verheerend auf ihre Körperzyklen auswirken.

Es klingt merkwürdig, aber die amerikanische Aufsichtsbehörde für die Luftfahrt Federal Aviation Agency (FAA) scheint die Frage der Zeitumstellung und ihrer Auswirkungen auf die inneren Zyklen der Flugzeugbesatzungen gar nicht zur Kenntnis zu nehmen. Sie erinnern sich an Flugkapitän Reeves und das Ende von Flug 212? Der Dienstplan dieses Piloten befand sich in völliger Übereinstimmung mit den Vorschriften der FAA, wonach jeder Pilot pro Tag zehn Stunden Ruhepause (oder wenigstens arbeitsfreie Zeit) haben soll. Diese Vorschriften wurden aufgestellt, um der Übermüdung der Piloten durch lange Arbeitszeiten vorzubeugen. Sie wurden jedoch 1934 eingeführt und gelten seitdem unverändert. Was sie nicht berücksichtigen konnten, sind neuere Forschungsergebnisse, denen zufolge der *Zeitpunkt* einer Ruhepause genauso wichtig ist wie ihre *Dauer*. (Das haben wir bereits bei der Betrachtung der Schichtarbeit festgestellt.) Zu bestimmten Zeiten unseres täglichen Zyklus können wir auch dann nicht einschlafen, wenn wir todmüde sind. Die Vorschriften der FAA berücksichtigen in keiner Weise, daß der Körper für den Schlaf empfänglich sein muß; ist er es nicht, werden Schlaf- und Erholungsversuche bestenfalls teilweise erfolgreich sein.*

* Nach Auskunft der deutschen Pilotenvereinigung «Cockpit» sind die Bedingungen für die Besatzungen deutscher Fluglinien «nur unwesentlich» besser als für amerikanische. Auch «Cockpit» bezieht sich auf die NASA-Studie und fordert ihre Berücksichtigung beim Einsatz auf Langstreckenflügen. – Der Übersetzer

Wenn sich auch die FAA nicht mit den Auswirkungen der Zeitumstellung auf Berufspiloten beschäftigt, so gibt es doch einen anderen Regierungszweig, der für das Problem aufgeschlossen zu sein scheint. Es handelt sich um den diplomatischen Dienst. Mit einem ehemaligen Mitarbeiter des Außenministeriums, der gerade in den Ruhestand getreten war, führte ich kürzlich ein interessantes Gespräch.

Als ich damals beim State Department anfing, war das Wort Jetlag unbekannt. Erst als ich einige Jahre dort gearbeitet hatte, wurden solche Fragen aktuell. Eisenhower war damals Präsident. Wenn ich mich recht erinnere, war es 1953, oder vielleicht das Jahr danach. Damals war [John Foster] *Dulles Außenminister. Er war ein zäher Mann, hatte immer alles unter Kontrolle, war brillant, tief religiös – haßte den Kommunismus.* [Gamel Abdel] *Nasser war in Ägypten an die Macht gekommen und wollte den Assuan-Staudamm bauen. Da ging es um Millionenaufträge, und außerdem wurden bereits Fühler ausgestreckt wegen Finanzhilfe zur Fertigstellung des Projekts. Langfristig war die Tatsache wichtiger, daß die Sowjets den Staudamm benutzen wollten, um dort im Nahen Osten politisch Fuß zu fassen. Dulles war eigentlich ein ausgezeichneter Verhandlungsführer, der gute Ergebnisse erzielen konnte.* [Woodrow] *Wilson hatte ihn in der Verhandlungsdelegation mitgenommen, die nach dem Krieg zu den Versailler Friedensverhandlungen fuhr. Dulles arbeitete im Reparationskomitee. Später war er an der Ausarbeitung der Charta der Vereinten Nationen beteiligt. Er hat die SEATO* [South East Asia Treaty Organization] *fast eigenhändig aus der Taufe gehoben. Die Grenzen Österreichs und Jugoslawiens hat er mit ausgehandelt. Er war gut. Also beschloß er, mit einer Delegation nach Ägypten zu fahren und über Assuan zu verhandeln. So wie ich es gehört habe, waren sie müde, als sie aus dem Flugzeug stiegen, und mußten eine Zeit-*

umstellung von acht Stunden bewältigen. Nach einem Mindestmaß an Zeremoniell sind sie gleich in die Verhandlungen eingestiegen. Es hat einfach nicht geklappt. Dulles war verstockt und gereizt. Er war zu schlecht gelaunt, um entgegenkommend oder geschickt aufzutreten. Wichtige Einzelheiten wurden von ihm ignoriert. Das diplomatische Protokoll hat er mehrmals einfach nicht beachtet, und er hat wohl eine Menge Leute vor den Kopf gestoßen. Jemand, der bei den Verhandlungen zugegen war, meinte, Dulles habe fertige Einschätzungen einfach ausgespuckt und eine Sprache benutzt, die sich für einen Diplomaten nicht gehöre. Einige seiner Mitarbeiter sagten später, er habe sich gar nicht erst die Zeit genommen, über das, was vor sich ging, nachzudenken. Einmal soll er mitten in der Rede eines ägyptischen Delegierten explodiert sein. So wie ich die Geschichte hörte, unterbrach Dulles den Redner schroff und sagte so etwas wie: «Mit diesem Punkt bin ich ganz und gar nicht einverstanden.» Also, der Redner erwiderte, er habe zwei Punkte unterstreichen wollen, und er fragte Dulles höflich, mit welchem von beiden er nicht einverstanden sei. Plötzlich erschien Dulles verwirrt und verlegen und brummte: «Also, wenn Sie Ihre Punkte wiederholen, sage ich Ihnen, womit ich nicht einverstanden bin.» Auf diese Weise bekam Moskau den Staudamm und Ägypten, und die Kommunisten hatten im Nahen Osten ihren Fuß in der Tür.

Im Ministerium hieß es, Ike [Eisenhower] *habe Dulles nach seiner Rückkehr die Hölle heiß gemacht. Wichtige Geschäfte unmittelbar nach einer langen Reise machen – das ginge nicht, sagte er. Da war Eisenhower eigen. Er versuchte immer, einige Tage früher anzukommen, damit er mit der Zeitumstellung zurecht kam, bevor er sich mit den Führern anderer Nationen traf. Nun, danach war es Dulles selbst, der Empfehlungen ausarbeiten ließ, denen zufolge man erst verhandeln sollte, wenn man die Zeitumstellung bewältigt hatte.*

Heutzutage beziehen viele Diplomaten die Zeitumstellung in ihre Pläne ein. Ich weiß, zum Beispiel, daß die Russen teilweise strikte Regelungen hatten, ähnlich wie Ike. Wenn sie nach Washington kamen, mußten wir ihnen einige Tage Zeit lassen, bevor sie sich auf wichtige Verhandlungen einließen. Als [Henry] *Kissinger das Ministerium übernahm, hatte er einen anderen Trick. Er meinte wohl, es wäre unhöflich, in der Hauptstadt eines anderen Landes herumzuhängen, ohne sich mit dem Führer des Landes zu treffen oder mit der Arbeit zu beginnen. Also versuchte er, sich schon hier umzustellen. Er hatte wohl die Vorstellung, man könne auf Vorrat schlafen und auf diese Weise die Zeitumstellung besser bewältigen. In der Woche vor einer Reise ging Kissinger, wenn ich es richtig verstanden habe, immer eine Stunde früher ins Bett und stand eine Stunde später auf.* [Es gibt keinen wissenschaftlichen Beleg dafür, daß eine solche Regelung funktioniert. Es gibt jedoch Belege dafür, daß ein bereits unter Schlafmangel leidender Mensch von den Symptomen des Jetlag viel härter getroffen wird. Es kann durchaus sein, daß Kissinger in Wirklichkeit einfach das Schlafdefizit ausgeglichen hat, das er normalerweise wegen seines überfüllten Terminplans mit sich herumschleppte. Im gut ausgeruhten Zustand würde er die Begleitumstände der Zeitumstellung als weniger belastend empfinden.]

Der Politiker, der mit dem Jetlag am besten fertig wurde, war LBJ [Lyndon Baines Johnson]. *Er stellte seine Uhr auf Washingtoner Zeit und hat sie nie umgestellt. Wenn er eine lange Reise machen mußte, ließ er einfach alle wissen, daß er bei seinem normalen Tagesablauf bleiben werde. Das bedeutete also, daß er Mittag aß, wenn es in Washington Zeit fürs Mittagessen war, schlafen ging, wenn es in Washington Bettzeit war, Frühstück aß, wenn es in Washington Zeit dafür war, ganz gleich, wieviel Uhr man gerade am Ort hatte. Er war einfach frech. Wenn sich die Führer anderer Nationen mit ihm treffen wollten, dann mußte das zu einer Zeit sein, die für jemanden in Washington D.C. paßte. Ihm war es egal, daß er in ihrem Land war und daß es für jemanden in dieser Weltgegend unter Umständen weniger gut paßte. Wie mir einer seiner Mitarbeiter erzählte, schärfte Johnson seinem Stab ein: «Ich bekomme von der Zeitumstellung Verdauungsschwierigkeiten, und das kann ich nicht haben. Wenn sie* [die Führer der jeweiligen Länder] *mit dem Präsidenten der Vereinigten Staaten reden wollen, müssen sie eben ein paar Stunden später ins Bett gehen.» Und er hatte wohl recht damit, denn genau das haben sie getan.*

Jeder, der häufig reist, leidet unter den Folgen der Zeitumstellung, auch Sportler. Neulich erzählte mir ein sportlich interessierter Kollege, der von meiner Beschäftigung mit *Jetlag* und Schlafstörungen wußte, folgende merkwürdige Geschichte:

Sie handelt von Bronko Nagurski, Footballspieler bei den Chicago Bears und einer der Unsterblichen, die in die Football Hall of Fame aufgenommen worden sind. Seine Kraft, sein Durchhaltevermögen und seine Vielseitigkeit waren legendär. In der 1943er Saison, auf dem Weg zum Meistertitel der National Football League, mußten die Bears laut Spielplan von einem Spiel an der Westküste direkt zum nächsten Spiel an der Ostküste fliegen. Nach einem solchen Flug war es klar, daß die ganze Mannschaft unter Jetlag leiden würde, und man räumte ihnen einige Tage vor dem Spiel zur Anpassung an die Ortszeit ein. Die Zeitungen wollten jedoch die Stars der Mannschaft gleich nach ihrer Ankunft interviewen. Also wurde am Morgen nach ihrem Eintreffen eine Pressekonferenz im ersten Stock des Hotels einberufen, wo die Reporter mit verschiedenen Mitgliedern der Mannschaft sprechen konnten. Nagurski saß im offenen Fenster, während die Reporter im Presseraum eintrafen, und er muß dort einfach eingeschlafen sein, denn er fiel aus dem Fenster und landete einen Stock tiefer vor dem Eingang zum Hotel. Es gab einen kleinen Menschenauflauf, und ein Polizist drängte sich durch die Menge und fragte: «Was ist denn hier los?» Der unverwüstliche Nagurski stand auf und soll geantwortet haben: «Keine Ahnung. Ich bin gerade erst angekommen.»

Auch Menschen im Unterhaltungsgeschäft klagen über die Auswirkungen der Zeitumstellung, vor allem Musiker, die im Verlauf einer Tournee oft drei bis vier Konzerte pro Woche in verschiedenen Städten geben, die durch mehrere Zeitzonen voneinander getrennt sind. Der in Polen geborene Konzertpianist Josef Casimir Hofmann, der unter dem Pseudonym Michael Dvorsky auch Musik komponierte und Leiter des Curtis Institute in Philadelphia gewesen war, erzählte gern folgende Anekdote aus seiner späten Karriere:

Ich hatte gerade eine lange Tournee hinter mich gebracht, die mich von New York nach San Francisco geführt hatte. Jetzt war ich wieder zu Hause in Philadelphia und sollte einen Klavierabend bestreiten. Ich bin nicht mehr so jung wie früher, und eine solche Reise, die mit vielen Zeitumstellungen verbunden ist, macht sich schon bemerkbar. Jedenfalls war das bei diesem Auftritt der Fall. Als ich mich an den Flügel setzte, wußte ich auf einmal nicht, was ich tun sollte. Zum Glück spielte ich in einem kleinen Auditorium, so daß ich die Menschen in der ersten Reihe fast schon berühren konnte. Es war mir ausgesprochen peinlich, aber es blieb mir nichts anderes übrig: Ich beugte mich hinunter zu einer Dame in der vordersten Reihe und sagte: «Dürfte ich bitte einen Blick in Ihr Programmheft werfen, meine Dame? Ich habe vergessen, was als erstes drankommt.»

Zwölf Tips zur Zeitumstellung

Ganze Bücher sind darüber geschrieben worden, wie man mit der Zeitumstellung fertig wird. Einige enthalten ausführliche Diät- und Schlafanweisungen für die Zeit vor der Reise. Es gibt sogar Computerprogramme, in die man die Daten seiner Reise eintragen kann und die einem einen speziellen Plan erstellen, der einem vorschreibt, wann man schlafen, essen und Sport treiben soll. Wer ohne solche Hilfsmittel auskommen kann, findet hier einige Tips, die Reisenden erfahrungsgemäß helfen, ihre biologische Uhr auf die neue Zeitzone umzustellen.

1. Sorgen Sie dafür, daß Sie sich in der Nacht vor der Reise richtig ausschlafen. Die Zeitumstellung wirkt sich entschieden stärker aus, wenn Sie bereits ein Schlafdefizit mit sich herumschleppen. Meiden Sie also die Abschiedsparty.
2. Buchen Sie Ihren Flug so, daß Sie am späten Nachmittag oder am frühen Abend ankommen. So haben Sie genug Zeit, noch eine leichte Mahlzeit zu sich zu nehmen und spätestens um dreiundzwanzig Uhr Ortszeit ins Bett zu gehen. Die Faustregel lautet: «Nach Osten fliegt man früh, nach Westen spät.»
3. Antizipieren Sie die neue Zeitzone. Wenn es an Ihrem Reiseziel bereits Nacht ist, sollten Sie versuchen, im Flugzeug zu schlafen. Wenn es draußen hell ist, benutzen Sie eine Schlafmaske, ziehen Sie das Fenster zu oder begraben Sie Ihr Gesicht in einem Kissen. Wenn es an Ihrem Zielort Tag ist, bleiben Sie wach. Lesen Sie. Machen Sie isometrische Übungen in Ihrem Sitz: Drücken Sie zum Beispiel die Handflächen kräftig zusammen oder strecken Sie Arme und Beine. Gehen Sie im Gang auf und ab.
4. Meiden Sie Alkohol. Der Alkoholkonsum führt zur Dehydration (Austrocknung), was die Symptome des *Jetlag* verschlimmert und auch Ihren späteren Schlaf stört. Trinken Sie große Mengen anderer Flüssigkeiten (ohne Kohlensäure).

5. Meiden Sie Koffein, wenn es an Ihrem Reiseziel Nacht ist. Wenn es dort Tag ist, können Sie Koffein zu sich nehmen, aber nicht innerhalb von sechs Stunden vor Ihrer vorgesehenen Bettzeit.
6. Übernehmen Sie sofort die neue Zeit. Essen Sie, wenn es am Ort Essenszeit ist, gehen Sie ins Bett, wenn es laut Ortszeit soweit ist, und, was am wichtigsten ist, stehen Sie auf, wenn es dort Zeit ist, aufzustehen.
7. Etwas Milch, ein leichter Snack mit Kohlehydraten (zum Beispiel Brot, Knäckebrot oder Kekse) und vielleicht ein paar Aspirin vor dem Zubettgehen können auch von Nutzen sein.
8. Manche Forscher empfehlen die Einnahme einiger Milligramm Melatonin unmittelbar vor dem Zubettgehen. Diese beim Schlaf auftretende Substanz ist in den USA nicht rezeptpflichtig und in vielen Vitaminhäusern oder Naturkostläden erhältlich.*
9. Achten Sie auf Ihre Körpertemperatur. Wenn Sie schlafen, sollte das Zimmer eher kühl sein. Versuchen Sie, morgens warm zu werden, indem Sie sich warm anziehen und etwas Warmes zum Frühstück trinken.
10. Setzen Sie sich nach dem Aufstehen möglichst dem Sonnenlicht aus. Gehen Sie hinaus. Das Sonnenlicht ist eines der besten Mittel, Ihre innere Uhr nachzustellen. Wenn es draußen trüb ist, schalten Sie alle Lichter im Raum ein.
11. Machen Sie nach dem Aufstehen etwas Gymnastik, oder eine kurze Aerobic-Session. Einfach fünf bis zehn Minuten auf der Stelle laufen trägt auch dazu bei, Ihre innere Uhr nachzustellen.
12. Essen Sie während der ersten Tage am neuen Ort nur leicht. Ihr täglicher Verdauungsrhythmus braucht vielleicht eine Weile, um sich auf die Ortszeit umzustellen.

* In Deutschland dürfen Melatonin oder melatoninhaltige Präparate nicht verkauft oder als Medikament verordnet werden. – Der Übersetzer

Die Kosten des Schlafdefizits

Ich mußte einmal bis spät in die Nacht mit einer Studentin arbeiten, die an ihrer Doktorarbeit saß. Sie wollte unbedingt die Arbeit rechtzeitig abschließen, um bei den Abschlußfeierlichkeiten im Frühling ihren Doktortitel zu bekommen. Das war sehr wichtig für sie, denn ihr war im Forschungslabor eines bedeutenden kanadischen Psychologen eine zweijährige Stelle als Assistentin angeboten worden, und zwar unter der Bedingung, daß ihre Doktorarbeit bis zum September abgeschlossen wäre. Sie hatte hart gearbeitet, um die Arbeit zu Ende zu bringen; viele Stunden brachte sie beim Schreiben oder beim Auswerten statistischer Daten zu. Leider hatte sich aber ein Problem ergeben. Bei einer Sitzung des Prüfungsausschusses waren ihrem Doktorvater und mir aufgefallen, daß sie einen weiteren Datensatz brauchte. Hierzu mußte sie zehn Menschen mit einem Gerät testen, das in der Lage ist, der Versuchsperson kurz hintereinander für Sekundenbruchteile (bis hinunter zu einer Tausendstelsekunde) Bilder zu zeigen. Dieses Gerät nennt man Tachistoskop. In meinem Labor hatte ich zwei solche Geräte, und da sie aktuell nicht gebraucht wurden, konnte ich eins davon der Doktorandin zur Verfügung stellen.

Bevor sie ihre Meßreihe durchführen konnte, mußte das Gerät aber programmiert, eine Anzahl komplizierter optischer Elemente justiert und die Lichtmenge für jede Einstellung gemessen werden. Für diesen Prozeß setzt man in der Regel drei bis vier Arbeitstage an. Wegen des Termindrucks wollte ich aber den Versuch unternehmen, das Kalibrieren und Programmieren des Geräts in einem langen Arbeitstag zu erledigen, und so kam es, daß wir beide bis spät in die Nacht im Labor arbeiteten. Die Doktorandin litt offensichtlich an einem drastischen Schlafmangel. Die ganze Woche habe sie jede Nacht nur etwa fünf Stunden geschlafen, klagte sie, und ich hatte sie mit Kaffee abgefüllt, um sie halbwegs wach zu halten. Die Szene kam mir vor wie aus einem Schlafentzugsversuch: Die Studentin überhörte ständig meine Anweisungen, reagierte langsam, wenn sie etwas tun mußte, und machte außerdem einen deprimierten Eindruck.

An einem bestimmten Punkt des optischen Einstellungsverfahrens muß eine Person durch das Objektiv sehen, während die zweite Person die Optik so lange justiert, bis zwei Linien zur Deckung kommen. Ich hatte meine Studentin gebeten, die optische Kontrolle zu übernehmen, während ich an den Spiegeln hantierte. Das funktionierte jedoch nicht, denn sie reagierte so langsam, daß jede Einstellung mehrmals wiederholt werden mußte. (Sie klagte auch, daß sie nicht richtig scharf sehen konnte.) Angesichts der fortgeschrittenen Stunde war ich einigermaßen verzweifelt und schlug vor, daß wir die Plätze tauschen sollten. Sie sollte die Einstellungen vornehmen, und ich würde sie im Gerät überprüfen. Dazu mußte sie auf einen Stuhl klettern, der neben dem Gerät stand. Dann beugte sie sich über das Gerät, wobei ihr Kopf fast die Abdeckplatte berührte, um die Einstellschraube zu erreichen. Ich wies sie an, eine kurze Drehung vorzunehmen; es klappte. Dann hielt ich kurz inne, um etwas auszurechnen; und in diesem Augenblick krachte es. Ich sprang aus dem Stuhl. Die Doktorandin lag mit geschlossenen Augen auf dem Tachistoskop. Eins der dünnen Beine des Geräts, die nicht dafür gebaut waren, das Gewicht eines erwachsenen Menschen auszuhalten, war abgeknickt, das Gerät war zur Seite gekippt und gerade dabei, vom Tisch zu rutschen. Einen Augenblick später schlug es mit einem dumpfen Geräusch auf den Boden auf. Die Studentin konnte ich gerade noch erwischen und davor bewahren, mit dem Kopf ebenfalls auf den Boden zu schlagen. «Was ist passiert?» fragte sie. «Ich habe mich nur kurz ausgeruht und wollte ein paar Sekunden die Augen zumachen, während Sie Ihre Berechnungen anstellten, und plötzlich bin ich auf den Knien, und Sie heben mich vom Boden auf.»

Was passiert war? Das war nur zu klar. Zu dieser späten Stunde und bei ihrem Schlafdefizit war der Schlafdruck unwiderstehlich geworden. Sie hatte eine Mikroschlafphase begonnen, wodurch ihr ganzes Gewicht auf dem Gerät zu liegen kam. Ich erinnere mich sehr deutlich daran, daß mir in diesem Sekundenbruchteil, während das Gerät, auf dem sie sich ausgeruht hatte, mit ihr zu Boden fiel, ihre geschlossenen Augen auffielen – so fest hatte sie geschlafen. Damit war die Arbeit zunächst beendet. Ich fuhr die Doktorandin nach Hause und gab ihr die Anweisung, so lange zu schlafen, bis sie von selbst (ohne Wecker) am nächsten Morgen wach würde. Als sie am nächsten Tag schließlich in der Universität auftauchte, war es bereits Mittag. Ich hatte den Vormittag damit zugebracht, das Ausmaß des Schadens festzustellen. Mehrere optische Komponenten des Geräts waren beschädigt, und ein Okular war sogar aufgeplatzt. Mit Hilfe des zweiten Geräts konnte die Studentin zwar ihre Arbeit rechtzeitig fertigstellen, aber mein Labor mußte für die Reparatur des Geräts und für Ersatzteile mehrere Tausend Dollar ausgeben. Diese Kosten tauchen in keiner Rechnung als Ergebnis eines Schlafdefizits oder eines durch Schlafmangel verursachten Unfalls auf, und doch waren es reale Kosten und machten überdies meine Pläne zunichte, im Sommersemester einen weiteren Studenten als Laborassistenten einzustellen.

Die direkten, finanziellen Kosten des Schlafmangels und der dadurch verursachten Unfälle sind viel höher, als sich die meisten Menschen überhaupt vorstellen können. Dr. Damien Leger hat für die amerikanische National Commission on Sleep Disorders einen Bericht über die Kosten der auf Schlafmangel zurückzuführenden Unfälle erstellt.[31] Die Ergebnisse seiner Berechnungen sind ernüchternd und erstaunlich zugleich. 1988, so Leger, verursachten auf Übermüdung zurückzuführende Autounfälle Kosten in Höhe von 37,9 Milliarden Dollar; hierzu müssen die entsprechenden Kosten aus dem Bereich der öffentlichen Verkehrsmittel gerechnet werden, nämlich weitere siebenhundertzwanzig Millionen Dollar. Durch Schlafmangel bedingte Arbeitsunfälle verursachten Kosten in Höhe von 13,34 Milliarden Dollar. Mit 1,34 Milliarden Dollar schlugen Unfälle, darunter auch Stürze, auf öffentlichen Plätzen, Straßen usw. zu Buche, die auf Schlafmangel zurückzuführen waren; und in den eigenen vier Wänden verursachten Schlafdefizite Unfallkosten von 2,72 Milliarden Dollar. Die Gesamtkosten aller auf Schlafmangel zurückzuführenden Unfälle betrugen in den USA 1988 56,02 Milliarden Dollar.

So schrecklich diese materiellen Kosten auch sind, die menschlichen Kosten sind noch entsetzlicher. 1988 starben insgesamt 24318 Menschen bei Unfällen, die auf Übermüdung zurückzuführen waren. Außerdem gab es bei Unfällen, bei denen der durch Schlafmangel bedingte Verlust an Aufmerksamkeit oder geistiger Leistungsfähigkeit als Hauptursache angesehen werden muß, 2474430 Schwer- und Schwerstverletzte. Verletzungen am Arbeitsplatz, die auf Übermüdung zurückzuführen waren, führten 1988 zu einem Ausfall von 29250000 Arbeitstagen (13650000 Tage unmittelbar durch die Unfälle selbst, und weitere 15600000 verlorene Arbeitstage aufgrund von späteren Komplikationen und Langzeitschäden im ersten Jahr). Unfälle außerhalb des Arbeitsplatzes kosteten die Volkswirtschaft weitere 23400000 Arbeitstage. Der Gesamtverlust aufgrund der durch Schlafmangel bedingten Unfälle betrug also 52650000 Arbeitstage – und das nur im Jahr 1988, als die Unfälle tatsächlich stattfanden; schwere Unfälle, die womöglich zu einer Behinderung führen, können natürlich auf Jahre hinaus das Leben eines Menschen in Mitleidenschaft ziehen. Schmerzen, Komplikationen, Folgekrankheiten und Spätfolgen können auch Jahre nach dem Unfall weiterhin zum Arbeitsausfall führen. Unter Zugrundelegung der von Leger ermittelten Zahlen läßt sich errechnen, daß die 1988 erfolgten Unfälle in den Folgejahren zum Ausfall von insgesamt 152000000 Arbeitstagen führen werden. Zählen wir die 1988 verlorene Arbeitszeit zu dem durch dieselben Unfälle verursachten zukünftigen Arbeitsausfall, kommen wir auf die erstaunliche Zahl von 204650000 produktiven Arbeitstagen, die der Volkswirtschaft der Vereinigten Staaten verlorengehen und allein auf das Konto des Schlafdefizits und der dadurch in einem einzigen Jahr verursachten Unfälle zu buchen sind.

Übrigens sind die materiellen Kosten der durch Schlafmangel verursachten Unfälle (56,02 Milliarden Dollar 1988) zwar erstaunlich, jedoch wahrscheinlich eher untertrieben. Die von uns angeführten Zahlen basieren auf den Kosten für ärztliche Behandlung, Krankenhausaufenthalte, Verbände, Medikamente usw., Rehabilitationsmaßnahmen und andere Behandlungen als direkte Kosten des Unfalls. Als indirekte Kosten wurden lediglich die Produktivitätsverluste aufgrund unfallbedingter Behinderung oder vorzeitiger Todesfälle gerechnet. Die tatsächlichen Kosten für das Individuum und die Gesellschaft liegen natürlich höher. Bei einem Autounfall zum Beispiel wurden in unserem Beispiel weder die Schäden am Fahrzeug des Verursachers noch die Schäden an weiteren Fahrzeugen, an Straßen, Gebäuden und anderen Gegenständen berücksichtigt. Diese mögen im Individualfall recht niedrig sein, doch würde die Summierung dieser Kosten aus den Tausenden von Unfällen, um die es sich jährlich handelt, unsere Kostenschätzung um einige Millionen Dollar in die Höhe treiben.

Diese Kosten werden noch größer, wenn wir es mit Unfällen im Bereich öffentlicher Verkehrsmittel zu tun haben. Stürzt zum Beispiel ein Flugzeug ab, weil der Pilot einschläft oder wegen Übermüdung versagt, können nicht nur der Pilot und seine Besatzung, sondern alle Passagiere sterben. Die von uns herangezogenen Berechnungen berücksichtigen zwar Faktoren wie Verletzungen; aber nicht die Kosten etwa eines Flugzeugs (das sind oft Millionen Dollar). Dann gibt es noch Versicherungsleistungen, die Kosten der Untersuchung, die Schäden am Boden und schließlich Gerichtskosten und Kosten aus Schadensersatzforderungen nach dem Unfall. Diese Faktoren sind einfach zu komplex, um in unsere Berechnungen einbezogen zu werden.

Betrachten wir einmal die Geschichte des größten Ölunglücks in der Geschichte der Vereinigten Staaten – den Fall *Exxon Valdez*. In den Presseberichten und den Reaktionen der Öffentlichkeit spielte vor allen Dingen die Tatsache eine Rolle, daß der Kapitän zum Zeitpunkt des Unglücks betrunken in seiner Kabine lag und darum nicht auf der Kommandobrücke seinen Dienst versah. Wirklich schuld am Unfall ist aber wohl der Schlafmangel aufgrund langer Schichtarbeit, der schließlich am Tiefpunkt des täglichen Schlaf-Wach-Zyklus dazu führte, daß für den Mann auf der Kommandobrücke der Schlafdruck unwiderstehlich wurde. Bei den Anhörungen wurde zu Protokoll gegeben, daß die Firma Exxon als Antwort auf wirtschaftliche Schwierigkeiten in allen Bereichen Personal abgebaut hatte, auch bei den Mannschaften ihrer Flotte. Die Ergebnisse waren vorhersehbar. Da die

Mannschaften unterbesetzt waren, wurden längere Schichten unabwendbar. Auf der *Exxon Valdez* waren Arbeitstage von zwölf bis vierzehn Stunden nichts Außergewöhnliches. Das mußte die Schlafgewohnheiten der Männer durcheinanderbringen, die ein wachsendes Schlafdefizit aufbauten und immer häufiger über Müdigkeit klagten. In den frühen Morgenstunden des 25. März 1989 steuerte der Dritte Offizier das Schiff. Kurz vor ein Uhr früh, als sich ein Tiefpunkt des zirkadianen Zyklus abzeichnete, schlief dieser Mann vermutlich ein. Das Ergebnis war, daß der Tanker vor der Küste Alaskas auf ein Riff fuhr, leck schlug und etwa 240 000 Barrel (über achtunddreißig Millionen Liter) Öl verlor, die an die Küste Alaskas getrieben wurden und eine Landschaft zerstörten, die bis dahin, wie es hieß, ein «schöner und unberührter Fjord» gewesen war. Das volle Ausmaß der Kosten dieses Unfalls werden wir nie wissen. Exxon zahlte Geldstrafen und Hunderte Millionen Dollar an direkten Kosten. Arbeiter und freiwillige Helfer schufteten monatelang, um die Küste zu säubern. Der Verlust an Tieren und Pflanzen war massiv, und die Auswirkungen werden noch jahrelang zu spüren sein. Wenn wir also die genauen Kosten nicht kalkulieren können, so läßt sich jetzt schon mit Sicherheit sagen, daß dieses Nikkerchen des Dritten Offiziers zu den teuersten der Geschichte gezählt werden muß.

Bei einer solchen Katastrophe schießen die Kosten natürlich in die Höhe. Viele Untersuchungen haben die Schichtarbeit und die täglichen Fluktuationen der Aufmerksamkeit und der Schläfrigkeit als Ursachen von Fehlverhalten und Irrtümern im industriellen Bereich identifiziert. Eine der ausgedehntesten Untersuchungen aller Zeiten erstreckte sich über einen Zeitraum von zwanzig Jahren und wurde von einer schwedischen Gasgesellschaft durchgeführt. In dieser Periode wurde jeder Fall eines falsch abgelesenen Gaszählers festgehalten – insgesamt 74927 Fälle. Als sich die Forscher fragten, wie sich diese Irrtümer auf die verschiedenen Tageszeiten verteilten, fanden sie heraus, wie wir uns ja denken können, daß die höchste Fehlerquote in der Nachtschicht zu finden war, zwischen zwei Uhr und vier Uhr früh, und daß es auch am frühen Nachmittag, zwischen vierzehn und sechzehn Uhr, eine leichte, wenn auch kleinere Zunahme der Fehler gab. Liest ein verschlafener Arbeiter Ihren Gaszähler falsch ab, so hat das keine großen Auswirkungen auf Ihr Leben. Vielleicht stimmt die Rechnung einmal nicht, aber spätestens bei der nächsten Zählerlesung, wenn die Zahlen miteinander verglichen werden, gleicht sich das wieder aus. Die Kosten und das menschliche Leiden wären minimal. Nehmen wir aber an, daß mit diesem Zähler nicht die Menge Erdgas gemessen wird, die in ein Haus oder eine Wohnung fließt, sondern etwa der Kühlwasserzufluß bei einem Atomkraftwerk. In einem solchen Fall kann ein Fehler beim Ablesen Millionen Dollar und Tausende Menschenleben kosten.

Sehen wir uns den Zwischenfall im Atomkraftwerk Three Mile Island in Pennsylvania an. Am 28. März 1979 gab es im Reaktor Nummer zwei ein Problem. Es begann um vier Uhr früh, am Tiefpunkt des menschlichen Schlaf-Wach-Zyklus. Die Besatzung des AKW arbeitete im Schichtdienst und wurde wöchentlich rotiert, was sich, wie wir gesehen haben, verheerend auf die Qualität des Schlafs auswirkt. Hinzu kam, daß diese Mannschaft erst seit einigen Tagen auf Nachtschicht war, so daß ihre innere Uhr zweifellos nicht mit der von dieser Arbeit geforderten Aktivität und Aufmerksamkeit synchron lief. Das Ergebnis war genau das, was man von Menschen erwarten mußte, die ein Schlafdefizit mit sich herumtragen: Das sich entwickelnde Problem wurde von den Menschen im Kontrollraum lange Zeit übersehen. Als es ihnen schließlich doch auffiel, war ihre Urteilsfähigkeit wegen Schlafmangels getrübt. Es ging um den Verlust des Kühlwassers für den Reaktorkern. Anfänglich hatte es sich um ein rein mechanisches Problem gehandelt – ein klemmendes Ventil. Rechtzeitig erkannt und richtig behandelt hätte das überhaupt nicht zu einer Notsituation führen müssen. Leider bemerkte die Mannschaft das Problem erst, als sich bereits eine Krise anbahnte. Und als ihnen dann aufging, was geschah, ergriffen sie genau die falschen Gegenmaßnahmen, die im Lauf des Vormittags fast zu einer Kernschmelze geführt hätten.

Was einen aber wirklich in Erstaunen versetzen kann, ist die Tatsache, daß sich dieses Szenario seitdem mehrmals in fast gleicher Weise wiederholt hat. So hatte beispielsweise am 9. Juni 1985 das Kernkraftwerk Davis-Besse bei Oak Harbor in Ohio ein ähnliches Problem. Als Antwort auf den Zwischenfall von Three Mile Island hatten die Betreiber von Kernkraftwerken begonnen, automatisierte Sicherheitsanlagen in ihre Werke einzubauen, und eine solche Anlage existierte auch beim AKW Davis-Besse. Um ein Uhr fünfunddreißig an besagtem Tag wurde der Reaktor automatisch abgeschaltet. Das Problem war, wie beim Zwischenfall von Three Mile Island, ein Verlust von Kühlwasser, der in diesem Fall jedoch durch den Ausfall der Hauptzuleitung verursacht worden war. Die Ähnlichkeit zwischen den beiden Fällen steigerte sich noch dadurch, daß der verantwortliche Techniker genau das Gegenteil von dem tat, was in dieser Situation angebracht gewesen wäre. Er drückte, um es genau zu sagen, zwei falsche Knöpfe im Kontrollraum. Mit diesen beiden Knöpfen wurde ein Sicherheitssystem ausgeschaltet, das für die Zufuhr von Wasser aus einem zweiten Kühlwasserkreislauf gesorgt hätte. Die Situation wurde dadurch noch bedrohlicher, daß diese Handlung des Technikers zu weiteren technischen Ausfällen führte, auf die er wiederum falsch reagierte. Zum Glück kam bald mit dem Schichtwechsel eine Mannschaft zum Einsatz, die weniger unter Schlafmangel litt und klarer denken konnte, so daß Gegenmaßnahmen eingeleitet werden konnten, bevor der Reaktor den kritischen Punkt erreicht hatte.

Ein Techniker, der im Kontrollraum eines AKW arbeitet, beschrieb mir seine Erfahrungen wie folgt:

Also, ich fing lange vor dem Fiasko von Three Mile Island hier bei [Firma] *an. Nach Three Mile Island wurde einiges verändert, jedenfalls nach den Anhörungen. Denn sie kamen zu dem Ergebnis, das Hauptproblem sei der Mensch und die menschliche Müdigkeit. Also beschloß die Industrie, das Problem könne man am besten lösen, indem man den menschlichen Faktor möglichst aus der Gleichung ausschließt. Alles wurde auf Automatik umgestellt. Als ich anfing, mußte man noch im Kontrollraum herumlaufen, hier ein Knöpfchen drehen, dort etwas ein- oder ausschalten. Man hatte seine Routine und machte diesen Kontrollgang alle fünfzehn Minuten vielleicht. Wenigstens bekam man auf diese Weise mal den Hintern hoch, und der Kreislauf kam in Gang. Nach Three Mile Island wurde alles anders. Jetzt gibt es einfach drei Hauptmonitore, und die muß man kontrollieren. Man sitzt da in einem großen, gepolsterten Sessel und starrt diese drei Bildschirme an, die ganze Schicht. Sie haben sogar den Kontrollraum abgedunkelt, jetzt sieht es dort aus wie in einem großen Cockpit. Man sagt uns, das sei besser für uns, und alles sei wegen der automatischen Abschaltung viel sicherer. Also, ich sehe das anders.*

Damals, '85, da gab es diese schlimme Panne bei Rancho Seco [einem Atomkraftwerk in der Nähe von Sacramento in Kalifornien], *wo der Strom* [für das Kontrollsystem] *ausfiel.* [Dieser Zwischenfall ereignete sich um vier Uhr vierzehn am 26. Dezember 1985, nur sieben Monate nach dem Reaktorzwischenfall beim AKW Besse-Davis.] *Also, die Mannschaft* [im Kontrollraum] *reagierte so langsam, daß sie beinahe die Kontrolle verloren hätten. Ich wette, sie haben vor dem Schirm gesessen und geschlafen.*

Es gab diesen Experten, der Chesler oder so ähnlich hieß [damit ist bestimmt Dr. Charles Czeisler gemeint] *und eine Umfrage bei vielen von uns durchgeführt hat. Ich kann mich nicht so genau an die Details erinnern, aber ich weiß noch, daß über die Hälfte der Kontrollraumtechniker zugab, beim Dienst gelegentlich eingeschlafen zu sein. Ich weiß, daß ich dazu gehörte. Es gibt meistens einfach gar nichts zu tun, und wenn das mit der automatischen Abschaltung stimmt, müßte es sowieso egal sein.*

Vielleicht hat diese Umfrage dazu geführt, daß sich die NRC [die amerikanische Atomaufsichtsbehörde Nuclear Regulatory Commission] *für Peach Bottom* [ein AKW in Pennsylvania] *zu interessieren begann. Die NRC-Inspektoren sollen einige Leute dort im Kontrollraum beim Schlafen erwischt haben. Daraufhin haben sie den ganzen Betrieb einfach stillgelegt, das war im Herbst '88. Zuerst wurde der Reaktor abgeschaltet, dann brummten sie den Betreibern über eine Million Dollar Strafe auf, und schließlich mußten alle Techniker Geldbußen von etwa tausend Dollar pro Mann zahlen. Bei den Anhörungen beschwerten sich einige Techniker über die Schichteinteilung und die langweiligen Arbeitsbedingungen, aber die Leute von der NRC waren nicht in der Stimmung, auf so etwas zu hören. Den Technikern machten sie Vorwürfe, weil sie im Dienst geschlafen hatten, und der Gesellschaft machten sie Vorwürfe, weil sie nichts dagegen unternommen hatte. Peach Bottom blieb ungefähr sechs Monate geschlossen, dann ging das Werk wieder ans Netz. Die Gesellschaft hat versprochen, aufzupassen, und die Techniker haben versprochen, wach zu bleiben, aber soweit ich weiß, haben sie fast nichts unternommen, um die Schichteinteilung oder die Arbeitsbedingungen im Kontrollraum zu ändern. Ich wette, sie haben nur ein zusätzliches Warnsystem instal-*

liert, nämlich einen Wecker, der dann klingelt, wenn ein NRC-Inspektor auftaucht.

Der vielleicht teuerste Unfall im Zusammenhang mit der Stromerzeugung durch Atomenergie ereignete sich im April 1986 im Atomreaktor von Tschernobyl in der Ukraine. Hier finden wir die gleichen Faktoren, die auch bei den Beinahe-Kernschmelzen in den amerikanischen Reaktoren eine Rolle spielten. Wir haben es mit Wechselschichten und teilweise langen Arbeitseinsätzen zu tun und mit einer Situation am Tiefpunkt des täglichen Schlaf-Wach-Zyklus, wo jeder einzelne Mitarbeiter körperlich und geistig abbaut und der Schlafdruck am höchsten ist. Der äußere Druck, der zu einer Verlängerung der Schichten führte, kam in diesem Fall von der Regierung, die der Leitung des Kernkraftwerks eine Frist für die Durchführung einer Serie von Sicherheitstests gesetzt hatte. Die Tests wurden nach Mitternacht angesetzt. Zu diesem Zeitpunkt arbeitete die Mannschaft weder besonders effizient, noch war sie hinreichend motiviert, auf Details zu achten. Diesen Zustand kennen wir von Menschen, die unter erheblichem Schlafmangel leiden. Insbesondere dachte niemand daran, die möglichen Auswirkungen des gleichzeitigen Abschaltens mehrerer Sicherheitssysteme zu überdenken. So kam es, daß die Mannschaft alle wichtigen automatischen Sicherheitssysteme ausschaltete. Um ein Uhr fünfundzwanzig gab es ein Problem mit der Hitzeentwicklung im Reaktor. Was nun folgt, klingt wie eine Wiederholung der Ereignisse von Three Mile Island. So kamen die übermüdeten Techniker anscheinend nicht darauf, die elementarsten Dinge zu tun – zum Beispiel die ausgeschalteten Sicherheitssysteme wieder einzuschalten. Ja, wie im Fall des AKW Besse-Davis unternahmen die Techniker genau das Gegenteil von dem, was in dieser Situation nötig gewesen wäre. Sie schalteten auch noch das Notkühlsystem des Reaktors aus. Der von W. M. Munipow verfaßte Bericht beschuldigt die Techniker, sich wie «intelligente Idioten» benommen zu haben. (Sie seien intelligent genug gewesen, wie AKW-Techniker zu handeln, aber nicht intelligent genug, die Konsequenzen ihrer Handlungen zu überblicken.) Diese vorübergehende Idiotie war höchstwahrscheinlich einfach die Konsequenz eines Schlafdefizits. Durch die Explosion des Reaktors wurden heiße, hochgradig radioaktive Trümmer über ein Gebiet von über fünftausend Quadratkilometern verteilt, mit dem Ergebnis, daß siebzehn Millionen Menschen, darunter 2,5 Millionen Kinder unter fünf Jahren, radioaktiv verstrahlt wurden. In der Nähe des Kraftwerks starben viele Menschen kurz nach dem Unfall an radioaktiver Verseuchung oder Verbrennungen. In der Ukraine gab es in den fünf Jahren nach dem Unfall einen starken Abfall der Geburtenrate und einen starken Anstieg der Todesfälle. In dieser Zeit fiel die durchschnittliche Lebenserwartung der Ukrainer von 74,5 Jahren auf 63,3 Jahre. In der ganzen Welt sind Wissenschaftler immer noch dabei, die Auswirkungen dieser Katastrophe im einzelnen zu erfassen. Es ist bereits eine siebenhundertprozentige Zunahme von Schilddrüsenkrebs registriert worden, und manche Forscher sind der Ansicht, daß wir in den nächsten fünfzig Jahren wegen der Verseuchung des Erdreichs mit langlebigen radioaktiven Partikeln wie Cäsium 137, die in die Nahrungskette des Menschen gelangen werden, mit erhöhten Krebsraten rechnen müssen. Wie sollen diese Kosten kalkuliert werden? Wenn wir diese gesundheitlichen Folgen in eine Dollarsumme umrechnen könnten, wäre die Zahl sicherlich erschütternd. Das alles hätte vermieden werden können, wenn die Kernkrafttechniker genug Schlaf bekommen hätten, um schnell und intelligent reagieren zu können.

Werden wir also jemals die wirklichen Kosten aller Unfälle erfahren können, die auf den Schlafmangel zurückzuführen sind? Es dürfte klar sein, daß die Antwort nie vollständig sein wird. Katastrophen wie Tschernobyl entziehen sich allein wegen ihrer Größenordnung der Berechnung, aber auch, weil ihre Auswirkungen auch Jahre nach dem Ereignis zu spüren sind. Und dann gibt es die vielen kleinen, durch Müdigkeit bedingten Unfälle, die aber nie in Untersuchungen oder Regierungsberichten auftauchen, weil keine Menschen zu Schaden kommen, sondern nur Material, Eigentum, Ausrüstungen.

Im Internet startete ich einmal eine Umfrage nach Unfällen, die auf Schlafmangel zurückzuführen waren, und wurde von der Antwortenflut fast ertränkt. Man erzählte mir von kaputtgefahrenen Garagentoren, ruinierten Elektrobohrern, zertrümmertem Porzellan, verletzten Kindern, abgefackelten Eigenheimen und noch viel mehr. Der vielleicht merkwürdigste Vorfall wurde mir aber persönlich von einem Mann berichtet, dessen ganzer Stolz ein Kürbis war, der

so groß war, daß ein Mann mit ausgestreckten Armen ihn nicht umfassen könnte. Die Samen hatten wir von einem Agrarwissenschaftler der Universität in Manitoba bekommen, der uns auch eine Menge Hinweise für die Aufzucht gab. Also, ich war mir sicher, daß ich einen Kürbis großgezogen hatte, der ins Guinness Buch der Rekorde *gehörte, und ich wollte das gute Stück auf der Landwirtschaftsmesse ausstellen. Wenn ich aber auf die Messe wollte, mußte ich vorher eine Menge arbeiten, die Ernte einbringen und das alles. Also habe ich lange Tage gearbeitet und nachts nur kurz geschlafen. Ich war richtig müde, aber ich hatte alles geschafft. Wir mußten einen Gabelstapler benutzen, um den Kürbis auf den Lkw zu laden. Ein Reporter war gekommen, und er knipste mich, wie ich neben der Ladefläche stehe, die Lade-*

klappe ist heruntergelassen, und neben mir sitzt dieser Monsterkürbis. Gleich danach packte ich meine Sachen und stieg in die Fahrerkabine. Ich muß aber richtig müde gewesen sein, denn wie ich da saß, bin ich einfach eingeschlafen. Als ich aufwachte, sah ich auf die Uhr. Jetzt mußte ich aber schnell machen, wenn ich die Anmeldung nicht verpassen wollte. Also drehe ich den Zündschlüssel und drücke aufs Gas, und der Truck zuckelt los. In dem Augenblick höre ich Gracie brüllen. Ich Idiot! Ich war so müde, daß ich nicht noch einmal nach hinten gesehen hatte. Deshalb bemerkte ich nicht, daß ich vergessen hatte, die Ladeklappe zu schließen, nachdem der Reporter sein Bild geschossen hatte. Als der Truck vorwärts rollte, rollte mein Weltrekordkürbis einfach nach hinten, fiel runter und zersprang in zig Stücke.

Wir haben bisher nur über die Kosten des Schlafmangels gesprochen, die sich aus Unfällen ergeben, die unser Eigentum oder unsere Gesundheit in Mitleidenschaft ziehen. Wie ist es aber mit anderen «Unfällen», zum Beispiel mit Fehlentscheidungen in der Geschäftswelt? Sie könnten zum Beispiel dazu führen, daß ein Investor Geld verliert, weil sein schläfriges und darum ineffizientes Gehirn nicht mehr in der Lage ist, die Informationen zu verarbeiten, die ihm gesagt hätten, daß ein bestimmtes Aktiengeschäft finanziell auf wackeligen Füßen steht. Übermüdung kann dazu führen, daß Aufträge wegen fehlerhafter Angebote oder Pläne verlorengehen. Sie kann dazu führen, daß schläfrige Anwälte, die im wohlverstandenen Interesse ihres Mandanten, wie sie glauben, bis tief in die Nacht arbeiten, wichtige Details übersehen oder bei der Darstellung des Sachverhalts Fehler machen und schließlich den Fall verlieren. Solche Fehler sind ihrem Wesen nach nicht anders als die Fehler, die zum Unglück von Tschernobyl geführt haben, werden aber in keinem offiziellen Bericht aufgelistet werden.

Ein vielbeschäftigter Manager, in leitender Position bei einem Investmentfonds beschäftigt, meint:

Der Schlaf ist eine Zeitverschwendung. Um Geld zu machen, muß man immer wach sein. Nur so ist man bereit, wenn sich die richtige Gelegenheit bietet, nur so kann man zum richtigen Zeitpunkt die richtige Entscheidung treffen.

Vielleicht sollten wir auf der Grundlage dessen, was wir wissen, dieses Statement umformulieren. Vielleicht wäre folgende Aussage treffender:

Müde sein heißt Geld verschwenden. Um Geld zu machen, muß man ausgeruht sein. Nur so ist man wirklich wach, wenn sich die richtige Gelegenheit bietet. Nur so kann man zum richtigen Zeitpunkt logisch denken und unter den sich bietenden Alternativen richtig wählen.

Wenn Sie wach sind, werden wenigstens Sie nicht solche Fehler machen, die viel Geld kosten – und so manches Leben.

Leiden wir alle unter chronischem Schlafmangel?

Es ist neun Uhr früh, und die meisten Menschen sind bei der Arbeit oder auf dem Weg dorthin. Ich bin auf dem Weg zu einer naturwissenschaftlichen Konferenz, und meine Flughöhe beträgt zur Zeit etwa zehntausend Meter. Vor dreißig Minuten sind wir in Vancouver gestartet, in etwas mehr als zwei Stunden werden wir in Los Angeles landen. Das Gurtzeichen ist gerade ausgeschaltet worden, und ich gehe den Mittelgang entlang und zähle. Heute sitzen einhundertsechsundfünfzig Menschen in der Touristenklasse. (Naturwissenschaftler reisen nie erste Klasse, es sei denn, jemand hat bei der Buchung einen Fehler gemacht.) Einundsiebzig von ihnen sehen so aus, als würden sie schlafen. Die Sessel haben sie nach hinten gekippt, ihre Augen sind geschlossen, und die meisten benutzen die von der Fluggesellschaft zur Verfügung gestellten Kopfkissen oder Decken. Es wäre etwas gewagt, auf einer derart schmalen Datengrundlage wie dem Prozentsatz schlafender Passagiere in diesem Flugzeug eine Hypothese zu konstruieren; aber wenn ich zu gewagten Hypothesen neigte, könnte ich zum Schluß kommen, daß circa sechsundvierzig Prozent der Menschen, die heute früh etwa zur gleichen Zeit wie ich aufgestanden sind, unter starkem Schlafmangel leiden. Warum sollten sie sonst in der fremden, lauten, vibrierenden Umgebung einer Flugzeugkabine und in einem von minimalem Komfort geprägten Flugzeugsitz ein derart dringendes Schlafbedürfnis verspüren?

Wie gewagt ist diese Hypothese eigentlich?

Machen wir ein weiteres Experiment. Es ist zwanzig Uhr dreißig, und ich sitze im Orpheum Theater in Vancouver. Um mich herum sitzen viele der hart arbeitenden, ehrgeizigen Menschen, die zur wirtschaftlichen Oberschicht dieser Stadt gehören. Links von mir redet ein Mann von dem juristischen Fall, an dem er gerade sitzt, hinter mir diskutieren zwei Männer eine Aktienangelegenheit, und vor mir haben zwei Menschen die Köpfe zusammengesteckt und unterhalten sich angeregt, wobei ich einige Gesprächsfetzen aufschnappen kann: «Patent bereits angemeldet ... wenn wir von Anfang an dabei sind ...» Offensichtlich hat man heute abend keineswegs seine Geschäftsinteressen mit an der Garderobe abgegeben. Jetzt schließen die Platzanweiser die schweren Türen, das Licht wird gedämpft. Das Vancouver Symphony Orchestra gibt eins seiner beliebten Wochentagskonzerte. Die melodischen Klänge eines Stücks von Debussy füllen den Raum, und man spürt förmlich, wie sich das Publikum entspannt. Im dritten Satz hat man den Eindruck, daß jeder Vierte im Publikum schläft. In der ersten Pause spreche ich darüber mit einem Platzanweiser, der mir versichert: «Sie schlafen nicht wirklich; wahrscheinlich hören sie nur mit geschlossenen Augen zu.» Wir kehren zu unseren Sitzen zurück. Jetzt ist meine wissenschaftliche Neugier geweckt worden, also warte ich bis zur Mitte eines längeren Stücks von Mendelssohn. Als ich mich im Konzertsaal umblickte, muß ich unwillkürlich an einen Kindergarten denken, wenn es Zeit fürs Mittagsschläfchen ist. Der Rechtsanwalt links von mir hat den Kopf auf die Brust sinken lassen und atmet tief und regelmäßig. Einer der beiden Männer hinter mir, die sich über Aktien unterhalten hatten, ist zur Seite gekippt, ein Arm hängt schlaff herunter. Die Frau neben ihm hält die Hände auf dem Schoß verschränkt, ihr Kopf neigt sich in einem gefährlichen Winkel über der Schulter, und ihre Augen sind geschlossen.

Nur einen Teil der Konzerthalle überblicke ich gut genug, um abschätzen zu können, ob die Menschen wach sind oder dösen. Ich zähle schnell durch und überschlage kurz: Weit mehr als ein Drittel des Publikums scheint selig zu schlafen, trotz des heftigen Preises von dreißig Dollar für einen Sitz hier im vorderen Parkett. Plötzlich gibt es einen Trommelwirbel, und anschließend krachen die Becken. Der Rechtsanwalt neben mir zuckt sichtbar zusammen. Das Stück ist vorbei. Er blinzelt ein wenig und klatscht höflich. Mir wird aber klar, weshalb Symphonien in der Regel mit einer Serie lauter Akkorde oder einem großen Einsatz der Schlaginstrumente enden: Es handelt sich um die klassische, symphonische Variante eines Weckerklingelns.

Die Szene im Flugzeug und die Szene bei der Symphonie sind typisch. Sie sind symptomatisch für die Umstände, unter denen wir heute leben. Dr. Norman Edelman, Dekan der Robert Wood Johnson School of Medicine hat das im November 1990 laut und deutlich und mit der notwendigen Schärfe gesagt, als er in einer öffentlichen Sitzung der National Commission on Sleep Disorders Research feststellte: «Amerika ist ein Land, das unter Schlafentzug leidet. Und [dieser Schlafentzug] hindert uns daran, unsere Bestimmung als Gesellschaft zu verwirklichen.»

Aufgrund welcher Daten könnte man zu dem Schluß kommen, daß wir alle unter Schlafentzug leiden? Viele Daten weisen in diese Richtung, aber niemand hat bisher die verschiedenen Einzelteile zusammengesetzt. Dr. David F. Dinges, der als Biopsychologe am Institute of Pennsylvania Hospital in Philadelphia arbeitet, drückte es so aus: «Ich kann mich nicht an eine einzige Untersuchung erinnern, aus der nicht hervorgeht, daß die Menschen weniger schlafen, als sie eigentlich sollten.» Ich habe mir sieben neuere und umfangreiche Studien angesehen, die sich mit der Schlafdauer bei erwachsenen Menschen in Europa und Nordamerika befassen. Die durchschnittliche Schlafdauer betrug etwa sieben Stunden und zwanzig Minuten. Wenn das zuwenig ist, wieviel Schlaf sollten wir dann bekommen?

Es gibt verschiedene Möglichkeiten, nach einer Antwort auf diese Frage zu suchen. Eine Möglichkeit wäre, das Schlafverhalten von Tieren zu betrachten, die mit dem Menschen eng verwandt sind. Wir finden dabei, daß die meisten Menschenaffen und Affen einen zirkadianen Rhythmus haben, der dem des Menschen ähnelt, und einen Schlaf-Wach-Zyklus, der mit dem Zyklus von Menschen vergleichbar ist, die in Kulturkreisen leben, wo die Siesta noch praktiziert wird. Diese Tiere haben also einen langen Nachtschlaf und einen kürzeren Schlaf am frühen Nachmittag. Definieren wir die Gesamtschlafdauer als Nachtschlaf plus alle anderen Nickerchen, Siestas und so weiter, auf- oder abgerundet auf die nächste Stunde. Für die Affen (genauer: Paviane, Rhesusaffen und Totenkopfäffchen) beträgt die Gesamtschlafdauer zehn Stunden. Bei den Menschenaffen, unseren nächsten Verwandten, schläft der Schimpanse zehn Stunden wie die niederen Affen, während der Gorilla auf zwölf Stunden Schlaf kommt.

Sagt der Schlaf der Affen oder Menschenaffen wirklich etwas über den menschlichen Schlaf aus? Es gibt zwischen Affen und Menschen viel mehr Gemeinsamkeiten als Unterschiede. Affen haben die gleichen inneren Organe, ähnliche Nervensysteme und Gehirne, können die gleiche Nahrung essen, sind für die gleichen Krankheiten anfällig und leiden sogar oft unter ähnlichen psychischen Schwierigkeiten. Neuere molekulargenetische Analysen zeigen, daß die Ähnlichkeit zwischen Menschen und Schimpansen achtundneunzig Prozent beträgt, und würden nicht ethische Überlegungen einen Versuch ausschließen, so müßte man annehmen, daß die

Kreuzung beider Spezies möglich ist. Nach der elektrischen Hirntätigkeit zu beurteilen, sind die Schlafstadien beim Menschen und bei den anderen Primaten fast identisch. Wenn wir das bedenken, so scheint es nicht abwegig zu spekulieren, daß es auch im Hinblick auf das Schlafbedürfnis eine gewisse Ähnlichkeit zwischen Affen und Menschen geben müsse. Wenn wir uns vor Augen führen, daß alle untersuchten Affen und Menschenaffen ohne Ausnahme jeden Tag zehn Stunden oder länger schlafen, so könnten wir zum Ergebnis kommen, daß die Menschen rund zweieinhalb Stunden weniger schlafen, als sie eigentlich sollten.

Man muß nicht unbedingt auf die Daten anderer Spezies zurückgreifen, um unser Schlafdefizit zu messen. Dr. Wilse B. Webb von der University of Florida in Gainesville, ein Pionier der Schlafforschung, war auch einer der ersten Forscher, der sich die Frage stellte, ob wir unter einem chronischen Schlafdefizit leiden. Diese Schlußfolgerung drängte sich ihm auf, als er Daten aus einer Zeit auswertete, als die Menschen noch nicht unter einem solchen Zeitdruck wie heute standen. Wilse fand, daß Universitätsstudenten im Jahre 1910 jede Nacht durchschnittlich neun Stunden schliefen, eineinhalb Stunden länger als eine vergleichbare Gruppe Universitätsstudenten, die in den sechziger Jahren untersucht wurde.

Wie Dr. Robert A. Hicks von der San Jose State University zeigen konnte, setzt sich der Trend zum kürzeren Schlaf weiter fort. Seinen Daten zufolge verkürzte sich die durchschnittliche Schlafdauer bei Universitätsstudenten in den zehn Jahren zwischen 1978 und 1988 um fast eine halbe Stunde, von sieben Stunden achtzehn Minuten auf sechs Stunden zweiundfünfzig Minuten. Mit anderen Worten: Diese jungen Erwachsenen schliefen ungefähr zwei Stunden weniger pro Nacht als vergleichbare Menschen, die vor achtzig Jahren untersucht wurden.

Wenn wir uns mit Kulturkreisen beschäftigen, in denen der Zeitdruck weniger ausgeprägt ist als in den großen städtischen Ballungszentren der Vereinigten Staaten, finden wir in der Regel, daß dort auch länger geschlafen wird. Um 1970 untersuchte John M. Taub von der University of California in Santa Cruz die Schlafgewohnheiten eines repräsentativen Querschnitts der Bevölkerung in der mexikanischen Stadt Hermosillo, Hauptstadt des nordwestlichen Bundesstaates Sonora.[32] Die Stadt hatte damals 200 000 Einwohner. Der größte Arbeitgeber ist die Regierung, was bei einem Verwaltungszentrum nicht überrascht, außerdem gibt es Handelsbetriebe und leichte Industrie, hauptsächlich ausgerichtet auf die Bedürfnisse der Landwirtschaft, die auf dem umliegenden, gut bewässerten und reichen Boden gedeiht. Ein Großteil der Arbeit und Aktivitäten dieser Stadt spielt sich am Tag ab. Der mit der Schichtarbeit und dem internationalen Handelsgeschäft einhergehende Druck ist so gut wie unbekannt. Durchschnittlich schlafen die Bewohner Hermosillos jede Nacht acht Stunden und zehn Minuten, also etwa fünfzig Minuten länger als der durchschnittliche Erwachsene in Nordamerika. Dieser nächtliche Extraschlaf ist jedoch noch nicht die ganze Geschichte. In Hermosillo, wie fast überall in Mexiko, wird außerdem Siesta gehalten. Tagsüber wird im Durchschnitt anderthalb Stunden geschlafen. Der durchschnittliche Bewohner Hermosillos kommt also auf eine tägliche Schlafdauer von neun Stunden vierzig Minuten. Dieser Wert kommt dem bei Nordamerikanern um die Jahrhundertwende und bei Affen gemessenen schon sehr nahe. Es sind zwei Stunden mehr, als der heutige nordamerikanische Stadtbewohner bekommt.

Man könnte sich eine recht umständliche Versuchsanordnung vorstellen, mit der wir die natürliche tägliche Schlafdauer messen könnten. Nehmen wir eine Situation an, bei der die Menschen zwar berufliche und häusliche Arbeiten erledigen und sich auch erholen und vergnügen würden, aber keine festgelegten Dienst- und Terminpläne hätten und auch keine Uhren, die ihnen sagen würden, wann sie ins Bett gehen und wann sie aufstehen sollten. Ihr Schlafen und Wachen wäre allein davon bestimmt, wann sie müde wären beziehungsweise aufstehen wollten. Nehmen wir außerdem an, wir könnten die täglichen Lichtschwankungen des Tag-Nacht-Zyklus ausschalten, die als eine Art äußere Uhr unseren täglichen Schlaf-Wach-Zyklus kontrollieren. Wie lange würden wir unter solchen Bedingungen schlafen?

Dr. Peter Suedfeld von der University of British Columbia in Vancouver beschreibt einen Ort, an dem solche Bedingungen anzutreffen wären: «Viele Menschen wünschen sich zwar gelegentlich einen endlosen Sommertag, aber nur wenige, scheint es, würden sich freiwillig dorthin begeben, wo solche Tage vorkommen. Die Polarregionen (Arktis und Antarktis) sind die einzigen Gebiete dieser Erde, wo es auf natürliche Weise vierundzwanzig Stunden am Tag hell sein kann, und wir können zuverlässig melden, daß die Strände dort nicht überlaufen sind.»

Suedfeld hat an beiden Polen geforscht und ist Mitinitiator des multinationalen Polar Psychology Project. Zusammen mit Wissenschaftlern wie Dr. G. Daniel Steel von der Lincoln University in Neuseeland und Dr. Lawrence Palinkas von der University of California in San Diego errichtete Suedfeld die Polar Psychological Research Station. Dieses erste polare Forschungslabor für Psychologie wurde in einer aufgegebenen Wetterstation namens Isachsen auf der Ellef-Ringnes-Insel im kanadischen Nordwest-Territorium eingerichtet. Die Station liegt auf etwa neunundsiebzig Grad nördlicher Breite, etwa dreizehn Grad nördlich des Polarkreises. Das uns interessierende Experiment wurde im Sommer durchgeführt.

In dieser Jahreszeit geht die Sonne in diesen hohen Breitengraden nie unter. Zwar bewegt sich die Sonne im Lauf des Vierundzwanzig-Stunden-Tags am Himmel, aber auf merkwürdige Weise: Sie verschwindet auch nachts nie hinter dem Horizont; vielmehr vollführt sie einen majestätischen, kreisförmigen Tanz im Uhrzeigersinn, wobei der Kreis aber immer deutlich oberhalb des Horizonts liegt. Das heißt also, daß sich die Lichtmenge nie verändert, außer in Abhängigkeit vom Wetter vor Ort, etwa wenn es stark bewölkt ist.

Sieben Forscher (vier Männer und drei Frauen) quartierten sich im Forschungslabor Isachsen ein. Alle Uhren und sonstigen Geräte zur Zeitmessung mußten sie vorher abgeben. Auch die Computer auf der Station wurden umprogrammiert, so daß sie zwar den Zeitpunkt aller Aktivitäten festhielten, den Versuchtsteilnehmern jedoch keine Hinweise auf die tatsächliche Uhrzeit gaben. (Selbst die Besatzung des einzigen Versorgungsflugzeugs hatte Anweisung, vor dem Aussteigen ihre Armbanduhren in die Taschen zu stecken.)

Die Menschen auf der Station mußten viele Arbeiten und Pflichten erledigen. Jeder von ihnen hatte als Forscher wissenschaftliche Projekte zu betreuen. Darüber hinaus beteiligte sich die Gruppe an einem Umweltschutzprojekt: Es ging darum, die bei der Aufgabe der Wetterstation zurückgelassenen Ausrüstungsgegenstände und Stoffe zu erfassen und für den Abtransport vorzubereiten. (Dieses Material, so befürchtete man, könnte zu einer Gefahr für das empfindliche arktische Ökosystem werden.) Jedes Mitglied der Gruppe beteiligte sich an den zur Aufrechterhaltung des Betriebs und des Lebens auf der Station notwendigen Arbeiten, ob es sich um das Schneeschmelzen zur Wassergewinnung oder um das Kochen handelte. Es gab auch genügend Zeit für Freizeitaktivitäten drinnen und draußen. Alle diese Tätigkeiten wurden so eingerichtet, daß sie allein oder in Gruppen verschiedener Größe unternommen werden konnten. Es gab weder einen

Dienstplan für die Arbeit noch festgelegte Zeiten für Freizeitaktivitäten; die Einteilung wurde ganz und gar den Individuen überlassen. Das bedeutete auch, daß es oft von einer momentanen Eingebung oder Laune abhing, was als Nächstes unternommen wurde.

Diese Polarforscher arbeiteten also normal und gingen normalen alltäglichen Beschäftigungen nach; aber sie konnten schlafen, wann immer ihnen danach zumute war, und das taten sie auch. Da es keine Lichtschwankungen im üblichen Vierundzwanzig-Stunden-Rhythmus gab, die ihnen die «normale» Schlafzeit angezeigt hätte, deckten die meisten Teilnehmer ihre Augen einfach mit einem Tuch oder Kissen zu, verkrochen sich im Schlafsack oder hängten etwas vors Fenster, um das Licht abzublocken, wenn sie schlafen wollten. Beim Zubettgehen und beim Aufstehen machte jede Versuchsperson einen entsprechenden Eintrag im computerisierten Logbuch, das alle Aktivitäten festhielt.

In den ersten Tagen neigten die Projektteilnehmer dazu, ihre bisherige Schlafdauer von etwa sieben bis siebeneinhalb Stunden beizubehalten. Innerhalb kürzester Zeit jedoch entwickelten alle sieben neue Schlafmuster mit einer erheblich längeren Schlafdauer als bisher. Am Ende des Experiments hatte sich ihre durchschnittliche Schlafdauer bei 10,3 Stunden pro Vierundzwanzig-Stunden-Tag eingependelt. Bei allen Teilnehmern wurde eine Zunahme registriert, wobei die Durchschnittsschlafdauer von Person zu Person variierte und im kürzesten Fall 8,8 Stunden, beim längsten Schläfer fast zwölf Stunden pro Tag betrug. Dr. Suedfeld selbst, nach eigenen Angaben normalerweise ein ausgesprochener Kurzschläfer, landete bei einem Durchschnittsschlaf von 11,25 Stunden pro Nacht. In den meisten Fällen schliefen die Wissenschaftler nur einmal pro Tag und erzielten diese längere Schlafdauer durch die Ausdehnung dieser einen Schlafperiode. An mehr als einem Drittel der Tage jedoch genehmigten sich die meisten Teilnehmer außerdem einen Kurzschlaf neben dem längeren Schlaf. Diese Nickerchen dauerten in der Regel ein bis zwei Stunden.

Die Studie ist deshalb wichtig, weil es uns etwas über die Schlafdauer bei Menschen erzählt, die normal leben – abgesehen davon, daß ihnen Uhren fehlen und daß der übliche gesellschaftliche Druck ausbleibt, der ihnen sagt, wann sie schlafen gehen und wann sie aufstehen sollen. Die Daten von der Polar Psychology Research Station legen die Schlußfolgerung nahe, unser natürliches Schlafbedürfnis könnte eher bei den für freilebende Affen typischen zehn Stunden liegen als bei den sieben bis siebeneinhalb Stunden, die wir modernen Stadtbewohner mit unserem vom Uhrwerk diktierten High-Tech-Lebensstil inzwischen als normal akzeptieren. Und das hieße, daß wir alle jede Nacht zweieinhalb bis drei Stunden weniger Schlaf bekommen, als unser Körper und unser Gehirn ihrer Bestimmung nach brauchen.

Wilse Webb und H. W. Agnew haben unter streng kontrollierten Bedingungen Versuche durchgeführt, die ebenfalls die Tatsache belegen, daß wir mehr Schlaf brauchen. Diese Forscher ließen ihre Versuchspersonen in speziell eingerichteten Kammern schlafen, in denen jeder Hinweis auf die eigentliche Tageszeit fehlte. Die freiwilligen Versuchsteilnehmer wurden auf eine rigide und streng kontrollierte Schlafdiät gesetzt, die ihnen zunächst zehn Nächte hintereinander acht Stunden Schlaf genehmigte, auf die zehn Nächte folgten, in denen sie so lange schlafen konnten, wie sie wollten. Im Durchschnitt schliefen die Testpersonen für die ganze Dauer der zweiten Periode etwa neun Stunden pro Nacht, was klar beweist, daß acht Stunden als regelmäßige Schlafdiät nicht ausreichen.

Es wäre durchaus sinnvoll, wenn wir dafür programmiert

wären, neuneinhalb bis zehn Stunden zu schlafen. Zum einen hält uns das davon ab, Dummheiten zu machen. In den tropischen und gemäßigten Zonen des Planeten, wo sich der Urmensch entwickelt hat, kann die nächtliche Dunkelheit zwischen zehn und vierzehn Stunden anhalten. In dieser Zeit wäre es unseren Vorfahren schwergefallen, Nahrung zu finden. Ganz davon abgesehen, daß ein im Dunkeln umherstolperndes Lebewesen größere Gefahr läuft, von einem anderen mit einem größeren Maul und größeren Klauen überrascht zu werden, von einer Klippe zu stürzen oder sonstigen Unsinn zu machen; wer die Nacht durchschläft, meidet jedoch solche Gefahren. Hatte die Evolution einmal diese Strategie entwickelt, konnte die Zeit für die physische und psychische Erholung genutzt werden beziehungsweise für andere Aktivitäten, bei denen der Körper nicht wach zu sein brauchte. Bei einer durchschnittlichen Dunkelperiode von zwölf Stunden sind zehn Stunden Schlaf und schlafbezogene Aktivitäten durchaus sinnvoll – und lassen immer noch eine zweistündige Sicherheitsmarge zu, um etwaige Schlafstörungen (zum Beispiel durch ein schreiendes Baby) wettzumachen.

Betrachten wir eine alternative Erklärung. Man könnte argumentieren, daß die Menschen länger schlafen als eigentlich nötig, sobald sie die Gelegenheit dazu erhalten, und zwar schlicht und einfach deshalb, weil das Schlafen eine angenehme Beschäftigung ist. So wird auch oft mehr gegessen als nötig, wenn das Essen schmeckt. Wir sind jedoch tatsächlich dazu programmiert, zuviel zu essen, um mit einer gewissen Fettschicht auch Reserven anzulegen für magere Zeiten. Wenn Mangel herrschte (zum Beispiel, wenn das Wild ausblieb), hatten diejenigen unter unseren hominiden Vorfahren die besten Überlebenschancen, die in Gestalt einer Fettschicht genügend Energiereserven akkumuliert hatten.

Es wäre durchaus möglich, daß wir im Hinblick auf den

Schlaf ähnlich programmiert sind. Die Forschung hat zwar gezeigt, daß wir zusätzlichen Schlaf nicht speichern können wie zusätzliche Kalorien, jedenfalls nicht langfristig. Kurzfristig betrachtet sieht es jedoch etwas anders aus. Wenn man in der Nacht vor einem zu erwartenden Schlafverlust ein paar Stunden länger schläft, kann man seine Leistung insgesamt verbessern. Oft können negative Auswirkungen auf die Stimmung und die Urteilsfähigkeit vermieden oder gemildert werden, wenn man sich vor einer Periode reduzierten Schlafs zusätzliche Ruhe gönnt. Es könnte also sein, daß wir Menschen, sobald wir die Gelegenheit dazu erhalten, sozusagen auf Vorrat schlafen, um einer möglichen kurzfristigen «Schlaf-Hungersnot» vorzubeugen, so wie wir dazu neigen, zuviel zu essen, um einer längerfristigen tatsächlichen Hungersnot vorzubeugen.

Wenn dieses Argument stimmt, so dürfte es uns nicht schaden, weniger als die zehn Stunden zu schlafen, die von den Menschen offensichtlich als angenehm empfunden werden. Siebeneinhalb Stunden könnten völlig ausreichen, um unseren täglichen Bedarf zu decken und würden uns lediglich um unser Sicherheitsnetz bringen. Wenn wir jetzt in eine Notsituation gerieten, in der wir vierundzwanzig oder sechsunddreißig Stunden hintereinander wach sein müßten, so wären wir wohl erheblich weniger belastbar, als hätten wir vorher regelmäßig zehn Stunden Schlaf bekommen. Aber für einen normalen Tagesablauf mit etwa sechzehneinhalb Wachstunden wären unsere üblichen siebeneinhalb Stunden möglicherweise völlig ausreichend.

Einige Forscher sind der Frage nachgegangen, ob der Extraschlaf, den wir uns holen, wenn wir die Gelegenheit dazu erhalten, tatsächlich nur eine solche «Versicherungsmaßnahme» darstellt. Wenn wir mehr als siebeneinhalb Stunden brauchen, dann müßte sich bei Menschen, die sich tagsüber nicht müde oder unausgeschlafen fühlen, dennoch eine Verlängerung ihrer Schlafdauer als vorteilhaft erweisen. Dies konnten Timothy Roehers und Thomas Roth und ihre Mitarbeiter am Sleep Disorders Research Center des Henry Ford Hospital in Detroit tatsächlich nachweisen. In einem Versuch wurde die Schlafdauer für die (männlichen) Versuchspersonen auf zehn Stunden pro Nacht ausgedehnt. Das waren zwei Stunden mehr als ihre bis dahin übliche Ruhezeit. Dieser verlängerte Schlaf wurde sechs Tage lang durchgehalten. Der Grad von Schläfrigkeit bzw. Wachheit der Männer wurde zu verschiedenen Tageszeiten mit dem multiplen Schlaflatenztest gemessen, bei dem festgestellt wird, wie lange eine Versuchsperson unter den Bedingungen völliger Ruhe zum Einschlafen braucht. Die Verlängerung der Schlafdauer hatte bei allen Versuchspersonen eine sofortige Steigerung der Wachheit zur Folge, die am stärksten bei den Individuen ausgeprägt war, bei denen zu Versuchsbeginn der größte Schläfrigkeitsgrad festgestellt worden war.

Die verlängerte Schlafdauer führte aber nicht nur dazu, daß die Versuchspersonen tagsüber wacher waren. Sie waren, wie aus einer Reihe psychologischer Tests hervorging, auch aufgeweckter. Zur Überprüfung der Wachsamkeit wurde ein Test verwendet, bei dem die Männer ihre Aufmerksamkeit konzentrieren und über einen längeren Zeitraum auf kleinste Abweichungen oder Veränderungen bei bestimmten Signalen achten mußten. Solche psychischen Anforderungen stellt etwa die Arbeit in der Qualitätskontrolle am Fließband oder am Radarschirm bei der Luftraumüberwachung. Man überprüfte auch die Fähigkeit der Männer, ihre Aufmerksamkeit zu teilen, wie es etwa von einem Techniker im Kontrollraum eines Kernkraftwerks verlangt wird, der kontinuierlich mehrere Monitore und Anzeigen im Auge behalten muß, von denen jeder einzelne unter Umständen ein Problem im Reaktor melden kann. Beide Testaufgaben waren absichtlich schwierig und zermürbend, und die meisten Versuchspersonen haben dabei Schwierigkeiten. Mit der Verlängerung der Schlafdauer verbesserte sich auch die Leistung der Versuchspersonen bei beiden Aufgabentypen. Das ist auch deshalb interessant, weil es sich, wie Sie sich erinnern werden, um Männer handelt, die sich vorher nicht über Müdigkeit oder Schlafstörungen beschwert hatten. Jede Nacht hatten sie die von unserer Kultur für normal gehaltenen sieben bis acht Stunden Schlaf bekommen. Und doch führte die Verlängerung ihrer Schlafdauer dazu, daß sie wacher und aufmerksamer wurden und Informationen besser verarbeiten konnten.

Die Verlängerung der Schlafdauer von Testpersonen über die üblichen sieben bis acht Stunden hinaus hat in verschiedenen Laborversuchen zu einer Verbesserung sowohl der Leistungsfähigkeit als auch des subjektiven Wohlbefindens geführt. So betrieben Dr. Mary Carskadon, jetzt am E. P. Bradley Hospital der Brown University, und Dr. William Dement von der Stanford University gemeinsam eine Forschungseinrichtung, die sie das «Stanforder Sommerschlaflager» (Stanford Summer Sleep Camp) nannten. Ihre Versuche bestätigten die Ergebnisse des Forscherteams am Henry Ford Hospital. In einem Fall wurde die Ruhezeit Stanforder Studenten auf zehn Stunden ausgedehnt (von denen sie im Schnitt tatsächlich neuneinhalb Stunden schliefen). Das Ergebnis war eine sofortige Verbesserung ihrer Leistungen und Konzentrationsfähigkeit. Bei zehn- bis zwölfjährigen vorpubertären Schulkindern wurde das gleiche Ergebnis festgestellt. Weder die Studenten noch die Schulkinder hatten bei einer Schlafration von acht Stunden genug Schlaf bekommen, um den Tag ohne Anfälle von Müdigkeit durchzustehen. In einem Interview faßte Carskadon ihre Versuchsergebnisse wie folgt zusammen: Die meisten Menschen «bräuchten wahrscheinlich mindestens eine Stunde mehr Schlaf, als sie jetzt bekommen, um tagsüber richtig wach zu sein».

Die Versuche in Stanford hatten ein interessantes Nachspiel, das mir von einem Berufsoffizier der U.S. Army geschildert wurde:

Ich war damals Ausbilder in [Ortsname]. *An diesem Ausbildungszentrum sind immer mehrere Durchgänge oder Klassen gleichzeitig anwesend. (Der Kurs selbst dauert vier Monate; alle vier Wochen aber beginnt ein neuer Kurs.) Außerdem wird in* [Ortsname] *ein ähnlicher Kurs durchgeführt. Die Armee versucht, die Konkurrenz zwischen den verschiedenen Klassen und den beiden Ausbildungszentren zu schüren. So werden die Zwischenergebnisse verglichen, um den individuellen Fortschritt der Kursteilnehmer festzustellen. Außerdem werden diese Ergebnisse bei der Beurteilung des Ausbildungspersonals herangezogen. Die Studenten in unserem Durchgang waren okay. In der Regel entsprachen ihre Leistungen in jeder Phase des Programms etwa dem Durchschnitt, und das heißt, daß wir als Ausbilder in der Regel als «befriedigend», manchmal als «voll befriedigend» eingestuft wurden. Die kommandierenden Offiziere drängten immer auf eine Verbesserung der Gesamtleistung der Kursteilnehmer, aber obwohl wir verschiedene kleinere Änderungen am Ausbildungsprogramm vornahmen, erzielten wir kein merklich anderes Ergebnis.*

Damals wollte ich beruflich fortkommen und belegte darum eine Reihe von Fortbildungskursen im Fernstudium: Menschenführung, menschliche Faktoren am Arbeitsplatz und ähnliche Fragen. Nachdem ich einen Abschnitt über die Auswirkungen von Müdigkeit auf die Gefechtsbereitschaft durchgearbeitet hatte, begann ich mich für die Frage des Schlafs zu interessieren. Im Kursmaterial hieß es, ein Mensch brauche sieben bis acht

Stunden Schlaf pro Nacht, um seine maximale Leistungsfähigkeit erreichen zu können. Dann sah ich in der New York Times *einen Artikel über die Versuche in Stanford. Dort hieß es, mit eineinhalb Stunden Extraschlaf pro Nacht hätten die getesteten Schüler und Studenten besser abgeschnitten. Das war es wohl, was mich dazu brachte, über die Bedingungen unseres Ausbildungsprogamms nachzudenken. In unserer Einrichtung hieß es um zweiundzwanzig Uhr in den Ausbildungsbaracken «Licht aus!». Um fünf Uhr dreißig wurden die Soldaten geweckt, dann gab es Frühsport, danach mußten die Unterkünfte vor dem Frühstück sauber gemacht werden. Wenn die Männer tatsächlich im Bett waren, wenn das Licht ausgemacht wurde, bekamen sie also siebeneinhalb Stunden Schlaf. Die Armee ist zwar der Meinung, das sei völlig ausreichend, aber ich beschloß, ein Experiment durchzuführen. In der Regel sind die Teilnehmer eines Durchgangs in der gleichen Baracke untergebracht, oft im gleichen Schlafraum. Die Schlafräume sind große Säle am Ende eines Korridors, in denen jeweils vierundzwanzig Männer schlafen. Für mich war wichtig, daß das Licht in jedem Schlafsaal individuell geregelt werden kann. Für mein Experiment wählte ich meine nächste Klasse, die zusammen untergebracht wurde. Bei Kursbeginn teilte ich den Männern mit, daß von Sonntag bis einschließlich Donnerstag das Licht bereits um einundzwanzig Uhr gelöscht und die Gruppe erst um sechs Uhr geweckt würde. So würden sie also in den Nächten vor Kursveranstaltungen eineinhalb Stunden länger schlafen. Die Unteroffiziere würden die Regelung kontrollieren, sagte ich, und wer nicht in seinem Bett angetroffen würde, bekäme ordentlich eins auf die Rübe. Daß die Leute von dieser frühen Bettzeit nicht gerade begeistert sein würden, war mir klar. Darum wies ich sie darauf hin, daß sie dafür eine halbe Stunde weniger Frühsport zu machen hätten und daß wir am Freitag und Samstag die Regelung etwas lockerer handhaben würden. Das schien ihnen als faires Angebot einzuleuch-*

ten, und danach hörte ich nur vereinzeltes Grummeln gegen die Regelung.

Die Ergebnisse waren mehr als befriedigend. Bei der ersten Zwischenprüfung lag das Klassenergebnis zehn Prozentpunkte über dem Durchschnitt. Keiner der Ausbilder konnte sich daran erinnern, jemals bessere Ergebnisse gesehen zu haben. Beim nächsten Durchgang wiederholte ich diese Schlafregelung, und die Ergebnisse waren fast identisch. Die Klasse schnitt 9,3 Prozent über dem Durchschnitt ab. Noch bedeutender fand ich die Tatsache, daß die Kursteilnehmer viel motivierter waren als sonst. Die übliche depressive Phase in der Kursmitte, wenn die Teilnehmer mit Arbeit überhäuft werden, blieb einfach aus. Mein unmittelbarer Vorgesetzter war richtig begeistert und fragte mich, wie ich das anstellte. Ich erklärte ihm, daß ich außer der Schlafdauer nichts verändert hätte. Er war sofort Feuer und Flamme. Wahrscheinlich hat er meine «neue Technik» dem Oberkommandierenden gegenüber erwähnt. Jedenfalls wurde ich kurz danach ins Hauptquartier zitiert. Der Oberkommandierende war ein Offizier «alter Schule». Er machte mir ordentlich die Hölle heiß. Ich hätte kein Recht, den Frühsport für meine Leute einzuschränken, meinte er. Er habe keine Lust, von lauter «Technikern mit schlechter Kondition und elastischen Taillen» umgeben zu sein. Mit dem Extraschlaf hätte ich die Soldaten «verhätschelt» und ermutige sie dadurch nur, «dick und faul zu werden». Der Schlaf sei etwas für «fette Hausfrauen», und siebeneinhalb Stunden seien nach Meinung der Armee reichlich. Als ich ihm etwas über die verbesserten Leistungen meiner Klassen zu erzählen versuchte, explodierte er förmlich. Er warf mir und meinen Mitarbeitern vor, wir hätten die Ergebnisse gefälscht, nur um unseren «glatten Kinderärschen anderthalb Stunden zusätzlichen Schönheitsschlaf zu gönnen». Schließlich bestand er darauf, daß ich sofort zum alten Tagesablauf zurückkehre.

Mein vorgesetzter Offizier sagte, es würden keine disziplinarischen Maßnahmen gegen mich ergriffen, schließlich hätten die Klassen wirklich gut abgeschnitten, ich müsse aber das Experiment sofort abbrechen. Das tat ich auch, und wir kehrten zum alten Lauf der Dinge zurück. Die Kursteilnehmer bekamen ihre von der Armee vorgeschriebenen siebeneinhalb Stunden Schlaf, und alles war wieder «normal». Meine nächste Gruppe erzielte wieder durchschnittliche Leistungen – das heißt: Leistungen, die vor der Einführung des Extraschlafs durchschnittlich gewesen wären. Darauf hat die Armee auf typische Weise reagiert. Bei meiner nächsten dienstlichen Beurteilung wurde ich nur noch als «ausreichend» eingestuft. Als Grund schrieben sie in meine Akte, die Prüfungsergebnisse meiner Klasse seien «ohne ersichtlichen Grund um fast zehn Prozent gegenüber den von diesem Ausbilder davor erzielten Ergebnissen gesunken». Sie sagten, die Ergebnisse meiner Klassen müßten «wieder normal» werden; damit waren wohl die neuen zehn Prozent über der Norm gemeint, die ich erzielt hatte. Daraufhin beantragte ich sofort meine Versetzung.

Das Muster wiederholt sich immer wieder: Wird die Schlafdauer so verlängert, daß sie annähernd die zehn Stunden beträgt, die für andere Primaten charakteristisch sind, verbessern sich die Stimmung, der psychische Zustand und die Leistungsfähigkeit der betroffenen Menschen. Wenn aber zehn Stunden pro Nacht gut sind – vielleicht sind zwölf Stunden besser? Schließlich verschlafen auch Gorillas zwölf der vierundzwanzig Stunden. Die Forschungsdaten legen allerdings nahe, die optimale Schlafdauer bei neun bis zehn Stunden anzusetzen. Wenn alle äußeren Zeitgeber entfernt sind und den Menschen erlaubt wird, so lange zu schlafen, wie sie wollen, pendelt sich ihr Schlaf in der Regel bei diesem Wert ein. Ein Beispiel hierfür liefern die Versuche, die Dr. Thomas

Wehr und seine Kollegen am National Institute of Mental Health in Bethesda (Maryland) durchführten. Diese Forscher interessierten sich eigentlich mehr für zirkadiane Rhythmen in der Hormonsteuerung und den Einfluß bestimmter, zu bestimmten Tageszeiten ausgeschütteter Hormone auf unsere Gesundheit. Bei ihren Versuchen ging es darum, die Auswirkungen der (für unsere elektrisch erleuchtete Welt typischen) achtstündigen Dunkelheit auf unsere innere Uhr im Vergleich zu den vierzehn Stunden zu untersuchen, die unsere Vorfahren in den Wintermonaten vermutlich erlebten.

Aus diesen Versuchen gingen zwei Ergebnisse hervor: Erstens wurden die vierzehn Stunden Dunkelheit von den Testpersonen nicht vollständig zum Schlafen benutzt. Tatsächlich schliefen sie von den vierzehn Stunden zwischen neun und zehn, was die Schlußfolgerung nahelegt, ein Schlafintervall dieser Länge müsse völlig ausreichen. Es ist wohl nicht sinnvoll, die Zeit im Bett auf mehr als zehn Stunden auszudehnen. Zweitens stellte es sich heraus, daß die Teilnehmer am Experiment «verlängerte Nacht» erheblich zufriedener und leistungsfähiger waren als mit ihrem normalen acht-Stunden-Schlaf. Das ergaben die Antworten auf standardisierte Tests zur Messung der psychischen Einstellung und der Konzentrationsfähigkeit. Wehr stellte seine Versuche in einen historischen Kontext, als er sagte. «Es hat früher wohl eine Menge Ruhezeit gegeben, die unser moderner Lebensstil abgeschafft hat.» Mit anderen Worten: wir leiden tatsächlich unter einem Schlafdefizit. Wird uns der Schlaf wieder zurückgegeben, bauen wir unser Defizit ab – und innerhalb weniger Tage arbeiten wir besser und fühlen uns wohler.

Wie hoch ist Ihr persönliches Schlafdefizit?

Auf der Grundlage all dieser Daten dürfte es wohl klar sein, daß viele Menschen heutzutage unter chronischem Schlafmangel leiden. Gehören Sie dazu? Vielleicht fühlen Sie sich hellwach und kein bißchen müde, und doch könnten Sie, wie viele Versuche zeigen, unter einem großen Schlafdefizit leiden. Der innere Schlafdruck kann durch allerlei Reize außer Kraft gesetzt werden. Dazu gehören innere Reize wie die Wirkung Ihrer biologischen Uhr und die auf den Körper zurückwirkende Anspannung Ihrer Muskeln beim Sport. Auch äußere Reize unterdrücken das Schlafbedürfnis. Dazu gehören Lärm und Licht, aber auch die psychische Stimulierung durch gesellschaftliche Kontakte, verstärkte Motivation, Aufregung, interessante oder neue Ereignisse.

Wie wir gesehen haben, gibt es Tiefpunkte unseres täglichen Schlaf-Wach-Zyklus in den frühen Morgenstunden, zwischen etwa ein Uhr und vier Uhr früh, und am frühen Nachmittag, zwischen etwa dreizehn Uhr und sechzehn Uhr. Wenn Sie ein Schlafdefizit akkumuliert haben, wird es Sie gerade zu diesen Zeiten einholen – es sei denn, es gibt einen starken inneren oder äußeren Reiz, der dem Schlafbedürfnis entgegenwirkt. Wenn Sie nur ein kleines Schlafdefizit haben und in eine Situation geraten, in der es keine starken Reize gibt, passiert nicht viel. Wenn Sie zum Beispiel da sitzen und einem langweiligen Vortrag lauschen müssen, sind Sie vielleicht gelangweilt oder sogar ein wenig ungehalten, aber Sie schlafen nicht ein. Wenn Sie aber ein großes Schlafdefizit haben, führt die Senkung der Reizschwelle dazu, daß sich das Schlafbedürfnis ungehindert entfalten kann. Unter diesen Umständen wird sich wahrscheinlich die Tatsache, daß der Vortrag nichts enthält, das Ihr Denken anregt, in einem deutlich spürbaren Schlafdruck bemerkbar machen. Nun ist es für Sie offensichtlich nicht sehr gefährlich, wenn Sie auf einem Stuhl sitzen und während eines Vortrags oder einer Sitzung einnicken (es sei denn, einer Ihrer Vorgesetzten interpretiert dieses Verhalten als Mangel an Motivation oder Ehrgeiz). In anderen Situationen jedoch kann das Einschlafen tödlich sein.

Nehmen wir an, Sie haben ein Schlafdefizit akkumuliert. Jetzt haben Sie einen angenehmen und geselligen Abend vor sich. Zunächst (sagen wir zwischen zwanzig Uhr und Mitternacht) befindet sich Ihre biologische Uhr ja in einer recht aktiven Phase ihres Zyklus. Sie erhalten intellektuelle, soziale und emotionale Stimulation, und Sie haben das Gefühl, ganz dazusein. Der Alkohol, den Sie getrunken haben, wirkt lediglich leicht entspannend. Wenn die Party vorbei ist, steigen Sie ins Auto und fahren nach Hause. Jetzt aber hat Ihre innere Uhr ihr Tief erreicht, die nächtliche Phase maximalen Schlafdrucks, die von ein Uhr bis vier Uhr früh dauert. Hinzu kommt der unvermittelte und krasse Reizabfall zwischen der Partygesellschaft und der Situation im Auto. Um Sie herum ist es plötzlich dunkel und still. Die interessanten Gespräche, die Partygeräusche, das Licht, die psychisch anregenden sozialen Kontakte fehlen – und jetzt verlangt Ihr Körper die Rückzahlung des Schlafdefizits, und zwar sofort! Beim Fahren überkommt Sie plötzlich eine Welle der Müdigkeit und ein unwiderstehliches Bedürfnis, die Augen zu schließen. Sie sind zu müde, um mehr zu tun, als sich die Augen zu reiben, den Kopf zu schütteln oder sich ein paar leichte Ohrfeigen zu geben. Aber das alles wirkt nicht, und Ihr Auto hat gerade neunzig

Stundenkilometer erreicht, als Sie kurz einnicken. Es fährt immer noch achtzig, als Ihre Hände vom Lenkrad gleiten und das Auto von der Straße abkommt und gegen einen Laternenmast fährt. Wahrscheinlich werden Sie nicht einmal lange genug wach, um mitzubekommen, daß Sie jetzt ewig schlafen dürfen.

Vielleicht erscheint Ihnen dieses Beispiel zu melodramatisch. Aber ein solches kurzes Abdriften in den Schlaf kann andere schlimme, wenn auch nicht tödliche Folgen haben. An seinem Schreibtisch im hinteren Teil des Ladens sitzt der schläfrige Buchhalter und zählt eine Zahlenkolonne zusammen. Kurzfristig döst er. Dann setzt er seine Berechnungen fort, leider allerdings einige Zeilen tiefer als vor seinem Sekundenschlaf. Es handelt sich um einen scheinbar geringfügigen Fehler, der bis zur Buchprüfung durch das Finanzamt unbemerkt bleibt. Dann allerdings summieren sich Bußgelder und aufgelaufene Zinsen zu einer hübschen Summe, und dem Buchhalter wird klar, daß er ein Tausend-Dollar-Nickerchen gehalten hat. Der Student, der am Schlaf gespart hat, nickt in dem Augenblick ein, als der Professor bemerkt: «Ich zeige Ihnen jetzt einen Trick zur Lösung solcher Aufgaben, den Sie in Ihrem Lehrbuch nicht finden werden.» Die Konsequenzen dieses Schläfchens machen sich erst Wochen später bemerkbar, als ihn eine Aufgabe dieser Art um fünfundzwanzig Prozent seiner möglichen Punkte bringt. Dann gibt es die junge Ärztin in der Fachausbildung, der ein Patient seine Symptome erklärt. Kurzfristig döst sie; es handelt sich nur um einen Mikroschlaf von zehn bis fünfzehn Sekunden, aber das reicht, um zwei Sätze des Patienten zu überhören. Einer dieser Sätze, hätte sie ihn nur gehört, hätte ihr sagen können, daß sie dabei ist, ihrem Patienten ein falsches, ja schädliches Medikament zu verschreiben. In jedem Berufszweig und Tätigkeitsbereich lassen sich Dutzende solcher

Beispiele finden. Ein Schlafdefizit kann teure oder sogar tödliche Irrtümer zur Folge haben, und darum sollte jeder Mensch wissen, wie es um sein persönliches Schlafdefizit bestellt ist.

Manchen von uns fällt auf, daß wir tagsüber schläfrig werden. Wer eine solche Tagesmüdigkeit an sich bemerkt, hat einen klaren Beweis dafür in der Hand, daß sein Schlafdefizit nicht abbezahlt worden ist. Bei anderen Menschen ist die Situation weniger klar, weil die Realität und unsere Wahrnehmung auseinanderklaffen. Unsere Wahrnehmung und unsere Empfindungen spiegeln die tatsächlichen Sachverhalte oft äußerst unvollständig wider. Sie würden zum Beispiel auf der Grundlage Ihres eigenen persönlichen Eindrucks nie auf den Gedanken kommen, die Erde sei eine Kugel, die mit einer Geschwindigkeit von mehreren tausend Stundenkilometern durch den Weltraum rast. So weit Ihre Augen reichen, liefern sie Ihnen den sinnlichen Beweis dafür, daß die Erde flach wie eine Tischplatte ist. Unwiderlegbare Beweise für die runde Form und die Bewegung der Erde wurden schließlich durch die Fotografien erbracht, die verschiedene Weltraummissionen lieferten. Sie bildeten den sichtbaren Beweis dafür, daß die Erde rund ist. Diese Beweismittel waren so überzeugend, daß sich die bis dahin hartnäckig weiterexistierende «Gesellschaft zur Erhaltung einer flachen Erde» (Society for Preservation of the Flat Earth) 1970 schließlich auflöste. Das war vierhundert Jahre nachdem Magellan die Kugelform der Erde bewiesen hatte, indem er sie umsegelte.

Die Bestimmung der physischen Eigenschaften unseres Planeten und die Feststellung des eigenen Schlafdefizits lassen sich insofern vergleichen, als der Grad der von Ihnen in einem bestimmten Augenblick verspürten Müdigkeit kein zuverlässiger Indikator Ihres wirklichen Schlafdefizits darstellt. Die Unschärferelation hinsichtlich unserer wirklichen Müdigkeit wirkt allerdings nur in eine Richtung. Wenn Sie sich in diesem Augenblick schläfrig fühlen, gibt es eine ziemlich hohe Wahrscheinlichkeit, daß Sie ein Schlafdefizit haben. Fühlen Sie sich im Augenblick nicht schläfrig, haben Sie vielleicht ein Schlafdefizit, vielleicht auch nicht.

Die Beziehung zwischen ihrem Schlafbedürfnis und Ihrer subjektiven Müdigkeit ist keineswegs einfach. Ihr Schlafbedürfnis läßt sich physiologisch definieren. Je größer Ihr Schlafbedürfnis, desto größer die Wahrscheinlichkeit, daß Sie einschlafen werden, unabhängig von der Situation und davon, was sich in Ihrer Umgebung abspielt. Schläfrigkeit ist jedoch eine subjektive oder psychische Empfindung, die vom Subjekt als aktuelles Schlafbedürfnis interpretiert wird. Das Schlafbedürfnis und das Gefühl von Schläfrigkeit verhalten sich ähnlich zueinander wie das Hungergefühl und der Nahrungsmangel. Der Nahrungsmangel ist ein physischer Zustand, in dem Nahrung gebraucht wird, und der Hunger ist das subjektive Gefühl, daß man so schnell wie möglich Nahrung zu sich nehmen möchte. Unmittelbar nach einer großen Mahlzeit sind sowohl Ihr Nahrungsbedürfnis als auch Ihr Hungergefühl gestillt. Wenn Sie aber unter einem Nahrungsdefizit leiden, liegen die Dinge anders. Wenn Sie kurz davor sind zu verhungern, braucht Ihr Körper offensichtlich Nahrung, aber das heißt nicht unbedingt, daß Sie in jedem gegebenen Augenblick hungrig sind. Ihr Hungergefühl hängt von einer Reihe von Faktoren ab, zum Beispiel von den Umständen, in denen Sie sich gerade befinden. Wenn Sie gerade um Ihr Leben laufen, weil ein hungriger Bär hinter Ihnen her ist, werden Angstgefühle Ihr Denken beherrschen. Sie werden weder Hunger verspüren noch über Essen nachdenken. Auch wenn Sie davonkommen, wird es eine längere Zeit geben, in der ein Gefühl der Erleichterung vorherrscht, vielleicht auch

Erschöpfung vom Rennen, Schmerzen vom Muskelkater oder von Ihren blauen Flecken. In dieser ganzen Zeit jedoch, obwohl Sie Ihren Hunger als Gefühl «vergessen» oder unterdrückt haben, sind Sie dennoch körperlich vom Verhungern bedroht. Es ist sogar möglich, so lange zu fasten, daß man jenseits des Hungers ankommt und keine subjektiven Hungergefühle mehr empfindet.

Wenn wir nun unser Schlafdefizit und unser Gefühl von Schläfrigkeit messen wollen, haben wir es mit einer Situation zu tun, die dem eben beschriebenen Verhältnis von Nahrungsmangel und Hungergefühl entspricht. Wenn Sie sich schläfrig fühlen, ist das ein sicheres Indiz dafür, daß Sie ein Schlafdefizit haben; fühlen Sie sich nicht schläfrig, ist das aber kein sicheres Indiz dafür, daß Ihr Schlafdefizit abgetragen worden ist. Deshalb ist es wichtig, sich selbst genau zu beobachten und sich für sein eigenes Schlafbedürfnis zu sensibilisieren. Um Sie hierbei zu unterstützen, habe ich einen einfachen Fragebogen entwickelt, der Ihnen anzeigen kann, wie groß Ihr Schlafdefizit tatsächlich ist.

WIE GROSS IST IHR SCHLAFDEFIZIT?

Der folgende Fragebogen hilft Ihnen festzustellen, ob Sie ein Schlafdefizit haben. Kreisen Sie bei jeder Frage *Ja* oder *Nein* ein.

1. Brauchen Sie in der Regel einen lauten Wecker, um morgens wach zu werden? Ja Nein
2. Wenn der Wecker morgens klingelt: Drücken Sie meistens auf den Knopf für die Nachweckautomatik (oder stellen Sie den Wecker einfach ab und schlafen weiter)? Ja Nein

3. Fällt Ihnen das Aufstehen am Morgen in der Regel schwer? Ja Nein
4. Überhören Sie manchmal den Wecker? Ja Nein
5. Fällt Ihnen öfter auf, daß bereits ein einziges Glas Bier oder Wein oder ein anderes alkoholisches Getränk eine spürbare Wirkung bei Ihnen hat? Ja Nein
6. Schlafen Sie am Wochenende länger als an normalen Wochentagen? Ja Nein
7. Schlafen Sie in den Ferien oder im Urlaub länger als sonst? Ja Nein
8. Haben Sie öfter das Gefühl, Ihre «Power» verloren zu haben? Ja Nein
9. Fällt es Ihnen schwerer als früher, sich um Routinearbeiten oder Details zu kümmern? Ja Nein
10. Schlafen Sie gelegentlich ohne Absicht ein? Ja Nein
11. Werden Sie gelegentlich beim Lesen im Sessel sehr schläfrig? Ja Nein
12. Werden Sie gelegentlich beim Fernsehen sehr schläfrig, bzw. nicken Sie manchmal dabei ein? Ja Nein
13. Wenn Sie als Passagier in einem Auto, Bus, Zug oder Flugzeug fahren und die Reise über eine Stunde ohne Pause dauert: Werden Sie in der Regel sehr schläfrig, bzw. schlafen Sie ein? Ja Nein
14. Fühlen Sie sich sehr müde bzw. nicken Sie ein, wenn Sie nach einem großen Mittagessen ohne Alkohol ruhig dasitzen? Ja Nein
15. Werden Sie öfter bei Sitzungen, Vorträgen, Theateraufführungen usw. müde? Ja Nein

16. Werden Sie manchmal sehr müde und verspüren einen starken Schlafdrang, wenn Sie Auto fahren und aus bestimmten Gründen (Stau, Ampel) halten müssen? Ja Nein
17. Trinken Sie im Laufe des Tages mehr als vier Tassen Kaffee oder Tee (mit Koffein)? (Vergessen Sie nicht, auch nachgeschenkte Tassen zu zählen, große Becher zählen als zwei Tassen.) Ja Nein

Um Ihre Punktzahl festzustellen, zählen Sie, wie oft Sie *Ja* eingekreist haben.

Es folgt die Auswertung des Fragebogens nach der von Ihnen erreichten Punktzahl:

Vier oder weniger: Sie bekommen ausreichend Schlaf. Bei Ihnen machen sich keine Anzeichen eines Schlafdefizits bemerkbar.

Fünf oder sechs: Sie bekommen wahrscheinlich an den meisten Tagen ausreichend Schlaf; es gibt aber Tage, an denen Sie etwas zuwenig schlafen, und das kann dazu führen, daß Sie bei manchen Aktivitäten nicht hundertprozentig leistungsfähig sind.

Sieben oder acht: Bei Ihnen gibt es Anzeichen eines Schlafdefizits, das möglicherweise zu einer spürbaren Verminderung Ihrer Arbeitsleistung führt und Ihre Fähigkeit einschränkt, Aufträge termingerecht zu erledigen. Worauf Sie achten sollten, sind kleine Fehler und kurze Spannen der Unaufmerksamkeit. Gelegentliche «Ausrutscher» – ungeschicktes Verhalten, falsche Schlußfolgerungen, Übersehen wichtiger Details – könnten Ihnen zu schaffen machen. Auf dieser Ebene werden Ihnen wahrscheinlich Ihre eigenen Fehler auffallen, wenn Sie die Möglichkeit haben, Ihre Arbeit selbst zu überprüfen. Übersehene Fehler können sich jedoch als peinlich und teuer erweisen.

Neun bis elf: Mit diesem Ergebnis haben Sie auf jeden Fall ein großes Schlafdefizit. Ihnen können bei der Arbeit jederzeit grobe Fehler und Auslassungen unterlaufen, und es ist möglich, daß Sie kleinere Fehler auch dann nicht merken, wenn Sie Ihre Arbeit ein zweites Mal überprüfen. Achten Sie darauf, ob Sie Termine verpassen oder ob Sie sich an bestimmte Informationen oder Instruktionen nicht erinnern können, obwohl andere sich sehr wohl erinnern können, Ihnen diese Informationen gegeben zu haben. Ein weiteres verräterisches Symptom, das Ihnen auffallen könnte, wäre eine gewisse Ungeschicktheit: Vielleicht stoßen Sie häufiger Sachen um oder lassen sie fallen. Zuweilen gibt es Stimmungsumschwünge. Achten Sie besonders auf eine reduzierte Motivation («Wozu das Ganze? Was soll's?») oder kurze Perioden der Depression oder des Unmuts. Es kann auch sein, daß Sie gelegentlich das Gefühl haben, die Arbeit wachse Ihnen einfach über den Kopf.

Zwölf bis vierzehn: Bei dieser Punktzahl kann es sein, daß Ihnen das Schlafdefizit bereits das Leben schwermacht. Zusätzlich zu den für die Punktzahl sieben bis elf beschriebenen Symptomen dürften Sie eine allgemeine Verschlechterung Ihrer Lebensqualität feststellen. Es mag vorkommen, daß Sie bei der Arbeit einen unerklärlichen, aber wichtigen Fehler machen oder etwas übersehen und Ihre Fehlleistung einfach nicht bemerken, bis es zu spät ist. Es kann sein, daß Sie für die feinen Details der Arbeit zunehmend weniger Geduld aufzubringen vermögen. Dinge, die Sie früher faszinierten, finden Sie inzwischen vielleicht nicht mehr so interessant. Möglicherweise haben Sie auch weniger Interesse an geselligen Kontakten. Mit diesem Verhalten gehen oft Haltungen einher wie: «Ich gehe nicht mehr ins Kino (sehe mir keine Sendungen im Fernsehen an), weil die Filme (die Sendungen) so oberflächlich, langweilig und vorhersehbar geworden sind» bzw. «Ich habe einfach nicht mehr die Zeit und die Geduld, einfach dazusitzen und Musik zu hören (oder ein Buch zu lesen)». Es kann sein, daß Ihnen Unfälle häufiger zustoßen. Vielleicht fällt Ihnen beim Fahren auf, daß Sie öfter nur knapp einem Unfall entgangen sind. Möglicherweise verbrennen oder schneiden Sie sich häufiger, verschütten Flüssigkeit oder kleckern, rempeln aus Versehen andere Menschen an oder stoßen sich an äußeren Gegenständen. Sie könnten auch gelegentliche Krisen des Selbstvertrauens erleben, zum Beispiel plötzliche generelle Zweifel an Ihren Fähigkeiten. Vorübergehende Gedächtnisprobleme könnten Ihnen auch zu schaffen machen: Plötzlich vergessen Sie eine bekannte Einzelinformation wie die eigene Adresse oder Telefonnummer oder die Adresse und Telefonnummer der Firma, oder Sie sind sich nicht sicher, ob Sie sich richtig daran erinnern.

Fünfzehn oder mehr: Eine solche Punktzahl läßt vermuten, daß der Schlafmangel bei Ihnen bereits ein sehr großes Problem darstellt. Ein solches Ausmaß an Schläfrigkeit findet man häufig bei Menschen mit einer krankhaften Schlafstörung (wie etwa einer Schlafapnoe oder einer schweren Insomnie). Bei einem solchen Ergebnis ist im Interesse Ihrer eigenen körperlichen und geistigen Unversehrtheit eine dringende Änderung Ihres Schlafverhaltens angezeigt. Sie sollten sofort anfangen, länger zu schlafen. Wenn Sie nach einigen Wochen immer noch auf sieben oder mehr Punkte kommen, sollten Sie sich ärztlich beraten lassen.

Diesen Fragebogen können Sie auch auf einfachere Weise auswerten: Bei mehr als sieben Punkten wird sich Ihr Schlafdefizit als mindernde Leistungsfähigkeit und verminderte Lebensfreude bemerkbar machen. Bei mehr als zwölf Punkten werden Ihre Leistungsabfälle und Stimmungsschwankungen auch anderen Menschen auffallen, zum Beispiel Ihrer Familie und Ihren Arbeitskollegen.

Der Sommer, die Zeitumstellung und der Tod

Naturwissenschaftler sind in gewisser Weise lediglich Geschichtenerzähler. Ihnen geht es darum, eine zusammenhängende Geschichte zu erzählen, die eine Reihe isolierter Fakten in befriedigender Weise zusammenfügt. Die Moral ihrer Geschichte nennen sie eine Theorie. Der Begriff *Theorie* kommt vom griechischen *theoria*, was soviel heißt wie (zu)schauen und auch die Wurzel für das Wort *Theater* bildet. Das ist auch angemessen, denn jede Theorie, ganz gleich wie vernünftig oder schön sie erscheint, muß angeschaut, untersucht und überprüft werden, bevor sie angenommen werden kann.

Bis jetzt habe ich Ihnen viele Einzelinformationen geliefert, die sich zur Theorie zusammenfügen lassen, die meisten Menschen in unserer heutigen Welt litten vermutlich in der einen oder anderen Weise an Schlafmangel. Wir schlafen alle eineinhalb bis fünf Stunden weniger, als von der Evolution vorgesehen. Obwohl die von vielen Forschern zusammengetragenen Daten diese Schlußfolgerung als naheliegend und vernünftig erscheinen lassen, will der Naturwissenschaftler immer noch einen weiteren Test durchführen, um die Funktionsfähigkeit seiner Theorie zu überprüfen. Was wir eigentlich wollen, so hat es jemand einmal formuliert, das ist der eine spektakuläre Versuch, dessen Ergebnisse so eindeutig, interessant und einfach sind, daß wir den Leuten bei Cocktailpartys imponieren können.

Wenn wir, wie ich behaupte, mit einem Schlafdefizit leben, dann müßten die Auswirkungen zu spüren sein. Wir wissen zwar, daß müde Menschen Fehlentscheidungen treffen, Informationen weniger effizient verarbeiten und sich bei Routineaufgaben weniger gut konzentrieren können. Es kann also sein, daß wir bei der Arbeit und zu Hause aus Schlafmangel vieles falsch machen; aber im Einzelfall ist es schwierig festzustellen, ob ein Fehler auf Schlafmangel zurückzuführen ist oder auf einen oder mehrere andere Faktoren. Gibt es eine Möglichkeit, eindeutig nachzuweisen, daß der Schlafmangel unsere Leben nachhaltig und nachteilig beeinflußt? Diese Frage hat mich über Jahre beschäftigt. Zuweilen aber ist der Weg zur Überprüfung einer bestimmten Theorie ausgesprochen schwer zu finden, und so war es in diesem Falle auch.

Manche Schlaflabors sind voller Betten, EEG-Geräte und anderer komplizierter elektronischer Ausrüstung. Manche sind voller Tiere. Mein Schlaflabor sieht wieder anders aus. Neben der Tür steht zwar ein großes Schild, das den Besucher darauf hinweist, hier handele es sich nicht einfach um ein Büro: *Labor für Neuropsychologie und Wahrnehmungspsychologie des Menschen* steht darauf.

Dann gibt es zwei Räume, die «naturwissenschaftlich» aussehen, weil sie vollgestellt sind mit Geräten zur Messung verschiedener Aspekte des Hörens und Sehens. Ansonsten aber sieht das Labor eher wie die Räume einer Firma aus, die für Zeitungen oder politische Parteien Meinungsumfragen durchführt. Auf den Tischen liegen statistische Auswertungsbögen und Fragebögen zuhauf. Manche werden zur Austeilung an bestimmte Gruppen in der Universität oder in der unmittelbaren Nachbarschaft vorbereitet, manche sind bereits ausgefüllt. In zwei weiteren Räumen sitzen vielleicht ein halbes Dutzend Menschen ruhig an Tischen und füllen weitere Fragebögen aus. In einem anderen Raum wird gerade ein Test durchgeführt, bei dem die Versuchspersonen zeigen müssen, wie gut sie sich dreidimensionale Gegenstände vorstellen können; neben ihnen sitzt ein Labortechniker und schaut ab und zu auf seine Stoppuhr. In anderen Teilen des Labors könnte man Labortechniker antreffen, die vor Computern sitzen und Fragebögen oder statistisches Material auswerten, Daten zur weiteren Auswertung eingeben oder Unterlagen von Krankenhäusern, Regierungsstellen oder anderen Quellen verarbeiten. Es gibt keine Betten, keine komplizierte Elektronik, keine Tiere in Käfigen und keinen Krankenhausgeruch von Desinfektionsmitteln. Nur einen Haufen beschriebenes Papier und eine Menge Computer. Für die meisten Fragen, die ich mir stelle, reicht das auch aus.

Die Daten, die von meinem Labor und von anderen Forschern gesammelt worden waren, hatten mich davon überzeugt, daß wir als Gesellschaft unter Schlafentzug leiden. Was bedeutet dieses Schlafdefizit für den einzelnen Menschen? Das wollte ich wissen. Ist unser Schlafdefizit so groß, daß wir tatsächlich eine Katastrophe riskieren, oder ist es nur so, daß wir eben nicht ganz optimal funktionieren? Kann man diese Frage mit den Mitteln beantworten, die mir in meinem Labor zur Verfügung stehen? Was ich brauchte, war eine reale Situation, in der sich die Auswirkung des Schlafmangels im wirklichen Leben bemerkbar machen würde, nicht nur in äußerst sensiblen, speziell zu diesem Zweck entworfenen Laborversuchen. Was ich brauchte, war klar: Eine große Menschengruppe müßte zur gleichen Zeit eine bestimmte Menge Schlaf verlieren oder länger schlafen. Unter diesen Bedingungen könnte ich meine Theorie überprüfen, das war klar. Unklar war mir allerdings, wo ich solche Bedingungen vorfinden könnte.

Die Antwort kam an einem Aprilabend. Ich machte mich gerade zum Schlafen fertig, als meine Frau mich fragte: «Hast du auch daran gedacht, die Uhren nachzustellen?»

«Wieso?» fragte ich.

«Die Zeit wird umgestellt», sagte sie. «Sommerzeit, weißt du: im Frühjahr eine Stunde vor, im Herbst eine Stunde zurück und so weiter.»

Die Umstellung auf Sommerzeit wird heute in rund dreißig Ländern der Erde praktiziert. Im Frühling oder Sommer werden die Uhren vorgestellt, um die Menge des während unserer üblichen Wachstunden verfügbaren natürlichen Tageslichts zu erhöhen (weshalb die Sommerzeit in angelsächsischen Ländern auch *daylight savings time* – Tageslichtsparzeit – genannt wird). Im Herbst kehrt man zur Normalzeit zurück. Die Idee wurde zunächst eher scherzhaft von Benjamin Franklin 1784 vorgebracht. In seinem Essay bemerkte er, daß die Menschen das Tageslicht besser ausnutzen könnten, wenn sie ihre Uhren vorstellten. Dadurch würden sie das verschwenderische und unnütze Brennen teurer Kerzen sparen und auf diese Weise alle reicher werden. Der Tonfall des Essays war bewußt launig gehalten, und Franklins Idee galt bis zum Ersten Weltkrieg als Grille. Im Krieg aber wurde die Sommerzeit von Deutschland, Großbritannien und den Vereinigten Staaten eingeführt, um den Gebrauch von Kunstlicht einzuschränken und damit teure und knappe Energieressourcen zu schonen. Im Zweiten Weltkrieg wurde die Maßnahme wiederaufgegriffen, in England gab es sogar eine «doppelte Sommerzeit», bei der die Uhren nicht eine, sondern zwei Stunden vorgestellt wurden, um das natürliche Licht maximal auszunutzen.

Nach dem Zweiten Weltkrieg wurde die Sommerzeit von den meisten Ländern beibehalten. Verschiedene Regierungen haben jedoch verschiedene Zeiten für den Beginn und das Ende der Sommerzeit festgesetzt. In den Vereinigten Staaten war es früher so, daß die Sommerzeit am letzten Sonntag im April begann und am letzten Sonntag im Oktober endete.

Nach heißen (und zuweilen bizarren) Debatten im Kongreß wurde ab 1987 per Gesetz festgelegt, daß die Sommerzeit fortan am ersten Sonntag im April beginnen und am letzten Sonntag im Oktober enden solle. In Großbritannien beginnt die Sommerzeit eine Woche früher, und in manchen europäischen Ländern kehrt man bereits Ende September zur normalen Zeit zurück.

«Zuweilen lächelt Gott dem Forscher zu», dachte ich mir. Die Sommerzeit war genau das, was ich brauchte. Sie führt dazu, daß die ganze Bevölkerung Nordamerikas in der gleichen Aprilnacht eine Stunde Schlaf verliert und im Herbst eine Stunde Extraschlaf erhält. Wenn der Verlust von nur einer Stunde Schlaf spürbare negative Auswirkungen auf die Bevölkerung hätte, würden wir wissen, daß unser gesellschaftliches Schlafdefizit bereits so groß ist, daß wir am Rand des Abgrunds stehen und jederzeit mit ernsten Konsequenzen rechnen müssen.

Bevor wir diesen Gedanken jedoch weiterverfolgen, müssen wir wissen, ob die Menschen tatsächlich ihr Schlafverhalten im Zuge jener Zeitumstellungen im April und Oktober ändern. Die Antwort darauf erbrachten zwei kluge Schlafforscher – Dr. Timothy H. Monk und sein Kollege Dr. Simon Folkard von der University of Sussex in Brighton, England. Für diese Forscher ähnelt diese Zeitumstellung einem Jetlag, bei dem man eine Zeitzone in westlicher oder östlicher Richtung überquert und dementsprechend eine Stunde gewinnt oder verliert.[33] Sie ließen fünfundsechzig Testpersonen ein Schlaftagebuch führen, in dem die Zeiten des Schlafengehens und des Aufwachens festgehalten wurden. Die Tagebücher wurden sechs Tage vor der Zeitumstellung begonnen und weitere elf Tage nach der Zeitumstellung fortgeführt. Die Ergebnisse zeigten, daß die Schlafmuster der Menschen in der Nacht der Zeitumstellung durcheinandergebracht wurden und weitere fünf Tage etwas instabil blieben. Das bestätigt offensichtlich meine Vermutung, daß die Zeitumstellung das Schlafverhalten der Menschen ändert.

Ich konnte nun davon ausgehen, daß es zu einem bestimmten Zeitpunkt für eine große Population – genauer: für die gesamte Bevölkerung der Vereinigten Staaten – zu einem systematischen Schlafentzug kommen würde. Jetzt brauchte ich einen Maßstab für den daraus resultierenden Leistungsabfall beziehungsweise für die daraus folgenden Fehlentscheidungen. Hier kam ich zunächst nicht weiter. Im Labor kann man leicht Versuchsbedingungen herstellen, die es uns ermöglichen, die Leistung unserer Versuchspersonen zu überprüfen. Ich wollte aber einen Maßstab aus der realen Welt. Ich argumentierte wie folgt: Wenn eine Versuchsperson im Schlaflabor einen Fehler macht oder nicht aufpaßt, wird eine Antwort als falsch angekreuzt, oder der Computer zeigt mit einem Piepton an, daß ein Ziel verfehlt wurde. In der wirklichen Welt sind die Konsequenzen drastischer. Wenn man schläfrig ist und darum nicht aufpaßt, sieht man vielleicht nicht, wie die Ampel auf Rot schaltet. Als Folge gerät man mitten auf der Kreuzung in den Gegenverkehr. Wenn man mit Material beladen eine Leiter besteigt und aus Unachtsamkeit eine Sprosse verfehlt, stürzt man ab. Wenn man einen Topf heißer Suppe vom Herd nimmt und über sein dreijähriges Kind stolpert, das unbemerkt in die Küche gekommen ist, können beide schlimme Verbrennungen davontragen. Mit anderen Worten: In der wirklichen Welt tun Fehler oft weh. Ich brauchte also eine Datenbasis mit Informationen über Unfälle. Dies stellte sich als erheblich schwieriger heraus, als ich es mir vorgestellt hatte. Es gibt viele Quellen für solche Unfalldaten, aber die meisten liefern nur Zusammenfassungen: Die Daten sind nach Jahr, Monat oder Woche zusammengefaßt. Für meine Zwecke mußte ich nicht nur einen

Vermerk über die Unfallart haben, sondern auch den genauen Tag des Unfalls erfahren. Es war so gut wie unmöglich, solche Daten in den öffentlich zugänglichen Datenbanken zu finden.

Was ich eigentlich gebraucht hätte, wäre eine nach Tagen geordnete Aufstellung aller schweren Unfälle. Was ich bekommen konnte, war jedoch eine Aufstellung aller *tödlichen* Unfälle. Die Daten werden jährlich vom National Center for Health Statistics (NCHS) gesammelt, einer Abteilung des amerikanischen Gesundheitsministeriums. Wie ich erfuhr, sammelt das NCHS die Daten aller in den USA ausgestellten Totenscheine und listet die Ergebnisse nach Todesart und Todestag auf. Das bedeutet, daß es uns möglich sein müßte, die tödlichen Unfälle nach der Umstellung auf die Sommerzeit zu isolieren.

Ich hätte sagen sollen: Das NCHS *sammelte* diese Daten. Seit 1988 wird der Hinweis auf das Datum weggelassen. Nach Auskunft des NCHS geschieht das, um die Privatsphäre der Toten zu schützen, da die Informationen über das genaue Datum und den genauen Ort dazu benutzt werden könnten, ein bestimmtes Individuum zu identifizieren. Als ich von dieser Beschränkung hörte, hätte ich fast geweint. Ich bin kein Politiker, also weiß ich nicht, unter welchem politischen Druck diese Veränderung beschlossen wurde. Als Forscher weiß ich jedoch, daß sie den Nutzen dieser Datenbank für die Wissenschaft erheblich reduziert. Für meine Fragestellung zum Beispiel wird die Datenbank durch diese politisch bedingte Einschränkung völlig wertlos. Wirklich traurig ist dabei die Tatsache, daß die neue Richtlinie den Verstorbenen überhaupt keinen wirksamen Schutz gewährt. Totenscheine sind in den USA öffentliche Dokumente und können direkt zur Einsicht angefordert werden. Wenn Sie wissen wollen, woran Ihr Nachbar gestorben ist, können Sie zum Rathaus gehen und eine Kopie des Totenscheins beantragen. Das wäre auch erheblich sinnvoller, als sich durch die Daten der Millionen Totenscheine aus dem ganzen Land hindurchzupflügen und aufgrund von Todesort und Todeszeitpunkt auf Ihren Nachbarn schließen zu wollen. Die Gehirne unserer Politiker müssen schon merkwürdig aussehen, wenn sie bereit sind, eine Datenquelle, deren Zusammenstellung den Steuerzahler jährlich Millionen Dollar kostet, bloß um einiger kosmetischer Veränderungen willen derart zu beschädigen.

Immerhin: Wir erhielten Bänder mit den Daten aller Todesfälle in den Jahren 1986 bis 1988, die vor der Veränderung der Richtlinie erstellt wurden und darum tatsächlich den Todestag festhielten.

Es handelt sich um die Informationen aus 6 405 922 Totenscheinen. Hieraus entnahmen wir nur solche Daten, die sich auf Unfalltode bezogen, die sich an bestimmten Tagen ereignet hatten. Ein perfekter Datensatz hätte auch den Tag des Unfalls aufgelistet. Unsere Daten waren in dieser Hinsicht nur «zweite Wahl», weil sie nur den Todestag, nicht jedoch den Tag des tödlichen Unfalls angaben. Dem *Oxford Textbook of Medicine* zufolge tritt der unfallbedingte Tod in achtzig Prozent aller Fälle innerhalb von vier Tagen nach dem Unfall ein. Nichtsdestotrotz mußten wir mit einem gewissen Unschärfefaktor rechnen, da jeder aufgeführte Unfalltod theoretisch auf einen bereits mehrere Tage zurückliegenden Unfall zurückgeführt werden könnte. Aus diesem Grunde betrachteten wir alle unfallbedingten Todesfälle, die sich vom Montag bis zum Donnerstag nach der Zeitumstellung ereigneten. Die Summe dieser Todesfälle wurde mit der Summe der Todesfälle an den gleichen vier Wochentagen in der Woche vor der Zeitumstellungswoche und mit der Woche danach verglichen.

Wenn unser Schlafdefizit dazu führt, daß wir die Auswirkungen auch des kleinsten zusätzlichen Schlafverlusts stärker verspüren, müßte der Verlust von einer Stunde Schlaf im

Frühjahr dazu führen, daß wir ungeschickter und unachtsamer als sonst werden; anfälliger für Unfälle – und für den Tod. Im Herbst könnte die Erstattung der verlorenen Stunde dazu führen, daß wir etwas besser aufpassen – was sich als zusätzliche Sicherheit auszahlen könnte. Als Ergebnis der Auswertung dieser Daten war ein Anstieg der Todesfälle in der Woche der Zeitumstellung im Frühjahr und ein Rückgang in der entsprechenden Herbstwoche zu erwarten. Die Auswertung solcher Datenmassen bedeutete erheblich mehr Arbeit, als ich mir vorgestellt hatte. Der Computer, den ich sonst für solche Arbeiten benutze, war damit total überfordert. Als wir schließlich den schnellsten Computer im Labor für die Auswertung heranzogen, brauchte er dafür sechsundneunzig Stunden ununterbrochener Rechenarbeit. Die Ergebnisse sind in Diagramm 2 dargestellt.

DIAGRAMM 2

Unfallbedingte Todesfälle in den USA an den ersten vier Wochentagen der Wochen unmittelbar vor, während und nach der Umstellung Normalzeit–Sommerzeit bzw. Sommerzeit–Normalzeit 1986 bis 1988. Beachten Sie den Anstieg der Todesfälle in der Woche der Frühlingsumstellung, unmittelbar nach dem Schlafverlust von einer Stunde.

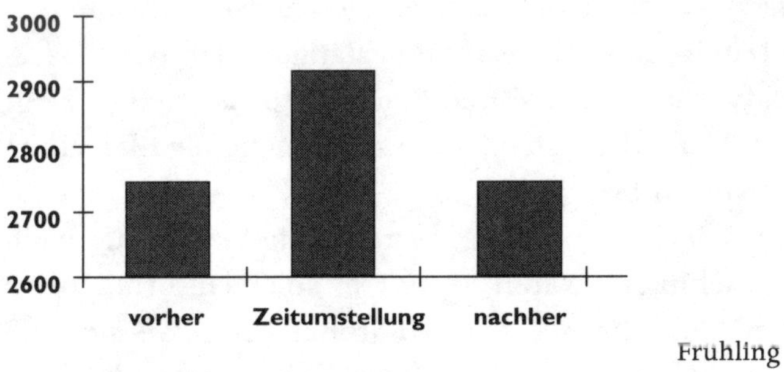

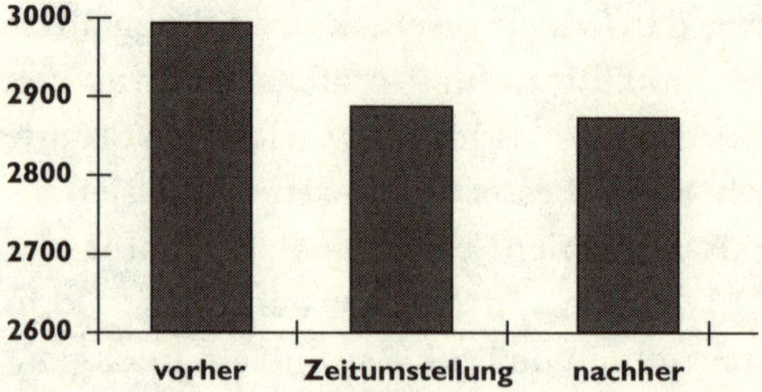

Herbst

Die Resultate für die Frühlingsumstellung zur Sommerzeit sind wirklich sehr aufschlußreich. In den vier Tagen nach einem generellen Schlafverlust von nur einer Stunde steigt die Zahl der Unfalltoten um sechs Prozent gegenüber der Woche vor der Umstellung und der Woche danach. Genau das hatte ich vorhergesagt. Im Herbst allerdings gibt es keine eindeutige Zunahme der Sicherheit; das macht unsere Hypothese keineswegs zunichte, ist aber doch ein wenig beunruhigend. Zunächst hielt ich die Unschärfe der Daten – da der Tod mehrere Tage nach dem tödlichen Unfall eintreten kann – für eine mögliche Erklärung; aber ich war doch beunruhigt und suchte nach möglichen zusätzlichen Informationsquellen. Denn die Daten schienen zwar zu bestätigen, daß der zusätzliche Schlafverlust einen klaren Risikofaktor darstellt, belegten jedoch nicht die These, daß zusätzlicher Schlaf einen Sicherheitsvorteil bringt.

Was ich wirklich brauchte, waren Unfalldaten, die nach Tagen aufgeschlüsselt waren. Wo wären solche Informationen zu erhalten? Und vor allem: in so großer Zahl, daß sich die statistische Auswertung der Daten lohnen würde? Ich brachte über einen Monat damit zu, solchen Daten nachzuspüren. Ohne Beziehungen geht es oft nicht – in der Wissenschaft wie im sonstigen Leben. Ein freundlicher Mensch reichte mich zum anderen weiter, bis ich bei einem Menschen landete, der bereit war, sich meines Problems anzunehmen. Die wichtigste Vorarbeit wurde von der für Datenbanken zuständigen Bibliothekarin meiner Universität geleistet. Nach einer langen und zeitraubenden Suche konnte sie bestätigen, daß die von mir benötigten Informationen aus öffentlich zugänglichen Datenbanken nicht zu erhalten waren. Es gelang ihr jedoch irgendwie, den einzigen Mann im kanadischen Verkehrsministerium aufzutreiben, der mir die entsprechenden Daten über Verkehrsunfälle zur Verfügung stellen könnte. Er sei aber, so warnte sie mich, keineswegs verpflichtet, solche Informationen freizugeben. Es war ein sehr schwacher Hoffnungsschimmer, aber ich setzte mich dennoch mit seinem Büro in Ottawa in Verbindung. Vielleicht, so sagte ich mir, würde er bereit sein, mir wenigstens einen Hinweis auf andere Quellen zu geben, wenn ich auch kaum damit rechnen könnte, an seine Daten heranzukommen. Also erklärte ich, daß ich Naturwissenschaftler sei, an der Universität arbeite und mich zur Zeit mit einem bestimmten Problem beschäftigte, das die Frage der Verkehrssicherheit tangiere. Ich erklärte ihm auch, daß mir nur geringe Haushaltsmittel für die Forschung zur Verfügung ständen (was in der gegenwärtigen wirtschaftlichen Lage auf die meisten Forschungsprojekte zutrifft). Und ich schilderte ihm die Mindestanforderungen, die ich an solche Datensätze stellen mußte, um eine klare Antwort auf die von mir gestellte Frage zu erhalten. Die Stimme am anderen Ende der Telefonleitung schwieg kurz. Dann sagte sie: «Also, wenn das alles ist, kann ich Ihnen die Zahlen für ein paar Jahre ausdrucken. Im Augenblick bin ich ziemlich beschäftigt, aber in einigen Wochen hören Sie von mir.»

Acht Wochen später traf ein großer brauner Briefumschlag mit meterlangen Computerausdrucken auf Endlospapier in meinem Labor ein. In den nächsten Wochen war jeder

Mitarbeiter, der einen Computer bedienen konnte, damit beschäftigt, meine Daten abzutippen. Der Umschlag enthielt Daten über jeden gemeldeten Verkehrsunfall in Kanada in den Jahren 1991 und 1992, aufgeschlüsselt nach Datum und Provinz. Jetzt würde es keine Unschärfe geben: Der Zeitpunkt eines jeden Unfalls war festgehalten. Insgesamt lagen uns Daten über mehr als anderthalb Millionen Unfälle aus ganz Kanada vor. Es gab nur eine kleine Schwierigkeit: Die Daten aus der Provinz Saskatchewan konnten wir nicht gebrauchen, da sich diese Provinz bis heute gegen die Einführung der Sommerzeit wehrt. Danach war die Auswertung relativ simpel. Ich untersuchte die Zahl der Verkehrsunfälle am Montag unmittelbar nach der Zeitumstellung und verglich sie mit den Zahlen für den vorangegangenen und darauffolgenden Montag. Die Ergebnisse sind in Diagramm 3 dargestellt.

DIAGRAMM 3
Zahl der Verkehrsunfälle in Kanada für den Montag vor, unmittelbar nach und eine Woche nach der Umstellung Normalzeit–Sommerzeit bzw. Sommerzeit–Normalzeit in den Jahren 1991 und 1992. Beachten Sie die Zunahme im Frühling, unmittelbar nach dem Schlafverlust von einer Stunde, und die Abnahme im Herbst, nach dem Gewinn von einer Stunde Schlaf.

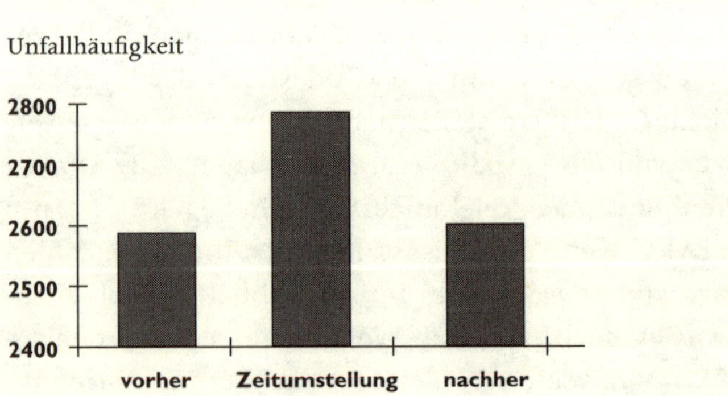

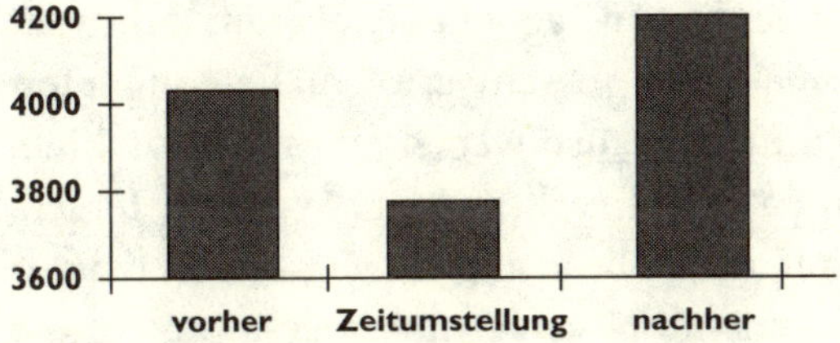

Herbst

Ich war ekstatisch. Klarer könnten die Ergebnisse meiner Meinung nach nicht sein. Unmittelbar nach der Zeitumstellung im Frühjahr, wenn es einen Schlafverlust von einer Stunde gibt, steigt die Zahl der Verkehrsunfälle um etwa sieben Prozent. Eine Woche später ist diese Steigerung verschwunden. Vermutlich ist diese Steigerung einfach darauf zurückzuführen, daß die Extrastunde, die unserem Schlafdefizit zugeschlagen wird, uns noch unaufmerksamer macht und unser Gehirn noch mehr trübt. Wenn wir im Herbst eine zusätzliche Stunde Schlaf bekommen, ergibt sich ein umgekehrtes Muster. Unmittelbar nach der Zeitumstellung geht die Zahl der Verkehrsunfälle um etwa sieben Prozent zurück. Eine Woche später ist alles wieder «normal». Vermutlich liegt der Rückgang daran, daß diese Extrastunde Schlaf an unserem Schlafdefizit knabbert, so daß wir kurzfristig etwas aufgeweckter sind und unser Gehirn etwas klarer denkt.

Diese Ergebnisse sagen uns einiges über das aktuelle Schlafdefizit unserer Gesellschaft. Wenn der Verlust einer einzigen Stunde Schlaf dazu führen kann, daß sich das Risiko eines Verkehrsunfalls um sieben Prozent steigert (und das Risiko eines tödlichen Unfalls um sechs Prozent), dann muß dieses gesellschaftliche Schlafdefizit ziemlich hoch sein. Und das sind nur zwei Ereignisgruppen; Ereignisse, die wir zählen und auflisten können. Wie viele schlechte Investitionsentscheidungen wurden an diesem Tag von benebelten Gehirnen gefällt? Wie viele nicht ganz so schwere Unfälle ereigneten sich bei der Arbeit und zu Hause wegen eines Mikroschlafs oder einer momentanen Unaufmerksamkeit? Wie viele fehlerhafte Teile rollten auf dem Fließband an der Qualitätskontrolle vorbei, weil jemand einfach nicht mehr aufpassen konnte? Wie viele Planungsfehler wurden übersehen? Wie viele Computer falsch programmiert? Wie viele falsche Rezepte ausgeschrieben? Das alles hat stattgefunden, hat Probleme verursacht und ist auf eine Hauptursache zurückzuführen. Diese Ursache heißt Schlafdefizit; ein Schlafmangel, der das menschliche Hirn so benebelt, daß es nicht mehr richtig funktioniert. Dieses Schlafdefizit ist bereits so hoch, daß eine einzige zusätzliche Stunde zum Tod vieler Menschen führt. Die Daten über die Verkehrsunfälle im Herbst zeigen aber, daß dieses Schlafdefizit sehr wohl abbezahlt werden kann, und daß eine erste Rückzahlungsrate sofortige Vorteile bringt. Eine zusätzliche Stunde Schlaf führte zu einem Rückgang der Verkehrsunfälle um sieben Prozent. Aufgrund dieses kleinen Zusatzschlafes steigerte sich die Aufmerksamkeit der Menschen, blickten ihre Gehirne klarer durch. Wie viele andere Unfälle wurden an diesem Tag vermieden? Wie viele klarere Köpfe waren in der Wirtschaft und in der Wissenschaft mit Entscheidungen befaßt? Wie viele zusätzliche Leben wurden gerettet? Hierüber gibt es keine Daten. Sechzig Minuten länger im Bett – das ist eine kleine Investition, die aber, wie diese Daten klarstellen, in unserem gegenwärtigen Zustand chronischen Schlafentzugs große Dividenden zahlt.

Wann wachen wir endlich auf?

Der griechischen Mythologie zufolge gebar die Nacht zwei Kinder. (Wir wissen nicht, wer der Vater war; die Nacht gibt nicht ohne weiteres ihre Geheimnisse preis.) Einer dieser Söhne war Hypnos (den die Römer später Somnus nannten). Hypnos wurde der Gott des Schlafs. Er wandelte in vielerlei Gestalt auf der Erde – zuweilen als Vogel, zuweilen als Kind, am häufigsten jedoch als schöner Jüngling, bewaffnet mit einem Horn oder einem Mohnstengel, aus dem er eine Flüssigkeit träufeln konnte, die die Menschen schlummern ließ. Er galt immer als Helfer der Menschen, der ihnen Gesundheit schenkt. Anders jedoch sein Zwillingsbruder Thanatos, der Tod. Hypnos und Thanatos waren Erzfeinde auf ewig. Thanatos haßte alle Menschen, während Hypnos sie liebte und sich um sie kümmerte.

Obwohl Hypnos als Menschenfreund und Heiler von Körper und Geist bekannt war, gab es keinen Kult um ihn; man brachte ihm weder Opfer noch Gebete dar; keine Hypnos-Tempel wurden gebaut, keine Lieder geschrieben, um dem Gott für seine guten Taten und seine Liebe zu danken. Selbst in der klassischen Antike also, in Griechenland und Rom, wurde der Schlaf als Notwendigkeit zwar akzeptiert, jedoch nicht geehrt. Und so ist es auch heute.

Vielen historischen und legendären Gestalten sagt man ein ungewöhnliches Schlafverhalten nach. Sucht man unter ihnen aber nach Menschen, die ungewöhnlich lange schlafen, so findet man so gut wie niemanden. Hierfür gibt es wohl soziale und kulturelle Gründe. Unsere Gesellschaft will, daß ihre Helden hart im Nehmen sind. Dazu gehört die Erwartung, daß große Gestalten mit weniger Schlaf auskommen als normale Menschen. Der Held (wie die von John Wayne im Film gespielten Gestalten) schiebt die ganze Nacht Wache, damit seine Truppen den benötigten Schlaf bekommen können, und ist am nächsten Morgen immer noch frisch genug, um sie in die Schlacht zu führen.

Wird aber entdeckt, daß eine verehrte geschichtliche Gestalt besonders lange geschlafen hat, so wird davon im entschuldigenden Tonfall berichtet, als schämte sich der Biograph dafür. Nehmen wir zum Beispiel Karl den Großen, der im Jahr 800 zum Kaiser des Heiligen Römischen Reichs gekrönt wurde. Seine Biographen wissen zu berichten, daß er außer seiner normalen Nachtruhe jeden Nachmittag ein Schläfchen hielt – ein Nickerchen von fast drei Stunden. Aber fast jede Quelle, die Karls große Siesta erwähnt, entschuldigt diese Tatsache mit einem Hinweis darauf, daß der Kaiser im Schnitt viermal pro Nacht wach wurde. Auf diese Weise erscheint der Nachmittagsschlaf lediglich als Ausgleich für die Insomnie beziehungsweise den häufig unterbrochenen Schlaf des Kaisers.

Der britische Mathematiker Abraham De Moivre war ein Pionier auf dem Gebiet der Wahrscheinlichkeitstheorie und der Trigonometrie. Ihm wird nachgesagt, immer ein Langschläfer gewesen zu sein, der mit zunehmendem Alter noch mehr Schlaf genoß. Seine Biographen weisen uns aber immer darauf hin, daß De Moivre ein Genie war, das *trotz* seiner Schlafgewohnheiten viele mathematische Entdeckungen machen konnte. Thomas Edison – der bekanntlich den Schlaf für reine Zeitverschwendung und zuviel Schlaf für gesundheitsschädigend hielt – benutzte De Moivre sogar als negatives Beispiel. Die Geschichte, wie er sie erzählte, lautete so:

Im Alter schlief De Moivre jeden Tag zwanzig Stunden, so daß ihm nur noch vier Stunden für seine Wissenschaft und sein sonstiges Leben übrigblieben. Kurz vor seinem Tod tat er kund, er verspüre das Bedürfnis, jeden Tag zehn Minuten länger zu schlafen als am Vortag. So schlief er immer länger, und bald waren es dreiundzwanzig Stunden. Da passierte es. Eines Tages schlief er volle vierundzwanzig Stunden, und das gab ihm den Rest. Er starb im Schlaf. Zuviel Schlaf ist gesundheitsschädigend und kann, wie das Beispiel De Moivres beweist, auch tödlich sein.

Edison selbst war, wie er und seine Biographen stets betonen, ein ausgesprochener Kurzschläfer, was selbstverständlich als positive und lobenswerte Charaktereigenschaft herausgestellt wird. Langschläfer gelten als faul und antriebsarm. Wenn ihnen etwas mißlingt, müssen sie sich von ihren Vorgesetzten oft solche Kommentare gefallen lassen wie: «Hätten Sie mehr gearbeitet und weniger geschlafen, wäre das nie passiert.» Kurzschläfer genießen jedoch den Schutz und die Wertschätzung der Gesellschaft. Scheitert eins ihrer Projekte, so können sie immer darauf hinweisen, wie viele schlaflose Nächte sie darauf verwendet hätten; und so heißt es, der Erfolg bleibe ihnen trotz größter Anstrengungen versagt.

Angesichts der hier vorgelegten Daten, aus denen hervorgeht, daß der Schlafmangel als wahrscheinliche Ursache vieler Irrtümer, Fehlentscheidungen, Unfälle und Todesfälle gelten muß, ist die Vergötterung des Kurzschläfers ein wirklich seltsames gesellschaftliches Phänomen. Immer wieder findet man Hinweise auf jene großen Gestalten, die mit wenig Schlaf auskamen, darunter Napoleon, Winston Churchill, John F. Kennedy, Salvador Dalí und Leonardo da Vinci.

Der Fall Leonardos ist übrigens interessant. Er wird oft zitiert, und mehrere Forschungsprojekte haben sich mit ihm beschäftigt. Leonardo da Vinci ist berühmt aufgrund seiner

Gemälde, Zeichnungen und Skulpturen, seiner Fähigkeit als Ingenieur, seiner Erfindungen und seiner anatomischen Skizzen. Er war außerdem ein äußerst produktiver Schriftsteller und stellte Untersuchungen auf den Gebieten der Mathematik, Ballistik, Medizin, Botanik, Astronomie, Geologie und Biologie an. Seine Tagebücher bilden eine interessante Lektüre; in ihnen sind moderne Erfindungen wie der Hubschrauber bereits vorweggenommen. Obwohl Leonardos Leben Gegenstand vieler Untersuchungen und Darstellungen gewesen ist, bleiben viele Aspekte seines Lebens ein Geheimnis. Vieles von dem, was über seine Lebens- und Arbeitsgewohnheiten berichtet wird, stammt aus sekundären Quellen oder von beiläufigen Bemerkungen. Eine der interessantesten Behauptungen, die zur Erklärung seiner hohen Produktivität vorgebracht worden sind, betrifft Leonardos Schlafgewohnheiten. Angeblich schlief Leonardo alle vier Stunden nur fünfzehn Minuten, was auf eine tägliche Gesamtschlafmenge von lediglich eineinhalb Stunden hinausliefe. Das Ergebnis eines solchen Schlafverhaltens wäre ein täglicher Gewinn von sechs produktiven Arbeitsstunden. Wenn Leonardo an diesem Regiment sein ganzes Leben lang festhielt, so hätte er seiner siebenundsechzigjährigen Lebensspanne weitere zwanzig produktive Jahre hinzugefügt. Dieses Schlafverhalten, heißt es, in Verbindung mit Leonardos Genie, könne dazu beitragen, den Umfang und den Reichtum seines Lebenswerks zu erklären.

Leonardos ungewöhnliche Schlafgewohnheiten sind von dem findigen Schlafforscher Claudio Stampi untersucht worden, der jetzt am Sleep and Alertness Research Unit des Institute for Circadian Physiology in Boston tätig ist.[34] Als junger Arzt in Bologna begann sich Stampi für verschiedene Schlaf-Wach-Muster zu interessieren, insbesondere für reale Situationen, in denen normales Schlafverhalten unmöglich ist, so daß die betroffenen Menschen alternative Muster entwickeln. Schließlich wurde er auf den Sport des Einhand-Langstreckensegelns aufmerksam. Im Verlauf einer solchen Ozeanregatta muß der Segler die verschiedensten Aufgaben bewältigen. Manche davon sind Routineaufgaben, die regelmäßig erledigt werden müssen, andere sind nicht vorhersehbar. Manche erfordern höchste Anstrengung und Aufmerksamkeit, zum Beispiel das Steuern der Jacht bei gleichzeitigem Trimmen der Segel, um schnell wechselnden und potentiell lebensbedrohlichen Wind-, Wetter- und Wellenbedingungen zu begegnen. Der Segler muß dabei versuchen, den optimalen Kurs und die maximale Geschwindigkeit beizubehalten. Unter solchen Bedingungen ist der Schlaf gefährlich: Während der Segler schläft, kann das Boot vom Kurs abkommen und dadurch Zeit verlieren und in Kollisionsgefahr geraten. Auch wenn die Jacht mit automatischen Steuer- und Kontrollgeräten ausgestattet ist, kann sie bei veränderten Bedingungen schnell vom bestmöglichen Kurs abkommen und Zeit verlieren, wenn der Segler schläft.

Stampi hat verschiedene Rennen studiert, darunter die von der Zeitung *Observer* gesponserte transatlantische Einhand-Segelregatta «Observer Single-Handed Transatlantic Race» (OSTAR). Bei dieser Regatta muß eine Strecke von dreitausend Seemeilen (über fünftausendfünfhundert Kilometer) zurückgelegt werden. Das erste OSTAR wurde 1960 von Sir Francis Chichester gewonnen. Er brauchte für die Strecke achtunddreißig Tage. 1988 wurde sie vom schnellsten Segler in nur zehn Tagen bewältigt. Wie die meisten Segler zugeben, liegt der bedeutendste Hemmfaktor für eine weitere Steigerung der Geschwindigkeit nicht bei den Booten – die meisten werden im High-Tech-Verfahren entworfen und mit den neuesten leistungssteigernden Innovationen ausgestattet; der wichtigste hemmende Faktor ist der Segler selbst. Das bedeutet umgekehrt: Entscheidend für den Sieg sind das seglerische Können sowie das geistige und körperliche Durchhaltevermögen des einzelnen. Wer nicht nur Wind und Strömung, sondern auch die eigenen physischen und psychischen Ressourcen richtig einsetzt, wird das Rennen gewinnen.

Wie Stampi feststellte, hingen überdurchschnittliche Leistungen bei diesen Einhandseglern mit bestimmten Schlafgewohnheiten zusammen. Die Segler mit den besten Ergebnissen hatten das traditionelle Schlafmuster, bei dem wir uns nachts in einem großen Block den ganzen benötigten Schlaf holen, völlig aufgegeben. Statt dessen holten sich diese erfolgreichen Segler ihren Schlaf in Form kurzer Schläfchen, die manchmal nur zehn bis zwanzig Minuten und äußerst selten länger als eine Stunde dauerten. Außerdem reduzierten die Spitzensegler ihre Gesamtschlafdauer auf etwa vier bis fünf Stunden.

Diese Verkürzung der Gesamtschlafdauer in Verbindung mit der Aufteilung des Schlafs in kurze, über die vierundzwanzig Stunden des Tags verstreute Nickerchen erinnerte Stampi an Leonardos Schlafgewohnheiten. Unter kontrollierten Versuchsbedingungen konnte er zeigen, daß ein vierstündiger Zyklus von Arbeit und Ruhe erreicht und über einen Zeitraum von zwei Monaten aufrechterhalten werden kann. Bei diesem Versuch wurde alle vier Stunden fünfundzwanzig Minuten geschlafen, was auf eine Gesamtschlafdauer von zweieinhalb Stunden pro vierundzwanzig Stunden hinausläuft. Manche Versuchsteilnehmer waren – wenigstens für die Dauer des Experiments – anscheinend in der Lage, unter solchen Bedingungen normal zu funktionieren.

Das längste Experiment dieser Art wurde von Giancarlo Sbragia unternommen, der als Bühnenautor und Schauspieler in Rom lebt und arbeitet. Er wollte Leonardos Schlafmuster übernehmen, um seine eigene Produktivität zu steigern. Damals war Sbragia etwa dreißig Jahre alt. Er brauchte circa zwanzig bis fünfundzwanzig Tage, um sich auf seinen neuen Tagesablauf umzustellen. Seine Zeiten überprüfte er mit Hilfe eines Weckers, den er alle vier Stunden nachstellte. Wenn der Wecker klingelte, legte sich Sbragia hin und schlief fünfzehn Minuten. Dieses Experiment dauerte sechs Monate. Zunächst fand Sbragia das Ergebnis eines zweiundzwanzigeinhalbstündigen Tags geradezu berauschend. Nach und nach verschlechterte sich seine Stimmung jedoch. «Nach einigen Monaten war ich ein psychisches Wrack», räumte er später ein. Er bemerkte einen Verlust seiner Kreativität und der künstlerischen Qualität seiner Arbeit: «Meine Phantasie und meine künstlerische Tätigkeit wurden in Mitleidenschaft gezogen. Ich kam mir vor, als würde ich die Kraft einer Batterie verbrauchen (keine physische, sondern eine kreative Batterie), die nie aufgeladen wurde. Ich litt unter einer Beschädigung meiner Phantasie.» Weil ihm diese Entwicklung Sorgen machte, beendete er das Experiment. «Ich kehrte zu meinen vollen acht Stunden Schlaf zurück. So rettete ich meine Träume und, was am wichtigsten war, meinen inneren Frieden.»

Unter Berücksichtigung seiner eigenen Erfahrung mit Leonardos Zeitplan meinte Sbragia, man könne ihn möglicherweise durchhalten, solange man lediglich routinemäßige Verrichtungen auszuführen habe. Aufgrund seines eigenen Erlebens glaubt er jedoch, daß künstlerische Kreativität und Erfindungsreichtum davon abhängen, daß man ausreichend Schlaf bekommt, und zwar auf die traditionelle, lange und zusammenhängende Weise, und nicht in Gestalt zerstükkelter Kurzschlafepisoden.

Wie konnte es aber Leonardo schaffen, diesen Zeitplan durchzuhalten und dabei kreativ zu bleiben? Die Antwort lautet: Wahrscheinlich konnte er es nicht. Möglicherweise hielt er sich an einen solchen Arbeitsplan, wenn er unter Zeitdruck stand, eine bestimmte Aufgabe zu vollenden. Wir wissen zum Beispiel, daß Leonardo für seine detaillierten anatomischen Studien, die er in einer Serie herrlicher Zeichnungen festhielt, mindestens dreißig Leichen sezierte und untersuchte. Zu Leonardos Zeiten waren die Techniken zur Konservierung biologischen Gewebes gelinde gesagt primitiv. In einer solchen Situation könnte es für Leonardo von Vorteil gewesen sein, einen Kurzschlafrhythmus zwischenzuschalten, um die Arbeit beenden zu können, bevor die Kadaver zu faulen begannen. Danach könnte er zum normalen Schlafrhythmus zurückgekehrt sein.

Wenn wir uns allerdings an die historischen Dokumente halten, müssen wir sagen, daß es überhaupt keine handfesten Belege dafür gibt, daß Leonardo jemals einen solchen Schlafrhythmus benutzte. Und nicht nur das: Es gibt Hinweise darauf, daß Leonardo zumindest in seinen späteren Jahren ein ausgesprochener Langschläfer war. In seinen letzten Lebensjahren nahm Leonardo die Einladung des jungen französischen Königs Franz I. an, in seine Dienste zu treten. Ein Brief aus dieser Zeit vermerkt, auf die bequeme Unterbringung Leonardos sei besonders zu achten, denn «er legt Wert auf seinen Schlaf und verbringt viel Zeit im Bett».

Sollten wir uns geirrt haben? Ist es möglich, daß Leonardo doch kein Kurzschläfer war? Das kann gut sein. Viele Menschen verwenden große Energien darauf, ihr «Image» zu manipulieren und erfolgsorientiert, energisch und engagiert zu erscheinen; dazu gehört auch der Versuch, sich als Kurzschläfer darzustellen, der sich mit wenig Schlaf durchs Leben schlagen kann. So gestand der berühmte englische Schriftsteller Samuel Johnson, der das erste Wörterbuch der englischen Sprache zusammenstellte: *«Mein ganzes Leben lang bin ich immer bis zum Mittag im Bett geblieben; und doch erzähle ich allen jungen Männern, und erzähle es mit großer Aufrichtigkeit, daß es niemand zu etwas bringen könne, der nicht früh aufsteht.»*

Auch der sowjetische Diktator Josef Stalin stellte sich gern als Kurzschläfer dar. Immer wieder forderte er die Bevölkerung Rußlands auf, mehr und länger zu arbeiten, und zitierte sich selbst als positives Beispiel. «Seht hinauf zu meinem Büro im Kreml», sagte er. «Dort brennt auch mitten in der Nacht das Licht. Dort sitze ich am Schreibtisch und arbeite für Rußland.» Es stimmte zwar, daß man zu fast jeder Nachtzeit das Licht in Stalins Büro brennen sehen konnte. Das Licht brannte, weil es Stalin brennen ließ, wenn er abends das Büro verließ. Stalin selbst aber war längst zu Hause und schlief.

Der frühere britische Premierminister Winston Churchill schlief angeblich nur wenige Stunden pro Nacht. Wie aus seiner Umgebung bestätigt wird, verbrachte er nachts tatsächlich nur an die sechs Stunden im Bett. Aber diese sechs Stunden bildeten keineswegs seine gesamte Schlafmenge. Wie Churchill selbst bemerkte:

Zwischen dem Mittagessen und dem Abendessen muß man schlafen, und damit meine ich keine halben Sachen. Man muß sich ausziehen und ins Bett gehen. So mache ich es immer. Man soll nicht glauben, daß man weniger arbeitet, bloß weil man tagsüber schläft. Das ist eine dumme Vorstellung, und wer sie vertritt, hat keine Phantasie. Man schafft mehr. Man bekommt ja zwei Tage in einem – mindestens anderthalb jedenfalls, davon bin ich überzeugt. Nach dem Kriegsausbruch mußte ich am Tag schlafen, anders hätte ich meine Aufgaben nicht bewältigen können.

Churchills Mittagsschlaf dauerte in der Regel eineinhalb bis zwei Stunden, wodurch er auf eine normale Gesamtschlafdauer von rund acht Stunden kam.

Wenn man sie genau betrachtet, stellt es sich heraus, daß viele der Geschichten über berühmte Kurzschläfer ziemlich übertrieben sind. Napoleon zum Beispiel galt als Kurzschläfer und behauptete von sich, er brauche nur vier Stunden Schlaf pro Nacht. Aus Berichten seiner Zeitgenossen geht jedoch hervor, daß er oft unterschätzte, wie lange er tatsächlich geschlafen hatte. Außerdem berichten viele Zeugen wichtiger Verhandlungen und Schlachten, daß Napoleon oft erschöpft wirkte und sich beklagte, er bekomme nicht genug Schlaf. Einige Historiker glauben sogar, sein Versagen in bestimmten Krisensituationen damit erklären zu können, daß er unter einem Schlafdefizit gelitten habe.

Offenbar wird die Zeit, die sie tatsächlich schlafen, von vielen Menschen gern unterschätzt. Betrachten wir einmal den weltberühmten kroatischen Elektroingenieur Nikola Tesla, dessen Erfindung des rotierenden Magnetfelds zur Grundlage aller Wechselstromsysteme wurde und der außerdem mit der nach ihm benannten Tesla-Spule die Voraussetzung für Radio und Fernsehen schuf. Tesla galt als extremer Kurzschläfer. Manche Leute meinten, er schlafe sogar nur zwei Stunden täglich. Sicher war es so, daß Tesla bis spät in die Nacht arbeitete. Die örtliche Polizei gewöhnte sich daran, aufgeregte Telefonanrufe von Menschen zu erhalten, die in den frühen Morgenstunden aus Teslas Labor dringende unheimliche Geräusche gehört und seltsame Lichterscheinungen gesehen hatten. Tesla schlief jedoch erheblich länger, als er selbst zugab. Berichten seiner Mitarbeiter zufolge legte er sich mehrmals am Tag zu einem Kurzschlaf hin, der zuweilen mehrere Stunden dauern konnte. Er litt auch unter spontan auftretenden Schlafanfällen. Als er einige Jahre in einem Hotel lebte, beobachtete das Personal öfter, wie Tesla im Stuhl saß und mit halb geöffneten Augen wie im Trancezustand geradeaus blickte. Das Hotelpersonal behauptete, Tesla nehme in diesem Zustand nichts von seiner Umgebung wahr, so daß man um ihn herum das Zimmer aufräumen und das Bett machen konnte, ohne ihn im geringsten zu stören.

Interessanterweise arbeitete Tesla etwa zwei Jahre mit Edison zusammen. Die beiden Männer vertrugen sich nicht. Ihr jeweiliger Arbeitsstil war zu verschieden. Als ein Reporter einmal darauf hinwies, daß sie beide wenigstens das reduzierte Schlafbedürfnis gemein hätten, konnte Tesla darüber nur lachen: «Zwar braucht er [Edison] nachts nur vier Stunden, aber dafür muß er jeden Tag zweimal drei Stunden ein Nickerchen halten.» Angesichts der Tatsache, daß Tesla und Edison in wissenschaftlicher und geschäftlicher Hinsicht Konkurrenten waren, sollten wir diese Aussage vielleicht mit Vorsicht genießen. Vielleicht wollte Tesla lediglich Edisons Ruf schädigen, indem er gerade jene Eigenschaft in Frage stellte, die beide Männer an sich so schätzten. War es denn nicht Edison gewesen, der einen Schlaf von acht Stunden als «höchst bedauerlichen Rückfall in den primitiven Zustand des Höhlenmenschen» bezeichnet hatte? War es denn nicht Edison gewesen, der die elektrische Glühbirne schuf, um den Schlaf überflüssig zu machen – und der uns damit den Weg zu unserem heutigen Zustand chronischen Schlafdefizits wies?

Die Wahrheit ist, daß Edison, wie die meisten Kurzschläfer in der Geschichte, wahrscheinlich von einem so starken Arbeitsethos besessen war, daß er die Zeit einfach verdrängte oder unterschätzte, die er tagsüber schlafen mußte, um seine verkürzte Nachtruhe auszugleichen. Der Automobilhersteller Henry Ford besuchte einmal unerwartet Edisons Labor, wurde aber von einem der Techniker davon abgehalten, Edisons Büro zu betreten. «Mr. Edison macht gerade ein Nickerchen», sagte der Mann.

Ford fand das amüsant. «Ich dachte immer, Mr. Edison würde nicht viel schlafen.»

«Das stimmt auch», sagte der Techniker. «Er schläft fast gar nicht. Er hält nur viele Nickerchen.»

Da hätten wir es also. Der Kreis hat sich geschlossen, und es stellt sich heraus, daß gerade die Menschen, die steif und fest behaupten, wir bräuchten nicht viel Schlaf, gerade die Menschen, die uns dazu anhielten, unseren Schlaf einzuschränken, um unsere Produktivität zu erhöhen, gerade die Menschen, die uns aufforderten, ihrem Beispiel zu folgen – daß gerade diese Menschen länger schliefen, als sie wußten oder zugeben wollten. Der Schlaf ist nun einmal unverzichtbar, allen Versuchen der heutigen Gesellschaft zum Trotz, ihn als unproduktive «Auszeit» abzutun. Es ist kein Zeichen von Faulheit oder mangelndem Ehrgeiz, wenn man länger schlafen will. Wir brauchen den Schlaf. Das ist eine Tatsache.

Die Vorstellung, man könnte ohne Schlaf auskommen, ist falsch. Die Forschungsergebnisse beweisen das eindeutig. Es ist durchaus möglich, daß wir jeden Tag neuneinhalb bis zehn Stunden Schlaf brauchen, um unsere optimale Leistung zu erreichen. Diesen Schlaf kann man sich in einer zusammenhängenden Periode nachts holen, oder man kann ihn aufteilen in siebeneinhalb bis acht Stunden nachts und eineinhalb bis zwei Stunden am Nachmittag. Damit würden wir vermutlich die Schlafmenge erhalten, für die wir von der Evolution programmiert worden sind. Damit hätten wir wohl auch eine gewisse Reserve, um mit Streßzeiten und vorübergehendem Schlafentzug besser fertig werden zu können.

Wenn wir zehn Stunden brauchen, wieso sind wir bislang mit den traditionellen acht Stunden zurecht gekommen? Viele von uns kommen mit acht Stunden gut über die Runden. Was wir dabei verlieren, wie wir gesehen haben, das ist unser Sicherheitspolster. Wenn wir jetzt für kurze Zeit mit weniger Schlaf auskommen müssen, geht es mit uns schneller abwärts. Auch unter normalen Bedingungen sind wir mit acht Stunden Schlaf nicht so leistungsfähig, aufgeweckt und kreativ wie mit zehn Stunden, und ein nicht unbedeutender Teil der Bevölkerung fühlt sich mit einem Schlafpensum von acht Stunden immer noch schläfrig und erschöpft. Mit acht Stunden kommt man, wie gesagt, über die Runden, aber zehn Stunden sind auf lange Sicht besser.

Wenn wir versuchen, weniger als das Minimum von acht Stunden zu schlafen, fängt es an, schlimm zu werden. Der Schlafmangel akkumuliert sich als Schlafdefizit. Wenn Sie heute zwei Stunden verlieren und morgen wieder zwei, ist ihre Leistungsfähigkeit am dritten Tag genauso eingeschränkt, als hätten Sie in der Nacht zuvor vier Stunden verloren. Auf diese Weise bauen wir unser Schlafdefizit auf. Und wenn dieses Defizit groß genug geworden ist, werden wir langsam, tolpatschig und dumm – und bringen uns womöglich um. Das ist keine Übertreibung. Denken Sie an die Statistiken über tödliche Unfälle in den USA, die aufgrund einer einzigen verlorenen Stunde Schlaf im Zuge des Wechsels zur Sommerzeit im Frühling um sechs Prozent steigen.

Vielleicht ist es für Politiker, Mitarbeiter des Gesundheitssektors und uns alle an der Zeit, endlich aufzuwachen. Es ist inzwischen klar belegt, daß die Müdigkeit, das direkte Resultat des Schlafmangels, für jedes Individuum ein Gesundheitsrisiko darstellt. Die Müdigkeit stellt auch einen gesellschaftlichen Risikofaktor dar. Jederzeit kann ein übermüdetes Individuum eine Katastrophe auslösen, wie im Fall Tschernobyl, *Exxon Valdez* und der Raumfähre *Challenger.*

Als Gesellschaft sind wir bemüht, bestimmten individuellen Verhaltensweisen Grenzen zu setzen, wenn sie die betreffende Person oder die Gesundheit und Sicherheit anderer Menschen gefährden könnten. Vielerorts wird das Tabakrauchen heute eingeschränkt, weil es auch bei Passivrauchern zu

Krebs führen kann. Wir schränken den Ausschank von Alkohol ein, weil der Alkoholkonsum in der Öffentlichkeit nachweislich mit Ausbrüchen von Gewalt zu tun hat und weil Trunkenheit am Steuer auch für andere Fahrer tödlich enden kann. Wir gestatten jedoch das Rauchen und Trinken in den eigenen vier Wänden, wo dieses Verhalten nur dem Raucher und Trinker schadet. Früher galt das Rauchen als chic, später als Zeichen einer gewissen Härte. Auch die Fähigkeit, große Mengen Alkohol zu konsumieren, galt früher als Beweis von Kraft und Selbstbeherrschung, besonders in bestimmten Männerkreisen. Heute jedoch sind Kettenraucher und heftige Trinker in der Gesellschaft nicht besonders gut angesehen.

Zwischen dem Rauchen oder Trinken und dem Schlafentzug gibt es Parallelen. Heute gilt derjenige, der mit wenig Schlaf auskommt, als belastbar, erfolgsorientiert und bewundernswert. Vielleicht wird sich die Situation ändern, wenn der Gesellschaft endlich bewußt wird, wie schädlich sich der Schlafmangel für das betreffende Individuum und seine Mitmenschen auswirkt. Vielleicht wird die Gesellschaft eines Tages etwas gegen die Müdigkeit unternehmen. Es könnte eines Tages soweit kommen, daß der Mensch, der mit einem Schlafdefizit zur Arbeit geht oder Auto fährt, als genauso tadelnswert, nachlässig, gefährlich, ja kriminell gilt wie die Person, die betrunken Auto fährt oder am Arbeitsplatz erscheint. Wenn es erst soweit wäre, könnten wir anderen alle etwas ruhiger schlafen.

Allgemeine Bibliographie

ARONOFF, M. S.: Sleep and its secrets: The river of crystal light. New York: Insight Books 1991

CARSKADON, M. A.: Encyclopedia of sleep and dreaming. New York: Macmillan 1993

DEMENT, W. C.: The sleepwatchers. Stanford: Stanford Alumni Association 1992

DINGES, D. F., & BROUGHTON, R. J.: Sleep and alertness: Chronobiological, behavioral and medical aspects of napping. New York: Raven Press 1989

DOTTO, L.: Losing sleep: How your sleeping habits affect your life. New York: Morrow 1990

ELLMAN, S. J., & ANTROBUS, J. S.: The mind in sleep: Psychology and psychophysiology. New York: Wiley 1991

HORNE, J.: Why we sleep: The functions of sleep in humans and other mammals. Oxford: Oxford University Press 1988

KRYGER, M. H., ROTH, T., & DEMENT, W. C.: Principles and practice of sleep medicine. Philadelphia: Saunders 1989

MAYES, A.: Sleep mechanisms and functions in humans and animals: An evolutionary perspective. Berkshire: Van Nostrand Reinhold 1983

MEDDIS, R.: The sleep instinct. London: Routledge & Kegan Paul 1977

MONK, T. H.: Sleep, sleepiness and performance. Chichester: Wiley 1991

MOORCROFT, W. H.: Sleep, dreaming and sleep disorders. Lanham: University Press of America 1989

PETER, J. H., PENZEL, T., PODSZUS, T., & VON WICHERT, P.: Sleep and health risk. Berlin: Springer 1991

STAMPI, C.: Why we nap: Evolution, chronobiology and functions of polyphasic and ultrashort sleep. Boston: Birkhäuser 1992

Kleine Bibliographie für deutschsprachige Leserinnen und Leser

BACH, HELMUT: Zur experimentellen Traumforschung. Neuere Befunde zur Physiologie und Psychologie von Traum und Schlaf, in: Werner W. Kemper: Der Traum und seine Be-Deutung. Vollständig überarbeitete Neuausgabe. München: Kindler 1977

BERGER, MATHIAS (Hg., unter Mitarbeit von Dieter Riemann und Axel Steiger): Handbuch des normalen und gestörten Schlafs. Berlin, Heidelberg, New York: Springer-Verlag 1992

BORBÉLY, ALEXANDER: Das Geheimnis des Schlafs. Neue Wege und Erkenntnisse der Forschung. Im Literaturverzeichnis erweiterte Ausgabe. Frankfurt am Main, Berlin: Ullstein 1991

FÜLLER, INGRID: Fit durch gesunden Schlaf. Stuttgart, Wien, Zürich: Stiftung Warentest 1994

MÄCHLER, HANS RUDOLF: Die Anfänge moderner Schlafforschung. Zürcher medizingeschichtliche Abhandlungen Nr. 258. Juris/Dietikon o. O. u. J. (Zürich 1995)

ZIMMER, DIETER E.: Wenn wir schlafen und träumen. Die Nachtseite unseres Lebens. München: Kösel 1984

Zusammengestellt vom Übersetzer

Anmerkungen

1 T. A. Edison: *The Diary and Sundry Observations of Thomas Alva Edison*, hg. von D. D. Runes. New York: Philosophical Library, 1948. Die Zitate befinden sich auf den Seiten 52 und 178.

2 Zum Beispiel D. Hutchins, *American Journal of Clinical Hypnosis* 4 (1961), S. 106–114

3 R. D. Olgivie und R. T. Wilkinson, *Sleep* 11 (1988), S. 139–155

4 I. Oswald und C. Adam, *British Medical Journal* 281 (1980), S. 1684–1685, Zitate von S. 1658.

5 R. Meddis, *Sleep mechanisms and functions in humans and animals: An evolutionary perspective*, hg. von A. Mayes. Berkshire: Van Nostrand Reinhold, 1983

6 J. J. Ross, *Archives of Neurology* 12 (1965), S. 399–403

7 H. A. C. Kamphuisen, B. Kemp, C. G. S. Kramer, J. Duijvestijn, L. Ras und J. Steens, *Clinical Neurology and Neurosurgery* 94 (Sonderheft 1992), S. S96–S99. Das Zitat ist von S. S98.

8 P. Suedfeld (Hg.): *Psychology and torture*. New York: Hemisphere 1990

9 J. Horne: *Why we sleep*. Oxford University Press 1988

10 T. Reilly & M. Piercy, *Ergonomics* 37 (1994), S. 107–115

11 F. Mougin et al., *European Journal of Applied Physiology* 63 (1991), S. 77–82

12 L. E. M. Miles, D. M. Raynal & M. A. Wilson, *Science* 198 (1977), S. 421–423

13 G. M. Brown, *Journal of Psychiatry and Neuroscience* 19 (1994), S. 345–353

14 H. Hoagland, *Journal of General Psychology* 9 (1933), S. 267–287

15 K. Busby & R. T. Pivik, *Sleep* 8 (1985), S. 332–341

16 R. E. Dahl, W. E. Pelham, M. Wierson, *Journal of Pediatric Psychology* 16 (1991), S. 229–239

17 *Los Angeles Times*, 29. Januar1995

18 M. A. Carskadon & W. C. Dement, *Sleep and its disorders in children*, hg. von C. Guilleminault. New York: Raven Press 1987, S. 53–56
19 T. Roth, T. Roehers & L. Merlotti, *Alcohol Drugs Driving* 6 (1990), S. 357–362
20 Zitiert in L. Dotto: *Losing sleep: How your sleeping habits affect your life.* New York: Morrow 1990, S. 159
21 Daten aus P. Lavie, in: *Sleep, sleepiness and performance*, hg. von T. H. Monk. Chichester: Wiley 1991, S. 65–93
22 C. V. Ford & D. K. Wentz, *Southern Medical Journal* 77 (1984), S. 1435–1442
23 T. Lingenfelser, R. Kaschel, W. Weber, H. Zaiser-Kaschel, B. Jakober & J. Küper, *Medical Education* 28 (1994), S. 566–572
24 I. J. Deary & R. Tait, *British Medical Journal* 295 (1987), S. 1513–1516
25 L. I. Goldman, M. T. McDonough & G. P. Rosemond, *Journal of Surgical Research* 12 (1972), S. 83–86
26 T. Åkerstedt, in: *Sleep, sleepiness and performance*, hg. von T. H. Monk. Chichester: Wiley 1991, S. 129–154
27 M. J. Paley & D. I. Tepas, *Human Factors* 36 (1994), S. 269–284
28 P. J. Sparks, *American Journal of Industrial Medicine* 21 (1992), S. 507–516
29 W. C. Dement: *The sleepwatchers.* Stanford: Stanford Alumni Association 1992
30 D. R. Gold, S. Rogacz, N. Bock, T. D. Tosteson, T. M. Baum, F. E. Speizer & C. A. Czeisler, *American Journal of Public Health* 82 (1992), S. 1011–1014
31 D. Leger, *Sleep* 17 (1994), S. 84–93
32 J. M. Taub, *Journal of Cross-Cultural Psychology* 2 (1971), S. 353–362
33 T. H. Monk & S. Folkard, *Science* 261 (1976), S. 688–689
34 Vgl. C. Stampi (Hg.): *Why we nap.* Boston: Birkhäuser 1985

Register

Erstellt von Dr. Barbara Gerber

Abcarian, Robin 183
«Abendmenschen» («Eulen») 147, 149, 150, 193
Abnahme des Schlafpensums bei Kindern 188
Abteilung für Gesundheitsvorsorge und präventive Medizin am Providence Medical Center in Seattle 327, 328
Acetylsalicylsäure 215
Acht-Stunden-Schicht 329
Adam, Christine 62
Adrenalinspiegel 299
Agnew, H. W. 385
Åkerstedt, Torbjorn 321, 323
Alexander der Große 133
Alkohol, Aufnahme und Abbau von 216
Alkohol, Ausschank von 432
Alkohol, Auswirkungen von 216, 217
Alonzo 191
Alzheimer 263
American Cancer Society 264
American Psychological Association 95
Ames Research Center in Kalifornien 351
Aminosäuren 218
Amphetaminbestandteile 205
Analysen, molekulargenetische 379
Androsthenes 133
Anteil der Raucher an der erwachsenen Bevölkerung 211
Anteil des Schlafens an der Lebenszeit 29, 80
Antibiotika 260, 267
Antihistaminika 214, 235
Antikörper 260, 261
Arbeit 184, 185, 194
Arbeitsausfall infolge von Unfällen aufgrund Schlafmangels 363, 364
Arbeitsdruck, ständiger, bei der NASA 332
Arbeitsethos, ausgeprägtes 16, 429
Arbeitsethos, heutiges 10
Arbeitszeit, Bereitschaftsdienst und Rufbereitschaft von deutschen Krankenhausärzten 312, 313, 314
Aristoteles 159
Ärzte in der Ausbildung 290, 307, 308, 310, 311
Aschoff, Jürgen 136
Aserinsky, Eugene 53
Aspirin 215, 229, 260, 359
Ataxie 86
Äthylalkohol 215, 216
Atomunglück von Tschernobyl 9, 371, 372, 373, 374, 431
Aufmerksamkeit 36
Aufputschmittel 198
Aufwachen, nächtliches, von Kindern 174, 176, 178
Augenbewegungen beim Schlafen 49, 50, 51, 53, 169
Ausschaltung der zirkadianen Rhythmen 141, 142
Außerkraftsetzung des inneren Schlafdrucks durch Reize 395
«Australopithecus afarensis» 24, 25
Auswirkungen der achtstündigen Dunkelheit auf die innere Uhr 394
Auswirkungen des Schlafverlusts auf das Denken Jugendlicher 196
Auswirkungen von Müdigkeit auf die Gefechtsbereitschaft 390
Auswirkungen von Schlafdefiziten 117, 151
Auswirkungen von Schlafdefiziten auf die berufliche Funktionstüchtigkeit 119
Auswirkungen von Schlafdefiziten auf die Fähigkeit zum logischen Denken 121, 122
Auswirkungen von Schlafdefiziten auf die Gedächtnisleistung 121
Auswirkungen von Schlafdefiziten auf die geistigen Fähigkeiten bei Krankenhausärzten 303, 304, 305
Auswirkungen von Schlafdefiziten auf die körperliche Leistungsfähigkeit 118

Auswirkungen von Schlafdefiziten auf die Psyche 118
Auswirkungen von Schlafdefiziten auf die Stimmung von Krankenhausärzten 302, 303
«automatischer Pilot» 229
Automatisierung des Cockpits 348, 349
Automobile, Preissenkung für 317
Bakterien 259
Baldwin, James 189
Balkin, Diane 291
Barbiturate 144, 214
Barfy 177, 178
Bayer, Friedrich 215
Begg, James 332
Beinahe-Kernschmelze 9, 368, 371
Beinahe-Zusammenstöße im Fährverkehr 328
Beinahe-Zusammenstöße von Flugzeugen 337, 344
Bernard 21
Beruhigungsmittel 198
Bettzeitaktivitäten 186
Beutgen, Monika 209
Bewußtseinsveränderungen, subtile 198
Bewußtseinswahrnehmungen unter Vollnarkose 38, 39, 40
Bewußtseinszustände, verschiedene 34, 35, 36
Biopsie 40
«Blumenuhr» 134, 135
Bob 46, 49, 50, 51, 52, 53, 54, 55
Booster-Raketen 333
Bradbury, Ray 156
Bronchoskopie 308
Brown University 193
Bundesangestelltentarifvertrag 312
Bundesverband des deutschen Güterfernverkehrs 270
Burkowitz, Jörg 314
Bypass-Apparatur 298
«Camellia sinensis» 200
Carlos 97
Carskadon, Mary A. 189, 193, 389, 390
Cäsium 137 372
Center for Sport and Exercise Sciences an der John Morres University in Liverpool 118
chado («Weg des Tees») 199
Chandler, Asa G. 208
Charlie 184
«Chiasma opticum» 142
Chichester, Sir Francis 423
Churchill, Winston 421, 427
Ciolligan, Michael 329
Coca-Cola 206, 207, 208
«Cockpit» 352
«Coffea arabica» 202, 203
«Coffea robusta» 202, 203
Colenbrander, Hilde 11
Columbia University 170
Computerära 26
Condon, Ruth 337
Conquistadoren, spanische 204
Coren, Joan 11
Coren, Rebecca 177
Coren, Stanley 12
Cornea 52
Cornell University 83
«Cotton Gin» 316
Curtis Institute in Philadelphia 357
Czeisler, Charles 326, 370
«Dachstubengeschwätz» 35
Dagwood 223
Dalí, Salvador 421
Dante Alighieri 309
Darwin, Charles 65, 133
«daylight savings time» 408
Deary, Ian 305
Debussy, Claude 377
Definition des Schlafs bei Menschen 68
Dehydration (Austrocknung) 358
Dement, William C. 45, 46, 53, 170, 171, 189, 333, 389
Dennis 183
Depression 241, 296, 301, 302, 342, 350, 403
Depression, postoperative 38
Depression, zirkadiane 156
Depressionen 222, 263
Depressionen, Ängste und Gefühle der Hilflosigkeit 111
Diabetes 340
«Dibbuks» 255, 256
Dinges, David F. 378
Dinosaurier 66
Don 60
«doppelte Sommerzeit» 408
Dreyfus-Brisac 170
«drittes Auge» 143
Droge, psychoaktive 210
Dulles, John Foster 353, 354
Durchschlafen von Säuglingen 173, 174, 182
Dyslexie 110
Edelman, Norman 378
Edison, Erfindungen von 13, 14
Edison, Thomas Alva 13, 316, 318, 420, 421, 429

EEG (Elektroenzephalograph, -gramm) 48, 49, 50, 51, 53, 57, 58, 77, 79, 154, 155, 172, 226, 227, 228, 244, 254, 274, 304, 406
Einhand-Langstreckensegeln 423
Einschlafdauer 155
Einschlafen am Steuer 271, 272, 273, 274, 276, 278, 279, 335, 374, 397
Einschlafen bei Operationen 291, 292
Einschlafen von Aufsichtspersonal im Kontrollraum von Reaktoren 370
Einschlafen während der Nachtschicht 323
Einschlafgedanken 256
Einschlafhilfe, Alkohol- oder Tablettenkonsum als 327
Einschlafrituale 175
Eisenbahnunglück in Firosabad 334
Eisenhower, Dwight D. («Ike») 353, 354, 355
EKG (Elektrokardiogramm) 305, 306
Elektromotor 26
Emerson, Ralph Waldo 185
Energiereserven, akkumulierte 386
Entstehung des zirkadianen Rhythmus 173
E. P. Bradley Hospital der Brown University 389
Epilepsie 340
Epinephrin (Adrenalin) 212
Erfindung der elektrischen Glühbirne 9, 14, 15
Erfindung des Rads 25, 26
Erfindung von Werkzeugmaschinen zur Herstellung von austauschbaren Einzelteilen 316
Erfrischungsgetränke, koffeinfreie 209
Erkrankung, neuropsychische 340
Erste Hilfe 296
EU-Verordnung über Arbeits- und Ruhezeiten 270, 313
Everson, Carol 261, 262
Evolution 64, 65, 73
Evolution, biologische 24
Evolution, strukturelle und physiologische 66
Evolution, technologische 24
Fast-Unfälle beim Autofahren 335
Federal Aviation Agency (FAA) 352, 353
Fehlentscheidungen infolge von Übermüdung 374
Ferdinand von Spanien 204
Fernfahrer 269, 270, 275, 284
Fertigungsstraße, arbeitsteilige 315, 317
«feste Eßschokolade» 205
Feuerwaffen 316
Fieber 237, 260
Field, Eugene 256
Fields, W. C. 237
Fitzgerald, F. Scott 156
Fließbandsystem 10, 315, 317
Flora 52
Flugsaurier 65
Folkard, Simon 337, 409
Football Hall of Fame 356
Ford, C. V. 302
Ford, Henry 317, 429
Fossilien 66, 67
Franklin, Benjamin 146, 408
Franz I. 426
Freizeit 18, 194
Freizeit, Rückgang der 22, 23
Freud, Sigmund 46, 169
Fry & Sons 205
Fütterungszeiten bei Babys 186
Gähnen 151, 152, 153
Galenus 312
Gardner, Randy 84, 85, 86, 87, 88, 89, 100
Garfield 223
Gastrin 339
Gastritis 339
Gebrauch eines Nachtlichts 175, 176, 187
Gehorsamkeitstraining 152
Geschäfte, Öffnungszeiten der 318
Gesell, Arnold 173
«Gesellschaft zur Erhaltung einer flachen Erde» (Society for the Preservation of the Flat Earth) 398
«Giftmüll» im Körper 261
Glühbirne 14, 15, 316, 318, 429
Gold, Diane R. 334
Goldman, Leonard 306
«Gomer» 295, 296, 312
Gordon 224, 225, 226, 227, 228, 229
Guinness Buch der Rekorde 373
Haltung von Krankenhausärzten gegenüber Patienten infolge von Schlafentzug 296, 301
Hardin, John Wesley 224
Hauptanzeichen für Schlafmangel 191, 193
Hauptwirkung des Nikotins 212
Hauptzustände des Schlafs 56
Hauri, Peter 215
Henry Ford Hospital 389
Herausbildung einer erwachsenen Einstellung gegenüber dem Schlafen 194
Herkules 309
Hicks, Robert A. 380

Hilbert, David 251, 252
Hilfstechniken zum Einschlafen bei Kindern 175, 176
Hippokrates 241
Hoagland, Hudson 145
Hofmann, Josef Casimir («Michael Dvorsky») 357
Hominide 24, 25
«Homo» 25
«Homo habilis» 25
«Homo sapiens sapiens» 25
Hormone 140, 394
Horne, James 99
«hsiuhsi» (Nachmittagsschlaf in China) 158
Hunger als Indikator von Nahrungsmangel 399, 400
Huxley, Aldous 267
«hypnagogische Traumbilder» 87
Hypnos (Somnus) 419
Hypothalamus 141
Immunsystem 258, 260, 261, 267
Infekte, bakterielle 267
Inoue, Shin Ichi 143
Institut für Soziologie der FU Berlin 313
Institute of Pennsylvania Hospital in Philadelphia 378
Insulin 219
Interferon 263
Interleukine 259, 260, 261
Internet 10, 373
Jackson, Chevalier 308
Jäger und Sammler 25, 26
Jan 91
Jeff 192
Jefferson, Thomas 316
Jeroen 91
«Jetlag» (Zeitumstellung) 350, 353, 354, 355, 356, 358, 409
Joe 268, 273, 274, 280
Johns Hopkins University 141
Johnson, Lyndon Baines («LBJ») 355, 356
Johnson, Samuel 426, 427
juku 197
Junge, Burkhard 211
Kaffee 201, 202, 203, 226
Kaffee, koffeinfreier 203
Kakao 204, 206
Kakaobutter 205
Kaldi 201
«Kampf ums Dasein» 65
Kari 54
Karl der Große 420
Karl II. von England 199
Katharina von Bragança 199
Kawamura, Charles 143
Kennedy, John F. 421
Kennedy Space Center 330
Kernkraftwerk Davis-Besse bei Oak Harbor 368, 371
Kernkraftwerk Peach Bottom in Pennsylvania 370
Kernkraftwerk Rancho Seco bei Sacramento 369
Kernkraftwerk Three Mile Island 367, 369, 371
Kernkraftwerk Tschernobyl in der Ukraine 371
Kissinger, Henry 355
Kleitman, Nathaniel 30, 31, 50, 53, 92, 135
Koffein 198, 199, 200, 202, 203, 204, 205, 206, 207, 208, 209, 210, 359
Koffein in der Blutbahn einer stillenden Mutter 209, 210
Koffeingenuß als Indiz für den Schlafmangel der Gesellschaft 210
Koffeinsucht 202
Kohlehydrate 359
Kokain 207, 208
Kola-Nuß («Höllensamen») 207
Kolibakterien 263
Kolumbus, Christoph 211
Kontrollfunktion des Bewußtseins 36
Körpertemperatur 140, 145, 146, 147, 351, 359
Kosten, finanzielle, des Schlafmangels und der dadurch verursachten Unfälle 363, 364, 365
Kosten, menschliche, des Schlafmangels und der dadurch verursachten Unfälle 363, 364
Krebsraten, erhöhte 372
Krisen des Selbstvertrauens 404
Kritik gegen den Tee 200
«Krücken» 296
Krueger, James 259, 262
Kühlbad 298
Kunstfehler, ärztliche 286, 287
Kurzschlaf 341, 385, 422, 424, 428, 429, 430
Kurzschlafperioden 351
Kurzschläfer 266, 421, 426, 427, 428
Kurzzeitgedächtnis 305
Labor für Neuropsychologie und Wahrnehmungspsychologie des Menschen 406
Labor für Neuropsychologie und Wahrnehmungspsychologie am

Fachbereich Psychologie der University of British Columbia 11
Laktatkonzentration 118
Lanchaster, Elsa 47
Landor, Walter Savage 168
Langschläfer 420, 421, 426
Langstreckenflüge 352
Langzeitgedächtnis 169
«lautloser Wecker» 42, 43
Lavie, Peretz 282
Lawrence, Sir 200, 221, 223, 230
Lebensstil der Rund-um-die-Uhr-Verfügbarkeit 17
Leger, Damien 283, 363, 364
Leistungsfähigkeit, aerobe und anaerobe 117
Leonardo da Vinci 422, 425, 426
Leuchtröhre 26
Leukozyten 259
Lichtwahrnehmung beim Schlafen 42, 43
Liesbeth 90, 91, 95
Limonaden, koffeinhaltige 208, 209
Lincoln University in Neuseeland 382
Lingenfelser, Thomas 303, 304
Linnaeus, Carolus 134, 135
Linus 176
Loughborough University in England 99
Ludwig XIV. 205
Lymphozyten 259, 261, 264
Magen-Darm-Krankheiten 339, 340
Mairan, Jacques d'Ortous de 133, 135
Manacéine, M. de 81
Marburger Bund 314
Maria Theresa von Spanien 205
Marilyn 23
Max-Planck-Institut 136
Mayo Clinic in Rochester (Minnesota) 215
Mechanismen zur Hemmung der Muskelaktivität 169
Meddis, Ray 77, 78
Medical Center an der University of Kentucky 341
Medical Research Council of Canada 11
«Medikamenten-Insomnie» 241
Melatonin 144, 320, 359
Melatoninspiegel, erhöhter 320
Mendelssohn-Bartholdy, Felix 377
Menschenaffen (Primaten) 69
Menstruationszyklus 131
Mesembrianthemum 134
«messi medianos ipnos» («Nachmittagsschläfchen») 157
Messungen im Schlaflabor, objektive 238
Metallfadenglühbirne 15, 16, 26
Methylenchlorid (Dichloromethan) 201
Mikroben 258, 260, 261, 262
Mikroschlaf 280, 283, 346, 362, 397, 418
Milchschokolade 205
Minderwertigkeits- und Schuldgefühle 119
Mirikina (Nachtaffe) 69
Mitsubishi-Institut bei Tokio 143
Mittagsschläfchen, Nachmittagsschläfchen 174, 377, 427 (s. a. Siesta)
Moivre, Abraham De 420, 421
Molnár, Ferenc (Franz) 148
Monatszyklus, männlicher 131
Monitorfunktion des Bewußtseins 36, 37
Monk, Timothy H. 409
Monod 170
Moore, Robert Y. 141
«Morgenmenschen» («Lerchen») 146, 147, 149, 150
Müdigkeit, Anzeichen der 151, 152
Müdigkeit als Indikator eines Schlafdefizits 398, 399, 431
Müdigkeitserscheinungen als Ursache für Verkehrsunfälle 283
Müdigkeitstests 154
Müdigkeitszyklus 151, 157, 159, 160
Munipow, W. M. 372
Musketen 316
Muzio, Joseph 170
Mythen 64, 65
Nachlassen der Leistungsfähigkeit bei unausgeschlafenen Teenagern 191
Nachmittagsschläfchen 174, 175
«Nachmittagstief» 159
Nachtschichtarbeiter 156
«Nachtschichtparalyse» 335, 336, 337, 338
Nagurski, Bronko 356, 357
Napoleon 421, 428
Narkolepsie 155, 279
Nasser, Gamel Abdel 353
National Center for Health Statistics (NCHS) 411
National Commission on Sleep Disorders Research 363, 378
National Football League 356
National Institute of Mental Health in Bethesda (Maryland) 262, 394
National Sciences and Engineering Research Council of Canada 11
National Transportation Safety Board (NTSB) 343, 345, 346

Nationales Institut für Psychosoziale Gesundheitsfaktoren am Karolinsk Institut in Stockholm 321
NCR (Nuclear Regulatory Commission) 370
Neuronenschaltungen 171
Neurotransmitter 218
«Nickerchen» s. Kurzschlaf
«Nickerchenblick» 76, 77
Nikotin 211, 212, 213, 214
Nikotin in der Muttermilch rauchender Mütter 214
Nikotinsucht 212
Nonstop-Flug 348
Norepinephrin (Noradrenalin) 212
«Observer Single-Handed Transatlantic Race» (OSTAR) 423
Ohroximeter 227
Ölunglück «Exxon Valdez» 9, 365, 366, 431
Ondine 220, 221, 222, 230, 236
Oolong-Sorten 200
Orpheus 309
Osler, William 310, 311
Ösophagoskopie 308
Oswald, Ian 62
Oxford Textbook of Medicine 412
Palay, Michael 326
Palinkas, Lawrence 382
Palomino, Señora 61
Panne im Atomkraftwerk Rancho Seco 369
Paranoia 83, 84, 87, 88, 89
Pasternak 17
Pemberton, John S. 207, 208
Peptide 143
Peter, Daniel 205
«Pflanzenschlaf» 80, 133
Phagozyten 259
Pharynx 230
Phillips, Barbara 341
Piercy, Mark 118
«Pilotenirrtum» 345
Pilzerkrankungen 267
Polar Psychological Research Station 382, 385
Polar Psychology Project 382
Polya, George 251
«postprandiale Müdigkeitshypothese» 159
Potentialschwankungen, elektrische 47, 48
Produktivität, Anstieg der 317
Produktivität, Steigerung der 318
Providence Medical Center in Seattle 327, 328
Pupillenreflexe 304
«Puten» 296
«Rapid Eye Movement» (REM) 51, 53, 54, 55, 56, 68, 74, 75, 77, 80, 99, 170, 171, 216, 248
Reaktionstests 120
Reaktorunfälle bzw. -zwischenfälle 9, 367, 368, 369, 370, 371, 372
«Rebound»-Effekt 240
Rechtschaffen, Allen 64, 91, 92, 93, 261, 262
Reeves, James 345, 346, 352
Reilly, Thomas 118
Rhythmus von Schlafen und Aktivität bei Säuglingen, vierstündiger 173
Rhythmus, zirkadianer, im Schlaf-Wach-Zyklus 132, 136, 141, 156, 162, 163, 167, 185, 246, 279, 280, 283, 287, 319, 328, 334, 351, 365, 367, 371, 379, 395
Rhythmus, zirkadianer, in der Hormonsteuerung 394
Rhythmus, zirkadianer, und Temperaturveränderung 140, 145, 146, 147, 351
Rhythmus, zirkadianer, des Zellwachstums und der Zellteilung 140
Richard 46, 47, 50, 51, 52, 53, 54, 55, 57
Richter, Curt 141
Rickie 183
Robert Wood Johnson School of Medicine 378
Robinson, Frank M. 208
Roehers, Timothy 388
Roffwarg, Howard 170, 171
Rosa, Roger 329
Roselius, Ludwig 203
Ross, John J. 86, 89
Rost, Sabine 314
Rot, Thomas 388
Ruhe-Aktivitäts-Zyklus, neunzigminütiger, bei Neugeborenen 173, 174, 181
Ruhepause, Zeitpunkt und Dauer einer 352
«Rush hours» 280, 281
Sactorius 131
San Jose State University 380
Sandbury, Carl 256
Sanka («sans caffeine») 204
Sauerstoffgehalt des Blutes 227, 228, 229
Sbragia, Giancarlo 424, 425
Schen Nung 199

Schichtarbeit 315, 316, 318, 319, 352, 381
«Schichtarbeit über den Wolken» 347
Schichtarbeit und überdurchschnittliche Häufigkeit von Erkrankungen 338, 339, 340
«Schichtaugen» 285, 293
Schichten, Rotation der 325, 326
Schichten, Veränderung der Rotationsrichtung und Verweildauer bei 326, 327
Schichtrotation, schnelle 327, 328
Schichtwechsel, zirkadianer, in der Pubertät 193
Schichtzeiten, permanente, nicht rotierende 341
Schilddrüsenkrebs 372
Schlaf 41, 42, 44
Schlaf, aktiver (Traumschlaf), s. «Rapid Eye Movement»
Schlaf, ausreichender, und künstlerische Kreativität 425
Schlaf, unterbrochener 183, 185
Schlaf, Zunahme der Aktivität des Immunsystems im 261
Schlaf als Teil der Verteidigungsstrategie des Körpers 260
Schlaf als Therapie 180, 181
«Schlaf auf Abruf» 294, 295, 298
Schlaf auf Vorrat 387
Schlaf bei der Alypsia (Breitfußschnecke, auch Seehase genannt) 79, 80
Schlaf bei Delphinen 71
Schlaf bei Fischen 78, 79
Schlaf bei Fluginsekten 80
Schlaf bei Giraffen 70
Schlaf bei Meeressäugern 73, 74
Schlaf bei Reptilien 77, 78
Schlaf bei Säugetieren 74
Schlaf bei Vögeln 75
Schlaf bei Weidetieren 70
Schlaf beim Indus-Delphin 73
Schlaf beim nördlichen Seebären 71
Schlaf im Flug 9, 76
Schlaf im Schwimmen 9, 73
Schlaf im Sitzen 244
Schlaf im Stehen 245, 299
Schlaf mit offenen Augen 60
Schlaf und Abwehr von Krankheiten 262
Schlaf und Alkohol / Beruhigungsmittel 235
Schlaf und Allergene 235
Schlaf und Entspannung 255
Schlaf und freie Nase 235
Schlaf und Gesundheit 258, 264
Schlaf und Gewicht 234, 235
Schlaf und Kissen / Matratze 235
Schlaf und Rauchen 235
Schlaf und Rückenlage 235, 236
Schlaf und Sex 253, 254
Schlaf und Verlangsamung des Stoffwechsels 260
Schlafanfälle 428
Schlafapnoe 32, 155, 213, 222, 223, 224, 229, 230, 231, 234, 235, 236, 279, 404
Schlafapnoe, Fragebogen zur 232, 233
Schlafapnoe, obstruktive 231
Schlafapnoe, Symptome der 222, 234
Schlafapnoe, zentrale («Fluch der Ondine») 230
Schlafbedürfnis 27, 280, 396, 399, 400
Schlafbedürfnis, natürliches, im polaren Forschungslabor ohne Uhren 385
Schlafbedürfnis und Stimmungsschwankungen 166
Schlafbedürfnis von Affe und Mensch 380
Schlafdauer, natürliche tägliche 381
Schlafdauer, optimale, beim Menschen 393, 394, 430, 431
Schlafdauer, Verbesserung der Leistungsfähigkeit und des subjektiven Wohlbefindens durch Verlängerung der 388, 389, 392
Schlafdauer, Verlängerung der 180, 381, 388, 389, 391, 392, 394
Schlafdauer, vermutliche, des Urmenschen 386
Schlafdauer bei erwachsenen Menschen in Europa und Nordamerika 378, 379
Schlafdauer bei Hauskatzen 64
Schlafdauer bei Primaten 69
Schlafdauer bei verschiedenen Säugetierarten 72
Schlafdauer bei Vögeln 76
Schlafdauer in anderen Kulturkreisen 381
Schlafdauer und Schlafmuster in verschiedenen Lebensaltern 168
Schlafdauer und Schlafqualität, reduzierte 320
Schlafdauer von Menschenaffen und Affen 379
Schlafdauer von Universitätsstudenten 1910 und in den sechziger Jahren 380
Schlafdefizit 268, 274, 280, 283, 343, 358,

364, 366, 367, 372, 380, 394, 395, 398, 400, 402, 403, 404, 405, 407, 417, 428, 431, 432
Schlafdefizit, aktuelles, unserer Gesellschaft 417, 418
Schlafdefizit, chronisches 429
Schlafdefizit, Folgen von 335, 364, 403, 431
Schlafdefizit, Fragebogen zum 400, 401, 402
Schlafdefizit, großes 396, 403
Schlafdefizit, kleines 395, 402
Schlafdefizit, Leistungsverminderung durch 402
Schlafdefizit, Verkehrsunfälle infolge von 334
Schlafdefizit bei Anästhesisten 291, 292
Schlafdefizit bei Autofahrern 280
Schlafdefizit bei Fernfahrern 269, 270, 271, 273, 274, 276, 278
Schlafdefizit bei Fluglotsen 335, 336, 337
Schlafdefizit bei Heranwachsenden 188, 189
Schlafdefizit bei Kindern 179, 180
Schlafdefizit bei Krankenhausärzten 286, 288, 289, 290, 293, 296, 299, 300, 301, 307, 309
Schlafdefizit bei Krankenschwestern 334, 335
Schlafdefizit bei NASA-Mitarbeitern 331, 332, 333, 334
Schlafdefizit bei Notärzten 285
Schlafdefizit bei Radfahrern 118
Schlafdefizit bei Schichtarbeitern 315, 317, 320, 321, 329, 331, 333, 334, 336, 342
Schlafdefizit und Verschlechterung der Lebensqualität 403, 404
Schlafdefizit von Politikern / Diplomaten im Zusammenhang mit der Zeitumstellung bei Fernreisen 355
Schlafdefizit von Sportlern im Zusammenhang mit der Zeitumstellung bei Fernreisen 356, 357
Schlafdefizite im Alltagsleben 116, 117, 198
«Schlaf-Diät» 100, 101, 385
«Schlaf-Diät», Aufzeichnungen über eine 102, 103, 104, 105, 106, 107, 108, 109, 110, 111
«Schlaf-Diät», Folgen einer 112, 113, 114
Schlafdruck 155, 156, 166, 280, 362, 365, 371, 396
Schlafdruck, evolutionsbedingter 9
Schlafdruck von Polizeibeamten während der Nachtschicht 323, 324
Schlafengehen, Ritual vor dem 251
Schlafentzug, Folgen von 81, 82, 83, 84, 86, 87, 88, 89, 90, 91, 95, 97, 98, 261, 378
Schlafentzug, gesellschaftliche Bewertung von 432
Schlafentzug, gezielter Einsatz von 122, 123, 124, 125, 126, 127
Schlafentzug, Schwächung des Immunsystems durch 263, 264
Schlafentzug, vorübergehender 430
Schlafentzug, Zusammenbruch des Immunsystems durch 262
Schlafentzug als Bestandteil der systematischen Folter 95, 96, 97
Schlafentzug als gesellschaftliches Phänomen 407
Schlafentzugsexperiment mit Ratten 92, 93, 94
Schlafentzugs-Marathon 81, 83, 86
Schlafforschung 31, 33, 85, 90, 170, 380, 409, 422
Schlafgewohnheiten Leonardos 422, 424, 425, 426
Schlafgewohnheiten, Veränderungen der 14, 15, 16
«Schlaf-Hungersnot» 387
Schlafklinik 233
Schlaflabor 32, 45, 46, 47, 60, 62, 91, 92, 154, 225, 231, 238, 266, 406, 410
Schlaflabor an der University of Chicago 91, 92
Schlaflatenztest, multipler 154, 155, 160, 161, 167, 388
Schlaflosigkeit (Insomnie) 32, 33, 61, 63, 237, 240, 242, 243, 253, 269, 279, 404, 420
Schlaflosigkeit, Bedingungen der 239
Schlaflosigkeit, konditionierte oder gelernte 253
Schlaflosigkeit, ‹Krankheitsbild› der 237
Schlaflosigkeit, versteckte Ursachen der 10
Schlaflosigkeit als Symptom 237
Schlaflosigkeitsmarathons 162
Schlafmangel 11, 23, 24, 263, 344, 345, 347, 348, 349, 350, 351, 368, 369, 371, 373, 376, 404, 405, 406, 407, 432
Schlafmangel, chronischer 395
Schlafmangel, Folgen von 11, 421
Schlafmangel aufgrund langer Schichtarbeit 365
Schlafmangel bei Krankenhausärzten 263

Schlafmangel bei Piloten 344, 345, 347, 348, 349, 350, 351
Schlafmangel durch Heim- und Familienarbeit 23, 24
Schlafmangel einer Doktorandin 361, 362
Schlafmaske 246, 320, 358
Schlafmedizin 222
Schlafmittel 238, 240, 241
Schlafmuster, durcheinandergebrachte, durch Zeitumstellung 409, 410
Schlafmuster, normales 227
Schlafmuster, verändertes, beim Einhand-Langstreckensegeln 424
Schlafmuster des Kindes 174
Schlafmusteränderungsexperiment 424, 425
Schlafprobleme bei Polizisten 326
Schlafqualität, schlechte, bei Schichtarbeitern 335, 367
Schlafschwierigkeiten bei Rauchern 213
Schlafstadien beim Menschen und beim Primaten 380
Schlafstellen 243, 244
Schlafstörung 32
Schlafstörung, chronische 322
Schlafstörung bei Krankenhauspatienten 264
Schlafstörungen, Alter als Ursache von 241
Schlafstörungen, körperlich bedingte 245, 246
Schlafstörungen, Krankheiten als Ursache von 241
Schlafstörungen, Schlafmittel als Ursache von 240, 241
Schlafstörungen bei im schnell rotierenden Schichtdienst eingesetzten Offizieren 328
Schlafstörungen durch Geräusche 247
Schlafstörungen durch Haustiere 249, 250
Schlafstörungen durch Lichteinfall 246, 247
Schlafstörungen durch den Schlafpartner 249
Schlafstörungen durch unbequeme Schlafkleidung 246
Schlafstörungen durch zu hohe oder zu niedrige Umgebungstemperatur 248
Schlafstörungen durch zu weiche oder zu harte Matratze 246
Schlafstörungen und Unfallrisiko beim Autofahren 279
Schlaftagebücher 162, 163, 164, 165, 166, 351, 409
«Schlafträgheit» 57
«Schlaftrunkenheit» 56, 57
Schlafumgebung, Veränderung in der 242, 243, 246, 247, 248, 249, 250
Schlafverhalten, normales 240
Schlafverhalten, ungewöhnliches, historischer und legendärer Gestalten 419
Schlafverhalten bei Mensch und Tier 29, 30
Schlafverhalten bei verschiedenen Tierarten 68
Schlafverhalten im Mutterleib 170
Schlafverhalten von Menschenaffen und Affen 379
Schlafverlust 19, 20, 21
Schlafverlust, massiver 351
Schlafverlust bei Krebserkrankungen 264
Schlafverlust durch Überstunden 21
Schlafversuch 31, 32
Schlafverzicht bei japanischen Schülern 197
Schlafzimmerumgebung, Signalwirkung der 252, 253
Schlafzustand bei Tieren 69, 70
Schlafzustand, Übergang in den 58
Schlafzyklen 57, 60
Schnarchen 223, 224, 225
Schokolade 204, 205, 206, 207
Schokolade, weiße 206
«Science Fair» 84
SEATO (South East Asia Treaty Organization) 353
Sekundärinfektionen bei Krebspatienten 262
Serotonin 218, 320
Shakespeare, William 188
Shem, Samuel 310
Sicherheitstests 371
Siesta 157, 379, 381, 420
Skarabis, Horst 313, 314
Sleep and Alertness Research Unit des Institute for Circadian Physiology in Boston 422
«Slow Wave Sleep» (SWS) 50, 54, 56, 57, 68, 74, 75, 172, 216, 260, 261, 263, 294, 320, 321
«Sodawasser» («Brause») 206, 207
Sodbrennen 242
Sodbrennen, chronisches 242
Sonarsystem 73

Sozialverordnung der EU 270
«Sozialzahltag» 295
Sparks, Patricia J. 327, 328
Speicherkapazität des Langzeitgedächtnisses 195, 196
«Sprudel» («Mineralwasserimitat») 207
Stadien oder Stufen des Schlafs 56
Stalin, Josef 427
Stampi, Claudio 422, 424
Stanford Sleep Disorders Clinic 279
Stanford University, Medizinische und Psychologische Fakultät der 45, 46
«Stanforder Sommerschlaflager» (Stanford Summer Sleep Camp) 389
Staphylokokken 263
St. Asprinius 215
State Department 353
Steel, Daniel 382
Stein, Andrew 287
Stereoagnosie 86
Steroide 140
Stethoskop 305
Stimulanzien 198, 204, 205, 206
Stimulanzien, versteckte 198
Stoffwechselvorgänge, Verlangsamung der 156
Störungen in den Schlafgewohnheiten der Eltern 182, 183, 184, 185
Streß infolge von Wechsel- und Nachtschichten 319, 320
Studium der englischen Bulldogge 229, 234
Stundenzyklen 132
Suedfeld, Peter 11, 95, 382, 384
«suprachiasmatische Kerne» 142, 144
Symptome eines Schlafdefizits 185
Synchronisierungsmechanismus, innerer 137, 138
Tabak 211, 212
Tabakrauchen 431
Tachistoskop 360, 361
Tagesmüdigkeit 398
Tageszyklen, körperliche, und Zeitumstellung 351, 352
Tait, Rosemary 305
Tarifabkommen, Probleme bei 123, 124, 125, 126, 127
Tast- und Hörsinn beim Schlafen 43, 44
Taub, John M. 381
Technion – Israel Institute of Technology in Haifa 282
Tee 198, 199, 200, 201, 209
Temple University Health Sciences Center in Philadelphia 306
Tepas, Donald 326
Tesla, Nikola 428
Thanatos 419
«Theobroma» («Speise der Götter») 204
Theobromin 205
«Theorie der Zusatzqualifikation» 309
Theorie von «Kernschlaf» und «optimalem Schlaf» 99
«Thermoneutrale Zone» 248
Tiefpunkte des Schlaf-Wach-Zyklus 160, 161, 395, 396 (s. a. Rhythmus, zirkadianer, im Schlaf-Wach-Zyklus)
Tiefschlaf s. «Slow Wave Sleep»
Tiefschlaf bei kleinen Kindern 172, 173
Tips für schläfrige Eltern schlafloser Kinder 185, 186, 187
Tips zur Zeitumstellung 358, 359
Todesanfälligkeit, Höchstwerte der 156, 161
Totenschein 411, 412
Toth, L. A. 262
Träume 46, 52, 53, 57, 74, 169, 170, 171
Träume beim Säugling 169
Träume und Entwicklung des Gehirns 170, 171
Träume und Gedächtnisvorgang 172
Traumzustand bei Tier und Mensch 74, 75
Traumzustand bei Vögeln 76
Trend zum kürzeren Schlaf (bei Universitätsstudenten) 380
Triceratops 65
Tripp, Peter 81, 82, 83, 84, 86, 89, 115, 117
«Trivial Pursuit»-Marathon 90
Tryptophan (L-Tryptophan) 218, 219
Tyrannosaurus 65
Übergangsobjekt 176, 177, 178, 186
«Überleben des Stärkeren» 65
Übungen, isometrische 358
Uhr, äußere, des Schlaf-Wach-Zyklus (Tag-Nacht-Zyklus) 382
Uhr, eigenständige, im suprachiasmatischen Kerngebiet 143
Uhr, innere biologische 130, 132, 133, 145, 319, 321, 322, 325, 326, 327, 350, 358, 359, 367, 396
Uhr, innere biologische, und physiologische Unterschiede 146
Uhr, innere zirkadiane, bei Blinden 139, 140, 141
Uhr, zirkadiane 193
Umweltbedingungen, radikale Veränderung der 27

Unfalldaten 410
Unfälle, tödliche 411
Unfälle infolge von Schlafmangel 343, 373
United States Institute of Medicine 241
UNIVAC (universal automatic computer) 26
Universität Göttingen 251
Universität Leiden 90, 91
University of British Columbia in Vancouver 95, 382
University of California in San Diego 382
University of California in Santa Cruz 381
University of Chicago 30, 31, 141
University of Connecticut 326
University of Florida in Gainesville 380
University of Sussex in Brighton 337, 409
University of Tennessee in Memphis 259
University of Texas 171
Untersuchung an Feuerwehrleuten 326
Untersuchung an Krankenschwestern im Wechselschichtdienst 334, 335
Untersuchung der American Cancer Society zum Schlafmangel 264, 265
Untersuchung der Auswirkungen der Zeitumstellung auf Flugzeugbesatzungen 351
Untersuchung des «Challenger»-Unglücks 331, 332, 333, 334
Untersuchung des Nachtfahrens durch deutsche Forscher 273, 274
Untersuchung des Schlafentzugs bei infizierten Kaninchen 263
Untersuchung des Schlafentzugs bei infizierten Mäusen 263
Untersuchung des Schlafentzugs bei infizierten Ratten 262, 263
Untersuchung über die Auswirkung des Zeitpunkts des Einschlafens auf den Schlaf 321, 322
Untersuchung über die Fähigkeit von Krankenhausärzten mit Schlafdefizit zur Auswertung von Elektrokardiogrammen 305, 306
Untersuchung über Fälle falschen Gaszählerablesens 366, 367
Untersuchung über eine Panne am Kennedy Space Center 330, 331
Untersuchung über Verkehrssicherheit im Bundesstaat Arizona 279
Untersuchung über die Verschlechterung der Operationsleistungen bei übermüdeten Krankenhausärzten 306, 307
Untersuchung zum Gesundheitszustand der Schichtarbeiter bei Exxon 340
Untersuchung zur Abnahme ärztlicher Leistungsfähigkeit nach Bereitschaftsdienst 305
Untersuchung zur Auswirkung von Schlafmangel bei Krankenhausärzten 303, 304
Untersuchung zur Einführung eines permanenten Schichtsystems bei der Polizei 341, 342
Untersuchung zur Häufigkeit von Gesundheitsstörungen bei Kurzschläfern 266
Untersuchung zur Infektanfälligkeit von Kurzschläfern 267
Untersuchung zur Nachtschichtparalyse bei Fluglotsen 337, 338
Untersuchung zur Wirkung von Interleukinspritzen 259, 260
Untersuchungen über die Schlafgewohnheiten von Jugendlichen 190
Untersuchungen über die Unterschiede zwischen Acht-Stunden- und Zwölf-Stunden-Schicht 329, 330
Untersuchungen zum Zusammenhang von Autounfällen und zirkadianem Rhythmus der Schläfrigkeit 281, 282
Untersuchungen zum Zusammenhang von Gesundheit und Schlaf in Finnland 265, 266
Untersuchungen zur inneren biologischen Uhr 135, 136
Untersuchungen zur Leistungssteigerung durch Koffein 210
Urmensch 386
U.S. Fraternal Order of Police 326
U.S. National Institute for Occupational Safety and Health in Cincinnati 329
U.S. Navy Medical Neuropsychiatric Research Unit in San Diego 86
US-Raumfahrtbehörde NASA 331, 332
Veränderungen des Bewußtseinszustands 198
Verbot des Kaffeegenusses für Frauen in arabischen Regionen 202
Verbot von Rauschmitteln im Koran 202
«verbotene Zonen» 161
Verbrugge Jr., Joseph 291, 292
«Verdunkelungsmaßnahme» 320
Verlängerung der Schlafdauer bei

erwachsenen (männlichen) Versuchspersonen 388
Verlängerung der Schlafdauer bei Soldaten in der Ausbildung 381, 392
Verlängerung der Schlafdauer bei Stanforder Studenten 389
Verlängerung der Schlafdauer bei zehn- bis zwölfjährigen vorpubertären Schulkindern 389
Verlängerung des Arbeitstags bis in den Schlaf 18, 19
Versuche, «freilaufende», zur inneren biologischen Uhr 136, 137, 140
Versuche mit Kurzschlafperioden bei Schichtarbeitern 340, 341
Versuche über eine Verlängerung der Schlafdauer 388, 389, 390
Versuche zur natürlichen Schlafdauer in der Polarregion und in speziell eingerichteten Kammern 382, 383, 384, 385
Viejo 97
Vierundzwanzig-Stunden-Zyklus 131
Viren 258, 261
Virusinfektionen 267
«Vogelbecken-Dinosaurier» (Ornithischia) 66
Vorfahre, angenommener gemeinsamer 67
Vormittagsschläfchen 174
Wachsamkeitstests 120
Wachzyklen, tägliche 161
Walter 274, 276, 280
Wayne, John 420
Webb, Wilse B. 380, 385
Wechselschichtbetrieb 319, 371
Wehr, Thomas 393, 394
«weißes Rauschen» 247, 248
Weltraumfähre «Challenger» 9, 431
Wentz, D. K. 302
Wever, Rütger 136
Whitney, Eli 316
Wilson, Woodrow 353
Wirkung des Rauchens auf die Atmungsorgane 213
WMGM, Rundfunksender 81
Wolff 83
Women's Hospital an der Harvard University Medical School 326
Wong, David 11
«Workaholic» 17, 101
Yale University 173
Zeitdruck 381
«Zeitgeber» 138, 139, 141, 144
Zeitpunkt des Schlafengehens bei Jugendlichen 189, 190
Zeitumstellung 358, 359
Zeitumstellung, Auswirkungen der 350, 357
Zeitumstellung (Sommerzeit – Normalzeit) 408
Zeitumstellung (Sommerzeit – Normalzeit) und unfallbedingte Todesfälle 413, 414, 416, 417
Zen-Ritual 199
Zigarettentabak 212
Zigarren- und Pfeifentabak 212
Zion, Libby 286, 287, 288, 291, 292
Zion, Sidney 286
Zirbeldrüse (Pinealis) 143, 144, 320
Zusammenhang zwischen Lebensalter und Schlafverhalten 46
Zusatzschlaf aufgrund von Zeitumstellung im Herbst 418
«zweiter Wind» 162
Zwischenfall im Atomkraftwerk Three Mile Island 9, 367, 368, 369, 371
Zwölf-Stunden-Schicht 329, 332
Zwölf-Stunden-Zyklus 160, 161, 162, 167
Zyklen der Urinabgabe und der Ausschüttung von Hormonen und Steroiden 140
Zyklen im menschlichen Leben 130, 131
Zyklen, ultradiane 173
Zyklus, jährlicher 131, 132
Zyklus, vierstündiger, von Arbeit und Ruhe 424
Zyklus, zirkadianer 217, 220, 366, 379